Jens Henrik Jensen
EAST
Auf tiefem Grund

Jens Henrik Jensen

EAST

AUF TIEFEM GRUND

THRILLER

Aus dem Dänischen
von Friederike Buchinger

dtv

Von Jens Henrik Jensen sind bei dtv außerdem erschienen:
OXEN – Das erste Opfer
OXEN – Der dunkle Mann
OXEN – Gefrorene Flammen
OXEN – Lupus
OXEN – Noctis

SØG – Dunkel liegt die See
SØG – Schwarzer Himmel
SØG – Land ohne Licht

MIX
Papier | Fördert gute Waldnutzung
FSC® C083411

Deutsche Erstausgabe 2023
dtv Verlagsgesellschaft mbH & Co. KG, München

Titel der dänischen Originalausgabe:
›Hofnarren i Murmansk‹

Umschlaggestaltung: ZERO Werbeagentur GmbH
Umschlagmotive: shutterstock.com/Aleksandr Merkushev;
shutterstock.com/Janson.art
Satz: Fotosatz Amann, Memmingen
Gesetzt aus der Minion Pro
Druck und Bindung: CPI books GmbH, Leck
Printed in Germany · ISBN 978-3-423-21868-9

PROLOG

Vor langer Zeit, da war die Erde nicht rund, sondern flach. Und wie jede Fläche war sie begrenzt. Eine Scheibe mit einem Rand, der an ein unendliches Meer stieß, denn anders wäre die Vorstellung nicht zu ertragen gewesen.

Aus Angst vor dem Unbekannten erzählte man sich Geschichten von Drachen und anderen Ungeheuern, die mit Feuer und Schwefel die Gewässer am Rand der Erde bewachten, und zur Abschreckung und Warnung zeichnete man die Bestien auf den Seekarten ein.

Diese Geschichte spielt in Murmansk. Und tatsächlich erscheint einem das Ende der Welt hier näher als anderswo.

Murmansk auf der Halbinsel Kola ist mit seinen fünfhunderttausend Seelen die größte Stadt nördlich des Polarkreises. Die Menschen hier führen ein ganz normales, alltägliches Leben mitten in einem Gebiet, das seit dem Kalten Krieg in eine Atommülldeponie verwandelt wurde. Denn was das bloße Auge nicht sieht, sind die zahllosen Atom-U-Boote – Metallungeheuer, die mitsamt ihrem radioaktiven Abfall nachlässig stillgelegt wurden, als Mutter Russland das Geld ausging.

Aus dem Süden wird die Bevölkerung von den schnaufenden Gießereien der Halbinsel bedrängt, die Schwaden von Schwermetallen in die Atmosphäre blasen und dabei riesige Waldgebiete vernichten.

Im Winter, wenn die Sonne genug von allem hat und sich

ein paar Wochen ganz verzieht, werden die Menschen von Dunkelheit und Kälte eingeschlossen. Und dann gibt es Stimmen, die behaupten, dass es schädlich sei, so dicht am Magnetfeld des Nordpols zu leben. Die Volksgesundheit ist miserabel, das steht außer Frage.

Romanow-na-Murmane wurde 1915 im Ersten Weltkrieg als Versorgungshafen gegründet. Während der Revolution diente es der Weißen Armee als Stützpunkt. Als die Bolschewiken siegten, wurde es zu Murmansk. Mit einem Hafen, der das ganze Jahr hindurch eisfrei ist, fiel der Stadt im Zweiten Weltkrieg eine wichtige Rolle für die Versorgungskonvois zu.

Murmansk ist eine Schöpfung des Kriegs. Es ist keine schöne Stadt. Aber wer nur auf Schönheit achtet, dem entgeht das Wesentliche. Was diese Stadt ausmacht, ist die Tatsache, dass es sie gibt. Dass sie zweiundvierzig Monaten Bombardierung durch die Deutschen standgehalten hat – und immer noch allem trotzt.

Heute können die Bewohner stolz zu einem großen Monument aufschauen, das an den Krieg erinnern soll. Die Betonskulptur eines Soldaten. Aljoscha heißt er. Unerschütterlich wacht er über sein Volk am Rand der Welt.

1

Murmansk, Halbinsel Kola, Russland

Die Axt stand im Zenit.

Wenn er, wie jetzt, den Kopf in den Nacken legte und die klare Flüssigkeit die Kehle hinunterrinnen ließ, war sie direkt über ihm. Wie eine stumme schwarze Drohung.

Die quälende Unruhe hatte seinen Körper verlassen und sein Zwerchfell zitterte nicht mehr. Aber irgendwo tief unter der Haut lauerte sie immer noch, diese verfluchte Angst. Das wusste er. Ein Dämon, der jeden Augenblick ausbrechen und ihm in den Rücken fallen konnte. Nur noch ein bisschen. Bald war es überstanden und dann würde alles gut werden.

Die Axt stand im Zenit.

Ihre Umrisse flackerten bei jedem Schluck, wenn die Luftbläschen aufstiegen und auf dem Weg zur Sonne am Flaschenboden zerplatzten. Seine Augen schmerzten. Die Wolken zogen so schnell von rechts nach links, als wären sie auf der Flucht. Das Brennen im Hals hatte schon lange aufgehört. Die erste Flasche hatten sie sich auf dem Weg durch den Fjord geteilt.

Zwei Männer waren mit einem kleinen Transporter bis an den Kai herunter gekommen. Ohne ein einziges Wort zu verlieren, hatten sie die Fischkiste an Bord geschleppt und waren wieder abgehauen.

Als sie den Fischereihafen danach verließen, lag das Hafengebiet nahezu menschenleer und dunkel da, und die Kräne reckten die Hälse wie neugierige Giraffen, die sich fragten, wohin das kleine Fischerboot wollte.

Die Lichter der Stadt wurden schnell schwächer, und als der Mond für einen kurzen Moment hinter den Wolken hervorkam, hatte er die Umrisse Aljoschas über der Stadt aufragen sehen. Die gewaltige Statue des Soldaten, der den Blick beharrlich nach Westen wandte, um über seine Stadt und über sein Volk zu wachen. Hatte Aljoscha ihn mit seinen stechenden Betonaugen vorwurfsvoll angeschaut?

Er konzentrierte sich wieder auf die Flasche, um das Unbehagen zu vertreiben. Der Wodka hieß Aurora, und das rote Motiv auf der Flasche war ein Schiff, der Panzerkreuzer Aurora, der 1917 mit einem Schuss das Signal zum Sturm auf den Winterpalast in Sankt Petersburg gegeben hatte.

Die Bolschewiken, die Revolution und die Weltkriege juckten ihn nicht. Geschichte war etwas für alte Leute. Die Zeiten hatten sich geändert. Jetzt war die Zeit der Möglichkeiten. Des großen Geldes.

Die Axt schwankte.

Das Kreischen der völlig durchgedrehten Möwen zerfetzte den Himmel. Er kniff die Augen zu, als ob er so auch die Geräusche von sich fernhalten könnte.

Dann rauschte sie nieder.

Er hörte den dumpfen Laut von Metall auf Fleisch. Es klang gar nicht so schlimm. Er wartete. Dann sauste die Axt erneut herab, und beim geräuschvollen Splittern eines Knochens krampfte sich sein Magen zusammen und beförderte den gesamten sauren Inhalt spritzend auf Deck. Hinter ihm hob Aleksej laut lachend erneut die Axt.

Ihm war schwindelig. Alles um ihn herum verschwamm.

Der Dämon hatte sich befreit. Benommen setzte er sich wieder auf, den Rücken an die Fischkiste gelehnt. Er hörte Aleksej johlen und plötzlich landete eine steife Hand in seinem Schoß. Fünf gekrümmte Finger, aber ohne den dazugehörigen Arm. Wieder drehte sich ihm der Magen um, aber er musste sich jetzt zusammenreißen. Mechanisch griff er nach der Rolle mit Stahldraht und knipste etwas davon ab. Er nahm ein Stück altes Eisen von dem Haufen und legte es auf die abgeschlagene Hand. Dann umwickelte er beides stramm mit dem Draht, krabbelte auf allen vieren zur Reling und warf das kleine Päckchen in die Wellen.

Wie lange das so ging, wusste er nicht. Er nahm es nicht wahr. Selbst die bluttrunkenen Schreie der Möwen hörte er nicht mehr. Erst als Aleksej nach ihm rief, nahm die Umgebung wieder Konturen an.

»Schau, Pawel. Ist das nicht Kunst?« Aleksej warf ihm etwas zu. Es war ein Arm.

»Du sollst ihn dir anschauen, verdammt! Du bist ja total weggetreten, Mann!«

Er starrte auf den Arm. Am Bizeps war eine Tätowierung. Er konnte sich nicht überwinden, genauer hinzusehen, aber es gelang ihm auch nicht, den Blick ganz abzuwenden. Die blauen Linien zeichneten sich eigentümlich scharf von der blassen, kalten Haut ab.

Nein. Es ging jetzt einfach nur darum, fertig zu werden. Er legte ein schweres Eisenstück auf den Arm, wickelte es mit Draht fest und warf beides wie alle anderen Stücke über die Reling. Mit jedem Teil, das im Meer versank, kam er dem Ziel einen Schritt näher.

Sie teilten sich den restlichen Wodka, als sie endlich fertig waren. Er fühlte eine innere Ruhe. Sie hatte sich eingestellt, als zuletzt noch der Kopf über Bord geflogen war. Aleksej hatte ihn geworfen – begleitet von dröhnendem Gelächter. Dieser Idiot war grotesk gut gelaunt.

»Hast du es gesehen?«, fragte er, als sie beide rauchend vor den Fischkisten saßen und abwechselnd einen Schluck aus der Flasche tranken.

»Habe ich was gesehen?«

»Dass mein Onkel Schlachter war …« Aleksej wieherte wieder. Dann ging die Tür zum Steuerhaus auf, und der Skipper, den Pawel nicht kannte, kam breit grinsend zu ihnen heraus. Er nickte anerkennend.

»Seid ihr fertig, Jungs?«

»Ja, die Fische sind gefüttert«, antwortete Aleksej.

»Gute Arbeit. Das ging ja schnell«, sagte der dicke Mann und schnippte seine Zigarettenkippe ins Wasser. Pawel starrte auf den Boden. Stolz war er nicht, aber wenn er etwas erreichen wollte, musste er eben auch solche Jobs annehmen.

»Mein Onkel war Schlachter. Wie es aussieht, habe ich sein Talent geerbt. Du hättest den Kopf sehen sollen, als ich …«

Aleksej brachte den Satz nicht mehr zu Ende. Die Worte gingen in einem Knall unter. Erschrocken hob Pawel den Kopf und blickt direkt in den Lauf einer Pistole, die der Skipper am ausgestreckten Arm hielt. Dann krümmte sich der Finger am Abzug.

Einen Monat später

Der Bug des kleinen Fischkutters glitt ruhig durch die Wellen. So dicht vor der Küste waren sie nicht besonders hoch. Er gab ein bisschen mehr Gas und der Motor gehorchte bereitwillig. Nur noch um die nächste Landzunge herum, dann war er da.

Der alte Mann warf einen Blick über die Schulter zurück. Dort hinten lag das Dorf. Er stellte sich vor, wie sich seine Frau im Bett umdrehte. Vielleicht streckte sie im Halbschlaf die Hand aus, weil sie wissen wollte, ob er noch da war. Er war heute so früh aufgebrochen, dass außer ihm noch niemand auf den Beinen war.

Er hatte ihr Bescheid gesagt, bevor sie schlafen gegangen waren. Hatte ihr gesagt, dass er die Unruhe im Körper spürte und zeitig rausmusste, um die Netze zu kontrollieren und sicher einzuholen. Er spürte die Gicht in allen Gliedern und gestern Abend waren die Schmerzen schlimmer geworden.

Jetzt konnte er die sechs Plastikkanister erahnen, die den Platz markierten, wo er am Vortag die Netze ausgelegt hatte. Hier vor der Küste versammelten sich die jungen Dorsche zum Festmahl und versprachen reichen Fang.

Er kniff die Augen zusammen und ließ den Blick über den Horizont schweifen. Von dort, von Norden, zog die Bedrohung auf. Gut hundert Kilometer westlich grub sich der lange Fjord in die Küste und die Städter dort in Murmansk würden schon bald eine Überraschung erleben. Sie würden es Sturm nennen, weil sie es nicht besser wussten. Er schnaubte und spuckte über die Reling. Diese Leute aus der Stadt, für die hatte er nicht viel übrig.

Er spähte wieder hinaus aufs Meer. Noch waren die Vorboten nicht zu sehen, aber er wusste, was da im Anmarsch war. Es war Ryskunja. So hieß er in ihrem alten Dialekt – der Sturm, der auf Beute lauerte. Ryskunja war der plötzliche und extrem heftige Wetterumschwung, der zum Juni gehörte. Schon bald würden die arktischen Winde heulend über sie hinwegpeitschen, Schnee und Kälte des Nordpols über die Kola-Halbinsel bringen und die Menschen in ihren Häusern einsperren.

Der alte Mann wickelte ein paar prächtige Dorsche aus

dem Netz und warf sie in die Kiste. Einen Teil des Fangs würden sie für sich behalten, den Rest konnten sie vielleicht gegen Gemüse eintauschen.

Das Leben war härter geworden. So war es nicht immer gewesen. Er dachte zurück an die Zeit, als die Sowchose in Dalniye Zelentsy das Musterbeispiel eines Staatsbetriebs war. Die Fischerflotte war eine der reichsten auf Kola gewesen. Überall hatten fröhliche Kinder gelacht und gespielt. Jetzt sah man fast keine jungen Leute und Kinder mehr in der Gegend. Die fünf gigantischen Fischereiflotten in Murmansk hatten alle Konkurrenten erdrückt. Murmanrybprom, Karlryb, Trawl Fleet, Sewrybcholod und Sewryba – sie waren schuld … Diejenigen, die Aktien hatten, zwangen alle anderen in die Knie. »Neue Zeiten«, murmelte der Alte.

Es hatte mit Gorbatschow begonnen. Mit seiner Glasnost und Perestroika und dem ganzen verdammten Blödsinn hatte das Elend angefangen. Zuerst hatten sie ihren Wodka wieder selbst brennen müssen. Und von da an war es immer noch schlimmer geworden. Die Demokratie stellte ihnen kein Brot auf den Tisch, und er kannte niemanden in Dalniye Zelentsy, der sich so sehr über das freie Wort freute, dass er bereit war, dafür zu hungern. Und von ihnen jubelte auch keiner über offene Grenzen, denn es hatte sowieso niemand genug Geld, um diese Grenzen zu überqueren.

Vor Gorbatschow und Jelzin hatte in ihrem Dorf die Zeit einfach stillgestanden und damit war es ihnen allen gut gegangen.

Er freute sich über die prächtigen Dorsche in den Netzen. Jetzt fehlte ihm nur noch das letzte, dann konnte er sich wieder auf den Heimweg machen. Er holte es langsam ein, hielt dann aber inne. Was war das? Da hatte sich etwas Merkwürdiges in den Maschen verfangen, etwas Grünliches.

Er holte das Netz weiter ein, und plötzlich erkannte er, was es war. Ein Arm, ein menschlicher Oberarm. Am Ellenbogen und am Handgelenk ragten die Knochen heraus. Er hievte das Netz über die Reling, schüttelte es vorsichtig und lockerte ein paar Maschen. Der Arm landete mit einem dumpfen Geräusch in seinem Boot.

Der alte Fischer rümpfte die Nase bei dem Anblick. Er wollte jetzt nur noch nach Hause. Was für ein furchtbarer Morgen. Dort draußen braute sich Ryskunja zusammen und vor ihm lag ein abgetrenntes menschliches Körperteil. Er wollte nach Hause.

2

Madrid, Spanien

Sie waren fünf Mann im Dunkeln. Die Stille wurde nur von den knisternden Meldungen des Funkgeräts und dem Knarren des Holzbodens unterbrochen, wenn einer von ihnen das Gewicht von einem Bein auf das andere verlagerte.

Auch wenn ihre volle Aufmerksamkeit auf das Haus gegenüber gerichtet war, hielten sie sicheren Abstand zu den Fenstern. Mehrere Scheiben waren zerbrochen und die feuchte Kälte war schon lange in den Raum gekrochen. Einer der Männer erteilte einen kurzen Befehl über das Mikrofon, das über einen Bügel mit seinen Kopfhörern verbunden war. Der Countdown lief.

Wo genau sie sich befanden, wusste Jan Jordi Kazanski nicht. Er wusste nur, dass sie in einem heruntergekommenen, verrußten Barrio im Süden der Stadt waren, einem Viertel mit Wohnhäusern und kleineren Industriebetrieben. Die Straße, auf die er hinunterstarrte, hatte seit Jahrzehnten nichts als Elend gesehen, und am besten hätte man sie einfach dem Erdboden gleichgemacht. Aber in den trostlosen Wohnhäusern brannte Licht.

Sie standen ganz oben in einer stillgelegten Trikotagefabrik. In der Stunde, seit sie hier waren, hatte sich nichts getan. Niemand war gekommen oder gegangen, niemand hatte die

Wohnung im Haus gegenüber betreten oder verlassen, die das Ziel der heutigen Aktion war.

Der nikotingelbe Schein der Straßenlaternen passte zu der düsteren Umgebung, die schwach schimmerte, weil ein leichter Sprühregen eingesetzt hatte. Die ganze Szenerie glich einem Standbild aus einem alten Film. Auf der Leinwand rührte sich nichts außer dem Regen, der aus einer feinen Düse am Abendhimmel zu kommen schien.

Endlich, ein Motorroller knatterte vorbei. Eine alte Frau öffnete einen Spaltbreit die Haustür und pfiff nach ihrem Hund, der aber offenbar keine Lust hatte zu kommen. Dann schlug sie die Tür wieder zu und die Straße lag genauso verlassen da wie zuvor. Seinetwegen konnten sie jetzt gern den Abspann laufen lassen und das Ganze beenden.

Kazanski warf einen diskreten Blick auf seine Armbanduhr. Er langweilte sich – aber das musste ja niemand sehen. Er war eine Art Ehrengast in dieser behelfsmäßigen dunklen VIP-Loge. Nur brachte er einfach nicht dieselbe Konzentration auf wie seine Gastgeber.

»Kazanski, willst du Kaffee?«

Emilio Hernandez hielt ihm die Thermoskanne hin, angelte eine Zigarette aus der Brusttasche und gab ihm ein Zeichen, dass sie in das dahinterliegende Zimmer gehen konnten, um eine zu rauchen. Kazanski nickte, erleichtert, den leeren Fenstern, die den Rahmen für seine Langeweile bildeten, den Rücken zuwenden zu können.

Emilio Hernandez war Kazanskis persönliche Verbindung zum System und sie arbeiteten jetzt schon seit sechs Monaten wirklich eng zusammen.

Die große Außenministerkonferenz sollte in gut zwei Monaten in Madrid stattfinden, um genau zu sein vom 18. bis zum 20. November. Bis jetzt verlief alles nach Plan.

Emilio hatte den Rang eines Capitán in der Guardia Civil und arbeitete in der wichtigsten Abteilung der Dirección General, im Operativen Stab. Er hatte eine Vergangenheit beim spanischen Nachrichtendienst, dem Centro Superior de Información de la Defensa oder einfach CESID. Das war alles, was Kazanski von ihm wusste. Und dass Emilio im Augenblick ein Büro im Außenministerium hatte. Aber mehr musste er auch nicht wissen.

Als Analytiker bei der CIA war es Jan Jordi Kazanskis Aufgabe, Informationen aus dem Netzwerk der Firma zusammenzutragen und zu bewerten, und er war für die Koordination mit den spanischen Kollegen verantwortlich. Am Ende würde er eine Risikoanalyse ausarbeiten und alle Faktoren mit einbeziehen, die gegebenenfalls einen Einfluss auf die Sicherheit der Konferenz haben könnten. Und wenn schließlich alle denkbaren Steine aus dem Weg geräumt waren, konnten Außenminister Searl und seine EU-Kollegen mit Pauken und Trompeten Einzug halten, Haare spalten und polierte Reden schwingen, ihre Statements an die Weltpresse herausgeben, abschließend eine oder zwei Erklärungen unterschreiben und wieder verschwinden.

Bislang war keine Gefahr in Sicht. Die Basken der ETA, der Euskadi Ta Askatasuna, hatten die Waffen niedergelegt, nachdem die IRA, mit der sie immer in Verbindung gewesen waren, auf diesem Weg vorangegangen war. Vielleicht hatten sie aber auch nach den landesweiten Protesten gegen den Mord am baskischen Lokalpolitiker Miguel Angel Blanco nur die Konsequenz aus ihrem eigenen Fehler gezogen. Das Ansehen der ETA war durch die Tat schwer beschädigt worden. Wie bei den Iren hatten sich dennoch einzelne aktive Terrorzellen gebildet, die, frustriert über die Zugeständnisse der Mutterorganisation, den bewaffneten Kampf fortsetzen wollten. Sie konnten für das Großaufgebot an Außenministern eine Bedrohung darstellen und die Aktion des Abends galt einer dieser Splittergruppen. Deshalb hätte Kazanski allen Grund gehabt, interessiert zu sein – nur war er es nicht. Jedenfalls nicht jetzt.

Erinnerungen an die alte polnische Königsstadt strömten durch seinen Kopf, als wäre da oben eine Leitung leckgeschlagen. Die erste Welle hatte sich schon angekündigt, als er die Anspannung der vier Männer beobachtete und spürte, wie seine eigene Nervosität wuchs. Während die anderen auf die Straße spähten, wurde er von einer Flut von Bildern und Gedanken überrollt und ließ sich mitreißen – zurück nach Krakau.

In Zeitlupe rieselten Glassplitter auf sein Gesicht herunter, und unwillkürlich fuhr er sich mit den Fingern über die Lippen, um herauszufinden, woher der Blutgeschmack in seinem Mund kam. Die Autobombe und der junge Parkplatzwächter, der ihr ahnungslos zum Opfer gefallen war, war die erste Erinnerung an Krakau. Die Umrisse von Bäumen in der Dunkelheit, Schatten, die vorüberhuschten. Das flirrende Gefühl von Gefahr, damals im Park, im Alkoholnebel. Und der kalte Fluss, der ihn nach dem Duell auf der Brücke gepackt und ihm alle Kräfte geraubt hatte.

Er musste kämpfen, um sich nicht anmerken zu lassen, wie sehr er abschweifte. Die Mission in Krakau hatte relativ banal begonnen. Die Firma hatte ihn aus einer von oben verordneten Zwangspause zurückgerufen, ehrlicherweise mitten im Vollrausch. Eine alte Quelle aus der Zeit des Kalten Kriegs, die nur unter dem Decknamen »die Witwe« bekannt war, hatte die CIA um Hilfe gebeten. Kazanskis einzige Aufgabe bestand darin, den Kontakt zu ihr herzustellen. Für ihn war es eine letzte Chance, sich zu rehabilitieren. Die Firma hatte ihn allein losgeschickt, ohne Back-up, aber er wusste, dass er in den Dienst zurückkehren musste. Auf eigene Faust, außerhalb des Systems, würde er mit seinen privaten Nachforschungen über Alicias und Rosas Tod niemals vorankommen. Niemals aus der Sackgasse der Selbstzerstörung herausfinden, in die er sich begeben hatte.

Aus einer einfachen Aufgabe wurde ein Blindekuh-Spiel mit der Krakauer Unterwelt – vollkommen im Dunkeln darüber, wer Freund war und wer Feind. Aber die Reise endete für ihn auch mit der Gewissheit, dass er mit seinem Verdacht richtiggelegen hatte. Es war nicht nur ein Unfall von vielen gewesen. Seine Frau und seine Tochter waren während seiner Entsendung nach Moskau im Jahr zuvor ermordet worden. Ermordet, weil er zu viel herausgefunden hatte.

In Krakau war er mit einer Dänin zusammen gewesen, Xenia, die sich als Europol-Agentin entpuppt hatte. Eine einzige Nacht, in einem verzweifelten Versuch, Linderung zu finden. Mehr nicht. Das war ihm jetzt klar. Mit Ewa war es anders. Die Frau, die aus der Unterwelt der Stadt emporgestiegen war und ihn so hypnotisiert hatte, dass er …

»Jetzt!«

Oberst Miramóns gedämpfter Ruf riss Kazanski aus seinen Gedanken. Zusammen mit Emilio hastete er zurück zu den anderen. Unten auf der Straße rollte ein zerbeulter Kleintransporter heran und hielt dicht vor dem Gebäude, in dem sich die Zielobjekte aufhielten. Die Lichter gingen aus und nur Sekunden später rollte ein zweiter Transporter von rechts heran. Juanitos Obst & Gemüse stand mit großen gelben Buchstaben auf der Schiebetür.

»Alle sind auf ihren Plätzen, Herr Oberst.« Der Mann mit den Kopfhörern sah seinen Vorgesetzten fragend an.

»Gut. Los!« Oberst Miramón fuhr mit der Handkante

durch die Luft, als würde er mit seinem Säbel nach dem Feind schlagen.

»Papa Uno an alle Einheiten. Bereit machen für Phase zwei. Countdown für Phase zwei: sechs, fünf, vier, drei, zwei, eins. Phase zwei – läuft!«

Kaum hatte der Mann mit den Kopfhörern den Befehl erteilt, öffneten sich die Türen der Transporter, und ein kleines Heer von Schatten quoll heraus. In schwarzen Kampfuniformen und mit Sturmhauben ließen die Gestalten sich von der Dunkelheit verschlucken. Die Antiterroreinheit der Guardia Civil, die Unidad Especial de Intervencion, U. E. I., war in Aktion getreten.

Kazanski sah und registrierte, was dort unten vor sich ging, aber auf unerklärliche Weise juckte ihn die ganze Operation immer noch nicht. Dabei wusste er, wie diese Männer sich jetzt fühlten. In so einem Moment hämmerte der Puls wie ein Kolben, das Adrenalin brach sich Bahn und stürmte bis in den letzten Winkel des Körpers, und die Stirn unter der Sturmhaube begann zu schwitzen.

Irgendwie schämte er sich für seine Ungerührtheit. Zerstreut verfolgte er von drinnen, was auf der anderen Straßenseite passierte, während die Männer da drüben sekündlich sterben konnten. So, wie mancher Politiker alles mit derselben einstudierten Miene bedauerte, von ethnischen Säuberungen über Hungersnöte bis hin zu Justizopfern.

Es konnten höchstens ein paar Minuten vergangen sein. Befehle und Meldungen füllten den Raum. Er hörte, was gesagt wurde, aber es drang nicht zu ihm durch. Krakau und der Verrat überlagerten alles. Der schlimmste Verrat, der Verrat unter Freunden. Ganz egal wo, in jeder Branche, in jedem Handwerk musste man Verbindungen knüpfen, aber in Krakau hatte er seine Lektion ein für alle Mal gelernt und sich geschworen, nie wieder denselben Fehler zu machen.

Er spürte eine leichte Berührung an der Schulter. Der Oberst zeigte in die Dunkelheit und drückte auf seine Armbanduhr, die sich in eine Kapsel aus fluoreszierendem grünem Licht verwandelte, wie ein Ufo, das er sich ans Handgelenk geheftet hatte.

»Sechs Minuten und dreiundvierzig Sekunden …«

In Oberst Mirамóns Feststellung schwang Befriedigung mit und er sah Kazanski an. Das konnten nicht einmal die Amerikaner besser.

»Beeindruckend. Effektive Truppe, Herr Oberst«, antwortete Kazanski mit demselben verlorenen Gefühl wie damals, als er eine ganze Theateraufführung verschlafen hatte, nur um am Ende aufzuwachen und Alicia zu bestätigen, dass es ein großartiges Stück gewesen sei.

Unten auf der Straße wurden sechs Personen in einen gepanzerten Wagen gescheucht. Der Gefangenentransporter war genau in dem Moment aufgetaucht, als er gebraucht wurde. Das Spezialkommando arbeitete wie eine gut geölte Maschine, präzise und geschmeidig. Kurz darauf fuhr der Wagen ab und die Straße lag wieder ruhig da. Gleich würde irgendwer die Tafel mit dem Schriftzug hochhalten: »The End.«

Es war spät, fast halb eins, als Emilio Hernandez am Bürgersteig hielt und Kazanski zu Hause absetzte. Oberst Miramón wollte nach der gelungenen Aktion so schnell wie möglich alle zur Besprechung zusammenrufen, sie würden sich also schon bald wiedersehen. Vielleicht schon morgen, spätestens übermorgen.

Wenige Minuten nachdem er die Eingangstür hinter sich

geschlossen hatte, ließ Kazanski sich mit einer Tasse kochend heißem Pulverkaffee in seinen Sessel sinken.

Er hatte kein Licht angemacht und sah sich in dem dunklen Zimmer um. Ein Stich von Einsamkeit durchfuhr ihn, gefangen in diesen vier Wänden, in einem Viertel, in einer Stadt, in einem Land, in dem er sich mal zu Hause und mal wie ein Fremder fühlte. Vielleicht hing das melancholische Gefühl damit zusammen, dass Ulf gerade Ferien in Schweden machte. Ein einziger Mensch konnte alles verändern, in der Nähe oder aus der Ferne, es musste nur der richtige Mensch sein. Und das war Ulf. Das wusste er.

Ulf Nyström war der menschgewordene Rest Vertrauen, den Kazanski noch aufbringen konnte, wenn es darum ging, ein Freundschaftsband zu knüpfen und mit einem Knoten zu besiegeln. Ganz einfach. Als ihm an diesem Abend die Lektion aus Krakau wieder eingefallen war, hatte er auch an Ulf denken müssen. Der Schwede wusste zwar nichts davon, aber er war seine letzte Hoffnung, dass sich die Mühe doch lohnte.

Kazanski ließ sich nur bei den verschiedenen Empfängen blicken, wenn seine zivile Tarnung als Anwalt im Büro des Sonderberaters für Wirtschaftsfragen es verlangte. Er blieb meistens für sich, in dem sonst so geselligen Universum der Botschaften entlang der Calle de Serrano und Velázquez und in der Gegend rund um die Calle de Miquel Angel.

Es war ein langer und quälender Botschaftsabend mit Cocktails und Small Talk on the rocks gewesen, an dem er Ulf Nyström, Kulturattaché der schwedischen Botschaft, kennengelernt hatte. Er konnte sich noch gut daran erinnern.

Kazanski hatte höflich, aber bestimmt jedes einleitende Manöver zu einer belanglosen Unterhaltung abgeblockt und war hinter seiner Palisade in einer Ecke des Saals sitzen geblieben. Er fühlte sich wohl in der Rolle des Beobachters, denn er hatte keine Lust zu reden. An diesem Abend noch weniger als sonst. Hätten sie sich materialisieren können, hätten die vielen Gesprächsangebote wie ein kleiner Haufen Zelluloidstreifen vor ihm gelegen. Rausgeschnittene Filmszenen. Hauptsächlich Szenen mit weiblichen Darstellern, um ganz genau zu sein. Ewa hatte ihn gerade erst verlassen und andere Frauen gingen ihm auf die Nerven.

Ewas Abschied hatte eine neue Zeitrechnung mit sich gebracht.

Der breit gebaute, fast zwei Meter große Mann war ihm früh aufgefallen. In seinem dunkelgrauen Anzug bewegte er sich geschickt über das gebohnerte Parkett und strahlte eine erhabene Ruhe aus, die nicht erkennen ließ, ob er das ganze Theater ernst nahm oder ob er mit seiner freundlichen Miene und dem vertrauenerweckenden Blick geschickt verbarg, dass er sich insgeheim kaputtlachte. Schließlich steuerte der Mann auf Kazanski zu, ließ sich auf den Stuhl neben ihn fallen und stellte sich mit einem entschlossenen Händedruck vor.

Kazanski erinnerte sich auch noch an seinen eigenen ersten Satz: »Hmm … Kulturattaché? Ich interessiere mich nur für Kultur, wenn sie Sport heißt.«

Das war natürlich eine Aussage, die ausschließlich dem Ziel diente, zu provozieren, zurückzuweisen. Aber der nordische Riese ließ sich nicht aus der Fassung bringen. Er lachte. Nicht nachsichtig, wie zu erwarten, sondern befreit. Kurz darauf steckten sie mitten in einer Analyse des kontinentalen Spielstils im Vergleich zum Stil der Briten. Fußball, natürlich. Er hatte schnell vergessen, dass er überhaupt keine Lust hatte, sich zu unterhalten. Der Schwede verströmte eine Ausgeglichenheit und Ruhe, die Kazanski das Atmen leichter machte.

An jenem Abend redeten sie über eine Stunde miteinander. Es stellte sich heraus, dass der Schwede, genau wie er, eine Weile nach Moskau entsandt worden war, sie teilten also auch ein großes Interesse für die Lage in Russland. Am Ende nahm er das Angebot des Schweden an, ihn zum nächsten Heimspiel Real Madrids zu begleiten.

Heute wusste er sehr viel mehr. Ulf, der mit seinen zweiundvierzig Jahren nur wenig älter war als er selbst, war ein sorgfältiger Mensch, dem es ein natürliches Bedürfnis war, sich Zeit für seine Gedanken zu nehmen. Seine Gelassenheit war verankert in einer tiefen Harmonie, und er verfügte über die Fähigkeit, selbst im Schlimmsten etwas Gutes zu sehen. Und obwohl Ulf das Schlimmste erlebt hatte, blickte er nach vorn. Sie waren in fast allen Bereichen so gegensätzlich, wie man nur sein konnte, aber es gab eine Gemeinsamkeit: Sie hatten beide ihre Frauen verloren.

Der Gedanke, dass diese Erfahrung sie miteinander verband, war zu banal. Dass sie sich in der Gesellschaft des jeweils anderen so wohlfühlten, lag vielmehr an einer schier endlosen Reihe von Unterschieden. Ulfs krebskranke Frau hatte sich auf den Tod vorbereiten können und war mit schmerzstillenden Medikamenten friedlich eingeschlafen. Kazanskis Frau und seine Tochter waren nichts ahnend aus dem Leben gerissen worden. Zur Unkenntlichkeit verbrannt. Die Gemeinsamkeit machte den Unterschied auf den ersten Blick offensichtlich. Beide trauerten, aber Ulfs Weltbild gebot ihm, dankbar zu sein für die achtzehn guten Jahre mit der Frau, die er liebte. An diesen Punkt würde Kazanski niemals kommen.

Er lächelte. Er konnte endlos so weitermachen. Sein eigenes aufbrausendes Temperament. Ulfs phlegmatisches Wesen. Wut gegen Diplomatie. Seine dunkle Seite. Ulfs helle. Scharfer Sarkasmus gegen entwaffnende Sanftmut. Alles war ein einziger Kontrast. Braune Augen, helle blaue Augen. Seine Schuhgröße zweiundvierzig gegen Ulfs Quadratlatschen, die Größe siebenundvierzig verlangten … Das Sehnige und Feste seines Körpers gegen Ulfs gemütliche Weichheit. Manisches Training auf der einen und Abneigung gegen jegliche körperliche Anstrengung auf der anderen Seite. »Die einen treiben Sport. Die anderen sehen ihnen dabei zu«, lautete Ulfs selbstverständliche Erklärung. Der Schwede war ihm begegnet, als er ihn am meisten brauchte. Ein echter Glücksfall.

Seit dem ersten Tag auf der Zuschauertribüne wuchs die Sympathie still und leise und zeigte sich in einem Ritual, das jeden zweiten Sonntag Fußball im Stadion Santiago Bernabeu vorschrieb. Wenn Auswärtsspiele anstanden, führten ihre Sonntagstouren meistens mit der Regionalbahn nach Toledo. Dann tranken sie Kaffee bei Olma oben am Alcazár, mit Blick auf den trägen Río Tajos unten im Tal. Drehten eine Runde durch die verwinkelten Gassen, besichtigten vielleicht die Kathedrale oder irgendeinen anderen Ort, an dem El Greco seinen Pinsel geschwungen hatte. Zum Abschluss noch ein frühes Abendessen bei Asador Adolfo in der Calle La Granada.

Diese Sonntage hatten eine Leichtigkeit, die ihn großzügig für die Angst entschädigte, die ihn bisweilen packte, wenn ihm unvermittelt bewusst wurde, dass er allmählich jenes Alter erreichte, das die eingefleischten Gewohnheiten und ihr Tempo in Toledo bereits erahnen ließen.

Ulf hatte ihn eingeladen, ihn im Sommer auf seinem Einsiedlerhof bei Olofström zu besuchen, in Südschweden, in der Provinz Blekinge. Dort war Ulla gestorben. Zu Hause in ihrem Bett, mit Blick auf den See. Eines Morgens, ehe sich der Nebel gehoben hatte.

Ulf erzählte von dieser letzten Zeit mit einer Offenheit, die Kazanski traf wie ein Dolchstoß. Der große Schwede war ihm in mancher Hinsicht weit voraus …

Er hatte den letzten Schluck Kaffee vergessen. Jetzt war er kalt. Er kippte den Rest in den Topf der grünen Zimmerpflanze. Ulf kam bald zurück, aber das Fußballspiel morgen verpasste er.

Die Bauarbeiter krabbelten an der Fassade herum wie Ameisen auf einem Kadaver. Sie hatten also endlich angefangen. Die ganze letzte Woche hatten sie ein Gerüst rund um das baufällige Hostal La Perla Asturiana aufgestellt, das heruntergekommene Hotel, das hoch über die Plaza de la Provincia ragte. Wozu das gut sein sollte, wusste er nicht, aber sie würden ziemlich lang polieren müssen, bis diese Perle wieder glänzte.

Kazanski ging weiter über den Platz zum Ministerio de Asuntos Exteriores. Das Außenministerium residierte in ganz anderer, stattlicher Umgebung. Der prächtige Palacio de Santa Cruz war ursprünglich als Staatsgefängnis erbaut worden, und Emilio behauptete grinsend, dass es das heute immer noch sei.

Kazanski nickte den beiden Wachmännern kurz zu, die mit Maschinenpistolen bewaffnet vor dem Eingang standen, ging durch das Tor, die Treppe hoch und blieb erst in einem kühlen Vorzimmer mit gewölbter Decke stehen.

»Was kann ich für Sie tun?«

Sie schon wieder … Die kräftige Frau sah ihn ausdruckslos an, und ihr Tonfall machte mehr als deutlich, wie gelangweilt sie war. Emilio hatte ihm erzählt, dass sie neu war, aber inzwischen stand er ihr zum vierten Mal gegenüber.

»Ich habe eine Verabredung mit Emilio Hernandez.«

»Und wen darf ich melden …«

»Kazanski, Jan Jordi Kazanski.«

»Ah ja, und woher kommen Sie?«

»Vom Mars.«

Sie sah ihn streng an und er kam ihr zuvor.

»Tut mir leid, von der amerikanischen Botschaft. Aber ich war auch schon am Dienstag und am Donnerstag hier …«

»Haben Sie eine Vorstellung, wie viele Leute hier jeden Tag ein und aus gehen?«

Die Frau wandte ihm demonstrativ den Rücken zu und ging betont langsam zum Telefon. Sie ließ sich reichlich Zeit, aber schließlich kam sie mit der Information zurück, dass Emilio Hernandez gerade in einer Sitzung sei, die länger dauere als gedacht. Es tue ihm sehr leid. Mit einem versöhnlichen Lächeln erlaubte sie Kazanski gütig, eine Nachricht zu hinterlegen.

Kazanski setzte sich ins Café Santa Cruz, an der Ecke gegenüber. Näher als hier konnte man einem ministeriellen Treffpunkt nicht kommen, falls es so etwas überhaupt gab. Es wimmelte nur so von gepflegten Erscheinungen in gut sitzenden Anzügen und in der Luft hing ein Hauch von Parfüm und Aftershave. Hier war es keine Schande, sich über Rundschreiben und Stellungnahmen zu unterhalten, wenn einem der Sinn danach stand.

Kazanski hatte einen Bärenhunger und bestellte sich zwei Empanadas, ein Stück Tortilla und ein Mineralwasser. Er selbst trug auch Anzug, einen schwarzen ohne Firlefanz, und mittlerweile füllte er ihn sogar wieder aus. Vielleicht war er dabei, sich wieder ins Gleichgewicht zu fressen, seit man ihn mit der Entsendung nach Madrid zurück in die Manege der gut dressierten Tiere geschickt hatte, mit der hochangesehenen Diplomatie als Dompteur.

Aber irgendetwas hinderte ihn noch daran, sich entspannt über das Essen herzumachen. Er wusste, was es war, als seine Krawatte auf seinem Teller landete. Das Ding musste weg. Sie war ebenfalls schwarz, immer. Er besaß vier identische. Ihm fiel ein, wie Alicia ihm damals eine Krawatte zum Geburtstag geschenkt hatte. Knallbunte Blumen auf grellrotem Untergrund. Er hatte sie nie getragen, und als er aus dem Haus ausgezogen war, war die Krawatte an eine Wohltätigkeitsorganisation gegangen, so wie fast ihre gesamte Kleidung.

Den Tag, als er nach der Beerdigung in Barcelona nach New York zurückgekommen war, hatte er wie in Trance verbracht. Er erinnerte sich an jedes einzelne von Alicias Kleidern. Einige waren mit ganz bestimmten Erinnerungen verknüpft. Das kurze rote hatten sie in Barcelona gekauft und sie hatte es zum Nelkenfest in Sitges getragen. An andere erinnerte er sich, ohne zu wissen, warum. Irgendwo trug gerade in diesem Moment vielleicht eine Frau etwas von ihr. Wo? Welche Frau?

Rosas Sachen hatte er sorgsam in Packpapier eingeschlagen. Die Sommerkleidung, die Winterkleidung, die Sportkleidung. Irgendwo trug gerade in diesem Moment vielleicht ein Mädchen etwas von ihr. Wo? Welches Mädchen?

Ein kleines geblümtes Sommerkleid hatte er behalten. Es lag in der untersten Schublade in der Kommode im Flur, zusammen mit Alicias schlichtem schwarzem Kleid, das sie angehabt hatte, als sie La Moreneta besuchten, die Schwarze Madonna im Kloster Montserrat, um den Apfel zu küssen und ihren Segen zu erbitten.

Am späten Nachmittag war die Charity-Schnepfe des Viertels, Dolores Lassiter, gekommen, um die Sachen abzuholen. »Und vergiss nicht, Jordi, mein Lieber – Bob und ich sind immer für dich da, wenn du uns brauchst«, säuselte sie honigsüß auf dem Weg nach draußen. Alicia und er hatten das penetrante Weib und ihren stupiden Koloss von Ehemann kaum gekannt.

Er rollte den Schlips zusammen und steckte ihn in die Tasche. Das Ding zu tragen, fühlte sich an, als müsste er jeden Morgen den Kopf in eine Schlinge stecken, aber so, wie er sich in letzter Zeit ganz bewusst über vieles nicht beschwerte, hatte er auch den Krawattenzwang akzeptiert.

Von seinem Fensterplatz aus konnte er die wuchtige Überwachungskamera sehen, die hoch oben an der Fassade des Ministeriums installiert worden war. Die Ameisen krabbelten immer noch auf dem alten Hotel herum. Er beschloss, Emilio noch zehn Minuten zu geben.

Kazanski schielte auf seine Uhr und trommelte ungeduldig mit dem Daumen auf den Tisch. Sie wurden zum Briefing im Innenministerium erwartet, und zwar in exakt einer halben Stunde. Jetzt musste er verdammt noch mal aber wirklich langsam auftauchen. Gerade als Kazanski aufstehen wollte, sah er Emilio den Bürgersteig entlangeilen.

Erstaunlich, wie das Wetter umgeschlagen war, während sie im Innenministerium saßen – oder aber sie hatten einfach sehr lange dort gesessen. Hier auf der Meseta, der Hochebene, auf der das einzigartige, rastlose Madrid lag, bot der September wirklich von allem etwas. Von Westen her, aus der Sierra de Guadarrama, war frischer Wind aufgezogen, und Kazanski fühlte sich wie befreit.

Er ging das letzte Stück die Av. Mendendez Pelayo zu Fuß, obwohl Emilio ihm angeboten hatte, ihn nach Hause zu fahren. Der Parque del Retiro auf seiner rechten Seite war immer noch grün, aber auch wenn es jetzt unvorstellbar erschien, würden im Herbst Brauntöne das Bild prägen. Und dann kam man eines Tages vom Klo und draußen war plötzlich Winter.

Diesmal hatte er keine Probleme mit der Konzentration gehabt und keine angespannten Nerven. Vielleicht, weil nichts geschehen war, das etwas in ihm auslöste, einen inneren Schalter umlegte und das, was gewöhnlich im Dunkeln lag, in Licht tauchte.

Am Tisch hatten sich nur Anzüge und Uniformen versammelt. Oberst Miramóns Informationen waren aufschlussreich, obwohl die Verhöre noch lange nicht abgeschlossen waren.

Sie waren alle da gewesen, alle Gesichter, die er von der Planung der Konferenz kannte. Der stille Oxfordakzent, der blasse Italiener, der sonnengebräunte Deutsche und der Franzose mit dem Doppelkinn. Er unterhielt sich nie privat mit ihnen. Wahrscheinlich, weil sie ihn nicht interessierten. Er hatte dieses Familiengefühl nie geteilt, das viele in den diplomatischen Enklaven der Großstädte, dem Sammelbecken der Entsandten, empfanden. Wenn die einzige Gemeinsamkeit darin bestand, dass man weit weg von zu Hause war und sich auf Flughöhe mit den restlichen oberen Zehntausend bewegte, dann juckte ihn das nicht.

Die anderen im Team, das für die Konferenz verantwortlich war, wussten offenkundig nicht, dass Kazanski bei der Aktion vor zwei Tagen vor Ort gewesen war. Während einer Sitzungspause nahm Oberst Miramón ihn zur Seite und bat ihn, das auch weiterhin für sich zu behalten. Die Kollegen sollten sich nicht benachteiligt fühlen. Normalerweise wäre es unverantwortlich gewesen, Außenstehende mitzunehmen. Oder, besser gesagt, wenn das U. E. I seine Arbeit machte, hatte niemand anderes dort etwas zu suchen. Aber es war dem Oberst wirklich ein Vergnügen gewesen, dem amerikanischen Spezialisten zeigen zu können, wozu seine Einheit fähig war.

Die sechs Festgenommenen stellten offensichtlich die Kommandozentrale einer kleinen Splittergruppe der ETA dar. Das hatten die ersten Befragungen bestätigt. Dem Oberst zufolge war kein einziger Schuss gefallen. Kazanski konnte ihm für die Aktion nur Anerkennung zollen. Genau wie die Planungsphase war der gesamte Ablauf ein Beispiel für effektive Teamarbeit gewesen.

Kazanski bog links um die Ecke und ging weiter die Straße hinunter. Er wohnte in der Calle del Alcalde Sainz de Baranda, die auf der anderen Seite des Sees zum Park führte.

Das erste Zeichen, dass er gleich zu Hause war, war die hässliche Kirche, Santisimo Sacramento, deren tragende Konstruktion wie ein überdimensioniertes A aussah. Dieser moderne, architektonische Totalausfall erinnerte ihn an das Buchstabenpauken als Kind, als sein größtes Ziel im Leben noch war, Lesen zu lernen, um nicht länger von der Laune anderer abhängig zu sein.

Davon abgesehen mochte er die Straße – zwei einspurige Fahrbahnen, durch einen Fußgängerbereich in der Mitte voneinander getrennt, flankiert von Platanen und Büschen. Der vordere Abschnitt wurde idyllisch von einem Efeudach beschattet, und wenn man etwas weiter ging, kam man zu einem Zeitungskiosk und ein paar Blumengeschäften.

Das sogenannte Vogelviertel mit seinen vielen charmanten Sonderlingen war Kazanskis Welt. Er wohnte im vierten Stock eines sechsstöckigen Altbaus, an der Ecke einer Straßenkreuzung. Die Narvaéz hinunter herrschte ziemlich viel Verkehr und in ihrer unendlichen Weisheit hatte die Stadtverwaltung beschlossen, sehbehinderte und blinde Mitbürger von einem zwitschernden Vogelschwarm über den Fußgängerüberweg leiten zu lassen. Wenn das Ampelmännchen grün aufleuchtete, setzte ein wahres Zwitscher-Inferno ein. Sobald das Männchen anfing zu blinken, hielt ein Teil der Vögel den Schnabel, und wenn es rot wurde, waren alle wieder still.

»Auf die Art sparst du dir eigene Wellensittiche«, hatte Ulf bei seinem ersten Besuch feixend festgestellt. Kazanski hatte sich inzwischen an den Lärm gewöhnt. In Nächten, in denen er einfach nicht in den Schlaf fand, hatte das Gezwitscher fast schon etwas Therapeutisches.

An der gegenüberliegenden Ecke war Pablos kleine Cafeteria, das Dominguez. Dort frühstückte er jeden Morgen. Um Punkt halb acht setzte er sich an die Bar und bestellte einen Café con leche und ein Bocadillo mit Schinken und Käse oder Chorizo. Und hier traf er sich immer mit den anderen, darunter el Caudillo, ein alter Psychologe, den er dank einer glücklichen Fügung über Pablo kennengelernt hatte.

Er hätte nie gedacht, dass es jemals so weit kommen würde, aber vor einer ganzen Weile hatte er sich tatsächlich dazu durchgerungen, einen Psychologen aufzusuchen. Nach der Mission in Krakau war es ihm zunächst besser gegangen – vielleicht weil Ewa bei ihm gewesen war. Danach wurde es unerträglich. Er befand sich in einer Phase, in der die Albträume kein Ende nehmen wollten.

Alles holte ihn ein. Das Schrillen des Telefons in seinem Moskauer Büro, die Fahrt durch wirbelndes Schneetreiben, das Widerhallen der Worte von den nackten Wänden des Rechtsmedizinischen Instituts, die weißen Laken über ihren Körpern, die zur Unkenntlichkeit verbrannten Gesichter und – ganz am Ende der Chronologie seiner Erinnerungen ein lebloser Körper, besprüht mit gelber Farbe, der kopfüber hin- und herschaukelte, in der Stirn ein dunkles Loch, aus dem das Blut strömte.

Schließlich hatte er kapituliert und sich irgendeinen Namen aus dem Ärzteverzeichnis im Telefonbuch herausgesucht. Eine junge Frau, wie sich herausstellte. Der Versuch scheiterte. Sie schien einfach nicht zu kapieren, dass seine Geschichte allein alles erklärte. Er war nicht daran interessiert, stundenlang über sich selbst zu sprechen, von der Wiege bis zu dem lebenden Zombie, in den er sich verwandelt hatte. Was er brauchte, war ein Werkzeug. Er wollte einen Steckschlüssel, eine Zange oder einen Schraubenzieher, um den Schaden selbst zu beheben und keine Angst mehr davor haben zu müssen, ins Bett zu gehen. Nach drei Besuchen bei der jungen Psychologin war Schluss. Am selben Abend hatte er Pablo davon erzählt, der gerade seine Gläser polierte.

»Ist dir der alte Mann mit dem Filzhut und dem Stock schon mal aufgefallen?«, hatte Pablo ihn gefragt. Und natürlich war er das. »Glaub es oder nicht, aber er war früher Psychologe. Und, was man so hört, sehr angesehen.« So hatte er Carlos kennengelernt.

Zuerst war der alte Mann noch abweisend gewesen, aber dann hatten Kazanskis Albträume seine Neugier geweckt. Vermutlich war es etliche Jahre her, dass ihn jemand nach seiner Meinung gefragt hatte. Der Alte pirschte sich an die Probleme heran wie ein Feldherr, der das Terrain in Augenschein nahm, ehe er seine Taktik festlegte. Und seine Strategie ging auf.

Mit guten Tipps und einfachen Techniken lernte Kazanski, seinen Ängsten entgegenzutreten, und mit der Zeit wurden die Abstände zwischen den gnadenlosen Nächten immer größer. Ganz verschwunden waren die Albträume nicht, aber sie kamen in einer Frequenz, mit der er leben konnte. Nach einer Weile hatten Carlos und er begonnen, die Themen ihrer Sitzungen auszuweiten und über alles zwischen Himmel und Erde zu diskutieren und zu streiten – von Franco bis Fußball. Und jetzt, jetzt verging kaum eine Woche, in der er sich nicht mit Carmencita und Carlos zum Essen traf.

Kazanski blieb vor der Haustür stehen. Er zögerte einen Moment. Es war so spät geworden, dass er eigentlich auch direkt zu Pablo gehen konnte. Carlos wartete sicher schon.

»Ah, da haben wir ja den Botschafter. Ich hatte schon Sorge, du könntest mich vielleicht vergessen haben!«

Das Gesicht des Alten unter dem Filzhut hellte sich auf. Er saß auf seinem Stammplatz ganz hinten an der Bar und zeigte vorwurfsvoll mit seinem Stock auf Kazanski.

»Guten Tag, el Caudillo. Wie steht es denn heute um das werte Befinden?« Kazanski grinste und klopfte dem Alten leicht auf die Schulter. Damit war das Ritual erfüllt. Wenn Carlos ihn den Botschafter nannte, musste er ihn auf jeden Fall el Caudillo nennen – der Anführer. Und diesen Namen trug er nicht ohne Grund.

Der Alte, der tatsächlich ein landesweit renommierter Psychologe gewesen war, konnte seine Begeisterung für General Franco nur schwer für sich behalten. Trotzdem hatten sie sich gefunden, denn Carlos war zwar eine falangistische Ratte, aber vor allem war er ein warmherziger Mensch. Und noch etwas sprach für ihn. Seine Passion für Fußball. Deshalb war es nur naheliegend, dass er sich ihren Fußballsonntagen anschloss, sofern seine Gesundheit es zuließ. Und in einer halben Stunde würden Kazanski und er sich auf den Weg ins Bernabeu machen, wo Real heute gegen Atletico Bilbao spielte.

Danach waren sie mit Carmencita zum Abendessen verabredet. Sie würden sich um 22:00 Uhr drüben bei Manuel im El Paleto treffen. Carmencita war Carlos' Frau. Sie hieß natürlich Carmen, aber da vermutlich nur noch die Russen die Spanier im großzügigen Gebrauch liebevoller Verkleinerungsformen übertrafen, war Carmen zu Carmencita geworden. Und das, obwohl sie geschätzte hundert Kilo auf die Waage brachte. Sogar Kazanski, benannt nach Barcelonas Schutzheiligem Sant Jordi, wurde hier zu Jordito, aber daran war er von Kindesbeinen an gewöhnt.

»Was denkst du, wie das Spiel ausgeht? Und wo ist unser schwedischer Freund?« Carlos wischte sich den Bierschaum von der Oberlippe und versuchte unbeirrt weiter, sich gefüllte Oliven und Anschovis von dem kleinen Tapasteller zu angeln. Seine Hände wurden von Mal zu Mal zittriger.

»Wir gewinnen mit zwei, drei Toren. Ulf ist zu Hause in Schweden. Urlaub«, antwortete Kazanski und bestellte sich ein Bier und eine Portion frittierte Tintenfische, Calamares Romanos, mit Aïoli und viel Zitrone.

Er hatte keine großen Erwartungen an das Match heute Abend. Hauptsache, sie holten die drei Punkte. Irgendwie war der Glanz weg. Es gab keine Helden mehr. Keine Magie. Keinen Wahnsinn. Real und Barca spielten beide so verdammt vorhersehbar.

»Entspann dich, es kommen schon wieder neue Talente«, lautete Ulfs Standardbemerkung, wenn er im Stadion frustriert die Arme hob. Aber bislang war noch kein neuer Michael Laudrup mit Sternenstaub an den Schuhen vom Himmel gestiegen. Und seit er wusste, dass der inzwischen pensionierte dänische Ballvirtuose zu Ehren seines alten Trainers Johann Cruyff noch ein Abschiedsspiel im Camp Nou gespielt hatte, schmerzte es Kazanski noch mehr. Das war jetzt über zwei Jahre her. Zu der Zeit war der Whiskynebel am undurchdringlichsten gewesen. Tragikomisch, dass er nichts davon gewusst hatte. Er wäre bis ans Ende der Welt gereist, um dieses Spiel zu sehen.

Auch die Nachricht vom Tod des wahren Meisters hatte auf dem Grund der Flasche Schiffbruch erlitten. Dass Joe DiMaggio sterben konnte – und er nichts davon mitbekam ... Das zeigte, wie verzweifelt er damals gewesen war. Kazanski senior vergötterte DiMaggio. Der größte Baseballspieler, den die Welt je gesehen hatte, war immer wie ein geliebtes Familienmitglied gewesen, das nie zu Besuch kam, obwohl es immer eingeladen war. Der einsame Wolf aus New York hatte ihn begleitet, seit er als Kind zum ersten Mal die alten Filmaufnahmen gesehen hatte. Er war mit der Ikone aufgewachsen, the Yankee Clipper.

»Where have you gone Joe DiMaggio? A nation turns its lonely eyes to you.« Er konnte jetzt nur noch fragen, so, wie Simon & Garfunkel es getan hatten. Vielleicht ging Joe mit seiner geliebten Marilyn im Himmel spazieren? Er war nur neun Monate mit der Monroe verheiratet gewesen, als sie schon die Scheidung wollte. Der stolze und bescheidene Mann hatte sie dennoch weiter geliebt und die Erinnerung an sie bis zuletzt in Ehren gehalten. Am 8. März 1999 war er gestorben. An einem Montag. An Lungenkrebs.

Kazanski schnippte seine Zigarette weg. Große Helden hinterließen große Lücken. 1999 hatten sich die Reihen gelichtet. Wayne Gretzky hatte sich von der Eisfläche im Madison Square Garden verabschiedet und auch Michael Jordan hatte aufgehört.

»Prost, Carlos. Wer weiß, vielleicht erscheint heute Abend ein neuer Held?«

»Was meinst du damit?«

»Ach nichts ...«

Papier und Bäume. Würde die ganze Welt auf Papier verzichten, gäbe es mehr Bäume. Er zog Bäume eindeutig vor. Aber dieses elende weiße Papier lauerte überall und bereitete ihm ein schlechtes Gewissen – um nicht zu sagen Stress.

Kazanski knüllte ein paar Blätter zusammen und stopfte sie in den Papierkorb. Das war die sicherste Methode, dieser Tyrannei zu entkommen. Er hatte Kollegen, die es nicht ertrugen, auch nur eine Zeile der internen und externen Mitteilungen zu verpassen, die in stetem Strom durch die Botschaft flossen. Aber ihre Magengeschwüre durften sie gern für sich behalten.

Er hatte den Großteil des Tages damit verbracht, das Material für seinen Bericht auf den neuesten Stand zu bringen. Er hatte seine Notizen der Sitzung im Innenministerium ausformuliert und ins Netzwerk hochgeladen. Jetzt musste er nur noch einem der Konsulatssekretäre ein Memo abgeben, dann konnte er nach Hause gehen. Nachdem die Sonne schien, würde er seine Lieblingsroute durch den Park nehmen und die Bäume in natura genießen.

Seine Wirbelsäule knackte, als er aufstand, um die Jalousie hochzuziehen, und vom langen Sitzen tat ihm der Hintern weh.

Von seinem Büro aus konnte er das Nachbargebäude sehen, den spanischen Hauptsitz der Banco do Brasil, die ein Stück weiter die Calle de Serrano hinunter lag. Irgendwo dort drüben saß Olivia, aber darüber dachte er gar nicht mehr nach. Er hatte die kurze Affäre mit der hübschen Brasilianerin ziemlich schnell wieder beendet. Damals hatte Ewa zu viel Raum in seinem Fühlen und Denken eingenommen und vielleicht tat sie das immer noch.

Er hatte gehört, dass sich ein paar der jungen Kerle von oben sogar an den Fenstern versammelten, um auf den himmlischen Augenblick zu warten, wenn Olivia entweder in die Mittagspause ging oder Feierabend machte. Sie überquerte die Straße mit diesem besonderen wiegenden Gang, und das Testosteron im dritten Stock tanzte Samba.

Im zweiten, wo er selbst saß, setzte kein Rhythmus ein. Die meisten seiner Kollegen waren langweilig. Sie hatten nur Augen für Beförderungen, Lohnerhöhungen oder vielleicht noch eine exotische Entsendung.

Er schnüffelte prüfend an seiner Achselhöhle. Das Deo hatte schon lange aufgegeben. Wieso kamen sie nicht einfach alle im Blaumann zur Arbeit? Das hier war doch eine Fabrik. Sie waren Angestellte eines industriellen, diplomatischen Konzerns. Er nahm sein Jackett. Es war höchste Zeit auszustempeln.

Das schwere Gittertor glitt langsam zur Seite, um einen der Botschaftswagen passieren zu lassen. Kazanski grüßte Lee, den Wachmann, dann verließ er den amerikanischen Boden und begab sich wieder auf gewöhnliches spanisches Pflaster.

Hinter ihm lag das große Gebäude aus weißen Steinquadern, umgeben von einem schmiedeeisernen Zaun mit Hunderten von geschwungenen Spießen. Die Botschaft war ein einfacher, schmuckloser Kasten, den er morgens betrat und am späten Nachmittag wieder verließ – einigermaßen überzeugt davon, dass das Ding ihn nicht leiden konnte. Aber der Job bedeutete Stabilität und eine relativ normale Umgebung und er brauchte beides.

Er ging bis zur Plaza de la Independencia, von wo aus man in den Park kam, durch den er schon so oft geschlendert war. Erst gemeinsam mit Ewa, später hatte er allein seine Runden gedreht.

Zu dieser Jahreszeit waren nicht annähernd so viele Menschen im Parque del Retiro unterwegs, aber wie immer saßen die Wahrsagerinnen unter ihren Sonnenschirmen am Seeufer. Kein einziges der kleinen Ruderboote, in dem die Liebespaare so gerne herumalberten, war auf dem Wasser, die Oberfläche spiegelglatt. Selbst Alfonso XII. und sein lahmer Klepper hielten oben auf dem Denkmal vergeblich nach der gelösten Atmosphäre des Sommers Ausschau.

»Hallo, Jordi!«

Sonia saß an ihrem kleinen Tisch und winkte ihm. Er kannte viele der Gesichter hier am See und das der alten Gitana war eines davon.

»Setz dich. Willst du einen Schluck?«

Sonia schenkte aus der verbeulten Thermoskanne ein, und Kazanski ließ sich auf den zusammenklappbaren Gartenstuhl sinken, der Sonias Kunden vorbehalten war. Ab und zu nahm er sich Zeit für eine Tasse Kaffee und ein Schwätzchen mit ihr. Und manchmal ließ er sich auch von ihr die Karten legen, obwohl er nicht an ihre Vorhersagen glaubte. Ihm ging es eher darum, sein Kleingeld loszuwerden. Aber wer weiß, vielleicht würde sie ihm ja eines Tages das ganz große Glück prophezeien …

»Wie geht es dir, mein amerikanischer Freund?«

»Ach, ganz okay, denke ich. Wie immer. Hier ist nicht viel los. Und du? Laufen die Geschäfte?«

»Ne, noch kein einziger Kunde heute. Hast du Lust?« Sonia wedelte ein bisschen mit den Karten.

»Na ja, warum nicht.«

Kazanski saß schweigend da und betrachtete die wenigen Spaziergänger, die vorbeigingen, während er eine Zigarette zum Kaffee genoss. Sonia saß ihm wie üblich murmelnd gegenüber und wie üblich hörte er ihr nicht zu. Als er wieder zu ihr hinübersah, sammelte sie mit ernster Miene die Karten ein. Normalerweise erzählte sie ihm immer irgendetwas Blumiges, damit er wenigstens ein paar warme Worte für sein Geld bekam, bevor sie mit ihrem Schwatz über Gott und die Welt fortfuhren. Aber heute blieb sie stumm.

»Und, was ist? Werde ich vor meiner Haustür von einer Dampfwalze überfahren?« Er lächelte sie an.

»Mach dich nicht über meine Karten lustig, mein Freund …«

»Aber was sagen sie denn dann?«

»Nichts Besonderes.«

Sie unterhielten sich noch ein bisschen, bis Kazanski sich schließlich für den Kaffee bedankte, um sich auf den Heimweg zu machen.

»Mein Freund …«

»Ja?«

»Pass auf dich auf.« Sonia hob warnend einen Zeigefinger. »Pass gut auf dich auf …«

Das blank geputzte Fenster war wie ein Spiegel. Kazanski blieb stehen und schaute hinein. Ein Mann, der vielleicht ein bisschen zu ungehobelt war, um … Drinnen im Laden, hinter seinem eigenen durchscheinenden Gesicht, bemerkte er eine Bewegung: Ortega winkte ihm mit großer Geste zu.

Alonso Ortega führte das Delikatessengeschäft zusammen mit seiner Frau Pilar. El Sabor de Madrid, der Geschmack Madrids, hieß der Laden, dessen Wände mit bunten Kacheln gefliest waren, die mittelalterliche Motive darstellten. Hier bekam man nahezu alles, was die beiden berühmtesten Küchen des Landes, die baskische und die katalanische, zu bieten hatten. Von der Decke hingen luftgetrocknete Serrano-Schinken und Würste und in den Regalen türmten sich Manchego-Käse, Gläser mit kostbarem Safran und andere erlesene

Paella-Zutaten aus Valencia neben Honig, Schokolade, Nougat, Mandeln, Oliven und Kuchen. An einer anderen Wand fand man die edelsten Tropfen, vom teuersten D. O.-Wein bis hin zum berühmten Jerez.

Ab und zu floss etwas aus diesem Feinschmeckertempel zu Kazanski in den vierten Stock. Pilar hielt sich für seine Ersatzmutter und ihre Fürsorge äußerte sich für gewöhnlich in einem Korb mit Leckerbissen aus dem Himmelreich. Immer wenn der Essensengel bei ihm gewesen war, rief er Ulf an, und dann saßen sie bis spät in die Nacht zusammen und aßen und tranken.

Genau wie die Albträume hatte er auch seinen Alkoholkonsum inzwischen unter Kontrolle. An vier von sieben Tagen rührte Kazanski keinen Tropfen an. Krakau hatte ihm Gewissheit verschafft und ihn damit von den quälenden Zweifeln und dem Gefühl von Ohnmacht befreit, die ihn immer wieder geradewegs auf den Boden der nächsten Whiskyflasche gestürzt hatten. Jetzt trank er wie die meisten anderen Menschen auch. Vielleicht sogar weniger. Und nur selten zu viel. Nur dann, wenn die Sehnsucht immer größer wurde und irgendwann übermächtig war.

Wenn das passierte, kamen unweigerlich auch die Gedanken an Ewa, die Tochter der Witwe. Dann saß er reglos im Sessel und versuchte, ihr Bild zurückzudrängen, weil es alles durcheinanderbrachte, aber schon wenige Minuten später war es wieder da, und Ewa sah ihn mit ihren magischen, schwarzen Augen an.

Erst vor ein paar Minuten hatte er im Park noch zu dem Mülleimer neben dem Weg hinübergespäht. Das tat er jedes Mal. In diesen Mülleimer hatte er das Flugticket nach Krakau geworfen, nur um kurz darauf kehrtzumachen und es wieder herauszufischen. Er war unglaublich unentschlossen gewesen. Am Ende war er in den Flieger gestiegen, aber er hatte es nur bis nach Warschau geschafft. Statt dort umzusteigen, hatte er es sich anders überlegt und dann stundenlang auf den nächsten Rückflug nach Madrid gewartet.

Er hatte nie jemandem davon erzählt. Nicht einmal Ulf. Zwei Briefe hatte sie ihm geschrieben und drei Postkarten – eine aus Argentinien, eine aus Schottland und eine aus Teneriffa. Sie lagen in derselben Schublade wie Alicias und Rosas Kleider.

Er stand schon vor der Haustür, als ihm plötzlich einfiel, dass er ganz vergessen hatte, nach Once-Marta zu schauen. Er drehte sich um, aber sie war heute nicht da. Die Jalousien waren heruntergelassen.

Marta war das bemerkenswerteste Geschöpf im Vogelviertel, zumindest optisch. Sie war kleinwüchsig und hatte einen Buckel, was ihrer immer guten Laune aber keinen Abbruch tat. Es war ihm ein Rätsel, wie diese Frau mit ihren vierzig, fünfzig Jahren es schaffte, so von innen heraus zu strahlen und so positiv aufs Leben zu blicken, obwohl sie ihren Arbeitstag in einem kackbraunen Kasten verbrachte.

Marta stand in dem kleinen, dunkelbraunen Häuschen und verkaufte Lose für die spanische Blindenlotterie ONCE. Wie man eine Stadt mit derart depressiven Verkaufsbuden pflastern konnte, war ihm ebenfalls schleierhaft. Aber vielleicht ging die Lotterie davon aus, dass alle anderen auch blind waren.

ONCE war auf der ganzen Welt für sein Radsportteam bekannt, das sowohl der Vuelta, dem Giro und der Tour de France seinen Stempel aufgedrückt hatte – in einem Sportzweig, in dem die Leistungsträger mittlerweile eher Versuchskaninchen der Pharmaindustrie waren, mit Ellenbogen so spitz wie Kanülen. Nicht auszuschließen, dass diese schrillen Athleten mit ihren Ohrringen, ihren geleckten Frisuren und den verrückten Sonnenbrillen alles Bunte aus der Blindenorganisation herausgestrampelt hatten, sodass für die Helden des Alltags nur noch ein Eimer brauner Farbe übriggeblieben war. Aber die Umgebung schien Marta nicht zu stören. Die verkrüppelte Glücksgöttin saß immer treu auf ihrem hohen Hocker und verkaufte lächelnd Lose.

Die schwere Hantel war ein verflucht passiver Gegner. Kazanski verzog das Gesicht und strengte sich an, sie ein letztes Mal anzuheben.

Egal wohin er sah – sein eigener Anblick blieb ihm nicht erspart. Narziss hatte irgendeinen Idioten dazu inspiriert, im gesamten Raum Spiegel aufzuhängen.

Wenn er nach links in den Spiegel schaute, sah er außerdem ein paar straffe, orangerote Pobacken, zwischen denen gerade noch ein schwarzer Tanga Platz fand. Wenn er sich nach rechts drehte, fiel sein Blick auf ein üppiges Dekolleté. Hinter ihm stöhnten zwei sonnengebräunte Steroid-Schränke mit riesigen Hanteln, die sich gegenseitig hochputschten.

Wenn er nach vorn schaute, sah er einen schwitzenden Mann Ende dreißig. Der Typ sah mittlerweile längst nicht mehr so kaputt aus wie zu der Zeit, als er nur flüssige Nahrung zu sich genommen hatte. Die Tränensäcke waren zwar noch da, aber nicht mehr so schwer. Vielleicht waren sie mit Malt-Whisky gefüllt. Wenn er die Augenbrauen hob, bildeten sich tiefe Falten auf seiner Stirn, in denen sich der Schweiß sammelte, um dann in einem schmalen Rinnsal an der Nase hinunterzulaufen und kurz an der Oberlippe hängen zu bleiben, ehe er den salzigen Geschmack im Mund wahrnahm.

Er trug das Haar jetzt kurz. Auch das gehörte zu dem Plan, den er nach Ewas Abreise im Orkan eines Vollrauschs mit seinen Aquariumfischen entwickelt und ausdiskutiert hatte. Am darauffolgenden Nachmittag war er nicht nur in voller Montur aufgewacht, sondern auch mit einer vollgepissten Hose, was wirklich ungewöhnlich war, aber er konnte sich immerhin noch an Bruchstücke seines Männergesprächs mit den Schleierschwänzen und Guppies erinnern: Veränderungen und Routinen. Das waren die Schlüsselwörter.

Und daran hielt er sich seitdem. Molekül für Molekül hatte er sich wieder zusammengesetzt und dabei gleichzeitig kleinere Korrekturen angebracht. Als Erstes hatte er sich von den halblangen schwarzen Haaren verabschiedet. Erst fielen die Locken, die ihm ständig in die Stirn hingen, und als Nächstes sahen seine Ohren wieder Licht. Und auch wenn er sich den Kopf nicht kahl geschoren hatte, waren die Haare ziemlich kurz, was unter anderem dazu führte, dass seine mittlerweile vorhandenen Geheimratsecken wie kleine Gletscher über seinen Schläfen glänzten.

Danach war er zum Frontalangriff auf alle Nachlässigkeiten übergegangen. An den Arbeitstagen herrschte ab sofort straffe Disziplin. Selbst den Haushalt unterzog er eisernen Regeln. Dienstags wurde Wäsche gewaschen, mittwochs stand der Wocheneinkauf an. Und es war Schluss damit, nur noch alle Jubeljahre den Abwasch zu machen. Außerdem ging er seitdem zweimal in der Woche Laufen und dreimal in der Woche zum Krafttraining.

Und hier saß er nun. Und starrte sich selbst in diesem beschissenen Spiegel an. Er hatte wie immer seinen alten Jogginganzug an. Ein kindisches Statement. Aber er nahm hier nicht an einem Schönheitswettbewerb teil.

Die Firma hatte ihn als Alkoholiker abgestempelt, als sie ihn damals beurlaubt hatten. Sie hatten nie begriffen, was zu dieser Zeit in ihm vorging. Sie hatten keine Ahnung, was es hieß, wenn das ganze Leben mit einem Schlag aus dem Gleis geriet. Sie hatten keine Ahnung, was es hieß, tausend Fragen, aber keine Antworten zu haben. Nach Krakau hatten ein paar Kollegen Fehler eingeräumt. Manche hatten sich sogar entschuldigt. Jannsen hatte ihm zum Dank noch eine Chance eingeräumt, aber auf den Fluren ging immer noch das Gerücht herum, er sei erledigt.

Sein neues Leben war vielleicht ab und zu ein bisschen langweilig, aber Kazanski ging es gut damit, sich von all diesen Leuten fernzuhalten. Und erledigt? Oh nein, ganz sicher nicht. Er spannte die Muskeln an und hob die Hantel für den letzten Durchgang.

Schon lange bevor er die Kreuzung erreichte, sah Kazanski den Schein des Blaulichts auf den Hauswänden. Als er näher kam, erkannte er eine kleine Ansammlung von Motorrädern und Einsatzwagen der Policía Municipal und der Policía Nacional. Ein Krankenwagen war ebenfalls da. Das Ganze fand direkt vor seiner Haustür statt.

»Was ist passiert?«, fragte er einen der Motorradpolizisten, aber er wurde nur weggeschoben. Dann entdeckte er Ortega.

»Alonso, was ist passiert?«

»Keine Ahnung. Sie wollten mir nicht antworten«, sagte er mit einem Nicken in Richtung der Beamten.

»Ich weiß es …« Luis aus dem dritten Stock, der ein Stück die Straße hinunter eine kleine Tischlerei betrieb, trat zu ihnen.

»Meine Frau wollte runter – und da liegt unten an der Treppe dieser Kerl, wer auch immer das ist. Er liegt da wie leblos und blutet am Kopf. Also kommt sie schreiend zurück und weckt mich. Ja, ich war vor dem Fernseher eingeschlafen … Na, ich rufe den Krankenwagen und kurz darauf ist die

Polizei auch schon da. Anna sagt, auf dem Treppenabsatz hätte ein Geldbeutel gelegen. Vielleicht ein Überfall … Wer weiß? Aber er sah wohl echt nicht gut aus. Vielleicht ist er auch tot.«

Zwei Sanitäter mit einer Trage bahnten sich ihren Weg durch die Traube aus neugierigen Gaffern. Kazanski konnte nichts sehen, obwohl er sich auf die Zehenspitzen stellte. Er wollte sich gerade bücken und seine Tasche mit den Sportsachen aufheben, als ihn plötzlich ein ungutes Gefühl überkam. Für einen Moment versuchte er, den Grund dafür auszumachen, aber vergeblich. Dann folgte er seinem ersten Impuls und drängelte sich wie ein Bulldozer zum Krankenwagen durch. Mit einem Schultertackling brachte er einen Beamten aus dem Gleichgewicht und schob sich bis zur Trage vor.

Es war Ulf … Das konnte nicht sein … Kazanski spürte, wie ein Lederhandschuh ihn hart von hinten im Genick packte und schlug außer sich die fremde Hand weg. Er kämpfte sich zum Kopfende vor. Es war Ulf. Auf der Unterlage war Blut. Er war bewusstlos. Lag einfach nur da, mit geschlossenen Augen.

»Zurück, Idiot!«

Der scharfen Stimme folgte ein Arm, der sich um seinen Hals legte. Zwei Polizisten zogen ihn nach hinten, weg von der Trage.

»Was ist passiert?«

»Ruhe jetzt, oder wir nehmen Sie mit aufs Revier. Diese Scheißsensationsgier!« Der eine Polizist rammte ihm einen Ellenbogen in die Magengrube.

»Ich bin Diplomat. Diplomat, verdammt! Der Mann auf der Trage ist ein guter Freund von mir. Er ist Mitarbeiter der schwedischen Botschaft!«

Der Arm um seinen Hals straffte sich.

»Ich habe einen Ausweis. Von der amerikanischen Botschaft … Ich kann ihn zeigen …« Nur mit Mühe brachte er die Worte heraus.

Der Polizist hinter ihm lockerte seinen Griff, und Kazanski gelang es, seinen Ausweis aus der Innentasche zu ziehen. Der andere Polizist nickte. Ein Mann von der Policía Nacional kam dazu.

»Schwedischer Diplomat, sagen Sie?«

»Ja. Lassen Sie mich mit dem Krankenwagen mitfahren.«

»Das geht nicht. Wir können nicht zulassen, dass sich hier einfach jeder einmischt. Es muss jetzt schnell gehen. Warten Sie drüben an der Tür. Ich werde mich gleich mit Ihnen unterhalten – für den Bericht.«

Es war zu spät. Die Türen wurden zugeschlagen und begleitet vom schrillen Geheul der Sirenen beschleunigte der Krankenwagen und raste über die Kreuzung davon.

Der Ritter von der traurigen Gestalt holperte mit erhobener Lanze auf Rosinante davon. Wenn er über die Buchseiten hinausritt, würde er frontal mit der Tischlampe zusammenstoßen und vermutlich zu Boden stürzen.

Kazanski drehte Runde um Runde in seiner Wohnung. Gute Bücher zu lesen, gehörte ebenfalls zu seiner Reformpolitik. Aber jetzt konnte er sich unmöglich hinsetzen und lesen. Don Quijote und Sancho Pansa mussten warten. Ab und zu blieb er stehen und aß eine Gabel Thunfischsalat und trank einen Schluck Milch. In seinem Kopf war nur Ulf. Was war mit ihm passiert? Warum war er nicht in Schweden? Die offenen Fragen türmten sich bis unter die Decke.

Die Polizei hatte unten auf der Straße lediglich seine Aussage zu Protokoll genommen, ziemlich routiniert. Später hatte er erfolglos auf der Dienststelle angerufen. Alle drei Mal wurde er abgewimmelt. Auf der Wache sei viel zu tun und er könne nicht einfach anrufen, seinen Namen nennen und dann erwarten, Auskunft zu bekommen. Das Entgegenkommen beschränkte sich auf eine kurze Information: Der Mann sei die Treppe hinuntergefallen und habe sich eine schwere Kopfverletzung zugezogen.

War es womöglich ein Überfall gewesen? War Ulf ohnmächtig geworden und gestürzt? Aber wieso hatte er sich nicht gemeldet und Bescheid gegeben, dass er kommen wollte?

Es war fast zwölf, als das Telefon klingelte. Kazanski blieb stehen. Sein Telefon klingelte so gut wie nie – und niemals so spät. Es war nicht die Polizei. Es war Anita, Ulfs gute Freundin und persönliche Assistentin in der Botschaft. Sie war ein paarmal mit ihnen in Toledo gewesen und mittlerweile kannte Kazanski die ältere Dame ziemlich gut.

»Hast du schon etwas Neues gehört, Jordi?« Sie klang sehr aufgewühlt.

»Nein.«

»Weißt du irgendetwas, was wir nicht wissen? Wie ist es passiert?«

»Ich weiß es nicht, Anita. Ich bin gerade vom Training nach Hause gekommen, als sie ihn in den Krankenwagen gebracht haben. Bewusstlos. Die Treppe runtergefallen. Dabei sollte er ja eigentlich gar nicht in Madrid sein. Hast du schon mit dem Krankenhaus gesprochen?«

»Nein, aber der Botschafter. Den Kopf, den hat es schlimm erwischt. Ulf liegt im Koma. Sie sagen, dass er vielleicht stirbt. Vielleicht ist er schon tot …«

3

Nach Öl bohren. Nach Wasser bohren. In Zähnen bohren. In Köpfe bohren? Er hatte gehört, dass das möglich war, aber es kam ihm vor, als würde man sich gewalttätig Zutritt zu privatem Raum verschaffen.

Aber das hatte Anita am Telefon gesagt – dass man vielleicht ein Loch in Ulfs Kopf bohren würde, falls durch eine starke Blutung zu großer Druck entstand. So hatte es der Botschafter verstanden.

Kazanski wartete auf Grün, dann überquerte er die Straße ins Almagro. Anita wartete an der schwedischen Botschaft auf ihn, um ihn ins Hospital General Gregorio mitzunehmen. Er selbst hatte kein Auto – und er wollte auch keins.

Vor drei Tagen war Ulf im Treppenhaus gefunden worden. Seitdem lag er nun im Koma. Ein Bohrloch in der Schädeldecke … Kazanski schauderte bei der Vorstellung. Allein der Gedanke an eine Zahnarztpraxis trieb ihm den Schweiß auf die Stirn. Das scharfe Pfeifen eines Querschlägers dagegen ließ ihn kalt. Die Welt war komisch. Ulf würde das Knirschen sowieso nicht hören. Was würde man wohl im Kopf eines Kulturattachés finden? Spielte dort Kammermusik? Bruce Springsteen? Ulf liebte beides.

Und was, wenn er anstelle seines Freundes auf der Intensivstation läge? Würden seine Albträume heraussickern? Oder würde ein wütender Schwarm Killerbienen aufsteigen und das Personal schreiend durch die Gänge jagen? Sein Kopf war das Allerheiligste, zu dem nur er selbst – und im äußersten Notfall el Caudillo – Zugang hatte.

Er schüttelte die absurden Gedanken ab. Vielleicht war es die Angst davor, Ulf zu sehen, die ihn auf solche Ideen brachte.

Am Tag zuvor waren zwei Kripobeamte in der amerikanischen Botschaft gewesen, um seine Zeugenaussage für den Bericht zu vervollständigen. Da ein Botschaftsmitarbeiter betroffen war, hatte der Fall natürlich höchste Priorität.

Die Ermittler hatten sich nicht festlegen wollen. Es sei nicht zwingend von einem kriminellen Hintergrund des Vorfalls auszugehen. Vielleicht ein Schwächeanfall. Er hatte ihnen gesagt, wie es war: dass er Ulf erst einige Tage später aus seinem Schwedenurlaub zurückerwartet habe. Sonst hätte er sie ja auch zum Fußballspiel begleiten können.

Als die Kripo wieder weg war, hatte er Emilio Hernandez im Außenministerium angerufen, um Druck zu machen. Emilio war dem Innenministerium unterstellt, ihm standen mit anderen Worten alle Mittel zur Verfügung, die Kazanski jetzt benötigte.

Heute, nach dem Besuch im Krankenhaus, würde er die vorläufigen Ermittlungsergebnisse bekommen. Das hatte Emilio ihm versprochen. Unter der Bedingung, dass er die Informationen für sich behielt. Diskretion verstand sich bei Freundschaftsdiensten von selbst, erst recht, wenn sich jemand dafür über Vorschriften hinwegsetzte.

Vor ihm tauchte die schwedische Botschaft auf. Tatsächlich war das Gebäude noch hässlicher als die Kirche mit dem A in seiner eigenen Straße, wenn auch nicht so groß. Es sah aus, als hätten die Schweden in einem Anfall von Paranoia ein ganzes Festungswerk aus rotem Backstein errichten lassen.

Zur Straße hin gab es kein einziges Fenster, nur eine gewaltige, gemauerte Fassade über zwei Stockwerke hinweg. Der massive Bau in der Calle de Caracas stach aus dem sonst so idyllischen Viertel heraus. Wäre das Wappen mit den drei Kronen vorn an der Straßenecke nicht gewesen, hätte man fast denken können, dass hier die spanischen Kronjuwelen verwahrt wurden.

Er blieb vor der schweren Eingangstür stehen, die natürlich mit einem Stahlmantel versehen war, drückte auf den Summer und starrte trotzig in die Überwachungskamera.

Anita hatte nur eine Viertelstunde gebraucht, um sie beide durch den wahnsinnigen Verkehr bis zum Krankenhaus zu manövrieren. Dort hatten sie die gütige Erlaubnis erhalten, Ulf zu sehen. Schließlich hatte er ja keine Angehörigen in der Stadt. »Intensivstation – Neurochirurgische Abteilung«, stand auf dem Schild. Eine Krankenschwester kam ihnen entgegen und forderte sie auf, ihr den Gang hinunter zu folgen.

Ein Mann in weißem Kittel beugte sich über das Bett, als sie ins Zimmer kamen. Die Schwester stellte ihn als den Oberarzt vor, der für Herrn Nyström zuständig war.

»Haben Sie gebohrt?«

Die Frage, die ihm schon seit Stunden auf der Zunge brannte, rutschte Kazanski einfach heraus. Der Oberarzt sah ihn verwirrt an.

»Gebohrt?«

»Ja, gebohrt. Wollten Sie nicht bohren? In seinen Kopf?«

Der Oberarzt lächelte nachsichtig und winkte sie mit sich hinaus auf den Gang.

»Ich gebe Ihnen einen Überblick über Herrn Nyströms Zustand. Das machen wir besser hier draußen.«

»Wie geht es ihm?« Anita klinkte sich ein.

»Herr Nyström liegt unverändert im Koma. Ein schweres Schädelhirntrauma. Wir haben das Hämatom recht schnell operiert, ab …«

»Das Häma-was?« Kazanski sah den Mann skeptisch an.

»Das Hämatom, die Blutung, Entschuldigung. Nyström hatte eine Blutansammlung zwischen der harten Hirnhaut und dem Schädelknochen, auf Höhe der Schläfe. An der gefährlichsten Stelle.«

»Und was jetzt? Wann wacht er auf? Wird er wieder gesund?«

Kazanskis Mund spuckte weiter Fragen aus, obwohl er im Grunde schon ahnte, dass niemand ihm darauf Antworten geben konnte.

»Ich kann Ihnen leider nicht sagen, wann oder ob er wieder aufwachen wird. Nur, dass die Operation planmäßig verlaufen ist. Manche Patienten erholen sich vollständig, andere tragen bleibende Schäden davon. Das hängt davon ab, wie schwer das Gehirn betroffen ist und wie lange die Patienten ohne Bewusstsein sind. Nyström wird noch einige Tage hierbleiben, dann verlegen wir ihn auf die Neurologie. Der Rest ist dann eine Frage der Zeit – und Glück wird er brauchen. Auf jeden Fall wird das Aufwachen schrittweise und sehr langsam vor sich gehen. Nie plötzlich – das gibt es nur in schlechten Filmen.«

Kazanski und Anita nickten stumm. Der Oberarzt verabschiedete sich, aber er bot ihnen an, sich gern an ihn zu wenden, falls sie noch weitere Fragen hätten.

Sie schlichen sich ins Zimmer, als könnten sie Ulf aufwecken, wenn sie zu viel Lärm machten. Er lag reglos da, ein Riese in tiefem Schlaf, angeschlossen an eine Unzahl von Kabeln und Schläuchen.

Kazanski nahm seine eine Hand, Anita die andere. So saßen sie schweigend eine Weile da.

Abgesehen von dem dramatischen Verband hatte sein Gesicht etwas Friedvolles. Ulf suchte immer das Gute im Schlechten. Vielleicht dachte der große Schwede hinter den geschlossenen Augen, dass er dann jetzt eben ein langes Nickerchen machte, wenn es nun mal so sein sollte. Oder war er gar nicht hier, saß er in Blekinge und schaute auf den See hinaus? Schlenderte er über das Kopfsteinpflaster in Toledo? Ulf konnte überall und nirgends sein.

Vielleicht war er auch ganz da, lauschte angestrengt und konnte nicht verstehen, warum sie nichts sagten?

»Das wird schon wieder, Ulf. Nicht den Kopf hängen lassen. Bald bist du wieder gesund …« Kazanski hörte selbst, wie idiotisch das klang. Aber ihm fiel nichts Besseres ein. Im Augenblick stand alles still.

»Sprechen Sie leise und behalten Sie Ihre Sorge um ihn für sich«, hatte der Oberarzt noch gesagt, ehe er weitergeeilt war.

US-amerikanische Untersuchungen deuteten auf einen noch ungeklärten Zusammenhang zwischen den Gesprächen der Besucher und der Prognose für Koma-Patienten hin. Zuversicht wirkte sich womöglich positiv auf die Wahrscheinlichkeit aus, dass die Patienten aufwachten. Ängste dagegen könnten negativen Einfluss haben.

»Ulf, mein Lieber. Alles wird gut. Du wachst bald wieder auf. Wir denken alle an dich«, flüsterte Anita.

Sie belog ihn auch – mit bangem Lächeln.

Irgendein Clown hatte Blumen mitgebracht, wahrscheinlich war es der Botschafter gewesen. Als ob eine Scheißblume hier irgendjemandem helfen würde. Kazanski hatte den selbstgefälligen Blomquist noch nie leiden können, diese wandelnde Schleimspur.

Immer wieder betrachtete er Ulf und hielt nach irgendeinem Zeichen von Leben Ausschau, sei es nur ein leichtes Zittern. Vielleicht würde sein Freund die Augen nie wieder öffnen. Und wenn doch, war er dann noch derselbe?

Wenn Ulf ihn verließ, dann war Schluss. Keine Freundschaften mehr. Kazanski fluchte innerlich über sich selbst. Armseliges Selbstmitleid. Tut mir leid, Ulf …

Anita setzte ihn zu Hause ab. Emilio Hernandez saß wie verabredet schon in Pablos Cafeteria und wartete auf ihn. Hernandez hatte es eilig und schob nur den großen braunen Umschlag über den Tisch.

Kazanski brannte darauf, die Informationen zu sichten. Er bat Pablo, ihm seine Tortilla einzupacken, damit er sich verziehen konnte, bevor die Stammkunden kamen und reden wollten.

Jetzt machte er es sich mit dem Essen und einem eiskalten Bier auf dem Sofa bequem. Es war höchste Zeit nachzusehen, ob die Polizei mit ihren Ermittlungen weitergekommen war. In dem Umschlag steckte eine Mappe mit einem dicken Stapel Kopien. Er entschied sich, alles systematisch durchzugehen.

Es war spät geworden, als er alles gelesen hatte.

Er schnalzte ein paarmal nachdenklich mit der Zunge, legte den Stapel beiseite, holte sich noch ein Bier aus dem Kühlschrank, steckte sich eine Zigarette an, machte bis auf die Leselampe im Wohnzimmer alle Lichter aus und ließ sich in den tiefen Sessel sinken.

Offensichtlich gab es keinerlei Hinweise, die in eine konkrete Richtung deuteten. Auf die übliche nüchterne Art wurden in dem Abschnitt, der den vorläufigen Status der Ermittlungen zusammenfasste, alle Möglichkeiten offengehalten. Aber das Wort »Verbrechen« zog sich durch den ganzen Bericht.

Die Kriminaltechniker der Policía Judical hatten das Treppenhaus akribisch abgesucht. Allein das unterstrich die Bedeutung des Falls. Sie hatten auch Ulfs Fingernägel untersucht, aber nichts Ungewöhnliches gefunden. Bis auf einen kleinen Knopf, der vermutlich von einem Hemd stammte, gab es im ganzen Treppenhaus nicht eine einzige Spur. Der Knopf stammte von dem Treppenabsatz im zweiten Stock, wo Ulf gelegen hatte, aber das konnte auch einfach Zufall sein.

Aus einem Menschen mit Namen Ulf Nyström wurden in dem Bericht zwei Initialen, das erleichterte die Fallbeschreibung:

U. N. war die Treppe hinuntergestürzt. Dem heftigen Aufprall nach zu urteilen befand er sich davor vermutlich auf dem Absatz im dritten Stock. U. N. wies Blutergüsse an der rechten Wange und am rechten Knie auf sowie mehrere Schürfwunden. Es war nicht unmittelbar ersichtlich, ob U. N. sich die Blutergüsse vor dem Sturz zugezogen hatte oder ob sie eine Folge desselben waren. Die Hautabschürfungen können dagegen mit großer Wahrscheinlichkeit dem Sturz zugeordnet werden. U. N.s Brieftasche wurde neben ihm gefunden. Sie enthielt weder Bargeld in Scheinen noch Kreditkarten – lediglich einige Peseten in Münzen, U. N.s Führerschein und andere persönliche Papiere. Keine Fingerabdrücke.

Die Kripo ging aufgrund der Brieftasche von drei Möglichkeiten aus:

1: U. N. war Opfer eines Raubüberfalls geworden.

2: U. N. war aus anderem Grund überfallen worden und der Diebstahl der Wertsachen diente dem Vortäuschen eines Raubüberfalls.

3: U. N. war von jemandem bestohlen worden, der zufällig vorbeigekommen war, als er bereits bewusstlos auf dem Treppenabsatz lag.

Aus dem Protokoll ging hervor, dass sämtliche Nachbarn befragt worden waren, mit Ausnahme der Wohnung im dritten Stock links, deren Bewohner verreist waren. Das war das junge Pärchen, Ramón und die schwangere Claudia. Hatte Ramón nicht neulich mal erwähnt, dass sie zu ihren Eltern nach Coruna wollten?

Kazanski schaute zu den erleuchteten Fenstern im Haus gegenüber. Das Vogelgezwitscher unten auf der Kreuzung hatte fast ganz aufgehört. Ihn – und offenkundig auch die Polizei – bekümmerte etwas ganz anderes als Ulfs Brieftasche. Nämlich die Tatsache, dass Ulfs Wohnungstür sperrangelweit offengestanden hatte und in seinem Wohnzimmer ein Stuhl auf dem Boden lag.

Schließlich befanden sich in der Mappe auch noch Kopien von Ulfs letzten Briefwechseln sowie Ausdrucke seiner E-Mails. Es war eine bunte Mischung. Manches davon war Kazanski bekannt, unter anderem die geplante Ausstellung schwedischer Maler und der anstehende Besuch des Kammerorchesters aus Göteborg. Es gab auch einen Briefwechsel bezüglich einer Delegation des spanischen Kultusministeriums, die nach Stockholm reisen sollte.

Aber das Einzige, was ihn hellhörig machte, war eine kurze E-Mail: »Hej Ulf! Es bleibt doch dabei, oder? Kornhamnstorg, Gamla Stan. Bis dahin! Danke dir schon jetzt! Marianne.«

Die Mail war fast vierzehn Tage alt und Ulf war erst eine Woche später in den Urlaub geflogen. Vielleicht hatte er die Verabredung für sich behalten wollen. Aber offenbar hatte diese Marianne einen Grund, sich bei ihm zu bedanken.

Alle Kopien waren mit einer Klammer zusammengeheftet und auf einem Zettel hatte Emilio notiert, dass weder Absender noch Empfänger bislang überprüft worden waren. Es schien wenig sinnvoll, Zeit und Personal in diese Arbeit zu investieren, da es sich lediglich um alltägliche Korrespondenzen handelte.

Kazanski stimmte ihnen zu. Hier war nichts zu holen. Aber die E-Mail dieser fremden Frau hatte seine persönliche Neugier geweckt. Und warum war Ulf früher als erwartet aus dem Urlaub zurückgekommen? Weshalb hatte er nicht angerufen?

Kazanski stand auf und ließ die Jalousien im Wohnzimmer runter, sodass es stockdunkel wurde. Dann setzte er sich wieder hin und versuchte, die Einzelteile zu einem Gesamtbild zusammenzusetzen.

In Ulfs Wohnung war etwas vorgefallen. Entweder hatte er sich dort mit jemandem aufgehalten oder er hatte die Person selbst hereingelassen. Ein Handgemenge im Wohnzimmer. Nur so konnte der Stuhl umgefallen sein. Ulf war ein Ordnungsmensch.

Flucht. Flucht oder Panik war die einzige Erklärung dafür, dass die Tür offen stand. Irgendetwas Gewaltsames war über Ulfs sonst so friedliches Leben hereingebrochen und er war zu Kazanski gekommen, weil er Hilfe brauchte. Aber was genau passiert war, nachdem der Stuhl in Ulfs Wohnzimmer umgeworfen worden war und bevor man den Schweden bewusstlos im Treppenhaus gefunden hatte, lag im Dunkeln.

Sie hatten sich nie gegenseitig mit Fragen in Verlegenheit gebracht, die sie sowieso nicht beantworten konnten oder die sie womöglich zum Lügen gezwungen hätten. Vor allem Ulf war sehr zurückhaltend, wenn er jetzt so darüber nachdachte.

Aber eines war sicher. Ulf konnte nichts anderes sein als

ein ganz normaler, rechtschaffener Kulturattaché. Er war einfach nicht der Typ für ein doppeltes Spiel. Und im Übrigen war es wirklich schwierig, in Spanien irgendwelche Interessen des schwedischen Geheimdienstes zu entdecken. Natürlich gab es die. Es gab sie immer. Aber Madrid spielte wohl kaum eine zentrale Rolle. Nein, Ulf war wirklich nicht der Typ dazu.

Die Tage schleppten sich träge dahin. Zahlen bestimmten seine Routinen.

Ulf lag seit neun Tagen im Koma. Kein Fortschritt. Kein Rückschritt. Vor zwei Tagen hatte Kazanski Albträume gehabt. Laut seinem Notizbuch zum ersten Mal seit dreiunddreißig Tagen. Es fehlten nur noch drei Abschnitte in seiner Sicherheitsanalyse. Gestern war er acht Kilometer gelaufen. Heute Abend hatte Real 4:1 gegen Valencia gewonnen. Im Training stemmte er zum ersten Mal die Zweiundzwanzig-Kilo-Hanteln, vier Einheiten zu je zwölf Wiederholungen. Ulf war überall dabei. Er sah sein Gesicht in jedem Spiegel des Fitnessstudios. Kazanski studierte das Polizeimaterial vorwärts und rückwärts. Rief sich die letzten Gespräche mit dem Schweden in Erinnerung. Suchte und suchte – ohne etwas zu finden.

Auf seine Veranlassung hin hatte Emilio Hernandez Druck gemacht, aber auch da gab es keine neue Spur. Sogar die Korrespondenzen waren überprüft worden. Sie hatten die erwähnte Marianne über ihre E-Mail-Adresse ausfindig gemacht. Ihr Nachname war Anderberg, und sie lebte in Stockholm, aber der Polizei war es nicht gelungen, sie zu kontaktieren. Man hatte auch nicht alle Mitglieder der Delegation des Kultusministeriums erreicht.

Heute war von A bis Z ein Scheißtag, voller Spekulationen

wie damals vor der Krakau-Mission. Er hatte bei Sonia einen Kaffee getrunken, aber sie hatte sich geweigert, ihm die Karten zu legen.

»Denk daran, was ich dir letztes Mal gesagt habe«, hatte die Alte ihm zugeraunt, als ob die Bäume Ohren hätten.

Morgen war Samstag. Dann würde er mit dem Zug nach Barcelona zu einem der mittlerweile selten gewordenen Besuche bei der Schwiegerfamilie fahren.

Er kannte das Programm. Zuerst ging es auf den Friedhof in Montjuïc, wo Rosa und Alicia lagen. Danach aßen sie bei Antonio in Barri Xines, wahrscheinlich irgendetwas mit Romesco-Sauce. Antonio würde lächeln, dass ihm die Spitzen seines gewaltigen Schnurrbarts fast die Augen ausstachen, er würde Kazanski auf den Rücken klopfen und ihn »Söhnchen« nennen. Zum Abschluss tranken sie noch einen Kaffee auf der Plaza Catalunya.

Das Ganze war so vorhersehbar, dass er es glatt selbst geplant haben könnte.

Er schielte unentschlossen zu Cervantes hinüber, aber kam zu dem Schluss, dass er keine Lust hatte zu lesen. Nicht heute Abend. Er zappte ein wenig durchs Fernsehprogramm und war eigentlich bereit, ins Bett zu gehen, als es an seine Wohnungstür klopfte. Seltsamer Zeitpunkt, es war fast zwölf Uhr. Es war Claudia mit dem Babybauch.

»Entschuldigung. Ich weiß, es ist spät, aber wir sind gerade nach Hause gekommen.«

»Ja, aus Coruna, oder? War es schön in der alten Heimat?«

»Ja, danke, wahrscheinlich das letzte Mal, bevor der Kleine kommt … Ich wollte dir nur kurz das hier geben.«

Claudia reichte ihm einen großen Umschlag.

»Danke, was ist …«

»Das lag auf dem Boden im Eingang, direkt hinter der Tür.

Das Kuvert ist von der schwedischen Botschaft. Es steht JJK drauf, also wird es wohl für dich sein, oder? Jemand muss es falsch eingeworfen haben. Dabei stehen unsere Namen ja an der Tür …«

Kazanski spürte sein Blut durch den Körper rauschen, als er sich hinsetzte, um den Umschlag zu öffnen. Claudia und Ramón wohnten im dritten Stock, genau wie der Tischler. Vom dritten Stock war Ulf die Treppe hinuntergestürzt. Eine Etage vor seinem Ziel – Kazanskis Wohnung im vierten.

In dem Kuvert steckten vier Fotos. Vier Farbfotos, fünfzehn auf zwanzig Zentimeter. Auf den ersten Blick wirkten sie wie Ausschnitte eines surrealistischen Gemäldes. Er studierte sie sorgfältig. Wieder und wieder.

Es waren Aufnahmen von einem Arm. Grünlich und aufgedunsen. Er hatte im Wasser gelegen. Kazanski konnte erkennen, dass am Oberarm und am Handgelenk Knochen herausragten. Die Hand fehlte. Auf zwei Bildern war der gesamte Arm zu sehen, aus unterschiedlichen Blickwinkeln. Die anderen beiden zeigten Ausschnitte, Nahaufnahmen einer Tätowierung am Oberarm.

In der Vergrößerung war das Tattoo einigermaßen deutlich zu erkennen. Ein Dolch, senkrecht, vor einem Schild und quer darüber ein Banner oder Spruchband. Darauf stand in kyrillischer Schrift »P. O. V. Naweki«. Das hieß so viel wie »P. O. W. Für immer«.

Deshalb war Ulf also gekommen. Um ihm die Bilder zu zeigen. Er war verfolgt worden und hatte sie in den Briefschlitz im dritten Stock gesteckt. Aber Ulf war selbst in Moskau gewesen und konnte einigermaßen Russisch. Warum zur Hölle rannte er mit Fotos vom abgetrennten Arm eines Russen durch die Gegend?

Mafia … Dieses Wort war ihm als Erstes durch den Kopf geschossen, nachdem er sich das Tattoo genauer angesehen hatte. Wenn sich jemand mit der russischen Mafia auskannte, dann er. Es konnte sich um ein Symbol der Mitgliedschaft handeln. Eingegangen und mit einem Zeichen in der Haut besiegelt. Typisch für die russische Mafia, mit ihrem Sinn für Melodramatik und Protz. Gelegentlich übertraf sie mit ihren Klischees sogar die schlechten B-Movies aus Hollywoods Gangsterfilm-Ära. Kostbare Pelze, Trenchcoats, italienische Anzüge, dicke Autos, glänzendes Gold und Sonnenbrillen. Die Russen wollten alles – und alles gleichzeitig.

Er war kurz davor, seine Schwiegereltern anzurufen und das Treffen abzusagen, aber er legte den Hörer wieder auf. Die Verabredung und das ganze Ritual waren unantastbar. Man konnte alles auf dieser Welt absagen – mit Ausnahme dieser Fahrt nach Montjuïc. Und er konnte ihnen unmöglich erzählen, dass er einmal im Monat den langen Weg auf sich nahm, um alleine auf dem Friedhof zu sein. Alleine, damit er ungestört mit Alicia und Rosa reden konnte.

Erst als er die Bilder wegräumen wollte, wurde es ihm bewusst. Er hatte dieses Motiv schon einmal gesehen. Den Dolch und das Banner. Beides gehörte zum Emblem einer der berühmtesten Speznas-Einheiten in Russland, Wympel – was so viel hieß wie »Banner«.

Es war ihm im Zusammenhang mit seinem Job in Moskau begegnet, aber soweit er sich erinnerte, sah das Emblem der Spezialeinheit ein wenig anders aus. Gehörte der Arm einem Mafioso, der eine Vergangenheit als Elitesoldat hatte? Davon gab es Hunderte. Jeder Mafiaboss, der etwas auf sich hielt, hatte Speznas-Leute in seinem Gefolge.

Er brauchte Hilfe, um die Tätowierung zu beurteilen. Fenton war naheliegend. Er saß als Analytiker und Fotoexperte in der Osteuropa-Abteilung. Der Mann hatte Heraldik zu seinem großen Hobby auserkoren und von derart exotischen Interessen war der Schritt zu Militär-Insignien nicht weit. Es lag nahe, dass er in der Firma mittlerweile als Spezialist auf diesem Gebiet galt und ein großes Archiv aus aller Welt zusammengetragen hatte. Wenn Fenton die Antwort auf seine Frage nicht schon kannte, konnte er das Bild einfach durch die Datenbank jagen.

Fenton war Alkoholiker, aber durch das Gesundheitsprogramm der Firma war er wieder ins richtige Fahrwasser gekommen. Der Mann hatte seine Lektion gelernt, und jetzt machte er geradezu eine Tugend daraus, dass man ihn aus dem Sumpf gezogen hatte. Es war so banal. Er hatte angefangen zu saufen, weil er finanziell in die Klemme geraten war. Dann hatte er angefangen zu spielen, um das Minus auszugleichen, und als ihm das nicht gelungen war, suchte er noch mehr Trost bei der Flasche. Am Ende war seine Frau mit dem gemeinsamen Kind abgehauen.

Als Kazanski damals krankgeschrieben war und seiner Entlassung entgegenblickte, hatte Fenton ihn besucht, um ihn mit zu einem AA-Treffen zu nehmen. Er erinnerte sich noch an seine Reaktion:

»Anonyme Alkoholiker? Ich bin viel, aber sicher nicht anonym!«

»Einsicht ist der erste Schritt«, hatte Fenton geantwortet. Der Typ war okay und er meinte es gut. Nur genau wie all die anderen kapierte er es einfach nicht. Er kapierte nicht, dass es einen gewaltigen Unterschied machte, ob man anfing zu saufen und dann Frau und Kind verlor oder ob man erst Frau und Kind verlor und dann anfing zu saufen.

Dazwischen lagen Welten.

Kazanski hatte ihm sogar von Alicias Autounfall und seiner Mordtheorie erzählt, allerdings an einem Abend, an dem er schon eine Flasche Whisky geext hatte. Fenton blieb gar nichts anders übrig, als zu reagieren wie die anderen: mit großem Verständnis für Kazanskis Unglück und seine Verzweiflung – aber auch mit erhobenem Zeigefinger, der besagte, dass Schnaps keine Lösung war.

Nach dem Krakau-Einsatz beschnitt der stellvertretende Direktor Jannsen bewusst Kazanskis Möglichkeit, die richtige Geschichte zu erzählen. Die Geschichte eines Verrats. Auch deshalb glaubte Fenton immer noch, dass sie so etwas wie Leidensgenossen waren, wobei er Kazanski großen Respekt dafür zollte, dass er sich selbst an den Haaren aus dem Sumpf gezogen hatte. Ab und zu mailte er sogar, erzählte von sich und erkundigte sich nach dem Leben in Madrid, und jedes Mal schrieb Kazanski ihm kameradschaftlich zurück.

Doch, Fenton war eine Möglichkeit. Für seinen Freund in Spanien würde er alle Hebel in Bewegung setzen. Gleich am Montag würde Kazanski ein Bild der Tätowierung einscannen und ihm schicken. Danach musste er sich überlegen, ob er die spanische Polizei informieren wollte oder nicht.

Als er schließlich im Bett lag, konnte er nicht schlafen. Immer wieder tauchte der grünliche Armstumpf auf, genau wie das Tattoo und Ulfs friedvolles Gesicht.

Die Fahrt nach Barcelona verlief genauso, wie er es erwartet hatte. Es machte ihn immer traurig, sie zu sehen. Bei ihnen zu übernachten, vertiefte nur den Schmerz.

Alicias Vater gab sich alle Mühe. Ihm schien es auch langsam besser zu gehen, aber ihrer Mutter ging es auffallend schlecht. Sie wirkte krank, war nur noch ein Schatten der Frau, die sie früher gewesen war.

Zurück in Madrid war die Straße so still, wie es sich für

einen späten Sonntagabend gehörte. Es ging auf halb elf zu. Im Treppenhaus begegnete ihm niemand. Er blieb kurz auf dem Absatz stehen, wo Ulf gefunden worden war, dann ging er weiter in den vierten Stock.

Im selben Moment, in dem er durch die Tür trat, spürte er es. Das sichere Gefühl, dass Fremde in seiner Wohnung gewesen waren. Vielleicht ein siebter Sinn, vielleicht irgendeine Wahrnehmung, etwa ein Geruch. Was genau es war, konnte er nicht sagen, aber er zögerte keine Sekunde.

Für das bloße Auge war nichts Verdächtiges zu sehen. Keine Unordnung, keine sichtbaren Anzeichen verletzter Privatsphäre. Aber es musste sie geben.

Sorgsam fing er an, das Wohnzimmer abzusuchen. Erst die naheliegendste Stelle, das Bücherregal. Er achtete immer pedantisch darauf, dass seine Bücher so standen, dass die Buchrücken mit der Kante der Regalbretter abschlossen. Und das taten sie immer noch. Er fand auch keine Spuren im Staub hinter den Büchern, nur bei den großen Nachschlagewerken auf dem untersten Brett stimmte etwas nicht. Der schwere Atlas ganz rechts war umgekippt und lehnte schräg an der Regalwand. Allerdings konnte das Zufall sein, denn es war auch früher schon vorgekommen.

Kazanski konzentrierte sich auf die Orte, wo man theoretisch einen großen Umschlag verstecken konnte. Das Wohnzimmer war offensichtlich in Ordnung. Er ging in die Küche. Vielleicht würde ihm die oberste Schublade verraten, was er wissen wollte. Sie klemmte nämlich. Um sie herauszuziehen, musste man den Griff ein klein wenig anheben.

In der Schublade war ein Besteckkorb und vor diesem Korb lag normalerweise sein teures Global-Brotmesser, ganz dicht an der Schubladenwand. Das tat es nicht. Also hatte jemand an der Schublade gerüttelt, um sie aufzubekommen.

Als ob er etwas so Armseliges tun würde, wie einen Umschlag an die Unterseite einer Schublade zu kleben …

Im Schlafzimmer nahm er sich den Kleiderschrank vor. Im untersten Fach war ein Stapel Hemden, die er nicht mehr trug. Den Boden des Schranks berührte er nie. Er holte eine Taschenlampe und im hellen Licht erkannte er die Fingerabdrücke in der dünnen Staubschicht. Die Wohnung saugte er regelmäßig durch, aber überall Staub zu wischen, erschien ihm übertrieben.

Wenn er wollte, konnte er sich einen Bewegungsmelder in der Firma besorgen. Aber er hatte einfach keine Energie, um auch noch seinen Verfolgungswahn zu pflegen. Bei allem Mangel an Technik fand er es sehr befriedigend, was so simple Dinge wie eine Küchenschublade oder ein Kleiderschrank verraten konnten. Und wer auch immer ihn besucht hatte, war vom Fach. So viel war klar.

Ihm kam der Gedanke, ob es womöglich die Jungs aus dem Mausoleum an der Calle Velázquez gewesen waren. Russen auf der Suche nach dem Arm eines Russen. Es lag eine gewisse Logik in dieser Überlegung. Nur waren die Kollegen aus Moskau hier nicht mehr sehr aktiv. Was man so hörte, war das Personal in dem beeindruckenden Botschaftsgebäude massiv abgebaut worden.

Als er neulich dort vorbeigegangen war, war nicht einmal mehr der Kontrollposten besetzt. Das prächtige Bauwerk aus weißen Quadern erinnerte an einen Palast im Dornröschenschlaf. Das einzige Lebenszeichen war die Fahne, die hoch oben über dem Haupteingang wehte. Wenn er keine russischen Gäste gehabt hatte, wer zum Teufel sollte es sonst gewesen sein?

Schließlich suchte er die ganze Wohnung noch einmal von vorn ab. Diesmal nach Abhörgeräten. Er fand nichts.

Inzwischen war es zu spät. Die Ortegas waren sicher längst im Bett, aber morgen früh würde er die Bilder bei ihnen abholen. Etwas verwundert hatten sie sich bereiterklärt, den Umschlag für ihn aufzubewahren, solange er in Barcelona war. Eine plötzliche Eingebung, die ihm im letzten Moment des Aufbruchs gekommen war. Glück oder Erfahrung? Das war völlig egal.

4

Langley, Virginia, USA

Mit dem gewaltigen, gebogenen Steinportal und der komplett verglasten Frontpartie hätte man das Ganze auch für einen modernen Hauptbahnhof oder ein schickes Shoppingcenter halten können. Nur war es das nicht.

Kazanski blieb vor dem Eingang stehen. Er dachte daran, wie er das letzte Mal hier stand. Wie er sein Spiegelbild betrachtet hatte, um zu überprüfen, ob er aussah wie einer, der die Lage im Griff hatte. Dabei hatte er in Wahrheit gar nichts im Griff gehabt.

Heute stand hier ein anderer Kazanski. Vielleicht einer, der zu kontrolliert war.

Letztes Mal saßen sie irgendwo dort drinnen im Herzen von Langley, machten seriöse Mienen zum bösen Spiel und warteten auf den Versager, der als lebendige Zielscheibe nach Polen geschickt werden sollte. Er sah sie noch deutlich vor sich. Den bekümmerten David, im Sessel Vizedirektor Jannsen höchstpersönlich, den grauen Crowley, die Speckschwarte McMullen und Hallbrooke, den skeptischen Boss der Gegenspionage.

Wer ihn, abgesehen von Wayne Appelson, diesmal erwartete, wusste er nicht, und es war ihm auch egal. Crowley war in Rente gegangen und Appelson hatte seinen Posten als Sektionschef für Russland und Europa übernommen. Und

McMullen war ganz sicher auch nicht da. Der feiste Ire war an einem Herzinfarkt gestorben.

In den letzten Tagen war alles sehr schnell gegangen. Am Montag hatte er die Bilddatei online von der Botschaft aus an Fenton geschickt. Nicht ganz nach Vorschrift, schließlich war es eine private Anfrage.

Die NSA-Nerds in Maryland checkten ununterbrochen den Datenverkehr auf der ganzen Welt. In ihrem Hauptsitz in Fort Meade hatte die National Security Agency eine Menge mathematisches Talent und überwältigende Computerkapazität versammelt, und nachdem sie jeden noch so kleinen Schwachsinn verschlüsselten, sollte theoretisch jegliche Kommunikation sicher sein. Er hatte also keine Angst, dass die Russen irgendwo auf Kuba mitgelesen haben könnten. Sofern es denn wirklich die Russen waren, die den geheimnisvollen Arm jagten.

Die NSA ließ sich am ehesten mit dem Gehirn der dreizehn Dienste vergleichen, die zusammen *The Intelligence Community* bildeten. Sie waren die berühmten »codemaker & codebreaker«.

Während sich Signals Intelligence, SIGINT, immer mehr zu einem der wichtigsten Faktoren im modernen Nachrichtendienst entwickelt hatte, war auch Fort Meade gewachsen und nahm mittlerweile die mächtigste Position ein. Im Vergleich dazu war die CIA nur ein verschnupfter kleine Bruder, sowohl was das Budget betraf als auch die Manpower. Die NSA-Leute sorgten dafür, dass alle Mitglieder der großen Familie miteinander kommunizieren konnten, und sie hörten die ganze Welt ab. Riesige Teller, die zum Himmel gerichtet waren, bildeten Lauschstationen an Land. In Sugar Grove in den Bergen West Virginias, Yakima in Washington State, Morwenstow im britischen Cornwall, Bad Aibling in Deutschland, Geraldton in Australien, Waihopai in Neuseeland, Misawa in Japan und an etlichen anderen Orten auf der ganzen Welt holte sich die NSA Informationen aus den internationalen Kommunikationssatelliten.

Die Sowjetunion hatte nicht tatenlos zugesehen. Auf Kuba hatte man nahezu buchstäblich ein Ohr an Amerikas Hintertür gelegt. In der Nähe Havanas befand sich der Lourdes Central SIGINT Complex, die größte russische Anlage zur Beschaffung ausländischer Daten. Von hier aus zapfte man unermüdlich die gesamte amerikanische Tele- und Datenkommunikation an.

Lourdes wurde sowohl vom militärischen Nachrichtendienst, der Glawnoje Raswedywatelnoje Uprawlenije, GRU, verwaltet als auch von der Föderalen Agentur für Regierungsfernmeldewesen und Information, Federalnoje Agentstwo Prawitelstwennoi Swjasi i Informazii, FAPSI, und die Russen bemühten sich unverdrossen, auf diesem Gebiet Schritt zu halten, auch wenn die Kassen leer waren.

Trotz der unsichtbaren Satelliten, die über der Menschheit kreisten, und trotz der großen russischen Ohren auf Kuba, hatte Kazanski also bedenkenlos die verschlüsselte Datei an Fenton gemailt, zusammen mit ein paar Zeilen, in denen er um einen privaten Gefallen bat.

Schon am Dienstag erreichte ihn die Antwort mit einem Bild des originalen Wympel-Abzeichens. Der Tätowierung fehlte im Vergleich dazu das Motiv eines Fallschirms. Fenton hielt es für wahrscheinlich, dass sich ein Mafiosnik von der berühmten Eliteeinheit hatte inspirieren lassen.

Was Kazanski allerdings Sorgen machte, war, dass Fentons Mail mit einer Entschuldigung endete. Er bedauerte mehrfach, dass er gezwungen gewesen sei, seinen Vorgesetzten über die Tätowierung zu informieren.

Kazanski hatte die Nachricht zunächst sacken lassen und einfach abgewartet. Drei Tage später kam der Anruf von Crowleys Nachfolger Wayne Appelson, der ihn höflich bat, sich am Montag in Langley einzufinden.

Er kannte Appelson nicht persönlich und er hatte noch nie etwas Schlechtes über ihn gehört. Auch wenn die Aldrich-Ames-Affäre das glatte Gegenteil belegte, hatte die Firma normalerweise ein gutes Gespür für Qualität. Und Appelson war mit Sicherheit ein guter Mann. Sonst hätte man ihm niemals den wichtigen Bereich Russland/Europa anvertraut.

Man hatte noch zwei weitere geografische Untergruppen eingerichtet, den Nahen Osten / Afrika und Asien / Lateinamerika, aber die verfügten nicht annähernd über dasselbe Prestige. Der Flügelschlag der Geschichte war immer noch deutlich zu hören.

Die Sekretärin klopfte an die Bürotür, nachdem sie bereits telefonisch seine Ankunft angemeldet hatte.

»Mr. Kazanski ist da, Mr. Appelson.«

Der Mann hinter dem großen Schreibtisch blickte hoch und lächelte. Außer ihm war niemand im Raum. Das überraschte Kazanski.

»Kommen Sie, Kazanski, nehmen Sie Platz. Lange Reise, oder? Darf ich Ihnen etwas anbieten? Kaffee, Tee oder ein Wasser?«

Appelson gab ihm die Hand, ruhig und fest. Ein ausgezeichneter Händedruck.

»Kaffee, danke.«

»Nun, dann lassen Sie uns gleich zur Sache kommen. Nur kurz vorab – ich bin über Sie und Ihre Vorgeschichte im Bilde. Und ich weiß von Krakau.«

»Alles?«

»Ja, alles. Und ich weiß auch, dass es eine kluge Entscheidung des stellvertretenden Direktors war, Ihnen noch eine Chance zu geben. Ich habe mit Madrid gesprochen. Hoskins ist sehr zufrieden mit Ihnen. Mir ist außerdem bekannt, dass Sie eine Zeit lang zu viel getrunken haben und dass Sie damit aufgehört haben. Ende.«

»Okay.«

»Hat noch jemand Kenntnis von den Bildern?«

»Nein, aber meine Wohnung wurde durchsucht.«

»Irgendein Verdacht?«

»Nein, nur Mutmaßungen.«

»Russen?«

»Wer weiß? Dieser Arm sieht ja schon ziemlich russisch aus …«

»Und die Mail an Fenton? Ich gehe davon aus, dass sie verschlüsselt war?«

»Natürlich.«

»Gut. Woher haben Sie die Bilder?«

Kazanski fasste kurz zusammen, was geschehen war, während Appelson über seinem Tee brütete und aufmerksam zuhörte. Er vermittelte den Eindruck einer effizienten Person, geradlinig und zuvorkommend. Sein Aussehen war unauffällig, glänzende Glatze, moderne Brille, hellgrauer Anzug und eine schlichte schwarze Krawatte. Für Letztere hatte er einen Pluspunkt verdient.

Als Kazanski geendet hatte, dachte Appelson einen Augenblick nach. Dann zog er ein Foto aus einer Schublade und reichte es ihm.

»Sehen Sie es sich ganz genau an …«

Es war die Vergrößerung eines Bildausschnitts. Das war eindeutig an den Armen zu erkennen, die sich von links und rechts über die Schultern des Mannes legten, der in der Mitte stand. Der Mann trug ein T-Shirt. Er hatte kurze blonde Haare, blaue Augen und ein unauffälliges Gesicht mit einer etwas eckigen Kinnpartie. Er lächelte glücklich. Auf seinem rechten, muskulösen Oberarm war eine bläuliche Tätowierung zu sehen, aber das Motiv war unscharf.

»Wer sind die beiden anderen?«

»Darüber ist nichts bekannt. Unwichtig. Sie haben die Tätowierung gesehen?«

»Ja.«

»Es ist dieselbe. Dieselbe wie auf Ihren Bildern.«

»Kennen wir ihn? Also, wenn die Tätowierung dieselbe ist …«

»Ja. Er heißt Wiktor Schapkin. Oder hieß … Aber Sie haben recht. Wir können nicht mit Sicherheit sagen, dass es sein Arm ist. Allerdings ist die Tätowierung ein deutlicher Hinweis. Wir gehen davon aus, dass es sich bei P. O. W. um Initialen handelt. Eine Art Treueschwur unter Kameraden. Gegebenenfalls gibt es das Motiv also insgesamt dreimal – weltweit.«

»Und mindestens einer ist ziemlich tot …«

»Ja, es deutet einiges darauf hin, dass er zerteilt und ins Meer geworfen wurde. Oder dass er in eine Schiffsschraube geraten ist. Unsere Experten tippen auf Ersteres. Die Bruchkante der Knochen …«

»Dieser Wiktor, was für ein Typ war das? Mafia oder Wympel?«

»Ob er zuletzt bei der Mafia war, wissen wir nicht. Aber ja, er hat eine Vergangenheit in der Spezialeinheit. Ich habe Fenton nichts davon gesagt. Er hat Ihnen dieselbe Antwort gegeben wie mir. Er hat einen Abgleich mit den russischen Fotodatenbanken im Archiv gemacht und dabei ist dieser Bildausschnitt aufgetaucht. Und zum Glück hat er mir Bericht erstattet.«

»Kein Problem. Ich habe nur versucht, selbst ein bisschen das Terrain zu sondieren. Ich hatte nicht die Absicht, Fenton in Verlegenheit zu bringen. Aber Ulf Nyström, der Schwede, ist ein enger Freund von mir …«

»Lieber zu viel Initiative als zu wenig.«

Appelson lächelte zum ersten Mal. Es wirkte aufrichtig. Danach unterhielten sie sich ein bisschen über Kazanskis Job in Madrid und seine frühere Arbeit am Ivan-Capone-Projekt in Moskau. Appelson war offensichtlich gut vorbereitet, und Kazanski entging nicht, dass er die Antworten auf seine entspannten »Lassen Sie uns plaudern«-Fragen schon im Voraus kannte.

»Und nun? Haben Sie ausreichend Antwort auf Ihre Fragen bezüglich der Bilder bekommen?«, fragte Kazanski schließlich.

»Ja, absolut. Vielen Dank.« Appelson lächelte zum zweiten Mal.

»Wie geht es jetzt weiter? Klinkt sich die Firma in den Fall ein?«

»Ja, wir kümmern uns darum … Das wäre mein nächster Punkt gewesen. Ich möchte Ihnen einen Vorschlag machen. Vielleicht besprechen wir das Ganze bei einem kleinen Spaziergang? Wir können ja langsam in Richtung Kantine gehen und dort gemeinsam mittagessen.«

Langley war ein Labyrinth, dessen Eckpunkt das alte und das neue Hauptgebäude bildeten. Kazanski hatte nur so kurz dort gearbeitet, dass er sich völlig verloren fühlte. Appelson ging ohne Eile los und zeigte ihm den Weg.

Sie blieben im Atrium im ersten Stock stehen, einer Oase aus Licht, geschützt von einer gläsernen Decke vier Stockwerke höher.

Kazanski registrierte ein Büro, von dessen Existenz er bislang nichts gewusst hatte: »Job- und Familieninformationszentrum«, stand auf der Glastür. Ein Plakat verriet, dass die Angestellten sich hier über Kinderbetreuung, Altenpflege, Familienberatung und andere Formen der Unterstützung informieren konnten. Das moderne Angebot einer modernen Firma. Aber wer, wenn nicht die Mitarbeiter *dieser* Firma, sollte in der Lage sein, sich Informationen zu beschaffen?

Appelson war immer noch nicht auf den Punkt gekommen. Er stützte sich an dem Geländer auf. Über ihren Köpfen hingen zwei Flugzeugmodelle von der Decke. Kazanski kannte sie. Es waren die berühmten Aufklärungsflugzeuge, U2 und SR71 Blackbird, die Lockheed Martin der Firma geschenkt hatte. Die U2, das russische Ohr auf Kuba und die Nerds in Maryland waren durch ein unsichtbares historisches Band miteinander verbunden.

Die U2 und die Aufklärung aus der Luft waren Kinder Eisenhowers. In den 50-ern hatten die USA und vor allem die CIA ziemlich alt ausgesehen. 1953 testeten die Sowjets eine Wasserstoffbombe. 1957 hatten sie Erfolg mit der ersten Interkontinentalrakete und später im selben Jahr versetzten sie dem amerikanischen Stolz einen harten Schlag, als sie Sputnik in die Erdumlaufbahn schickten. In der Firma schwitzte man Blut und Wasser. Niemand wusste, wozu die Russen wirklich in der Lage waren. Die Sowjetunion prahlte, aber nur ein Auge am Himmel konnte zwischen Trug und Wahrheit unterscheiden. Es war Eisenhowers Vision, die USA in die Lage zu versetzen, aus der Luft Fotos vom Hinterhof der Sowjets zu machen.

1960 schossen die Russen eine U2 ab, was die Entwicklung des Corona-Programms der Firma, mit der ein paar Jahre zuvor begonnen worden war, aber nur noch beschleunigte.

Corona war der Traum der USA, den Ostblock mithilfe von Satelliten zu überwachen, und mit Keyhole-4 verlief das Projekt Anfang der Sechzigerjahre zum ersten Mal erfolgreich. Die belichteten Filme wurden von den Satelliten in Kapseln abgeworfen und von speziell dafür entwickelten Transportflugzeugen aufgefangen.

Erst 1984 konnte die staunende Öffentlichkeit die Arbeit der Spionagesatelliten bewundern. Samuel Morrison, Analytiker beim Nachrichtendienst, hatte der Militärzeitschrift *Jane's Defense Review* ein geheimes Satellitenbild überlassen, auf dem der erste nuklear angetriebene Flugzeugträger der Sowjetunion in einer Werft am Schwarzen Meer zu sehen war. Die Qualität der Aufnahme war so gut, dass man sogar Autos und Menschen darauf erkennen konnte.

Das änderte alles. Wenn jetzt ein besoffener Russe an die Mauern des Kremls pisste, konnte man in den USA sogar den Strahl sehen.

1995 wurde das Corona-Programm verschrottet, als Präsident Clinton entschied, die Ergebnisse jahrelanger Arbeit zu veröffentlichen und damit wertlos zu machen. Heute konnte sich jeder an das U. S. Geological Survey wenden und sich für ein paar Dollar ein Bild der Grassteppen in der äußeren Mongolei kaufen oder von Hochhäusern in Bukarest. Ein gigantisches Netzwerk miteinander verbundener Satelliten bildete Augen und Ohren für Amerikaner und Russen sowie ein paar kleinere Fische der Branche.

»Heute steht U2 zu Hause in meiner Plattensammlung …« Kazanski brach das Schweigen, das entstanden war, während sie die Modellflugzeuge betrachtet und in die Vergangenheit geblickt hatten.

»In meiner auch. The Joshua Tree ist einfach am besten. Besser als die neuen.«

Noch ein sympathischer Zug an Appelson. Die Musik von U2 hatte etwas Ehrliches, ein falscher Hund konnte damit nichts anfangen. Und im Übrigen war das alte Album auch Kazanskis Favorit.

»Wenn ich Murmansk sage, was sagen Sie dann?« Appelson betrachtete ungerührt eine Ausstellung im Atrium.

Endlich kam er zur Sache. Kazanski hatte auf genau diese abrupte Wendung des Gesprächs gewartet, und er ging davon aus, dass Appelson jetzt eine längere und gut durchdachte Erklärung von ihm erwartete.

»Murmansk? Vermutlich der Arsch der Welt«, antwortete er.

Diese Antwort ließ Appelson kurz zögern.

»Was halten Sie von der Idee, dorthin zu fahren?«

»Was soll ich dort?«

»Wiktor Schapkin hat dort gewohnt.«

»Seinem rechten Arm nach zu urteilen, ist er tot, also falls …«

»Ich werde über dieses ›falls‹ hinwegsehen. Ich will wissen, für wen er gearbeitet hat. Wer ihn umgebracht hat – und warum. Und ›falls‹ Sie ihn doch lebend finden sollten, dann habe ich andere Fragen.«

Appelson ging die Treppe hinunter.

»Außerdem schulden wir dem Mann einen ganzen Batzen Bargeld«, fuhr er fort.

»Es kommt nicht oft vor, dass der Schuldner dem Gläubiger hinterherläuft …«

»Kommen Sie, lassen Sie uns weitergehen. Dann erzähle ich Ihnen, warum.«

Appelsons Absätze hallten auf dem schwarz-weiß gefliesten Marmorboden der Galerie wider, einem von zwei Korridoren, die das neue mit dem alten Hauptgebäude verbanden.

An der Wand hing ein ernst dreinschauendes Porträt neben dem anderen, die exklusive Gesellschaft der ehemaligen Direktoren. Sie wirkten allesamt eigenartig unbestechlich. Ein Pinsel in der richtigen Hand konnte wahrlich Wunder bewirken. Die Reihe begann mit Admiral Souers in vollem Ornat und endete mit Woolsey und Deutch. Kazanski blieb stehen.

»Wie ich sehe, ist noch genug Platz für Tenet … Wieso ausgerechnet ich?« Er drehte sich um und konfrontierte Appelson mit seiner Frage.

»Wir können unsere Leute aus Moskau nicht einsetzen. Sie sind bekannt.«

»Das bin ich auch.«

»Sie waren mehrere Jahre weg. Sie sind kalt. Man wird Sie nicht beschatten, weil niemand wissen wird, dass Sie da sind.«

»Das ist riskant …«

»Das ist es immer, aber ich brauche den besten Mann, den ich für diesen Job kriegen kann. Und nach meiner Einschätzung sind das Sie. Sie haben Erfahrung, Sie sind mit den Mafiamethoden vertraut, Sie sprechen akzentfrei Russisch. Ich brauche einen Mann, der in dieser Umgebung nicht auffällt. Einen Mann, der allein zurechtkommt.«

»Mit Diplomatenstatus?«

Kazanski ging wieder langsam weiter. Jetzt war der Ton geschäftsmäßig, wie bei einer Verhandlung über Lohn, Krankenversicherung und Firmenwagen.

»Nein, das ist unmöglich.«

»Mit offiziellem Status?«

»Ja.«

Appelson beantwortete die Frage, ohne zu zögern. Das war ein nicht unerhebliches Detail. Die Mission in Krakau war ganz und gar inoffiziell gewesen. So etwas konnte mitunter einen kurzen Weg zur Schlachtbank bedeuten. Und bestenfalls Krokodilstränen.

»Back-up?«

»Ja, aber nicht unbegrenzt. Die Gegend ist ja eher schwer zu erreichen.«

»Ist da oben jemand aktiv? Finnen, Schweden, Norweger?«

»Darüber liegen mir keine Informationen vor. Aber die Norweger sind seit der Lund-Kommission ein bisschen apathisch.«

»Sollte ich Fragen haben, bekomme ich in der Firma Antworten?«

»Ich habe Ihnen das Wesentliche erzählt. In dem Umfang, in dem ich antworten kann, werden Sie Antworten bekommen. Das hier ist nicht Krakau, Kazanski. So arbeite ich nicht.«

Kazanski lächelte vage. Er kannte die Bedingungen, aber er hatte sie aus Appelsons Mund hören wollen. Sollte der Mann wirklich so unfassbar ehrlich sein, dann wäre er der Erste in der Branche. Aber selbst Halbwahrheiten hatten ihren Wert, denn oft genug reichte es in der Firma nicht mal dafür.

Er verlangsamte seinen Schritt und blieb wieder stehen. Sie waren ganz allein in der Lobby des alten Hauptgebäudes. Er sah nach unten. Er stand genau auf dem Emblem der Firma, das in den Granitboden eingelassen war.

Der Kreis, der Kopf des Adlers – sein rechter Fuß befand sich genau über der Kompassrose in der Mitte des Schilds. Der Kompass symbolisierte, dass die Firma gegründet worden war, um Informationen aus allen Himmelsrichtungen zu sammeln und zusammenzuführen – an dem Punkt unter seinem Fuß. Er hatte sich selbst einen exakten Kurs verordnet.

Die Koordinaten seiner Gewohnheiten und Routinen trafen sich in Madrid. Und Ulf … Ulf lag im Koma.

Kazanski musterte die Spitzen seiner spanischen Schuhe. Sie zeigten zum Kopf des Adlers. Nach Norden. Von Madrid nach Murmansk. Wäre sie hier gewesen, hätte Sonia, die Wahrsagerin, warnend den Zeigefinger gehoben.

»Können wir rausgehen? Ich will eine rauchen.« Kazanski wartete nicht auf Antwort, sondern ging.

Es war kalt und windig. Sie gingen ganz bis zum Südwest-Eingang. Es war eigenartig. Das Gelände war gepflegt. Er erinnerte sich an die Statue irgendeines wichtigen Mannes. Es gab eine Gedenkwand für gefallene CIA-Offiziere. Im Innenhof, wo auch James Sanborns hässliche Skulptur *Kryptos* stand, schwammen Goldfische in einem Teich.

Es sah aus wie in einem öffentlichen Park, und man wartete eigentlich nur darauf, dass jeden Moment eine Gruppe japanischer Touristen mit ihren Kameras auftauchte. Aber nein. Nicht hier. Langley war Sperrgebiet. Die ganze Pracht war einzig und allein Mitarbeitern und geladenen Gästen vorbehalten.

Kazanski blieb an dem Denkmal vor dem Südwest-Eingang stehen. Drei Stücke der Berliner Mauer, bemalt mit bunten Graffitis und Freiheitsparolen. Er zündete sich noch eine Zigarette an, was Appelson ein bisschen zu nerven schien. Dem Mann war kalt. Aber gerade bestimmte Kazanski das Tempo. Er zögerte es noch einen Augenblick hinaus.

»Okay«, sagte er schließlich.

»Danke. Das freut mich.« Appelson sah aus, als wäre ihm direkt warm geworden.

»Wann?« Kazanski ließ den Zigarettenrauch nachdenklich aus dem Mund strömen.

»Wie lange brauchen Sie?«

»Mein Russisch muss ein bisschen aufgefrischt werden.«

»Sagen Sie einfach, was nötig ist.«

»Eine Woche intensiv. Konversation und Slang auf Stand bringen. Der Mafia-Slang hat da drüben Einzug gehalten. Alle reden jetzt so, egal wie alt. Ich kenne die neuen Ausdrücke nicht.«

»Ich kümmere mich darum.«

»Lassen Sie mich nach New York fliegen. Dann kann ich meine Eltern besuchen.«

»Natürlich.«

»Ich bin noch nicht ganz fertig mit meinem Bericht für das Treffen der Außenminister und der muss bis zur Deadline auch immer wieder angepasst werden.«

»Das kläre ich mit Hoskins.«

»Gut. Also in ungefähr vierzehn Tagen, von heute an, einverstanden?«

»Ausgezeichnet. Das hatte ich auch im Kopf.« Appelson lächelte. Das Geschäftliche war abgehakt.

»Eine letzte Sache noch …«

»Ja?« Appelson sah ihn fragend an.

»Ich habe in Krakau meine Waffe verloren. Sie ist im Fluss versunken. Seitdem habe ich keine mehr gebraucht. Aber es wäre sicher angebracht, wenn Sie mir eine neue besorgen würden.«

»Selbstverständlich.«

»Und bitte keine Beretta. Ich will eine Bernardelli. Eine P. One Practical. Schwarz. Danke. Die Dinger sind schweineteuer. Und vergessen Sie nicht den Schalldämpfer … Was ist, wollen wir essen?«

Sechs Tage intensives Training im Sprachlabor erwarteten ihn in New York. Kazanski verwendete die folgenden Tage darauf, alles für die Abreise vorzubereiten.

Zu Hause führte er zwischendurch Gespräche auf Russisch. Er fragte die Fische, ob sie einen spannenden Tag im Aquarium gehabt hätten, er sagte den zwitschernden Vögeln unten an der Kreuzung, sie sollten gefälligst den Schnabel halten, und er bestellte Essen bei sich selbst, das er dann in der Küche kochte.

Gerade war seine Tarnidentität festgelegt worden. Er sollte als russischer Seemann auftreten, es war also nur natürlich, Don Quijote und Sancho Pansa von seinem Leben auf den Weltmeeren zu erzählen oder wie er als junger Kerl Geschmack am Abenteuer gefunden hatte und eines Tages einfach von zu Hause abgehauen und in See gestochen war, weil er die Alleinherrschaft von Rote-Beete-, Kartoffel- und Kohlsuppe satthatte.

Offiziell war er für eine Weile in die Heimat abberufen worden. El Caudillo und Carmencita reagierten bestürzt auf die Nachricht, dass sie auf ihn verzichten sollten. Vor allem el Caudillo war geknickt. Er hatte schon detailliert geplant, wie sie sich zu einem extravaganten Abendessen versammeln und Francos Todestag gedenken sollten.

Señora Ortega ließ ihm sofort einen Fresskorb aus dem Himmelreich bringen, da er sich jetzt ja eine ganze Weile mit diesem grauenhaften Fast Food zufriedengeben musste.

Once-Marta nahm es wie gewöhnlich positiv auf. Die kleine Gestalt in der Lotteriebude meinte, dass es ihm vielleicht guttun würde, nach Hause zu kommen.

Seine Route stand fest. Er selbst hatte Stockholm als ersten

Zwischenstopp vorgeschlagen, danach Helsinki. Laut seiner Tarnung war er in Turku entlassen worden und fuhr mit dem Zug über Wyborg nach Sankt Petersburg und von dort ebenfalls mit dem Zug weiter hoch in den Norden der Kola-Halbinsel nach Murmansk, um dort erneut anzuheuern. Der detailliertere Teil seiner Geschichte sowie diverse Dokumente wurden in New York für ihn fertiggestellt.

Die Sonne schien und die Herbstluft war mild, als Kazanski zum vorerst letzten Mal durch den Park nach Hause spazierte. Er war im Krankenhaus gewesen, um ein wenig bei Ulf zu sitzen.

Der Schwede lag immer noch völlig reglos da und wie mitten im Leben erstarrt. Bereit, aufzustehen und ihn zu begrüßen, oder bereit, ihn zu verlassen und lächelnd in den Himmel aufzusteigen, in der sicheren Gewissheit, dass seine Frau ihn bereits erwartete.

Si Dieux n'existait pas il faudrait l'inventer – würde Gott nicht existieren, müsste man ihn erfinden. Manchmal kam er ins Zweifeln. Aber wenn es ihn gab, dann war Ulf Gottes Mann.

Jetzt wollte er sich von Sonia verabschieden und sich noch einmal ihre mahnenden Worte anhören, aber zum ersten Mal überhaupt war der Platz der alten Wahrsagerin unter den Bäumen leer. Sie musste krank sein … Wirklich krank.

Er setzte sich auf eine Bank. Die Sonne wärmte sein Gesicht und er schloss die Augen und entspannte sich. Er fühlte sich gut. Das war schon seit seiner Reise nach Langley so. Vielleicht war es der bevorstehende Aufbruch. Er war seiner Schuhspitze gefolgt, die auf der Kompassrose nach Norden und Murmansk gezeigt hatte. Eine Entscheidung, wohltuend frei von großen Überlegungen.

Den Frieden, der ihn seitdem erfüllte, hatte er genutzt, um

Ewa zu schreiben. Die anderen Male musste er sich durch die Briefe quälen. Durch dieses Chaos aus Verwicklungen, Sehnsucht, Vorwürfen, Selbstwidersprüchen, Verzweiflung und Hoffnung. Diesmal glitt der Kugelschreiber wie von selbst über das Papier.

Es war ein runder und friedlicher Brief. Er erzählte ihr, dass er für die Firma auf Geschäftsreise sollte. Das würde sie verstehen. Dass es ihm gut ging und er hoffte, dass sie glücklich war, was immer sie gerade tat.

Er adressierte den Brief an das Haus der Witwe und hoffte, dass Ewa immer noch dort wohnte. Sonst entging ihr Post von ihm, die zum ersten Mal harmonisch endete.

»Entschuldigung, darf ich mich setzen? Ich würde gern mit Ihnen reden.«

Er wurde jäh unterbrochen, als er den Brief in Gedanken gerade noch einmal Wort für Wort durchging. Er öffnete die Augen und sah direkt zu einem gepflegten Mann im Trenchcoat hoch. Der Mann sprach Englisch. Normalerweise hätte er »Was zur Hölle wollen Sie von mir?« gesagt, aber an einem schönen Tag wie diesem konnte er nur nicken, lächeln und sich damit begnügen, den Fremden genau zu mustern.

»Mein Name ist Jim Hanes. Ich arbeite für Senator Oscar Coplans. Es gibt etwas, das ich gern mit Ihnen besprechen würde, Kazanski.«

Senator Coplans war ein alter, evangelikaler Idiot, der während der Lewinsky-Affäre endlose Moralpredigten heruntergeleiert hatte. Dabei würde es ihn nicht wundern, wenn Coplans genau wie viele andere Heilige selbst fremdgevögelt hatte. Aber statt den jungen Mann anzuschnauzen, weil er ihm offensichtlich gefolgt war, beließ Kazanski es bei einem verächtlichen Schnauben. Schließlich schien immer noch die Sonne.

»Ah …«, sagte er.

»Es geht um Ihre Reise nach Murmansk.«

»Was zur Hölle!?«

»Keine Sorge. Wir sind diskret und wir wissen auch nichts über die Gründe Ihrer Reise. Absolut gar nichts«, versicherte der Kerl, der ein bisschen erschrocken schien.

»Ich fahre überhaupt nirgendwohin«

»Wir haben mit Ihren Vorgesetzten gesprochen. Der Kontakt ist über Ihre Firma zustande gekommen. Es hat wirklich alles seine Ordnung. Wir wollen Sie nur um einen kleinen Gefallen bitten.«

»Von mir aus können Sie bitten, bis Sie schwarz werden.«

»Wenn Sie mir nicht glauben, dann fragen Sie Appelson oder seinen Stellvertreter Jannsen.«

Kazanski überdachte kurz die Situation. Die Katze war schon aus dem Sack, bevor er überhaupt in New York war. Appelson war also doch nur das nächste Arschloch in einer langen Reihe, verkleidet als freundlicher Glatzkopf und Familienvater mit einem Hang zu irischer Rockmusik. Herrgott noch mal. Er hatte ja darauf gewartet, dass die Maske fallen würde, aber dass es so früh passierte, überraschte ihn.

»Wir können jetzt nicht reden. Wir treffen uns heute Abend um neun«, sagte er und stand auf.

»Sehr schön. Sie können bestimmt ein gutes Restaurant empfehlen.« Der Mann lächelte erleichtert.

»Ich rede nicht von einem Restaurant. Hier. Wir treffen uns haargenau hier. Um punkt neun Uhr.«

Kazanski zeigte gereizt auf die Bank, drehte sich um und ging.

5

Kista, Stockholm, Schweden

Er lag auf dem Sofa und las die *Dagens Nyheter*. Das Sofa, das gleichzeitig sein Bett war, der Ruheplatz des nachtaktiven Tiers, während es auf die Dunkelheit wartete. Auch wenn er nicht alle Wörter verstand, konnte er gut genug Schwedisch, um den Inhalt der Artikel zu erfassen.

Sein Studium der nordischen Sprachen war lange her, aber das tägliche Zeitunglesen und Fernsehen hatte sein Gedächtnis aufgefrischt. An der Ryazan-Offiziersschule hatten sie damals den Schwerpunkt auf Norwegisch gelegt, was er immer noch einigermaßen beherrschte, aber Schwedisch und Norwegisch ähnelten sich ja.

Am Vormittag hatte er die ganze Wohnung geputzt, abgestaubt, die Wäsche sortiert und das Bett frisch bezogen. Das machte er jeden Montag und Freitag um zehn Uhr. Nur staubsaugen konnte er nicht, das war zu laut. Mittwochs goss er die Blumen und die restliche Zeit verbrachte er mit Lesen, Fernsehen, Kochen und Trainieren.

Er trainierte jeden Nachmittag fünf Viertelstunden auf dem Boden im Wohnzimmer. Sit-ups, Liegestütze und verschiedene Übungen mit den großen Hanteln, die er sich direkt nach seiner Ankunft besorgt hatte. Er hatte sich intensiv mit einem Yoga-Handbuch befasst und seit drei Monaten beendete er sein Training jeden Tag mit einer halbstündigen Meditation. Und es half.

Er legte die Zeitung beiseite und starrte an die Decke. Er konnte das Johlen und Kreischen der Schulkinder hören. Sie hatten jetzt große Pause und oft spielten sie draußen im Thorvaldsengången. Er wäre gern rübergegangen und hätte ihnen zugeschaut. Hätte gern gesehen, wie sie herumalberten, rauften und lachten. Ihnen war gar nicht bewusst, welche Möglichkeiten ihnen offenstanden. Ihr Leben hatte ja gerade erst begonnen.

Aber er blieb drinnen, hinter seinen heruntergelassenen Jalousien.

Von seiner Ankunft im Mai bis jetzt, Anfang Oktober, war er nur ein einziges Mal bei Tageslicht vor der Tür gewesen. Nämlich gestern, als er gezwungen war, das Risiko einzugehen, um den Weg zum Freihafen zu testen.

Olga und er lebten fast wie ein Ehepaar zusammen. Mit dem einzigen Unterschied, dass sie immer getrennt schliefen. Sie war eine gute Frau. Ohne Bedingungen zu stellen, hatte sie ihn in ihr Zuhause gelassen, als er an jenem späten Abend auf der Flucht aus Murmansk bei ihr angekommen war.

So etwas wie eine Schwester, das war sie mit der Zeit für ihn geworden. Dabei hatte sie ihren Oleg verloren, den lieben Oleschek, und das war seine Schuld, einzig und allein seine Schuld. Schon am ersten Abend hatte sie ihn gebeten, die Flut an Selbstvorwürfen zu stoppen, und jetzt sprachen sie gar nicht mehr darüber.

Olga Galibina wohnte seit fünf Jahren in Stockholm, drei davon im Vorort Kista. Sie arbeitete als Übersetzerin und Sekretärin in einer Firma, die sich auf Geschäfte mit Russland und dem Baltikum spezialisiert hatte. Er fand Kista wunderbar. Mit seinen niedrigen Häusern und dem vielen

Grün wirkte es so beschaulich. Und alles war so unglaublich sauber.

Olga hatte ihm erklärt, dass in Kista vor allem Ausländer lebten. Viele von ihnen arbeiteten auch hier außerhalb in den Fabriken. Aus irgendeinem Grund hatten sich in der Gegend viele Elektronik- und Technologieunternehmen und Start-ups angesiedelt. Ericsson war der einzige Name, den er schon mal gehört hatte, als sie verschiedene Firmen aufzählte.

In Kista hatte man das Gefühl, die ganze Welt an einem Ort zu sehen.

Olga wohnte in der Helsingör Gata. Alle Straßen und Wege in Kista hatten dänische Namen, aber sie wusste auch nicht, warum. Dänische Namen, ausländische Bewohner und doch waren sie in Schweden. Seltsam.

»Echte« Schweden gab es wohl nicht so viele in Kista, dafür lebten die meisten Somalier, Kurden, Pakistaner, Tamilen, Bosnier, Iraner – und sicher noch viele andere Nationalitäten – offenbar ziemlich friedlich nebeneinander. Aber kriminelle Banden waren auch hier ein Problem.

Er hasste nur die Moslems – jedenfalls die Erwachsenen. Sie hatten so viele seiner Freunde auf dem Gewissen. Afghanistan und Tschetschenien, zwei teuer bezahlte Fehler, zwei blutverschmierte Namen. Und sie waren auch in Russland. Die Tschetschenen hatten in Russland nichts zu suchen. Man sollte sie einfach rausschmeißen.

Olga sagte, in den Augen der Schweden wäre er ein Rassist, aber sie konnte ihn verstehen. Jedes Mal, wenn er daran dachte, wurde er wütend. Der Krieg war vorbei, aber in ihm drinnen tobte er weiter.

Er zog das Hemd aus und fing in Jogginghose und Unterhemd mit dem täglichen Training an. Er war genauso gut in

Form wie damals, als er jung war. Er musste sich nur ein bisschen mehr dafür quälen und es schmerzte mehr.

Er griff nach den Hanteln und begann mit dem Bizepstraining. Er beobachtete, wie die Adern unter der Haut hervortraten. Er starrte die Tätowierung an. Es sah fast so aus, als würde das Banner mit den Buchstaben zum Leben erwachen. »P. O. W. Naweki«.

Er war der Letzte.

»Hallo! Witja, ich bin zu Hause!«

Wiktor Schapkin reagierte nicht. Er war weit weg. Erst als Olga in der Tür stand, bemerkte er sie. Sie sagte immer dasselbe, wenn sie nach Hause kam.

»Hallo, Olja!« Er lächelte sie an. »Du bist heute spät dran?«

»Ja, ich habe auf dem Heimweg noch deine Medizin geholt. Ich habe sie in den Küchenschrank gestellt.«

»Toll, danke dir. Gab es Probleme?«

»Nein, der Arzt hat ja letztes Mal mein Rezept erneuert. Jetzt hast du genug für zwei Monate, mindestens.«

Eigentlich hatte er seine Medikamente mitgenommen, als er nach ein paar Minuten Bedenkzeit untergetaucht war. Er hatte keine Wahl gehabt. Er war in Murmansk auf dem Weg nach Hause gewesen, als er im Treppenhaus Lärm aus seiner Wohnung hörte. Er hatte sich ein Stockwerk höher geschlichen und über das Treppengeländer hinabgespäht. Schon einen Augenblick später waren die beiden fremden Männer aus seiner Tür gekommen. Als er sah, wie sie sich mit dem zusammengerollten Teppich abmühten, war ihm alles klar gewesen.

»Das Schwein hat mir einen Schneidezahn ausgebrochen. Bringen wir ihn so schnell wie möglich in den Hafen, damit wir heute noch nach Hause kommen«, sagte der eine. Der andere antwortete: »Ja. Ich kapier es echt nicht. Wie kann man hier nur wohnen? Scheiße, ist der schwer.«

Beide Männer waren gut gekleidet. Auswärtige Handlanger. Sie mussten aus Sankt Petersburg angeheuert worden sein.

Sein Wohnzimmer glich einem Schlachtfeld. Oleg hatte sich nicht kampflos ergeben.

Er selbst hatte sofort das Nötigste zusammengepackt und war verduftet, aber an seine Medikamente hatte er gedacht. Vielleicht hatte er sie später im Laster liegen lassen?

Olga und er hatten das Gespräch beim Arzt sorgfältig einstudiert, alle Symptome und eine glaubhafte Vorgeschichte. Der Arzt sollte ihr nur die Medizin verordnen, die sie schon immer genommen hatte. Es klappte ohne Probleme. Der Arzt stellte Fragen, sie antwortete, der Rest ergab sich von selbst. Eine Menge Schweden bekamen solche Medikamente, erzählte Olga. Schon bei der kleinsten Krankheit nahmen die Schweden Tabletten, Unmengen von Tabletten.

»Da ist nur ein kleines Problem, Witja …« Olga klang schon im Voraus entschuldigend.

»Was denn?«

»Elisabeth. Sie hört nicht auf zu drängeln. Ich habe mir jetzt schon so lange Ausreden ausgedacht, aber heute ging es nicht mehr. Sie macht sich Sorgen um mich. Sie will morgen Abend auf eine Tasse Kaffee vorbeikommen. Mir ist nichts anderes übrig geblieben, als diesmal Ja zu sagen …«

»Zerbrich dir darüber nicht den Kopf, Olja. Das ist in Ordnung. Ich gehe einfach eine Weile runter in den Keller.«

Olga hatte nicht viele Freunde, aber zumindest ein paar wenige. Elisabeth war eine Arbeitskollegin. Ihn störte das nicht. Er mochte die Ruhe und die Dunkelheit in dem kleinen Kellerraum. Solange es ihm so ging wie jetzt, machte ihm das nichts aus. Dreimal in diesen fünf Monaten hatte er Zuflucht dort unten gesucht, als sie Gäste hatte. Einmal war es schiefgegangen. Instinktiv verdrängte er die Erinnerung daran.

Es war jetzt fast alles für seine Abreise bereit. Noch drei Tage. Er hatte sich an die Kontaktlinsen gewöhnt, er hatte die Haarfarbe getestet, selbst das kleinste Detail auf dem Pass und in seinen Papieren war sorgfältig kontrolliert, und nun war auch für die Medikamente gesorgt.

Sobald er morgen die Ware aus Estland in den Händen hielt, hatte das Warten ein Ende.

Montagnachmittag würde er an der vereinbarten Stelle in Örebro stehen. Für eine solche Summe hielt der dänische Fahrer mit Sicherheit Wort. Es war immerhin das Dreifache dessen, was er in Murmansk bekommen hatte, dreitausend Dollar.

Zusammen belief sich das Ganze auf ein kleineres Vermögen. Er hatte sein ganzes Bargeld mitnehmen können, aber er kam nicht an sein Konto bei der Inkombank heran. Olga hatte ihm ihr gesamtes Erspartes geliehen – und sogar einen kleinen Kredit aufgenommen. Sie war eine gute Frau, eine sehr gute Frau. Sie würde ihr Geld und viel mehr als das zurückbekommen.

Als sie zu Abend aßen, liefen im Fernseher die Nachrichten. Gerade lief ein Bericht über Afghanistan und das harte Regiment der Taliban. Es wurden Bilder gezeigt, die laut Kommentar die »Invasion der Sowjetunion« zeigten, ein kurzer Ausschnitt der Kämpfe bei Kabul. Der Rückblick endete mit dem Abzug der Sowjettruppen im Februar 89.

Er starrte wie versteinert auf den Fernseher. Seine Knöchel wurden weiß, während er sich an der Armlehne festklammerte, als könnte er verhindern, dass der Anblick der Bilder ihn mitriss in den Strudel … Er wollte Olga nicht ansehen, aber er spürte ihren Blick. Spürte, wie sie ihn verstohlen zwischen den Fingern beobachtete, als sie sich an der Stirn kratzte.

Manchmal unterhielten sie sich beim Kaffee über die alten Zeiten. Als sie Kinder waren und ihnen das ganze Gelände zwischen den vier Hochhäusern gehörte. Über den Weg mit den Steinplatten, der ihr eigener Roter Platz war, auf dem Oleg, Pjotr und er mit ihren Holzgewehren aufmarschierten, während die Mädchen zuschauten und applaudierten. Aber an diesem Abend redeten sie nicht mehr viel.

»Pass morgen gut auf dich auf. Versprich mir das, Witja«, sagte Olga plötzlich leise, dann fing sie an zu stricken.

Er nickte nur und lächelte ihr zu. Den Rest des Abends sah er sich ein Eishockeyspiel im Fernsehen an. Ab und zu wurde das Eis plötzlich durchsichtig und gab den Blick auf andere Bilder frei, während die Spieler hinter dem Puck herjagten. Bilder von Gesichtern und Blut. Als das Spiel zu Ende war, stand er langsam auf.

»Es ist schon spät, ich denke, ich kann eine Runde laufen gehen.«

»Ja, mach das. Ich habe deine Sachen aus dem Waschkeller mit hochgebracht. Sie liegen auf meinem Bett«, sagte sie.

Olga kannte ihn mittlerweile. Er war wie eine Uhr. Er würde den schwarzen Trainingsanzug anziehen und die schwarze Mütze, die sie ihm gestrickt hatte. Dann würde er über die schmalen Trampelpfade laufen, am Spielfeld vorbei ins offene Gelände, dorthin, wo es keine Straßenlaternen gab. Er befand sich gerade in einer guten Phase, aber vielleicht brauchte es gar nicht viel. Vielleicht genügten schon ein paar Bilder aus Kabul. Dort war Pjotr gefallen.

Manchmal war Wiktor Schapkin genauso, wie sie ihn in Erinnerung hatte. Manchmal kam er ihr vor wie ein Fremder. So wie jetzt gerade. Vor langer Zeit hatte er ihr seine Tätowierung gezeigt, dieselbe, die Oleg gehabt hatte. Wiktor war der Letzte der unzertrennlichen drei.

Wenn er es nicht sehen konnte, dann weinte sie um Oleg. Ihr Bruder hatte sie nur ein einziges Mal in Stockholm besucht. Das war jetzt zwei Jahre her. Bei seiner Abreise stand er glücklich an der Reling, winkte ihr zu und lächelte.

Der alte Sweater und die abgetragenen blauen Overalls, die Olga in einem Secondhandladen gekauft hatte, passten perfekt. Wiktor Schapkin stand auf dem Bahnsteig. Er hatte die Strickmütze auf und aus der Brusttasche ragte eine Zeitung heraus.

Gestern Abend war er fast doppelt so lange gelaufen wie sonst und es hatte geholfen. Er war todmüde gewesen, als er nach Hause kam. Jetzt stand er hier und wartete auf die U-Bahn.

Heute war der Tag. Er würde alles genauso machen wie beim letzten Mal. Mit der blauen Linie fuhr er ohne Umsteigen die ganze Strecke bis zur Station T-Centralen. Dort wechselte er in die rote Linie nach Ropsten, aber nur bis zum übernächsten Halt, Gärdet. Von dort ging es zu Fuß am Krankenhaus vorbei, quer über den Tegeluddsväg und den Södra Hamnväg hinunter bis in den Freihafen, wo sich das Terminal der Estlines befand. Er wusste genau, wie lange er für jeden der drei Abschnitte der Route brauchte.

Die Bahn kam und er ließ sich wie ein erschöpfter Arbeiter auf den Sitz fallen. Er sah sich um. Es waren kaum Weiße in dem Wagen, tatsächlich nur zwei. Ein junger Mann mit gepiercter Augenbraue und eine alte Frau, die eine Plastiktüte und einen kleinen Hund dabeihatte. Dass die Leute sich Ringe durch die Augenbraue bohrten, wunderte ihn schon lange nicht mehr. Er hatte es inzwischen oft genug im Fernsehen gesehen.

Er war nur ein einziges Mal mit Olga unterwegs gewesen. Sie wollten im Kista Centrum Pizza essen, dem großen Einkaufszentrum mit den vielen Geschäften. Das war eine ganze unterirdische Welt für sich, wo es alles zu kaufen gab, was man sich nur denken konnte. Im Anschluss wollten sie einen Umweg nach Hause machen, aber unten an der Langelandsgata waren aus einem Buswartehäuschen zwei junge Schwarze aufgetaucht. Der eine hatte sie mit einem Messer bedroht. Sie wollten Geld.

Es war eine Sache von Sekunden gewesen. Er war auf den Typen mit dem Messer zugegangen, hatte seinen Angriff mit dem linken Unterarm pariert und ihm mit einem rechten Fausthieb das Schlüsselbein gebrochen. Fast zeitgleich hatte er dem anderen mit dem linken Bein einen Tritt in die Magengrube verpasst, war dann leicht in die Knie gegangen und hatte dem Messermann mit einem Tritt von hinten in die Kniekehle die Beine weggefegt.

Seitdem hatte er sich auf seine einsamen Laufrunden bei Nacht beschränkt. Auch Olga zuliebe. Sie sollte kein Risiko eingehen. Es reichte, dass er schuld an Olegs Tod war.

Er konzentrierte sich wieder auf die Haltestellen. Er kannte sie auswendig. Jetzt hielten sie in Solna C. Die U-Bahn-Station sah aus wie eine Felshöhle, die komplett in Rot, Schwarz und Grün gestrichen war, aber auch, als wären Kinder am Werk gewesen. Das Grüne stellte Tannenbäume dar, aber die schwarze Farbe überwog.

Komisch, einen U-Bahnhof so düster zu gestalten. Hier gingen im Laufe eines Tages doch so viele Menschen ein und aus. Die sollten alle mal die Metrostationen in Moskau sehen. Die glänzenden Marmorgänge, die leuchtenden Kuppeln über den Rolltreppen und die riesigen gewölbten Hallen mit Kristallleuchtern und schön dekorierten Säulen und Statuen.

Er würde seine Heimatstadt Moskau nie wiedersehen. Ganz gleich, wie das hier ausging.

Oben an der Straße hatte er freien Blick auf den Hafen. Dieser Abschnitt war geprägt von drei großen Gebäuden, jedes davon mit einer riesigen Nummer an der Fassade.

Das hübsche, flache Gebäude in Rot und Gelb trug die Nummer eins. Es war wohl ein Lagerkomplex, dort hielten Lastwagen und auf dem großen Platz davor standen Container. Ein Stück weiter rechts befand sich das riesige Backsteingebäude mit der Drei. Das war die Hafenverwaltung. Dahinter legten die Fähren nach Klaipėda und Riga an. Und genau zwischen diesen beiden Gebäuden lag das Ziel seiner vielen Überlegungen, das Tallinn-Terminal, auf dessen linker Seite die Fähre m/s Baltic Kristina vertäut lag. Wäre es eine gerade Woche gewesen, hätte dort ihr Schwesterschiff, die Regina Baltica, gewartet.

Auf dem Terminalgelände war nicht viel Aktivität zu beobachten. Die Fähre sollte planmäßig um 18:00 Uhr ablegen, jetzt war es 17:15 Uhr. In einer Viertelstunde wurde er bei der Arbeitertoilette am Ende des umzäunten Geländes erwartet, zwischen dem Fährterminal und der flachen Lagerhalle.

Wiktor Schapkin zog die Mütze tief in die Stirn, schob beide Hände in die Taschen und folgte dann mit schlurfenden Schritten dem schmalen Weg zwischen Terminal und Verwaltungsgebäude.

Ganz hinten, wo das große Betonsilo emporragte, blieb er einen Augenblick stehen. Der Zaun rund um das EstLine-

Gelände war mannshoch, aber das stellte kein Problem dar. Auf halber Höhe hatte er bei seinem letzten Besuch zwei Maschen gekappt, sodass gerade genug Platz für eine Schuhspitze war, damit er sich von dort aus hochdrücken konnte.

Er schaute sich um. Es war niemand zu sehen. Er stellte einen Fuß in das Loch und schwang sich über den Zaun. An einem Schuppen lehnte ein Besen, den er zur Tarnung mitnahm. Er warf einen Blick auf seine Uhr. Noch vier Minuten.

Er hatte keine Garantie, dass der Mann mit der Ware tatsächlich auftauchen würde. In dieser Branche galt die Regel »erst die Bezahlung, dann die Lieferung«. Es war eine Frage von Vertrauen. Die einzige Sicherheit bestand darin, dass es unfassbar dämlich von einem Lieferanten wäre, das Risiko einzugehen, auch nur einen Kunden zu betrügen.

Wiktor hatte sich entschieden, Kosten zu sparen und die Ware selbst abzuholen, statt sie sich liefern zu lassen. Als er etwa eine Minute in dem Toilettenhaus gewartet hatte, ging die Tür auf, und ein hagerer Mann im Blaumann tauchte auf. In seinem Mundwinkel klemmte eine Zigarette und er hatte eine große Nylonsporttasche dabei, die er vorsichtig abstellte, ehe er anfing, sich die Hände zu waschen.

»Langsam könnte es wirklich Sommer werden«, sagte er trocken.

»Ich mag den Frühling am liebsten«, antwortete Wiktor Schapkin.

Der Mann schnippte seine Zigarette in die Pissrinne.

»Schau selbst nach, ob alles stimmt«, sagte er.

Schapkin überprüfte hastig den Inhalt der Tasche und nickte.

»Ich gehe jetzt. Warte zwei Minuten«, sagte der Mann und verschwand.

Schapkin kniete noch auf dem Boden und kämpfte mit

dem Reißverschluss der Tasche, als er Schritte hörte. Aber da war es schon zu spät. Ein uniformierter Zollbeamter machte einen erschrockenen Satz zurück, weil er fast über ihn gestolpert wäre.

»Was machen Sie da?« Der Mann griff schon nach dem Walkie-Talkie an seinem Gürtel und versuchte hektisch, den Verschluss der Halterung zu öffnen.

Wiktor Schapkin reagierte sofort. Er sprang auf und richtete einen präzisen Handkantenschlag gegen den Hals des Mannes – genau dort, wo der Nervus vagus verlief, einer der großen Hirnnerven. Er schaffte es gerade noch, ihn mit beiden Händen unter den Achseln aufzufangen, um ihn vorsichtig auf dem rauen Betonboden abzulegen. Dann zerrte er ein Handtuch vom Haken und schob es ihm unter den Kopf. Er presste zwei Finger an den Hals des Mannes und atmete erleichtert auf, als er den Puls fand. Er schulterte die Tasche und verschwand lautlos durch die Tür.

Die Tasche lag unter dem Sitz. Er schaute wieder nach draußen auf diese seltsame, naiv-kindliche Landschaft an den Felswänden von Solna C. Die Bahn war jetzt voller als auf der Hinfahrt. Noch drei Stationen, dann kam Kista. Dann war er zu Hause. Abgesehen von der kurzen Begegnung mit dem Zollbeamten war alles nach Plan verlaufen. Er lag perfekt in der Zeit.

Wiktor Schapkin ließ eine Hand unter den Sitz gleiten, nur um kurz nach der Tasche zu tasten. Es war sehr viel Geld gewesen, aber nur das Beste war gut genug.

In der Tasche lag ein Spezialgewehr, dasselbe Modell, das auch zu seiner Wympel-Ausrüstung gehört hatte. Es war ein SVD-N3, Kaliber 7,62, mit Gasdruckregler und klappbarer Schulterstütze. Das Dragunow-Scharfschützengewehr war ein Präzisionswerkzeug, effektiv bis eintausenddreihundert Meter.

Dazu hatte er ein PSO-1M2 Fernglas gekauft und das spezielle Infrarot-Nachtzielfernrohr für das Gewehr, das selbst in der schwärzesten Nacht noch für Zielgenauigkeit bis dreihundert Meter sorgte.

Komplettiert wurde das Ganze von drei Magazinen zu jeweils zehn Schuss sowie einer Schachtel mit Munition, einer ganz gewöhnlichen Makarow-Pistole, ebenfalls mit einer Schachtel Munition, und vier Handgranaten.

Er hätte für zweitausend Dollar eine chinesische Dragunow-Kopie bekommen können, aber er hatte sich, ohne zu zögern, für das Original aus dem russischen Waffenmekka Ischewsk entschieden, obwohl das gute Stück mehr als das Doppelte kostete. Mit ihrem Geschäftssinn würden die Esten es in der neuen Welt sicher weit bringen.

Alles in allem steckten in dieser Tasche Waren im Wert von sechstausend Dollar. Wenn das Glück auf seiner Seite war, dann würde sich diese Investition mehr als bezahlt machen.

Er hatte schon lange beschlossen, dass Olga umgerechnet zwei Millionen schwedische Kronen von ihm bekommen sollte. Er konnte nicht abstreiten, dass es dabei auch um seine Schuldgefühle ging, aber vor allem war er ihr zutiefst dankbar.

6

Sankt Petersburg, Russland

Wagen 14, Platz Nummer 22. Die uniformierte Frau warf einen Blick auf das Ticket und nickte. Jan Jordi Kazanski schulterte sein spärliches Gepäck und stieg ein.

Er hatte eine speckige braune Lederjacke an, die ihm bis zur Taille reichte, und dazu eine alte schwarze Cordhose. Die schwarze Kappe hatte er sich zum Schutz vor dem kalten Wind in die Stirn gezogen. An den Füßen trug er ausgetretene, geflochtene Slipper, ebenfalls schwarz. Links trug er eine Sporttasche, die von einem Gürtel zusammengehalten wurde, rechts seinen Seesack aus grobem Stoff. Er war ein Seemann auf dem Weg nach Norden. Ein Russe wie alle anderen.

Eine junge Frau blickte von ihrem Taschentuch hoch, als er die Tür zum Abteil aufschob. Sie hatte die Vorhänge zum Gang schon zugezogen.

»Ich glaube, Sie sind hier falsch.« Ihre geröteten Augen flackerten unsicher hinter den dicken Brillengläsern, aber ihre Stimme schien fest entschlossen, empört zu klingen.

»Nein, Wagen 14, Platz 22. Das muss hier sein.« Kazanski wedelte mit seinem Ticket.

»Darf ich mal sehen?« Sie zog die Nase hoch und musterte seine Fahrkarte, dann folgte ein Geräusch, das am ehesten einem resignierten Seufzen glich.

»Man hatte mir eigentlich gesagt, dass ich das Abteil für mich allein haben würde …«

»Da hat man sich wohl geirrt.«

Kazanski lächelte und ihm schwante, dass die achtundzwanzigstündige Reise in ihrer Gesellschaft noch viel länger werden würde. Dann warf er den Seesack auf das oberste Gepäckfach, stellte die Tasche auf den Boden, hängte seine Jacke an einen Haken und setzte sich ihr gegenüber ans Fenster.

Er angelte eine Zeitung aus der Tasche. Sie war höchstens dreiundzwanzig, vierundzwanzig Jahre alt. Genauer hatte er sie sich noch gar nicht angeschaut, aber als sie kurz darauf ihr Buch zuklappte und demonstrativ auf den Platz am Gang hinüberrutschte, fiel ihm unweigerlich ihre starke Brille auf. Das rotbraune Kunststoffgestell dominierte ihr sommersprossiges und verkniffenes Gesicht.

»Keine Sorge. Ich lasse Sie in Ruhe. Bin auf dem Weg nach Murmansk …«

Kazanski redete in gedämpftem, freundlichem Ton, aber sie antwortete nicht, sondern nickte höchstens kaum merklich, während sie weiter in ihr Buch starrte. Dann schniefte sie ein paarmal, zog wieder ihr Taschentuch heraus und putzte sich geräuschvoll die Nase wie ein trompetender Elefant.

Um Punkt 17.30 Uhr setzte sich der Zug mit einem Ruck in Bewegung. Die Russen hatten in den letzten Jahren über so viele Dinge die Kontrolle verloren, dass er mit einer gewissen Befriedigung registrierte, dass sie zumindest immer noch in der Lage waren, einen Fahrplan einzuhalten.

Vielleicht war es ein Rest vergangener Regulierung, aber Busse und Züge waren so pünktlich, dass es fast peinlich war. Er dachte zurück an die Moskauer Metro, diese unterirdische Welt, in der jeden Tag Millionen von Menschen von Luftloch zu Luftloch transportiert wurden, damit sie dort ans Tageslicht hinaufsteigen konnten. Zweieinhalb Minuten betrug die durchschnittliche Wartezeit an einer Station, aber so lange hatte er nie irgendwo gestanden.

Die Russen wussten, wie man Transport organisierte.

Der Zug kroch langsam vorwärts, als wäre er von einer steten Sehnsucht getrieben, die trostlose Landschaft entlang der Gleise hinter sich zu lassen.

Zerlegte Waggons, erloschene Loks und ein Gewirr aus Gestrüpp und rostigem Schrott zogen links und rechts vorbei. In zweiter Reihe waren es rußige Lagerhallen, baufällige Bretterbuden und Ruinen. Die Eisenbahn hatte die unangenehme Eigenart, auch das angrenzende Umland in Mitleidenschaft zu ziehen.

Weiter hinten öffnete sich ein riesiges, eingezäuntes Areal. Auf den ersten Blick sah es aus wie ein schlammiger Bauplatz, aber er wusste, dass es das russische Gegenstück zu einem Garagenpark war. Schier endlose Reihen von Blechschuppen und ausrangierten Schiffscontainern, die der Freiheit Schutz vor Wind und Wetter boten – der Freiheit auf vier Rädern, die die Straßen und Kanäle in Sankt Petersburgs pastellfarbenem Zentrum mit ihren Abgasen verpesteten.

Kazanski versuchte, sich auf die Zeitung zu konzentrieren, aber die Buchstaben waren nur inhaltsloses Flimmern. Die Umgebung hatte sich verändert, sie fuhren jetzt an Bäumen und offenen Feldern vorbei. Schon bald würden sich dichte Wälder um den Zug schließen, in dem sie saßen, und ihn erst in achtundzwanzig Stunden wieder freigeben.

Kazanski hatte sich längst einen Plan zurechtgelegt, wie sich die Aufgabe lösen ließ. Aber er war nicht bereit, von vornherein auszuschließen, dass er vielleicht improvisieren musste, nur weil es nach einer einfachen Sache aussah. Pläne hatten nur eine Mission – zu scheitern und den Planer planlos zurückzulassen.

Appelson hatte ihn beauftragt, Wiktor Schapkins Mörder zu finden. Er sollte herausfinden, wo Schapkin gearbeitet hatte, was seine Aufgabe gewesen war und in welchen Kreisen er sich bewegt hatte. Und ebenso wichtig: Er sollte nach Schapkins Freunden suchen, sofern er denn welche gehabt hatte.

In seinem Büro hatte Appelson Kazanski eine Reihe Satellitenfotos gezeigt, auf denen ein Schiff zu sehen war, das sich in nicht näher bestimmter Position in der Barentssee befand. Ein Teil seiner Fracht lag offenbar oben an Deck, aber alles war unter großen Planen verborgen.

Die Aufnahmen stammten von einem neuen Spionagesatelliten der Lacrosse-Familie.

Lacrosse war ein technisches Wunderwerk, das die alten Keyhole-Corona-Satelliten wie Kleinbildkameras aussehen ließ. Lacrosse hatte eine Auflösung, die bei 50 Zentimeter lag, manche behaupteten sogar, dass er auf Objekte von nur zehn Zentimeter Größe heranzoomen konnte. Selbst bei Dunkelheit und Nebel konnte der Satellit seine Radarsignale mithilfe von Computertechnologie in elektronische Bilder konvertieren, die wiederum über einen Kommunikationssatelliten an die NSA übermittelt wurden.

Früher, als alle Russen noch rot waren, befand sich das primäre Arbeitsgebiet der Aufklärungssatelliten noch auf der nördlichen Halbkugel, dort, wo die Konzentration militärischer Ziele am höchsten war. Inzwischen waren die Iraker, Inder und Pakistaner mindestens genauso interessant.

Wiktor Schapkin hatte der Firma von sich aus seine Dienste angeboten – für ein hübsches Sümmchen. Im Gegenzug wollte er der CIA handfeste Beweise liefern, dass in der

Barentssee radioaktives Material aus russischen Atom-U-Booten versenkt wurde, obwohl Russland bereits 1992 erklärt hatte, dass Schluss mit dieser Art der Entsorgung sei. Voraussetzung für den Deal war allerdings, dass die Amerikaner ein Auge am Himmel hatten, von dem der Schiffseigner nichts wusste. Schapkin versprach, die Ankunft des Schiffs an der Position, wo die Verklappung stattfinden sollte, entsprechend hinauszuzögern, um den Vorgang zeitlich mit dem Überflug des Satelliten zu synchronisieren.

Für die Firma wären solche Bilder selbstredend taktisch und politisch von großem Nutzen gewesen. Handelsware wie diese erzielte immer einen guten Preis.

CIA und NSA hatten bereits mehrere Aufnahmen russischer Schiffe mit mysteriöser Ladung, die von Planen verdeckt war, aber mehr auch nicht. Deshalb griff man zu, als der ehemalige Elitesoldat ein überzeugendes Angebot machte.

Die Verklappung war für den 6. Mai geplant, aber dann ging irgendetwas schief. Und jetzt saß man da, mit einer Reihe nichtssagender Bilder, die zwar den Verdacht verstärkten, aber nicht das Geringste bewiesen.

Von Wiktor Schapkin hatte man seit dem 4. Mai nichts mehr gehört. Er war am 12. Mai nicht zu dem vereinbarten Treffen mit seinem Kontakt in Murmansk erschienen. Der abgetrennte Arm war das erste Zeichen von ihm – wenn auch kein Lebenszeichen. Sofern es wirklich sein Arm war.

Kazanski starrte aus dem schmutzigen Zugfenster, ohne viel zu sehen. Die Bäume flimmerten einfach vorbei. Er biss sich auf die Unterlippe. Wie waren die Bilder von Wiktor Schapkins Arm bei Ulf Nyström gelandet? Wie konnte ein gutmütiger Kulturattaché aus Madrid in eine Geschichte um verklappten Atommüll in der Barentssee geraten?

Es gab keine einzige Spur, keine einzige Handlung, die den Schweden mit der streng geheimen Vereinbarung zwischen der CIA und dem Wympel-Veteranen in Verbindung brachte.

Kazanski warf einen Blick zu seiner Mitpassagierin hinüber. Er wollte wissen, ob sie ihn bei seinen Grübeleien beobachtete. Sie hatte ihre Nase tief im Buch vergraben und kniff die Augen dabei ganz leicht zu, als wäre die starke Brille nicht stark genug.

Rovaniemi, Finnland

Der Fahrer fluchte und bremste. Schließlich stand der große Kühllaster still. Vor ihnen hatte sich eine lange Schlange gebildet und ein ganzes Stück weiter konnten sie das Blaulicht der Rettungsfahrzeuge sehen. Es hatte einen Unfall gegeben, und es sah nicht danach aus, als hätte die Polizei die Absicht, behelfsmäßig eine Fahrbahn freizugeben.

»Shit, shit, shit!«

Der Fahrer fluchte wieder und schlug mit der Faust aufs Lenkrad. Wiktor Schapkin saß reglos neben ihm, so schweigsam, wie er schon die ganze Fahrt über gewesen war.

Der dänische Fahrer sprach Englisch mit ihm, und wenn Schapkin dann doch mal etwas sagte, sprach er ebenfalls Englisch. Es gab keinen Grund, den Fahrer wissen zu lassen, dass er eine ganze Menge Dänisch verstand und sogar eine Art Norwegisch-Dänisch sprechen konnte.

Lasse Mortensen hieß der Mann. Ein lebhafter Typ, siebenundzwanzig Jahre alt, der ziemlich oft *shit* oder *bullshit* sagte. Er hatte sich die langen Haare hinter die Ohren gestrichen, trug auf der einen Seite einen Ohrring und setzte so gut wie nie seine Sonnenbrille ab. Seine nackten Arme und sein Gesicht waren braun gebrannt. Er war nämlich gerade erst auf Teneriffa gewesen. »Zusammen mit den Jungs. Yes«, erzählte er mit schmierigem Grinsen und dann noch irgendetwas, das Schapkin in etwa mit »Bier, Muschis und Blasmusik« übersetzte. Das mit der Musik verstand er nicht so ganz, aber es war ihm auch egal. Er redete nur, wenn der Däne ihn direkt etwas fragte.

Am Tag zuvor hatte Wiktor Schapkin den Zug aus Stockholm genommen und war dann abends am Stadtrand von Örebro zugestiegen. Der große Scania 144 mit der Aufschrift »Jut-Trans Esbjerg« stand schon vor der Cafeteria Olle, als Schapkin dort ankam. Es lag sogar ein Nummernschild mit dem Namen »Lasse« hinter der Frontscheibe, sodass wirklich nichts schiefgehen konnte.

Das einzige Problem war, dass der Däne ihn mit den langen dunklen Haaren, den braunen Kontaktlinsen, Bart und Brille nicht mehr erkannte. Am Ende konnte er den Fahrer doch überzeugen, aber seine Verwandlung war offensichtlich gelungen.

Es war wie mit den U-Bahn-Stationen, er kannte alle Zwischenstopps: Örebro, Sundsvall, Umeå, Luleå, Kemi, Rovaniemi, Ivalo – und Murmansk.

Sie hatten in Sundsvall übernachtet. Der Däne erzählte irgendetwas davon, dass ein Fahrer nicht so lange am Stück fahren durfte, wie er wollte. Die dänische Regierung hatte ein Gesetz beschlossen, in dem geregelt wurde, wann ein Fahrer sich ausruhen musste.

Der Kühllaster war mit frischen Schweinehälften beladen, die an Haken von der Decke hingen. Sie stammten aus einer dänischen Schlachterei und sollten von Murmansk aus weiter verschifft werden. Jut-Trans bediente die Strecke jede Woche mit zwölf Transportern, und das war Schapkins Glück gewesen, als er im Frühjahr fliehen musste.

Nach kurzer Bedenkzeit hatte Lasse Mortensen zugestimmt, ihn für tausend Dollar, die Schapkin unter einem Küchenschrank in seiner Wohnung deponiert hatte, versteckt unter einem Stapel Pappe und Plastik über die Grenze zu schmuggeln und den ganzen Weg bis nach Örebro mitzunehmen.

Dort hatte er sich die Telefonnummer des Fahrers geben lassen, und ehe er ausstieg, hatten sie eine lose Abmachung getroffen. Als Schapkin ihn dann vor einem Monat anrief und dreitausend Dollar bot, sagte der Däne wieder Ja. Er klang sogar sehr zufrieden, als Schapkin erzählte, dass er sich diesmal einen dänischen Pass und ein Visum besorgt hatte. Alles andere wäre auch zu riskant gewesen, denn diesmal ging die Tour nicht raus, sondern rein.

Es war dunkel, als der Kühllaster am südlichen Stadtrand von Rovaniemi auf eine große Tankstelle bog. Hoch oben an einer gemauerten Säule hing ein Schild auf dem »Taverna« und »Truckpoint« stand.

»Angeblich wohnt hier der Weihnachtsmann, also das sagen die Finnen. Die haben sogar eine ganzes Weihnachtsdorf irgendwo in der Nähe gebaut. Na ja, was soll's. Die Dänen behaupten ja auch, der Weihnachtsmann würde in Grönland wohnen. Wusstest du das?«

Schapkin schüttelte den Kopf.

»Hm, sieht nicht so aus, als wäre Jimmy schon da … Aber lass uns erst mal was essen. Ich habe einen Bärenhunger.«

Lasse Mortensen setzte seine Kappe auf. Sie war schwarz und auf dem Schirm stand in goldenen Buchstaben »Scania«. Dann steckte er sich eine Zigarette an und marschierte zielstrebig in Richtung Cafeteria.

In dem Lokal war es stickig und warm, der Geruch von Essen vermischte sich mit dem beißenden Zigarettenrauch, der wie ein nervöser Nebel unter der Decke hing.

Wiktor Schapkin sah sich um. Es war ziemlich voll und genau wie der Däne hatten die meisten anderen Fahrer Kappen auf. Ursprünglich war das wohl ein amerikanisches Ding, aber jetzt trugen die Skandinavier offensichtlich auch alle Schirmmützen. Zwei Männer winkten und der Däne steuerte auf sie zu. Wie vereinbart setzte Schapkin sich allein an einen anderen Tisch.

Den letzten Abschnitt der Strecke über Ivalo nach Murmansk würden sie im Konvoi mit dem anderen Dänen fahren, der Jimmy hieß. Allein war die Tour durch das menschenleere Waldgebiet zu riskant. Vorher mussten sie allerdings noch die Verplombung aufbrechen und Schapkins Ausrüstung zwischen den Schweinehälften verschwinden lassen.

Karelien, Russland

»Podporoschje«, stand auf einem Schild, das mit Draht an einem Laternenmast befestigt war. Es war fast elf Uhr und dort draußen in der Dunkelheit gab es nur wenig Licht.

Die Schaffnerin, die für ihren Waggon zuständig war, stieg genauso aus wie ihre Kollegen. Frierend stand das Grüppchen auf dem Bahnsteig und inhalierte Nikotin, als würde der Zug nur ein paar Sekunden haltmachen. Es gab nicht viele Wartende, genau genommen nur eine kleine Familie, die sich damit abmühte, ihre Nylontaschen an Bord zu wuchten.

Eine alte Frau mit Pelzmütze ging mit einem Korb voller Beeren von Fenster zu Fenster. Sie war viel zu spät dran und schien es selbst auch zu bemerken. Im Laufe des Tages hatten schon andere dafür gesorgt, dass es den Passagieren nicht an Moltebeeren, Brot, Zigaretten, Schokolade und Mineralwasser fehlte.

Kazanski hatte die ganze Zeit aus dem Fenster gestarrt. Auch als es draußen dunkel wurde und er nur noch sein eigenes Spiegelbild in dem beleuchteten Abteil sehen konnte, hatte er den Kopf nicht weggedreht. Er fuhr gern Zug, er liebte das rhythmische Rattern der Schienen. Zugfahrten durch die Nacht waren wie Zeitreisen, in die Zukunft und in die Vergangenheit.

Seine Mitpassagierin hatte ihr Buch nur ein paarmal kurz beiseitegelegt, erst, um zu essen, und dann vermutlich, um auf die Toilette zu gehen. Er selbst hatte sich ein ordentliches Stück seiner polnischen Wurst einverleibt, einer Wurst mit großen weißen Speckklumpen, die er zu Hause in Madrid nie im Leben angerührt hätte – aber hier schmeckte sie gut, zusammen mit dem groben Brot, dem Käse und dem halben Liter Baltika 4, einem dunklen russischen Bier, das er schon immer deutlich besser fand, als sein Ruf behauptete.

In Gedanken war er die Geschichte durchgegangen, die Senator Oscar Coplans, dieses reaktionäre Arschloch, veranlasst hatte, sich an die Firma zu wenden. Er erinnerte sich noch an etliche Fernseh- und Zeitungsberichte, aber er hatte sich trotzdem alles aus dem Archiv kommen lassen.

Es war eine bizarre Geschichte, die für ein paar Tage weltweit Aufsehen erregt hatte. Die Hauptpersonen waren zwei Frauen, die eine halb Amerikanerin, halb Norwegerin, die andere Schwedin.

Astrid Storvik-Marshall und Ida Frykberg waren mit einem Schlag zu Märtyrerinnen des Umweltschutzes geworden. Astrid war das einzige Kind des kalifornischen Computermagnaten Ted Marshall, das Produkt einer längst gescheiterten Ehe mit einer Norwegerin.

Ida war eine intellektuelle Schwedin mit juristischem Staatsexamen. Was die beiden Frauen miteinander verband, war ihr aktiver Einsatz für die norwegische Umweltorganisation Bellona Foundation.

Bellona engagierte sich vor allem im Kampf gegen die riesigen Mengen von Atommüll auf der Kola-Halbinsel. Die größte Deponie der Russen befand sich nur rund fünfzig Kilometer von der norwegischen Grenze entfernt. Dort in der Andrejewa-Bucht lagerte Material, dessen Radioaktivität fünftausend französischen Atomtests auf Mururoa entsprach.

Ein ehemaliger russischer U-Boot-Kapitän, Aleksandr Nikitin, hatte den Norwegern Informationen über die nukleare Verseuchung der Nordflotte für ihren Bericht geliefert.

Dieser Bericht, »Die russische Nordflotte – Ursachen radioaktiver Verseuchung«, war in Russland umgehend verboten worden und der russische Inlandsgeheimdienst FSB, Federalnaja Sluschba Besopasnosti, hatte 1996 eine Razzia im Bellona-Büro in Murmansk durchgeführt. Nikitin war verhaftet und später wegen Hochverrats angeklagt worden, in einem geradezu kafkaesken Prozess.

Im Herbst 1998 sorgte der Fall für ein weltweites Echo, als ein Richter in Sankt Petersburg die Klageschrift des FSB rundweg ablehnte und das Ganze direkt an den Geheimdienst zurückverwies. Ein historisches Ereignis, denn zum ersten Mal in der Geschichte war dem KGB, beziehungsweise seinem Nachfolger, eine Absage erteilt worden. Später wies auch der Oberste Gerichtshof in Moskau die Anklage zurück und forderte Nachuntersuchungen, und vermutlich war bis heute nichts weiter passiert. In den Augen der Öffentlichkeit waren Bellona und Nikitin die Gewinner.

In Norwegen gab es allerdings auch Stimmen, die Bellona scharf kritisierten. Von einem idealistischen Vorhaben, auf den Weg gebracht von zwei jungen Männern, Frederic Hauge und Rune Haaland, sei die Organisation über die Jahre zu einem opportunistischen Imperium herangewachsen, das sich sogar erdreistete, mit einem der größten Umweltsünder zusammenzuarbeiten, Norsk Hydro.

Sowohl Astrid Storvik-Marshall als auch Ida Frykberg hatten zu den lautesten und beständigsten internen Kritikern gehört. Auf Dauer war das nicht tragbar, und beide Frauen verließen Bellona schließlich freiwillig, bevor sie rausgeworfen wurden.

Gemeinsam gründeten sie im Dezember 1999 die Umweltorganisation Nordlicht, die für eine kurze Zeit im Zentrum der öffentlichen Aufmerksamkeit stand. Die Medien verloren jedoch rasch wieder das Interesse an der großspurigen Halbamerikanerin, die nach Anerkennung und Öffentlichkeit lechzte, und der zurückhaltenden Juristin, die so langweilig und schwedisch war.

Nur die wenigsten erinnerten sich noch an das Duo, als es plötzlich durch einen Geniestreich der medienbewussten Storvik-Marshall wieder in aller Munde war. Erst eroberten die beiden Frauen Norwegen, dann die ganze Welt.

Astrid Storvik-Marshall und Ida Frykberg nutzten ihre letzte Waffe – ihr Aussehen und ihr Geschlecht. Im Archivmaterial war Kazanski mehrfach auf ein Zitat von Storvik-Marshall zu ihrem Triumph gestoßen:

»Frag nicht, was dein Land für deine Brüste tun kann. Frag, was deine Brüste für dein Land tun können.«

Und es waren in aller Schlichtheit Astrids und Idas Brüste, die einen Mediensturm entfachten und die Presse in Aufruhr versetzten.

Im März schickte die Umweltorganisation Nordlicht eine Pressemitteilung heraus, dass man eine Demonstration und ein Wikinger-Happening vor dem russischen Konsulat in Kirkenes plane, in der norwegischen Stadt, die der russischen Atommülldeponie am nächsten liege. Die beiden Aktivistinnen und ihre Mitstreiterinnen wollten zeigen, dass sie als echte Wikinger nicht nur der Kälte, sondern auch den Russen trotzten.

Die wenigsten Medien waren daran interessiert, ihre Mitarbeiter ganz bis nach Kirkenes zu schicken, aber eine Osloer Zeitung rückte dann doch noch an, gemeinsam mit der Lokalpresse und dem Lokalfernsehen. Sie sollten ihren Einsatz nicht bereuen.

Auf den ersten Blick war für die Reporter nicht viel zu holen, als sich Astrid und Ida in Wikingerkostümen zusammen mit ihren ebenfalls kostümierten Mitstreiterinnen auf dem kleinen Platz in Kirkenes aufstellten. Die Polizei hatte an diesem Tag nicht viel zu tun und die Beamten konnten die Darbietung in aller Ruhe von den Fenstern der Wache aus verfolgen.

Astrid polterte durch ihr Megafon los, schimpfte gegen Bellona und die Russen, alles Dinge, die man schon oft genug gehört hatte. Höchstens für die Fotografen waren ein paar Bilder von hübschen Frauen mit Wikingerhelmen drin.

Dennoch trotteten die Medien hinterher, als die Truppe durch die Stadt zog, bis zu einer improvisierten Bühne aus Holzpaletten vor dem russischen Konsulat.

Wieder richtete Astrid einen Frontalangriff gegen die trägen russischen Behörden. Sie forderte, dass westliche Experten Zugang zu den militärischen Gebieten erhielten, damit man die Probleme gemeinschaftlich lösen konnte.

Direkt an das Konsulat adressiert, schloss sie mit dieser

Salve: »Ihr seid nicht bereit, uns alles zu zeigen. Wir dagegen verstecken nichts!«

Bei diesen Worten senkten beide Frauen eine Schulter, woraufhin die dünnen Lederträger nach unten rutschten und sie jeweils eine Brust entblößten, bemalt mit dem schwarz-gelben Warnschild für Radioaktivität.

Begleitet wurde das Ganze von lauten, überraschten Rufen der Journalisten und der wenigen Schaulustigen im Gefolge, während die Fotografen plötzlich ungeheuer hektisch wurden.

Bei der anschließenden Pressekonferenz im Rica Arctic Hotel kündigte das Duo an, schon zwei Wochen später einen Wikingerzug gegen die Russen anzuführen. Auf ihrem Schiff, der Frøya, planten sie, in den Hafen von Murmansk vorzudringen und ihre Forderungen dort mit neuer Kraft zu wiederholen.

Die Konferenz endete damit, dass Ida das Mikrofon übernahm und mit verführerischem Blick auf die kleine Versammlung sagte: »Und wenn Sie mehr sehen wollen – viel mehr –, dann kommen Sie nach Murmansk. Vielen Dank.«

Die Bilder verbreiteten sich in Windeseile in ganz Skandinavien. Damit war der erste Teil des Plans ein voller Erfolg. Astrid und Ida waren über Nacht zu den Umwelt-Amazonen des Nordens geworden und zwei Wochen später verließ eine ganze Flottille gemeinsam mit der Frøya den Hafen von Kirkenes und nahm Kurs auf Murmansk. Sogar die Varangervekteren, das Schiff der Polizei, begleitete sie das erste Stück.

Vor dem Kai in Murmansk wiederholten die Amazonen ihr Kunststück, nur, dass sie sich diesmal jede Faser vom Leib rissen – auch die Unterhosen.

Kameras aus aller Welt, selbst der CNN, waren vor Ort, während Ida ihre Geschütze gegen die Machthaber im Kreml richtete und Astrid eine Brandrede an die Politiker und die halbe Bevölkerung von Murmansk hielt, die staunend im Hafen stand.

Ida holte sich eine Lungenentzündung, aber das war es wert. Fernsehsender und Zeitungen in aller Herren Länder suhlten sich in den Bildern der splitternackten Wikingerinnen.

Es geschah exakt das, was Astrid vorhergesagt hatte: Selbst die Medien, die sich als ausgesprochen seriös betrachteten, suchten einen Vorwand, um die Bilder zu veröffentlichen. Deshalb fingen sie an, den ernsten Hintergrund des Wikingerzugs zu erklären und zu vertiefen. Nämlich, dass die Kola-Halbinsel die größte Atommüllhalde der Welt war und eine gigantische Bedrohung, die alle, mit Ausnahme der Norweger, viel zu lange ignoriert hatten.

Danach ging es ebenso absehbar weiter: Prominente Politiker der gesamten westlichen Welt standen Schlange, um auch einen Platz im Rampenlicht zu bekommen. Jeder wollte ein paar wohlüberlegte Sätze über die nukleare Bedrohung auf der Kola-Halbinsel sagen, die auf einmal zu einer »gemeinsamen Aufgabe für uns alle« geworden war.

Schließlich löste die Aktion auch das noch aus, was Astrid Storvik-Marshall treffsicher vorausgesagt hatte: Ihre Umweltorganisation Nordlicht wurde aus der ganzen Welt mit Spenden überschüttet.

Bellona fand sich plötzlich im Schatten von zwei Paar Brüsten wieder, und das gefiel den Besitzerinnen dieser Brüste ausgesprochen gut, auch wenn Stimmen aus den christlichen Hochburgen und Gemeinden empört »Prostitution« riefen.

Astrid Storvik-Marshall und Ida Frykberg hatten allerdings nicht lange Freude an ihrem Erfolg. Im Mai verschwand ihr Schiff, die Frøya, bei einem Sturm in der Barentssee spurlos, mit beiden Frauen und vier ihrer Mitstreiterinnen an Bord. Eine groß angelegte Suchaktion von norwegischer und russischer Seite verlief ergebnislos. Mit Unterstützung aus der Luft durchkämmte eine ganze Flotte von Militärschiffen beider Nationen das fragliche Gebiet, aber umsonst.

In den folgenden Monaten hagelte es Beschuldigungen gegen die Russen. Die Umweltschützer sprachen von einer neuen »Rainbow Warrior«, während die Presse schrieb, die Frøya sei ein maroder Kahn gewesen und mit ihr in See zu stechen völlig verantwortungslos.

Eine international besetzte Expertenkommission untersuchte die Havarie und kam zu demselben Schluss. Fachleute der Werft, in der die Frøya zuletzt lag, hätten Storvik-Marshall laut und deutlich gewarnt: Dieses Schiff gehöre nicht aufs offene Meer, aber Storvik-Marshall habe jede Kritik arrogant zurückgewiesen.

Erst als die Frøya offiziell als »gesunken« in der *Lloyds List*, der führenden Zeitung der Marineindustrie, veröffentlicht worden war, fand sich die Öffentlichkeit schließlich mit der Tatsache ab und die Diskussionen verstummten.

So waren die beiden Frauen zu Umwelt-Märtyrerinnen geworden, aber der Milliardär Ted Marshall war nicht gewillt, den Tod seiner eigensinnigen Tochter einfach hinzunehmen, auch wenn sie mit ihm gebrochen hatte, in die Heimat ihrer Mutter gezogen und norwegische Staatsbürgerin geworden war.

Auf eigene Kosten hatte er einen erfahrenen Privatdetektiv angeheuert und nach Murmansk geschickt. Daniel Shaw hieß der Mann, ein ehemaliger CIA-Agent und laut Appelson tatsächlich ganz brauchbar.

Shaw sollte ein bisschen bei den Russen herumschnüffeln,

war aber bei den Ermittlungen in Murmansk spurlos verschwunden. Ted Marshall hatte nie wieder etwas von ihm gehört.

Und jetzt saß Kazanski mit dem Scheiß da, in einem Zug auf dem Weg nach Murmansk.

Ted Marshall war ein enger Freund von Senator Oscar Coplans, tatsächlich hatte er ihm den gesamten Wahlkampf finanziert. Und da Coplans ein treuer Unterstützer des Präsidenten war, schloss sich der Kreis. Der Senator machte Druck und der stellvertretende Direktor Jannsen gab nach. Jan Jordi Kazanski sollte während seines Aufenthalts in Murmansk nach Spuren des verschwundenen Detektivs suchen, soweit seine eigentliche Aufgabe es zuließ. Und sei es nur, damit der Senator ein für alle Mal Ruhe gab.

Wayne Appelson hatte den tobenden Kazanski beruhigt, der es nicht einsah, den Laufburschen für einen alten Starrkopf wie Senator Coplans zu spielen. Der Schapkin-Fall hatte absolute Priorität. Der verschwundene Detektiv war zweitrangig. Ganz klar.

Jan Jordi Kazanski kam langsam zu sich. Irgendein Geräusch hatte ihn offenbar geweckt. Er konnte sich nur nicht erinnern, was es war.

Er war im Sitzen eingeschlafen und jetzt waren seine Nackenmuskeln auf der einen Seite hart wie Stein. Er war am Fenster sitzen geblieben, obwohl die junge Frau schon vor mehreren Stunden das Licht ausgemacht hatte.

Es war halb zwei. Draußen war nichts als massive Dunkelheit, nicht einmal Sterne. Zweimal hatte er Lagerfeuer in der Nähe des Bahndamms gesehen. Flackernde Schatten von Männern, die dicht am Feuer saßen. Vielleicht waren es Bahnarbeiter, vielleicht Jäger, Landstreicher oder einfach nur

Männer, die die endlosen Wälder fernab der Zivilisation liebten.

Es dauerte einen Augenblick. Dann kam das Geräusch wieder – ein kräftiges Husten. Es war die Frau. Sie wand und drehte sich. Dann hustete sie erneut. Eine kurze Pause. Dann ging es von vorn los, diesmal ein bisschen schwächer. Kazanski knipste die kleine Leselampe an. Sie war wach und drehte den Kopf weg. Kurz darauf überkam sie der nächste heftige Hustenanfall. Es nervte ihn. Wenn das so weiterging, lag eine lange Fahrt vor ihm. Er ging raus zur Schaffnerin, die am Eckschrank mit dem großen Samowar stand. Offenbar schlief sie nie.

»Hier, trink das.«

Er stellte das Teeglas auf den Tisch, als er zurückkam. Die junge Frau zögerte erst, aber dann gab sie ihre feindselige Haltung ihm gegenüber wohl auf. Ihre Augen glänzten fiebrig.

»Ich heiße Sergej«, sagte er in Übereinstimmung mit seinem gefälschten Pass.

»Ljuba«, sagte sie und hustete wieder. »Danke für den Tee …«

Es verging eine Weile, in der keiner von ihnen etwas sagte.

»Bist du auf dem Heimweg? Wohnst du in Murmansk?«, fragte Kazanski schließlich.

»Nein, ich fahre zu meiner Mutter. Ich wohne in Sankt Petersburg – oder wohnte …« Sie nippte an dem heißen Tee und zögerte ein wenig. Dann schnäuzte sie sich lautstark. Sie schwieg immer noch. Ihre Grübelei mündete schließlich in einem genervten Seufzen. Ohne den Blick von ihrem Glas zu heben, begann sie zögernd zu erzählen.

Nach der Scheidung ihrer Eltern war sie mit dem Vater

nach Sankt Petersburg gezogen. Doch dann war ihr Vater gefeuert worden und damit hatte das ganze Elend angefangen. Zusammen mit einem anderen Mann hatte er sich eines Abends ein Auto geliehen und war aufs Land gefahren, um auf den Feldern Kartoffeln zu klauen. Das war nichts Ungewöhnliches, es wurde mehr oder weniger akzeptiert, dass Arbeitslose, Alte und Arme sich das Nötigste zum Leben auf den Feldern zusammensammelten.

Ihr Vater und sein Kumpel hatten sich in einen Graben gesetzt, um ein Stück Brot zu essen und sich eine Flasche Wodka zu teilen. Irgendwann kam ein Laster. Als der Fahrer versuchte, dem parkenden Auto auf der schmalen Landstraße auszuweichen, geriet er mit dem Laster in den Graben. Beide Männer waren auf der Stelle tot. Die Miliz sagte, der Lkw-Fahrer sei sternhagelvoll gewesen.

Nach der Beerdigung war Ljuba zu ihrem Freund und seinen Eltern gezogen. Dann hatte auch der Freund seine Arbeit verloren. Er fing an zu saufen und sie zu schlagen. Als sie schwanger wurde, gelobte er hoch und heilig Besserung, aber dann trank er doch wieder. Und nun saß sie hier, im Zug auf dem Weg zur Mutter und ihren beiden Schwestern in Murmansk.

Ljuba war die Älteste. Vera, Nadja und Ljuba war eine bekannte russische Dreifaltigkeit. Die Namen waren abgeleitet von den Worten für »Glaube«, »Hoffnung« und »Liebe« – Vera, Nadeschda, Ljubow.

Der Vater des Mädchens war von einem Laster zerquetscht worden und sie selbst war schwanger von einem dummen Schwein. So viel zum Thema Liebe.

Kazanski holte mehr Tee, schnitt eine dicke Scheibe Brot und ein Stück Wurst für seine Weggefährtin und sich selbst ab. Ihr Husten gönnte ihr eine Pause, und sie verschlang das

Essen, als hätte sie Angst, er könnte es sich anders überlegen und doch alles für sich behalten.

Sie wollte sich einen Job in Murmansk suchen und das Kind abtreiben lassen, erzählte sie. Schließlich fing sie an zu gähnen. Sie waren sich einig, dass es Schlafenszeit war. Als sie die dicke Brille absetzte, erinnerte sie ihn mit ihren schrägen Augen an einen Maulwurf, hilflos im Licht.

Kazanski verstand es einfach nicht. Glaube, Hoffnung, Liebe … Wie zur Hölle kam man als erwachsener Mensch auf die Idee, seinem Kind so einen Namen zu verpassen? Wirklich geschmacklos. Er konnte nicht einschlafen und drehte das Gesicht zur Seite, wo die Dunkelheit eine Mauer um den Zug errichtet hatte.

Raja Jooseppi, Finnland

Der Puls war das einzige Zeichen von Unruhe. Wiktor Schapkin spürte, wie sein Herz arbeitete. Er war entspannt – und trotzdem angespannt. Ein zwiespältiger Zustand, mit dem er über viele Jahre umzugehen gelernt hatte.

»Du bleibst jetzt einfach ganz ruhig, okay? Vollkommen ruhig, okay? Es passiert nichts. Ich kenne ein paar von den Jungs. No problemos.«

Der dänische Fahrer führte vermutlich Selbstgespräche. Lasse Mortensen musste nervös sein, aber mit seiner lässigen Fassade und seiner zerstreuten Art überspielte der junge Mann die Aufregung perfekt.

»Tulli«, stand auf einem Schild mit einem großen goldenen Löwen. Langsam rollten sie auf das Zollgebäude am finnischen Grenzübergang Raia Jooseppi zu.

Ein Stück weiter, auf der russischen Seite, erwartete sie

eine Ansammlung weißer Fertigbaracken zwischen den Nadelbäumen. Das war der russische Zoll und damit der kritische Punkt.

Seit sie am Morgen in Rovaniemi losgefahren waren, hatte es ununterbrochen geregnet. Vielleicht konnte das schlechte Wetter von Vorteil sein, dachte Schapkin. Denn wer hatte schon Lust, bei diesem Dreckswetter einen Laster zu filzen?

Auf einem Rastplatz im Wald hatten sie die Plombe des Kühlanhängers geöffnet und seine gesamte Ausrüstung in den frischen Schweinehälften versteckt, die in langen Reihen an Fleischerhaken von der Decke hingen.

Das Dragunow-Gewehr hatten sie in sämtliche Einzelteile zerlegt und genau wie die Handgranaten, das Fernglas und die Makarow-Pistole in kleinen Taschen versteckt, die sie in das Schweinefleisch geschnitten hatten. Das war einfach gewesen.

Ausgehend von der Annahme, dass die Zöllner vermutlich eher im hinteren Teil der Ladefläche nach Illegalem suchen würden, hatten sie sich für ein paar der vorderen Schweinehälften entschieden. Und im Übrigen waren die Sachen so effektiv versteckt, dass es ein extrem waches Auge brauchte, um sie zu entdecken.

Das einzige Teil seiner Ausrüstung, das sie nicht im Anhänger untergebracht hatten, war das Nachtsichtgerät. Es war zu sperrig und lag jetzt im Kühlaggregat, wo gerade genug Platz dafür war.

Wegen der aufgebrochenen Plombe machte er sich keine Gedanken. Der Däne hatte sie wirklich überzeugend repariert. Schapkin war sich ziemlich sicher, dass er das nicht zum ersten Mal gemacht hatte.

Hinter ihnen fuhr Jimmy, der andere Däne, der gestern kurz nach ihnen in Rovaniemi angekommen war. Er hatte in der Cafeteria Kultahippu in Ivalo auf sie gewartet, wo die meisten Fahrer vor der letzten anstrengenden Etappe nach Murmansk noch einmal Kraft tankten.

Lasse Mortensen griff hinter seinen Sitz. Er schien etwas zu suchen. Nach kurzem Wühlen warf er Schapkin ein blaues Käppi in den Schoß.

»Hier, setz die auf. Damit siehst du ein bisschen normaler aus«, sagte er grinsend.

Die Finnen brauchten nicht lange, um die Papiere zu kontrollieren. Der Däne nahm seine Kappe ab, fuhr sich mit der Hand durch die Haare und lächelte die junge Frau hinter der Glasscheibe freundlich an. Einen Augenblick später waren er und Schapkin auch schon durch und konnten sich auf den Weg zu den Russen machen.

Ein junger Soldat kam aus einer Baracke und räumte etwas beiseite, das quer über der Straße lag. Es war ein Balken, der mit spitzen Stacheln versehen war. Sie fuhren ein Stück vor und hielten dann an. Zwei andere Kerle in Tarnuniform kamen auf sie zu.

Lasse Mortensen stieg aus. Aus einem Versteck hatte er rasch zwei Stangen Zigaretten hervorgezaubert. Die eine schob er sich unter die Jacke, die andere gab er den Soldaten, während er diskret auf seine Uhr zeigte, um klarzustellen, dass er es eilig hatte.

Zwei Zöllner kamen dazu und die vier Russen teilten eilig die Beute unter sich auf. Der Däne gab Schapkin ein Zeichen mitzukommen.

Routiniert setzte der junge Fahrer seinen Auftritt im Hauptgebäude fort. Er breitete die Arme aus, sagte »Hello« und nickte den beiden Zöllnern zu. Der Mann hinter der Glasscheibe bekam ihre Pässe, der andere hinter der Theke die Mappe mit den Frachtpapieren und die Zigaretten, und auch diesmal vergaß der Däne nicht, mit entwaffnendem Lächeln auf seine Armbanduhr zu tippen.

Schapkin schaute nach draußen. Sie hatten jetzt die Verplombung geöffnet. Einer der Soldaten stieg in den Anhänger, während die drei anderen unter einem Vordach Schutz vor dem Regen suchten und rauchten. Es dauerte höchstens eine Minute, dann sprang der Soldat wieder vom Lkw, schlug die Türen zu und lief zu seinen Kollegen.

»Was habe ich gesagt? No problemos …« Der Däne zündete sich eine Zigarette an, startete den Motor und legte den Gang ein.

»Man kommt ziemlich weit mit einer Stange Kippen und einem Lächeln, was?«

Exakt sechs Minuten später tauchte der letzte Kontrollposten vor ihnen im Regen auf, alles lief nach Plan.

Aus dem Schuppen am Stacheldrahtzaun kam der nächste Jungspund heraus. Ohne eine Miene zu verziehen, überprüfte er ihre Pässe, und obwohl die Papiere gerade erst gecheckt worden waren, ließ er es nicht an Gründlichkeit fehlen. Der Soldat blätterte in Schapkins Pass, musterte erst das Foto und dann sein Gesicht. Schließlich nickte er kaum merklich und der Däne steckte ihm eine Schachtel Zigaretten zu.

Jetzt lag die Straße offen vor ihnen. Zweihundertdreißig Kilometer befestigte Schotterpiste durch menschenleere Wälder und über schmale Holzbrücken. Sie fuhren langsam, damit Jimmy sie einholen konnte.

Der Däne erzählte die Geschichte eines Kollegen, der von Räubern überfallen worden war, die die Straße mit einem Baumstamm blockiert hatten. Schapkin hörte nicht richtig zu. Ein Stück vor Murmansk mussten sie noch einen weiteren

Kontrollposten passieren, an dem Abzweig, wo es links nach Kirkenes in Norwegen ging. Aber jetzt konnte es nicht mehr schiefgehen.

Am späten Nachmittag erreichten sie die Brücke, die bei Kola über die Tuloma führte. Hier mündete der Fluss in den schmalen Fjord und sie folgten weiter dem Wasser bis zur Stadtgrenze.

Auf der ganzen Fahrt waren ihnen nur vereinzelt Fahrzeuge entgegengekommen, und sie hatten einen Trupp Straßenarbeiter gesehen, die dabei waren, die Schotterschicht zu erneuern. Ein paarmal waren wie aus dem Nichts Frauen in orangefarbenen Plastikwesten aufgetaucht. Es war Frauenarbeit, die langen Stangen am Straßenrand aufzustellen, die als Orientierungshilfe im Schnee dienen sollten.

Inzwischen regnete es in Strömen, und die Scheibenwischer peitschten über die Frontscheibe, während die Umrisse des Hafens mit seinen Silos und Kränen langsam näher kamen.

Es waren kaum Menschen auf der Straße. Der holprige Asphalt schimmerte im Schein der hellen Lkw-Scheinwerfer und obwohl er rechts aus dem Fenster spähte, konnte er die Hochhäuser im Regen und der Dunkelheit kaum erkennen.

Ihre Papiere wurden ein weiteres Mal kontrolliert, dann hob sich die Schranke, und sie durften in das umzäunte Gebiet des Zollhafens fahren, wo Laster neben Laster parkte. Es waren ein paar ramponierte russische darunter, aber der Großteil waren leuchtend bunte europäische Trucks.

Der Däne stoppte den Motor und es wurde still. Für einen Moment war nur noch das Trommeln des Regens zu hören. Dann steckte er sich eine Zigarette an, sog den Rauch tief ein und sah Schapkin mit einem zufriedenen Lächeln an.

»Wieder zu Hause, was? … Also, falls das zu Hause ist. Ich

wüsste ja echt gern, was du jetzt mit deinem ganzen Alteisen vorhast.«

Wiktor Schapkin lächelte nur stumm.

»Nee, nein. Keine Fragen. No problemos. Es kann ein oder zwei Tage dauern, bis ich erfahre, wo ich abladen soll, wir haben also reichlich Zeit. Wir sollten lieber bis heute Nacht warten, ehe wir deinen Kram dahinten rausholen. Wir müssen verdammt vorsichtig sein. Hier auf dem Parkplatz sind Wachen unterwegs.«

»Ja, lass uns warten. Ich habe keine Eile. Hier, danke fürs Mitnehmen.«

Schapkin gab dem Dänen die restlichen zweitausend Dollar.

»Danke und gern wieder.«

»Ich habe zu danken. Du warst mir jetzt zweimal eine große Hilfe.«

Schapkin lächelte wieder. Er konnte sich einfach nicht entscheiden. Vielleicht mochte er den Dänen irgendwie, aber vielleicht auch nicht.

Kola-Halbinsel, Russland

Orte, die irgendwo am äußersten Rand lagen, hatten ihn schon immer fasziniert. Orte, zu denen man sich vorarbeitete, nur um dort die Begrenzung zu finden, nach der man sich insgeheim gesehnt hatte – die Gewissheit, dass man das Ende erreicht hatte.

Beim ersten Tageslicht stand Kazanski auf und nahm seinen Platz am Fenster zur Welt ein. Im Laufe der Nacht hatte sich nichts geändert.

Die weißen Zwergbirken, die dicht an der Scheibe vorbeiflimmerten, bildeten einen fleckigen Vorhang vor den grünen Nadelbäumen im Hintergrund.

An den wenigen Stellen, wo die Wälder sich öffneten und den Blick freigaben, sog er gierig die Eindrücke in sich auf, die sumpfige Landschaft mit ihren spiegelglatten Seen und den nachtschwarzen Flüssen, gefärbt von der torfigen Erde.

Es schien, als wäre es Karelien und der Halbinsel nie gelungen, das Joch abzuwerfen und sich aus dem feuchten Griff der Moore und des sauren Bodens zu befreien. Alles war irgendwie krumm und verkümmert.

Die Bäume sahen aus wie Kinder, die nie erwachsen wurden. Die morschen Holzhäuser in den Dörfern wirkten trist, auf den Weiden stand kein Vieh, und ab und zu tauchten kleine, ernste Menschen in seinem Blickfeld auf, die geduckt in ihren Gummistiefeln der harten Feldarbeit nachgingen.

Kazanski stellte sich vor, sein Zug würde auf einer senkrechten Scheibe nach oben fahren. Er malte sich aus, wie sich der Zug an die Schienen klammerte, weil sein einziger Daseinszweck darin bestand, nach Norden zu gelangen. Und irgendwo dort oben am Rand der Welt, wo alles Land endete und das Eismeer begann, wartete Murmansk.

»Danke für heute Nacht, für den Tee …« Ljuba war aufgewacht. Sie streckte sich, rieb sich die Maulwurfaugen und putzte sich die Nase.

»Zumindest hast du aufgehört zu husten«, sagte Kazanski und lächelte sie an. Hoffentlich wurde sie jetzt nicht allzu gesprächig. Er wollte auch den Rest der Fahrt lieber seine Ruhe haben.

Er hätte seinem Vater diese fantastische Reise nach Norden wirklich gegönnt. Er hatte seine Eltern in New York besucht, und auch wenn er ihnen nichts von seiner Mission erzählen konnte, sprach nichts dagegen, ihnen zu sagen, dass seine Arbeit ihn erneut nach Russland führte. Der alte Pole war kurz zusammengezuckt und dann hatte sein Vater über das ganze Gesicht gestrahlt. Im Großen und Ganzen ging es ihnen gut, den Alten.

Sein Vater hatte das Rentnerdasein wieder aufgegeben und arbeitete jetzt als Hauswart. Als das Gespräch auf Russland kam, sprudelten die wilden Spekulationen nur so aus ihm heraus.

Die Kazanskis hatten russisches Blut in den Adern. Das musste eigentlich jedem klar sein. Da war die Stadt Kazan und es gab in Moskau und in Sankt Petersburg Kazan-Kathedralen und dann war da ja auch noch die Gottesmutter von Kazan, erklärte er.

Wenn man außerdem noch bedachte, dass die Russen im Laufe der Geschichte ziemlich oft einen Fuß auf polnischem Boden hatten, ja, dann war das mehr als einleuchtend: Einer ihrer Vorfahren war Russe gewesen. Nicht, dass er besonders stolz darauf war – schließlich war er ein unerschütterlicher Pole –, er war eher stolz auf seinen historischen Weitblick. Allerdings hatte diese Idee erst nach dem Zusammenbruch des Kommunismus Blüten getrieben.

Seine Mutter eilte geschäftig hin und her und war so gesellig, fürsorglich, temperamentvoll und herrisch zugleich, wie nur eine spanische oder besser gesagt katalanische Frau sein konnte. Wenn es hart auf hart kam, war sie genauso stolz und standhaft wie der alte Kazanski. Seinen alten Eltern war es schwergefallen zu begreifen, wieso ihr Sohn nach Russland sollte, wo er dort drüben doch ein für alle Mal zur unerwünschten Person erklärt worden war.

Auch Kazanski versuchte vergeblich, irgendein tieferliegendes Muster in dem Fall zu erkennen, während der flimmernde Birkenteppich draußen vorbeizog.

Der Schwede Ulf Nyström, die Schwedin Ida Frykberg, die amerikanische Norwegerin Astrid Storvik-Marshall, die gesunkene Frøya, der verschwundene Detektiv, Wiktor Schapkin, der ermordete und zerteilte Russe, verklappter Atommüll und der Lacrosse-Satellit mit US-amerikanischen Augen am Himmel. Und schließlich er, im Dienst der Firma auf dem Weg ans Ende der Welt.

Das Polarmonster hatte Murmansk in eine dicke Nebelsuppe gehüllt, als er ankam, aber irgendwo dort draußen musste die Stadt ja sein.

Er schulterte sein Gepäck und reihte sich in den stummen Strom der Passagiere ein, die vorsichtig bei Eiseskälte über den spiegelglatten Bahnsteig trippelten.

Ohne zu wissen, wo sich das Zentrum befand, hängte er sich an eine kleine Gruppe von Reisenden. Jetzt galt es, jeden Schritt auf dem gefrorenen Bürgersteig mit Bedacht zu setzen. Schon eine kurze Unachtsamkeit genügte, um zu stürzen.

7

»Leutnant Suschko, das Treffen war um sechzehn Uhr. Jetzt ist es sechzehn Uhr zehn.«

Major Schumanowa war genervt. Die Stabschefin gab ihrer Stimme einen monotonen Klang, und wenn sie sich anhörte wie eine menschgewordene Verwaltungsvorschrift, war man besser auf der Hut.

Leutnant Walentina Suschko setzte sich an den großen Tisch. Sie überlegte, ob sie sich entschuldigen sollte. Was für eine Scheiße. Über Nacht hatte jemand das Benzin aus dem zivilen Schiguli abgepumpt, mit dem sie gestern Abend nach Hause gefahren war.

Als sie dann endlich einen Kanister aufgetrieben und Sprit in die Karre geschüttet hatte, kapierte sie, dass das nur der Anfang war. Irgendein Idiot hatte den Wagen auch noch aufgebockt und einen Vorderreifen gestohlen. Katastrophe Nummer zwei war ihr aber erst aufgefallen, als sie endlich losfahren wollte. Eine Horde Jungs aus der Nachbarschaft hatte sich vor Lachen gar nicht mehr eingekriegt.

Sie wollte gerade erklären, wie alles zusammenhing – aber sie kam nicht mehr dazu.

»Leutnant Suschko?«

Sie hob den Kopf. Die Stimme der Majorin schrillte in ihren Ohren.

»Ja?«

»Die Zigarette … Wenn Sie so freundlich wären …«

Erst jetzt merkte sie, dass sie immer noch einen qualmenden Stummel zwischen zwei Fingern hielt. Sie drückte die Kippe im Aschenbecher aus und lächelte die blöde Kuh am Tischende entschuldigend an.

Außer der Majorin waren noch acht weitere Personen anwesend. Ein paar Kriminaler von der Frühschicht und ein paar, die erst jetzt zum Dienst erschienen waren. Ihr Blick fiel auf ihren festen Partner. Timur Glasow musterte sie.

Er erinnerte sie mehr und mehr an einen müden alten Mann. Wenn er sprach, klang er schläfrig, und wenn er sie so ansah wie jetzt gerade, wirkten seine Augen unter den buschigen Brauen matt und ausdruckslos. Aber er war ein netter Kerl – und man konnte sich auf ihn verlassen. Vielleicht würden sie ihm bald eine weniger anspruchsvolle Aufgabe zuteilen, damit ausreichend Kräfte im Team waren, wenn er in Rente ging. Die Kollegen im Ausnüchterungsdienst beispielsweise saßen sich gemütlich die Ärsche platt. Timur Glasow hatte seine Sache all die Jahre gut gemacht, nicht überragend, aber grundsolide, und trotzdem war er nur Obersergeant. Er war einfach zu nett.

»Die Razzien der letzten Tage haben gezeigt, dass wir noch einmal losmüssen. Es ist eindeutig eine neue Lieferung alter Waffen im Umlauf. Etwas anderes bleibt uns nicht übrig. Ihr kennt das Spiel. Es geht in eine neue Runde. Wir müssen die üblichen Leute kontaktieren, rausfinden, woher der ganze Dreck kommt, und das Zeug dann einsammeln. Tut mir leid …«

Die Stabschefin hob frustriert die Arme. Einer zielorientierten Frau wie ihr widerstrebte es, so viele Ressourcen auf diese Aufgabe zu verwenden.

Walentina Suschko nickte. In den anderen Gesichtern am

Tisch spiegelte sich derselbe Mangel an Begeisterung und rundum wurde geseufzt.

Es war das fünfte Mal in zwei Jahren, dass sie dabei half, die Stadt nach altem Plunder zu filzen. Von den vielen Plagen in Murmansk waren die Waffen aus dem Großen Vaterländischen Krieg eine der schlimmsten.

Als strategischer Hafen für die Alliierten und kraft des hartnäckigen, jahrelangen Widerstands gegen die Deutschen in Norwegen hatte die Stadt im Krieg eine zentrale Stellung eingenommen. Und dafür bezahlte sie immer noch.

Von Zeit zu Zeit wurde Murmansk von einer Welle alter Waffen und Sprengstoffe überrollt. Manchmal stammten sie aus geheimen Arsenalen, die plötzlich wiederentdeckt wurden. Manchmal fand irgendein cleverer Typ eine versteckte Waffenladung auf einem Dachboden und hatte nichts Besseres zu tun, als den Dreck sofort zu Geld machen. Meistens waren die Waffen und Handgranaten voll funktionsfähig.

Ein Junge aus ihrem Haus hatte vier Finger verloren, als er eine alte Pistole testen wollte. Der Schwachkopf war eine echte Nervensäge, aber trotzdem … Als hätten sie nicht schon genug Probleme mit der Flut von modernen Waffen in den falschen Händen.

»Fährst du?« Timur Glasow sah seine Kollegin fragend an. Sie nickte. Sie waren Partner, seit Walentina Suschko als frischernannter Leutnant vor gut zwei Jahren dazugestoßen war. Sie fuhr gern und sie fuhr gut. Außerdem hatte sie schnell bemerkt, dass er es vermied, wann immer es ging.

»Tima, wir müssen nur noch schnell einen Reifen aus der Werkstatt holen.«

»Warum?«

Sie erzählte ihm die Geschichte mit dem Auto und er

schüttelte grinsend den Kopf. Dann sagte er mit ernster Stimme:

»Pass mit der Majorin auf. Sie kann dich nicht leiden.«

»Ja. Wahrscheinlich hast du recht …«

»Warum eigentlich?«

»Ach, so sind Frauen halt. Davon verstehst du nichts, Tima.«

Timur Glasow war Junggeselle, und es sah ganz danach aus, als würde sich das auch nicht mehr ändern. Er hatte ihr die Geschichte irgendwann mal mit großen Gesten im Suff erzählt. Seine Jugendliebe war mit einem anderen nach Kiew durchgebrannt. Er hatte gedacht, sie würden heiraten. Seitdem hatten sie das Thema nicht mehr angetastet. Tima war Tima – und Tima war Junggeselle. Eine wandelnde Institution.

»Aber du könntest auch einfach aufhören, sie zu provozieren, Walja.«

»Was meinst du?«

»Zum Beispiel das mit der Zigarette. Du weißt es doch.«

Walentina Suschko lachte laut auf.

»Du hast viel zu viel Respekt vor diesem Weib. Die ist nur Stabschef geworden, weil Frauen in Führungspositionen gerade modern sind und weil sie schnell die Beine breitmacht. Ha!«

Walentina Suschko gab Gas, und der alte Schiguli hinterließ einen Rauchschleier auf der Kreuzung, als sie in Richtung Stadtzentrum abbog. Abgesehen von den vielen verschiedenen Stadtteilen war Murmansk in drei übergeordnete Distrikte aufgeteilt, Leninskij im Norden, Oktjabrskij in der Mitte und Perwomaiskij im Süden. Das Hauptquartier der Stadtmiliz lag im Leninski-Distrikt, aber ihr Arbeitsplatz war die ganze Stadt.

Die Stabschefin hatte ihnen den Auftrag erteilt, sich im Zentrum umzusehen und bei den Kollegen im Revier in der Uliza Dscherzinskogo vorbeizuschauen und dort zu fragen, ob jemand einen Tipp habe.

»Hast du das gesehen, Tima?«

»Was?«

»Der ist über Rot gefahren … Sollen wir ihn schnappen?« Sie wusste, dass er so etwas nicht leiden konnte.

»Das ist nicht unsere Aufgabe. Lass es gut sein.«

Er klang fast flehend, aber sie nahm die Verfolgung trotzdem auf. Kurz darauf gelang es ihr, ihren Wagen vor den Verkehrssünder zu bringen, und Timur Glasow ließ die Scheibe herunter und winkte den Fahrer an den Straßenrand.

Walentina Suschko stieg aus. Sie wühlte in den Taschen des abgetragenen Wintermantels, fand endlich ihre Legitimation und hielt dem erschrockenen älteren Herrn die gefaltete rote Pappkarte direkt vors Gesicht.

»Sie sind gerade über Rot gefahren«, sagte sie und konnte nur schwer verbergen, dass ihr das Ganze eigentlich scheißegal war.

»Entschuldigung, ich dachte, ich würde es noch schaffen«, antwortete der Mann schuldbewusst.

»Das hätte gefährlich werden können. Über solche Dinge können wir nicht einfach hinwegsehen. Wie ist es Ihnen lieber? Mit Quittung? Oder ohne?« Walentina Suschko sah den Alten fragend an.

»Ohne, danke.«

»Das macht dann sechzig Rubel.«

Der Mann bezahlte, ohne zu zögern, und sie ging zurück zu Timur, der im Wagen geblieben war. Er hatte für solche Manöver nicht viel übrig, aber zu dem Geld sagte er trotzdem nicht Nein.

»Dreißig für dich, dreißig für mich«, sagte sie und steckte ihren Anteil in die Tasche. »Hast du das von der Razzia neulich gehört?«

»Ne. Warum?«

»Ein paar Jungs aus der Verkehrsabteilung haben richtig reingehauen. Der große Rothaarige, dieser Igor, hat sich eine halbe Monatsmiete geholt.«

»Wenn die Majorin das eines Tages rausfindet …«

»Das wird sie nicht: Sie weiß es schon. Sie ist zwar ein Besen, aber dumm ist sie nicht.«

»Du hast die Parole des Oberstleutnants neulich gehört. Es ist nicht mehr so wie früher. Er wird so etwas nicht dulden. Und du musst dir schließlich nicht den Kopf über deine Pension zerbrechen, oder?«

»Du gehst doch nicht morgen in Rente. Und der Oberstleutnant? Was soll er denn sonst sagen? Das heißt aber nicht, dass er es auch so meint, sonst fliegt ihm der ganze Laden nämlich um die Ohren. Weil das System nun mal so funktioniert. Was denkst du denn, warum wir ein derart lächerliches Gehalt bekommen, verdammt? Die wissen das ganz genau, Tima! Alle wissen das. Hier, das ist für dich.«

»Danke … Ich spare auf eine neue Angel und eine Spinnrolle. Habe ich das erzählt?«

»Gute Idee. Fang ein paar Fische. Dann hast du was zum Tauschen. Und jetzt lass uns loslegen. Wir können im Arktika anfangen. Ich wollte da sowieso vorbei, um mit jemandem zu reden, dann kann ich mich auch gleich noch umhören, einverstanden?«

Er nickte. Das kam mindestens einmal in der Woche vor. Walentina stattete dem Hotel Arktika regelmäßig Kurzbesuche ab. Er hatte keine Ahnung, wen sie da kannte, aber im Foyer des größten Hotels der Stadt wimmelte es immer von breitschultrigen Sicherheitsleuten mit Handys und Geschäftsmännern aller Art, manche ziemlich suspekt, andere weniger.

Der angrenzende Saal, mit Pooltischen und Bar, war fast schon eine Unterwelt für sich, bevölkert von jungen Männern in schwarzen Lederjacken, die immer ein Handy in der Tasche oder in Reichweite hatten.

Er konnte sich noch erinnern, wie er einmal an einem freien Tag dort an der Bar gesessen und den Poolspielern zugeschaut hatte. Als ein Telefon klingelte, steckten alle wie synchronisierte Roboter eine Hand in die Jacke oder griffen nach ihrem Handy.

Er hatte laut lachen müssen. Ein zwielichtiger Typ war auf ihn zugekommen und hatte ihn am Kragen gepackt. »Warum so gut gelaunt, Opa?«, hatte der Idiot gefragt und ihn an die Wand gedrückt. Timur hatte seine Makarow aus dem Holster gezogen und dem Typen den Lauf unter die Nase gepresst. »Warum so mies gelaunt, Arschloch?«, hatte er gesagt. Er wusste wirklich nicht, woher diese Worte gekommen waren, aber sie fühlten sich richtig an.

Danach hatte ihm der Barmann einen doppelten Wodka der feinsten Importqualität ausgegeben und gesagt: »Ich dachte echt, du wärst Clint Eastwood.«

Timur Glasow betrachtete sich lächelnd im Seitenfenster. Immer wenn er hierherkam, dachte er an diese Episode und hatte sofort bessere Laune.

Meistens ging Walentina alleine rein, während er im Auto wartete. Und meistens steckte sie ihm eine Schachtel Zigaretten zu, wenn sie zurückkam. Er stellte nie Fragen. Sie hatte ihre Kreise, aber nach den vielen Jahren im Dienst war sein Netzwerk immer noch größer. Der Unterschied war nur, dass sie immer fragte, wo er schwieg.

Als Walentina wieder ins Auto stieg, warf sie Timur beiläufig ein Päckchen Zigaretten in den Schoß.

»Ah, du bist wach. Wir müssen Boris finden, den kleinen Wichser. Er hat gestern versucht, altes Zeug zu verkaufen.«

Sie brauchten eine Stunde, um ihn aufzustöbern. Er saß an einem Tisch in einer kleinen Kellerkneipe draußen in der Uliza Maklakowa.

»Tag, mein Freund.«

Walentina klopfte dem schmächtigen Mann mit der kurzen, spitzen Nase gesellig auf die Schulter, als sie sich zu ihm setzte. Boris' Blick fing an zu flackern und er drehte hektisch seine Kaffeetasse auf der schmierigen Tischplatte.

»Was hast du denn heute so alles in der Tasche, mein Freund?«

»Nichts. Warum?« Beim Klang ihrer Stimme stieß Boris um ein Haar seine Tasse um.

»Darf ich mal sehen?«

Walentina Suschko lächelte auffordernd, zündete sich eine Zigarette an und blies den Rauch direkt ins Gesicht des kleinen Manns.

»Okay, es ist nichts Besonderes. Nur eine alte Pistole aus dem Krieg.« Boris angelte eine angelaufene Tokarew aus der Jackentasche und zeigte sie diskret vor.

»Und wie bist du an eine so antike Knarre gekommen?«

Boris zögerte. Er überdachte seine Lage, während Walentina Suschko ungeduldig mit den Fingern trommelte. Dann wiederholte sie die Frage in verdächtig freundlichem Tonfall.

»Ein Typ, unten aus Kola … Kenne ihn nicht. Ich hab ihm nur zwei abgekauft. Angeblich hat er eine ganze Kiste voll mit dem alten Schrott gefunden.«

»Ach, du kennst ihn gar nicht?«

»Nein.«

»Gut«, klinkte Timur Glasow sich ein. »Ich würde sagen, wir nehmen ihn mit aufs Revier, Walja. Außer natürlich, der Name fällt ihm doch noch ein.«

Timur kannte das Spiel, und er wusste, dass Walentina es genoss. Er dagegen brachte es am liebsten so schnell wie möglich hinter sich.

»Na ja … Also, ich weiß, dass ihm das kleine Friseurgeschäft gehört.«

»Und du bist ganz sicher, dass du uns jetzt nicht verarschst, ja?« Walentina Suschko versuchte, den Blick des Mannes aufzufangen.

»Auf Ehre und Gewissen. Aber ihr habt das nicht von mir, okay?«

»Nein, natürlich nicht«, antwortete Timur Glasow.

»Die andere hab ich schon verkauft, aber hier …«

Der Mann steckte Walentina Suschko unter dem Tisch die Tokarew zu. Sie sah ihn mit hochgezogenen Augenbrauen an und er wühlte in einer Tasche und drückte ihr auch noch ein paar Scheine in die Hand. Sie lächelte und nickte Timur zu.

»Dann lassen wir es für diesmal gut sein, aber du schuldest uns einen Gefallen«, sagte sie.

»Natürlich.« Der Mann atmete erleichtert auf.

»Ach ja, da wäre noch eine andere Sache«, fuhr sie fort. »Mir ist gestern Abend beim Kaufmann am Bahnhof deine Frau begegnet. Sie sah aus wie ihr eigener Schatten. Und sie hatte ein blaues Auge, Boris. Wusstest du das? Wenn das noch einmal vorkommt, reiße ich dir persönlich die Eier ab. Verstanden?«

Die Müllcontainer quollen schon über. Walentina Suschko bog in den Hinterhof ein und parkte neben einem Haufen Pappkartons.

Ein paar Kinder spielten Fußball auf einem Fleck gefrorenem Matsch, und am anderen Ende des Spielplatzes lungerte eine Gruppe Halbstarker herum, die offensichtlich nichts Besseres zu tun hatten, als um die Wette zu rauchen und laute Musik aus dem Ghettoblaster zu hören.

»Da steht das dreirädrige Wrack.«

Sie nickte rüber zu dem Schiguli.

»Ich nehme den Reifen, du nimmst den Wagenheber, Tima, und danach gehen wir zu mir hoch und trinken noch einen Kaffee zusammen, oder? Ich muss unbedingt mit Mischa reden. Er muss morgen einen Aufsatz abgeben. Als ich ihn das letzte Mal danach gefragt habe, hatte er noch nicht mal damit angefangen. Der Junge hat nur noch Fernsehen und Heavy Metal im Kopf. Du hast Glück, du hast keine Kinder. Er hat auf nichts Lust. Ich weiß echt nicht, was mit ihm los ist. Und dann diese Musik. Ich werde noch wahnsinnig.«

Ganz unten auf der linken Seite, hinter dem Bahnhof und den Gleisen, konnte er eine Reihe von Kränen erahnen und dahinter einen schimmernden Streifen Wasser.

Jan Jordi Kazanski stand am Fenster und ließ den Blick wandern. Der Fjord konnte hier an dieser Stelle kaum breiter als einen Kilometer sein. Auf der gegenüberliegenden Seite sah er eine Ansammlung von grauen Hochhäusern, die unendlich klein wirkten im Vergleich zu den gewaltigen Felsmassiven, die sich gegen den Himmel abzeichneten. Irgendwo dort waren Finnland und Norwegen.

Direkt vor ihm erhob sich das Hotel Arktika wie ein Schandfleck aus Glas und Beton. Er selbst hatte sich in dem bescheidenen Hotel Meridian genau gegenüber einquartiert. Es war früher eine typische Unterkunft für Seeleute gewesen und war in einem rechteckigen Betonklotz untergebracht.

Zwischen den beiden Hotels lag der einzige Platz in Murmansk, der den Namen Platz wirklich verdiente. Es standen jede Menge Bänke herum, aber sie waren allesamt leer.

Rechts auf den Berghängen reihten sich die Wohnblöcke aneinander wie Riesen, die aus einer anderen Welt heranmarschiert waren und jetzt Schulter an Schulter ausharrten, als hätten sie den Befehl bekommen, in der unwirtlichen Landschaft stillzustehen. Ihre grauen Umrisse hoben sich undeutlich gegen den ebenso grauen Himmel ab, und aus ein paar Schornsteinen stiegen Rauchfahnen auf, grau wie alles andere. Grau, grau, grau.

»Hier kann man doch nur gute Laune bekommen«, knurrte Kazanski leise und warf einen Blick auf die Uhr. Es war später Nachmittag, in einer Viertelstunde sollte er seine Kontaktperson treffen.

Unten auf der Straße schlug Kazanski den Kragen hoch und zog sich die Kappe tief in die Stirn. Er sog die Luft ein. Sie war kalt. Eindeutig Frostwetter, aber höchstens ein paar Grad minus. In Madrid herrschte wahrscheinlich goldener Herbst mit Sonnenschein. Dann nahm er Kurs auf die Badeanstalt. Sie befand sich ganz in der Nähe des Bahnhofs, er hatte sie schon am Vormittag ausfindig gemacht.

Er ging an dem kleinen Lebensmittelgeschäft vorbei, das im Keller des Eckhauses untergebracht war. Neben der Treppe saß eine alte Frau auf einem Stuhl. Sie war in zerlumpte Decken gehüllt. Auf ihrem Schoß lagen ein paar getrocknete Plattfische auf einem Stück Zeitungspapier. Das war ihr Geschäftsmodell. Ihr Angebot an die Gesellschaft. Ihre Hoffnung für den Tag. Ihre Hoffnung für morgen war vermutlich, dass »Der gute Zar« kommen würde. So wollte es die Tradition. In schweren Zeiten warteten die Alten auf einen Landesvater mit harter Hand, der an sein Volk dachte.

Wäre er nicht schon im Vorfeld über den Treffpunkt informiert worden, hätte er es für einen Scherz gehalten. Die Badeanstalt glich eher einer stillgelegten Fabrikhalle.

Der untere Teil der Fassade war in Rot, Weiß und Schwarz gefliest, wobei die Kacheln kein richtiges Muster ergaben. Es sah eher so aus, als wären sie in der künstlerischen Klarheit eines Wodkanebels planlos an die Wand geklatscht worden. Irgendwann waren die unteren Fenster zugemauert worden. Oben im ersten Stock waren sie offengeblieben, dafür waren die meisten Scheiben eingeschlagen.

Ursprünglich musste der obere Teil der Fassade hellgrün gewesen sein, aber inzwischen bröckelte an vielen Stellen der Putz, und darunter kam die blanke Außenmauer zum Vorschein, wie rote Wunden. Rechts neben dem Eingang klaffte ein Loch in der Wand, darüber hing ein Schild, auf dem nicht mehr stand als »Bier«. Es war weit und breit niemand zu sehen.

Er ging hinein. In dem dunklen Gang saß eine Babuschka mit Pelzmütze. Wortlos hielt sie ihm die Hand hin. Er bezahlte, und sie reichte ihm einen Stofffetzen, der entfernt Ähnlichkeit mit einem Handtuch hatte, sowie ein Stück Seife, dann zeigte sie zu einer Tür am Ende des Gangs.

Kazanski musste lächeln. Es war wahrlich nicht das erste Mal in der Geschichte, dass ein Treffen an einem solchen Ort stattfand. Nur war das hier weit entfernt von den majestätischen Badestuben und Saunaclubs in Moskau.

In dem engen Umkleideraum baumelte eine Glühbirne von der Decke und an der Wand standen einen paar wackelige Bänke. Ein Ort wie dieser bot ein paar einleuchtende Vorteile. Niemand konnte sich eine Pistole in den Arsch stecken. Wenn Männer sich nackt trafen, waren sie so ebenbürtig, wie die Natur es zuließ.

Er zog sich aus und tappte über den nackten Betonboden zu den Duschen. Dort standen zwei ältere Herren unter den Rinnsalen, die aus dem Gewirr von rostigen Leitungen plätscherten.

Kazanski wickelte sich das Handtuch um den Bauch und folgte einem Schild, das den Weg zur Schwimmhalle wies. Er kam in einen riesigen Raum, der ursprünglich auch gefliest gewesen war. In der Mitte war ein tiefes, großes Becken – ohne Wasser. Er grinste, als die letzte Illusion zerplatzte, und ging zurück in den Umkleideraum.

Ein jüngerer Mann war gerade dabei, sich auszuziehen. Er musterte Kazanski, und es war nicht zu übersehen, dass sein Blick für einen Moment an der langen Narbe hängen blieb, die sich über Kazanskis Brust zog. Schließlich setzte er sich nackt auf eine der Bänke. Er zündete sich eine Zigarette an und bot Kazanski ebenfalls eine an.

»Danke.«

»Mitbringsel aus Krakau?«

Der Mann zeigte auf die Narbe und Kazanski nickte.

»Okay. Du hast etwas für mich?«

»Ja, hier.« Der Mann schob ihm eine Tasche hin.

Kazanski überprüfte den Inhalt und nickte wieder.

»Sieht gut aus. Irgendetwas Neues?«

»Nein, keine weiteren Anweisungen«, antwortete der Mann und wühlte in seiner Hosentasche.

»Hier ist die Adresse. Und hier ist ein Schlüssel. Es ist alles vorbereitet, wie besprochen. Wir haben ein Zimmer bei einer alten Witwe gemietet. Keine Probleme. Einfach entlang der Gleise. Sie wohnt oben am Hang, in dem Viertel mit den Holzhäusern. Schilstroj heißt es. Eigener Eingang, die Miete für einen Monat ist bezahlt. Friedliche, ruhige Gegend.«

»Ausgezeichnet.« Kazanski studierte den Zettel. »Und falls ich Hilfe brauche?«

»Dann musst du zuerst über Moskau …«

»Akute Hilfe?«

»Immer noch Moskau. Ich bin nur ein Bote.« Der Mann zuckte bedauernd die Schultern.

Kazanski hatte keine andere Antwort erwartet. Mit Unterstützung an der nächsten Ecke war hier nicht zu rechnen.

»Das ist noch eine Sache …« Der Mann zögerte.

»Raus damit.«

»Du warst noch nie hier?«

»Nein.«

»Ich weiß nicht, was deine Aufgabe ist, aber das Hotel Arktika ist eine Art Knotenpunkt hier in der Stadt. Früher oder später sind sie alle dort an der Bar oder an den Pooltischen. Einer der Barmänner heißt Ivan. Mit ihm kann man handeln. Nicht die schlechteste Stelle, um an Informationen zu kommen, wenn du mich fragst.«

»Ich habe mich schon umgehört. Vielleicht eine Möglichkeit – später. Aber danke.«

Der Dielenboden knarrte bei jeder Bewegung, und das schmale Bett brach fast zusammen, als Kazanski sich setzte. Aber auf den ersten Blick schien das Zimmer für seine Zwecke perfekt geeignet.

Der Eingang befand sich auf der Rückseite des großen Holzhauses und über eine benachbarte Baustelle konnte er nahezu ungestört kommen und gehen. Das Zimmer würde ihm als Vorratslager dienen und als Unterschlupf, falls ein solcher nötig werden sollte.

Er legte die Tasche aufs Bett und machte sich daran, den Inhalt zu untersuchen. Es war ein vollständiger Satz russischer Ersatzpapiere für den Notfall sowie ein amerikanischer Pass, Kreditkarte, Führerschein und Detektiv-ID – alles ausgestellt auf einen amerikanischen Namen. Eine Maßnahme, die er verlangt hatte, nachdem er mit dem Auftrag des Senators belästigt worden war.

In einer Pappschachtel befanden sich Munition und eine Pistole, eine Bernardelli P. One Practical, wie gewünscht in Schwarz. Appelson hatte also tatsächlich zugehört. In einer weiteren kleinen Schachtel waren die beiden Bewegungsmelder, um die er gebeten hatte. Außerdem ein paar Kleinigkeiten wie ein handliches Messer, das nützliche kleine Multiwerkzeug mit Dietrich und anderen praktischen Hilfsmitteln und ein schwarzer Overall mit dazugehöriger Sturmhaube.

Das Geld steckte in einer Plastiktüte. Zwanzigtausend Dollar in bar. Daran würde es ihm schon mal nicht fehlen. Wenn ihm die richtigen Informationen angeboten würden, konnte er auch dafür bezahlen. Der Betrag war ihm ohne Murren sofort genehmigt worden.

Zuletzt kam das Wichtigste von allem – das Notebook. Ein Gruß von der NSA, der ihn in die Lage versetzte, mit der Umwelt zu kommunizieren, ohne Gefahr zu laufen, dass ihm dabei die falschen Leute über die Schulter schauten.

Kazanski schaltete den Computer an und senkte den Kopf, bis sein rechtes Auge sich direkt über der kleinen Glasplatte befand, die in der unteren rechten Ecke des Geräts eingebaut war. Er drückte auf »Enter«, dann auf »Scan«, und es ertönte ein Summen, gefolgt von einem hohen Piepton.

Das Notebook war aktiviert und er loggte sich mit dem Passwort »Arsch_der_Welt« ein. Über diese Wahl hatte sich der NSA-Nerd schlappgelacht, aber Kazanski hatte einfach nur genommen, was ihm als Erstes einfiel, wenn er an Murmansk dachte.

Zufrieden klappte er den Rechner wieder zu. Die Verbindung selbst konnte er vorläufig noch nicht testen, aber die Iris-Erkennung funktionierte perfekt. Da die charakteristischen Merkmale der Iris noch differenzierter waren als ein Fingerabdruck, war davon auszugehen, dass nur genau ein Mensch auf dieser Erde diesen Computer aktivieren konnte, und zwar Jan Jordi Kazanski höchstpersönlich. Beim dritten falschen Scanversuch wurden sämtliche gespeicherten Daten automatisch vernichtet.

Kazanski sah sich um. Das Zimmer mit den kahlen Wänden bot nicht viele Möglichkeiten. Es gab weder eine Küche noch ein Bad oder eine Toilette, nur ein Waschbecken aus Stahl und einen Wasserhahn.

Er lief prüfend über den Holzboden, ehe er sich für eine Stelle unter dem Fußabtreter entschied. Mit dem Messer löste er ein Brett und verstaute Laptop, Geld und Pistole im Hohlraum darunter. Die restlichen Sachen packte er zurück in die Tasche und schob sie unter das Bett.

Als er die Tür abschloss und sich zwischen Baumaterial und Maschinen vorsichtig davonschlich, war es schon dunkel geworden. Unter ihm breitete sich der Hafen aus, ein langer, schmaler Streifen aus Licht, gegen den das eigentliche Stadtzentrum eigenartig dunkel wirkte. Nur vereinzelt ragten Leuchtreklamen von den Dächern auf und die Kraft der Straßenbeleuchtung reichte offenbar nicht sehr weit. Im Gegenzug brannte in vielen Betonklötzen entlang der Hänge Licht. Es sah aus wie lange Reihen von Lichterketten, die erst ganz am Nordrand der Stadt verblassten und schließlich erloschen.

Die unwiderruflich letzte Mission. Es war das letzte Mal, dass er den einzigen Beruf, den er je erlernt hatte, ausüben würde – die Kunst zu überleben, egal wo, egal wann.

Warum war er nicht Schreiner geworden, Schmied oder Mechaniker, wie sein Vater? Es gab so viele mögliche Erklärungen, eine so gut wie die andere. Ihn hatte das nie wirklich interessiert. Er war einer der höchstdekorierten Offiziere, die je in der Wympel-Einheit gedient hatten. Und er war einer der Besten, wenn nicht der Beste.

Erst mit dem Älterwerden und vor allem seit der Krankheit hatte er angefangen, zurückzuschauen und Fragen zu stellen. Sich manchmal zu wünschen, er wäre tatsächlich Mechaniker oder etwas anderes geworden.

Vielleicht war es ganz simpel. Vielleicht hatte alles damit begonnen, dass Pjotr, Oleg und er auf den Steinplatten vor dem Haus auf- und abmarschiert waren und zum Applaus der Mädchen Parade auf dem Roten Platz gespielt hatten. Jetzt war er der Letzte der Ewigen Drei. Einer von vielen, die auf dem Weg ihre Freunde verloren hatten. Aber sie waren mehr als das gewesen – Pjotr, Oleg und er hatten schon ihre gesamte Kindheit zusammen verbracht.

Wiktor Schapkin schlürfte im Schein der Öllampe den letzten Löffel Borschtsch. Er hatte sich das Essen über dem Gaskocher warm gemacht und es tat ihm gut. Zum Glück war noch mehr davon da, viel mehr. Die Rote-Beete-Suppe stand in einem großen Metallbehälter, wie man sie in Volksküchen verwendete. Da war auch noch ein zweiter Behälter mit Schtschi, einer Suppe aus Weißkohl und Kartoffel, und eine Kiste mit Brot, Wurst, Käse und einem Stapel Fischkonserven.

Alles war wie besprochen. Er hatte nur nicht gewusst, dass es die Wohnung eines Verstorbenen sein würde. Nicht, dass ihm das etwas ausmachte. Er befand sich nicht zum ersten Mal in Gesellschaft des Todes.

Der Fernseher war mit einem Handtuch abgedeckt, genau

wie der Spiegel im Flur und das einzige Bild an der vergilbten Wand. Eine fürsorgliche Maßnahme von Freunden oder Verwandten. Wenn die Seele des Toten herumwanderte, sollte sie nicht vor ihrem eigenen Spiegelbild erschrecken.

Der Tod war auch der Grund, warum die schäbige Einzimmerwohnung blitzblank geputzt war. Üblicherweise machten Freunde oder Kollegen sauber, während der Verstorbene beigesetzt wurde. Reinigten die Wohnung vom Sterben. Und wenn die obligatorischen vierzig Tage vorbei waren, stieg die Seele des Toten in den Himmel auf.

So ging die Zivilbevölkerung mit dem Sterben um. Eine ganze Reihe sorgsamer Rituale und romantischer Vorstellungen begleiteten die Trauer. Wiktor Schapkin wusste nicht, wann der Bewohner gestorben war. Vielleicht waren die vierzig Tage noch nicht vorbei? Vielleicht hatte der Verstorbene vom Borschtsch gekostet, um sich die Wartezeit auf die Himmelfahrt zu vertreiben?

Dort, wo er dem Tod begegnet war, gab es keine Wartezeit und niemanden, der putzte. Abgerissene Gliedmaßen und zerfetzte Eingeweide. Der Sand Afghanistans verschluckte alles, auch die Unmengen von Blut. Zwischen Leben und Tod lag nicht mehr als ein Sekundenbruchteil. Weit weg von zu Hause, ohne einen Fernseher oder Spiegel, den jemand verhängen konnte. Ohne Zeit zu trauern.

Die Wohnung befand sich in Rosta, einem trostlosen Industriegebiet im Norden von Murmansk. Hier fristeten die Bewohner ihr Dasein in den sogenannten Chruschtschowkas. Den Häusern, die nach den Vorstellungen des früheren Sowjetführers Chruschtschow gebaut worden waren. Einzimmerzellen auf mehreren Stockwerken und ein Haus maroder als das nächste. Ein Flickenteppich improvisierter Lösungen, um die Lebensdauer der Leute zu verlängern.

Bretter und Plastikfolien vor den Fenstern und eine Kelle Zement hier und da, um die schlimmsten Löcher zu stopfen.

Wiktor Schapkin legte sich auf das schmale Bett. Er war in den beiden vergangenen Tagen nicht vor der Tür gewesen. Der Schlüssel hatte an der vereinbarten Stelle gelegen, und er war so leise eingezogen, dass es unbemerkt blieb. Er würde sich nur ans Tageslicht wagen, wenn er dazu gezwungen war. Er sah zwar nicht mehr aus wie Wiktor Schapkin, von dem sie dachten, er würde in Einzelteilen auf dem Meeresgrund liegen, aber nur ein Idiot ging unnötig Risiken ein.

Er musste an Olga denken. Bei ihr hatte er sich auch auf dem Sofa die Zeit vertrieben. Tatsächlich war der größte Unterschied die Bequemlichkeit.

Was sie wohl gerade tat, da unten in Schweden? Auf keinen Fall war sie mit putzen beschäftigt. Wenn sich ein lieber Gast verabschiedete, dann fing man nicht sofort an, sauber zu machen. Denn das erinnerte an die ständige Gegenwart des Todes und hätte dem Reisenden Unglück gebracht. Nein. Olga putzte nicht. Vielleicht saß sie einfach vor dem Fernseher?

Schapkin blies die Kerze aus. Bislang bereitete ihm die Dunkelheit zum Glück keine Probleme. In Kista hatte er darauf gewartet, nachts joggen gehen zu können. Hier wartete er darauf, seine letzte Mission zu beginnen – in seinem eigenen Interesse und weil er es drei anderen schuldig war.

Der erste Schritt war, herauszufinden, wo sich die Amur befand. Das war die Voraussetzung für alles Weitere. Danach musste er die Situation sorgfältig analysieren und den endgültigen Plan ausarbeiten.

Die Amur war ein Transportschiff von 8400 Tonnen. Eins von zwei Schiffen der Belyanka-Klasse, das im Dienst der Nordflotte gewesen war. Ihr Schwesterschiff, die Pinega, war im Stillen Ozean stationiert. Die Amur konnte achthundert

Tonnen flüssigen radioaktiven Abfall laden und war mit einer Filteranlage ausgerüstet, die einhundertzwanzig Tonnen am Tag filtern konnte. Tatsächlich hatte die Anlage allerdings nie einwandfrei funktioniert. Darüber hinaus verfügte das Schiff über einen Lagerraum, der sechshundert Tonnen festen Abfall fasste, und einen weiteren, der Platz für vierhundert Tonnen bot.

Die Amur war in der Werft in Wyborg gebaut worden und seit 1984 in der Nordflotte im Dienst. 1993/94 hatte man sie in der Nerpa-Werft grundlegend renoviert. 1999 war das Schiff an die Murmansker Seereederei veräußert worden, und als das Unternehmen im Jahr darauf sämtliche Depot- und Entsorgungsaktivitäten an die Maximow Green Waste Company übergeben hatte, wechselte auch das Schiff erneut den Besitzer.

Wenn Wiktor Schapkin Glück hatte, lag die Amur am Atomflot-Stützpunkt vor Anker, der Kaianlage der Murmansker Seereederei, die ebenfalls verkauft worden war. Die Anlage befand sich ein Stück nördlich von Rosta, war aber zu Fuß noch gut zu erreichen. Das Atomflot-Gelände war sein Ziel für heute Nacht.

Die Amur konnte sich allerdings ebenso gut auf See befinden oder in Sapadnaja Liza liegen, in Widjajewo, Gadschijewo, Sewerомorsk oder in der Gremicha-Bucht – den fünf Marinestützpunkten der Kola-Halbinsel, wo die nuklearbetriebenen Schiffe der Nordflotte stationiert waren, im Wesentlichen U-Boote.

Heute Nacht würde er ihren aktuellen Standort herausfinden, denn im Verwaltungsbüro auf dem Atomflot-Gelände gab es ein Routenverzeichnis.

Ganz im Sinne der neuen Zeit hatte die Flotte einen Teil der Lager- und Aufarbeitungsaufgaben ausgegliedert. Die enormen Probleme mit den radioaktiven Abfällen leerten die Kassen, und deshalb überließ man diese Verantwortung nur allzu gern zunächst der Murmansker Seereederei und jetzt dem neuen Giganten, der Maximow Green Waste Company.

Der Moskauer Milliardär und geniale Geschäftsmann Maxim Maximow hatte früh die Möglichkeiten dieses neuen Tätigkeitsbereichs erkannt, der sich erst nach dem Zusammenbruch der Sowjetunion entwickelt hatte.

Maximow war der Architekt hinter dem Unternehmen, das über die nötigen Mittel verfügte, um das Geschäft wirtschaftlich erfolgreich zu machen. Die Murmansker Seereederei hatte diese Mittel nicht gehabt und sich deshalb entschieden, zu ihren Ursprüngen zurückzukehren. Die Aktiengesellschaft, deren Hauptaktionäre die Menetap Bank und der russische Staat waren, unterhielt mittlerweile sieben Atomeisbrecher und ein normales Reederei- und Transportunternehmen.

Es war ein Uhr, als Wiktor Schapkin aufstand und in den schwarzen Trainingsanzug schlüpfte. Er warf einen Blick durch den offenen Spalt im Vorhang und stellte zufrieden fest, dass eine dichte Wolkenschicht den Himmel bedeckte und die Nacht undurchdringlich dunkel war.

Er befüllte das Magazin der Makarow und steckte sie in seine Tasche. In den kleinen schwarzen Rucksack packte er Bolzenschneider, Taschenlampe und das Nachtvisier des Dragunow-Gewehrs. Es würde ihm gute Dienste als Fernglasersatz leisten und ihm helfen, den Wachposten auf dem Gelände auszuweichen.

Da bei Atomflot ebenfalls radioaktive Abfälle gelagert und verarbeitet wurden, war das Gelände scharf bewacht. Sein Vorteil war, dass seine alte Heimat auch in Sachen Sicherheit nicht den westlichen Ansprüchen genügte. Die Wachmänner leisteten immer noch nach guter alter Sowjetmanier Vierundzwanzig-Stunden-Schichten, mit dem Ergebnis, dass das übermüdete Personal gegen Dienstende nicht selten tief und fest schlief oder bereits auf dem Weg in den erlösenden Vollrausch war.

Entlang der Küste lagen die moosbedeckten Felsen so dicht wie draußen in der Tundra. Er hätte auch die asphaltierte Straße nehmen können, aber das Risiko, dort gesehen zu werden, war zu groß.

Wiktor Schapkin blieb stehen und suchte hinter einem Felsvorsprung Deckung, etwa zweihundert Meter von der Anlage entfernt. An Bord zweier kleinerer Transportschiffe, die am Kai vertäut waren, brannte noch Licht.

Er holte das Zielfernrohr heraus. Hätte er ein thermisches Fernglas gehabt, hätte er sofort sehen können, ob Wachen am Kai waren. Ihre Körperwärme hätte sie als einen flimmernden Lichtschein sichtbar gemacht. Jetzt musste er stattdessen das ganze Gelände sorgfältig mit dem Nachtvisier absuchen.

Auf den Schiffen war niemand zu sehen. Er ließ den Sucher weiter über den Kai wandern – und stoppte. Ganz hinten, draußen an einem kleinen Pier, war eine Bewegung.

Der Umriss eines Menschen, der langsam den Kai entlangschlenderte, zeichnete sich als grüne Gestalt vor seinem Auge ab. Die Konturen schienen geradezu grüne Funken zu sprühen, im Sichtfeld des extrem leistungsstarken Fernrohrs, das zusammen mit dem Dragunow-Gewehr eigens für die Auserwählten entwickelt worden war – die Scharfschützen.

Wiktor Schapkin stellte das Visier ein. Jetzt konnte er den Wachposten deutlich erkennen.

Die Vorstellung, dass eine ruhige Hand und ein scharfes

Auge alles waren, was Scharfschützen brauchten, hätte nicht falscher sein können. Heutzutage war man ohne eine hochtechnologische Ausrüstung aufgeschmissen. Im Gegenzug waren aber auch die genannten Fähigkeiten unverzichtbar. Wie oft hatte man ihn und seine Kameraden gerufen, um einen Mudschaheddin nach dem anderen von den Bergen zu pflücken. Seit die USA die Schweine mit Stinger-Raketen versorgt hatten, entschied im Zweifel ein einzelner Scharfschütze über Tod oder Leben Hunderter sowjetischer Soldaten. Wenn die Helikopter getroffen wurden, gab es für die Truppen keine Unterstützung mehr aus der Luft und keine Chance auf Evakuierung. Dann erwartete sie nur noch der sichere Tod.

Wiktor Schapkin hatte die ersten Jahre in der Armee als Scharfschütze gedient. Auch nach dem Wechsel zu Wympel behielt er den Sonderstatus als Ass im Ärmel der Spezialeinheit. Dass man dafür besonders kaltblütige, emotionale Krüppel auswählte, war nur einer von vielen Mythen. Er machte sich nicht viel aus diesen Geschichten. Nein, tatsächlich ging es um Konzentration und um die Bereitschaft, Verantwortung zu übernehmen.

Jetzt drehte sich der Wachposten um und ging zurück. Schapkin schlich sich von Felsblock zu Felsblock, bis er den ersten Zaun erreichte. Den, der den Zutritt zum Kai versperrte.

Er schnitt ein Loch in die Maschen und robbte auf dem Bauch eine erdige Böschung hinauf. Von hier aus konnte er das gesamte Areal der Reinigungsanlage überblicken. Schwere Kräne, mehrere große Gebäude, Tanks und ein Gewirr verzweigter Rohre. Hier wurde die Radioaktivität des Kühlwassers aus den Atomreaktoren der zivilen Eisbrecher reduziert. Die Anlage war ebenfalls klassifiziert, das Kühlwasser der Nordflotte zu behandeln, aber zurzeit lagen keine militärischen Serviceschiffe am Kai. Die beiden dort unten gehörten der Maximow Green Waste Company.

Eine erneute Sondierung mit dem Nachtsichtgerät ergab kein Anzeichen von Gefahr. Er schnitt erneut ein Loch in einen Maschendrahtzaun und gelangte auf das asphaltierte Gelände. Die Verwaltung befand sich hinter dem Anlagenkomplex und der sicherste Weg dorthin führte durch die Maschinenhalle.

Er hörte schlurfende Schritte auf dem Betonboden und versteckte sich hinter einem Gabelstapler. Ein Wachmann in Firmenuniform kam mit mehreren Bierflaschen im Arm angetorkelt, stellte die Flaschen vorsichtig ab und pinkelte dämlich grinsend in eine Schubkarre.

Schapkin schlich vorsichtig weiter auf den Durchgang am Ende der Halle zu. Von hier aus hatte er sowohl das Verwaltungsbüro als auch die Wachstube im Blick, die in einem halb fertigen Bau aus unverputzten Betonelementen mit Blechdach untergebracht war. In beiden Gebäuden brannte Licht. In der Wachstube saßen zwei Männer und rauchten. Vor ihnen standen mehrere Bierflaschen. Im Büro war niemand zu sehen. Schapkin ging in die Hocke und wartete.

Plötzlich schnellte sein Arm nach oben, eine reflexhafte Reaktion, wie auf Knopfdruck ausgelöst. Er hatte das tiefe Knurren kaum gehört, da stürzte sich das Vieh schon auf ihn. Er hielt den linken Arm schützend vor den Kopf und spürte einen scharfen Schmerz, als sich die Zähne tief in sein Fleisch bohrten.

Der Hund hing an seinem Unterarm, als wären seine Kiefer ein Fangeisen. Schapkin verlor das Gleichgewicht, aber es gelang ihm, die Beine um das Tier zu schlingen, das an seinem Arm zog und zerrte. Mit seiner freien rechten Hand packte er den Hund im Nacken und presste ihn mit aller

Kraft nach unten auf seinen Brustkorb, während er die Umklammerung seiner Beine verstärkte.

Nur sein linker Arm im Maul des Hundes befand sich noch zwischen seiner Kehle und dem Vieh, das immer wütender knurrte. Er spürte den stinkenden, warmen Atem. Sah die blutunterlaufenen Augen.

Mit einer letzten Kraftanstrengung erhöhte er den Druck auf den Nacken des Hundes und riss gleichzeitig den verletzten Arm mit einem heftigen Ruck nach vorn und oben.

Mit einem trockenen Knacken brach das Genick und die Kiefer des Hundes erschlafften. Sein Blick wurde ruhig. Dann durchlief eine Reihe von Schauern den schweren Körper.

Wiktor Schapkin rollte sich auf die Seite und befreite seinen Arm aus dem scharfen Gebiss. Für einen Moment blieb er liegen und atmete durch. Nach der Anstrengung tat der rechte Arm gerade mehr weh als der linke. Er zog seinen Ärmel hoch und betrachtete die blutigen Bissspuren. Nichts im Vergleich zu einer Schussverletzung.

Der Hund war ein Rottweiler. Das war höchst ungewöhnlich. Normalerweise arbeiteten Wachmänner auf solchen Anlagen nicht mit Hunden. Und dann auch noch ein Tier, das frei herumlief? Der Zuständige war sicher irgendwo eingeschlafen. Damit hatte er nicht rechnen können. Oder doch? Nein, der Hund war ein unkalkulierbarer Faktor gewesen.

Schapkin schleifte das Tier hinter einen Lkw und kehrte in seine Warteposition zurück. Nach achteinhalb Minuten öffnete sich die Tür des Bürogebäudes und ein augenscheinlich ziemlich nüchterner Wachmann ging rüber zur Mannschaftsbaracke.

Links und rechts von den Gebäuden verbreitete je eine Laterne ihr gelbliches Licht, aber das Gelände selbst war nicht besonders gut beleuchtet. So gesehen war alles beim Alten.

Der Zerfall der Sowjetunion hatte nicht für Erleuchtung gesorgt und eine Glühbirne gehörte immer noch zu den Dingen, die man herausschraubte und unbemerkt in der eigenen Tasche verschwinden ließ, wenn sich die Möglichkeit bot.

Schapkin duckte sich und huschte im Schatten hinüber zum Verwaltungsgebäude und kurz darauf konnte er sich vorsichtig aufrichten und durch eins der Fenster spähen. Es war niemand da. Er öffnete die Tür und ging rein.

Das Büro des Mannes, der für die Planung sämtlicher Transporte verantwortlich war, befand sich weiter hinten, zusammen mit dem des Betriebsleiters, und Wiktor Schapkin wusste genau, wo er suchen musste – im Regal mit den schwarzen Ordnern. Hier waren alle Schiffe des Unternehmens verzeichnet. Er brauchte nicht lange, um die Amur zu finden, blätterte zu den letzten Seiten und machte sich seine Notizen.

Er hatte Glück. Die Amur war zurzeit nicht auf offener See, sondern lief die verschiedenen Häfen an, um Ladung aufzunehmen. Das eröffnete ihm mehrere Möglichkeiten und verkürzte die Wartezeit. Er stellte den Ordner an seinen Platz zurück und verschwand so lautlos, wie er gekommen war.

Die Dunkelheit verschluckte ihn, sobald er durch den letzten Zaun geschlüpft war. Er hörte die Wellen gegen die Felsen schlagen, und gegenüber, am anderen Ufer des Fjords, sah er vereinzelte Lichter in Abram-Mys, der kleinen Ansammlung von Wohnblöcken, die durch die Route des Passagierschiffs mit Murmansk verbunden war, das tagsüber nonstop hin- und hertuckerte.

Nach einer Weile hielt er inne, um sich abzusichern. Die Nacht hielt tatsächlich noch eine Überraschung für ihn bereit.

Eine Gestalt mit Maschinenpistole bewegte sich vorsichtig über das felsige Ufer, blieb in kurzen Abständen stehen, wie um sich zu orientieren, und setzte dann ihren Weg in Schapkins Richtung fort.

Einen Augenblick lang überdachte er die Situation. Er könnte sich den Mann sofort schnappen, aber stattdessen knipste er seine Taschenlampe an, um ganz sicherzugehen, dass sein Verfolger die Spur auf keinen Fall verlor.

Als er wieder in Rosta war, hielt er ein langsames Tempo und ging auf dem Weg zum Wohnblock absichtlich unter ein paar Straßenlaternen vorbei.

Oben in der Wohnung schaltete er nur schnell das Deckenlicht an – zum ersten Mal überhaupt –, machte die Tür wieder zu und eilte zurück nach unten ins Treppenhaus. Dort zwängte er sich in die Nische hinter der offenen Eingangstür. Sie ließ sich nicht schließen, da sie nur noch an einem Scharnier hing. Jetzt konnte es nicht mehr lange dauern.

Schapkin hörte Schritte auf der Straße und in der nächsten Sekunde huschte ein Schatten ins dunkle Treppenhaus. Er presste dem Mann die Makarow in den Nacken.

»Keine Bewegung.«

Sein Verfolger erstarrte, als er das kühle Metall am Hals spürte.

»Eine Hand hoch. Und dann leg mit der anderen deine Waffe ab. Langsam.«

Der Mann gehorchte.

»Gut. Hände in den Nacken und drei Schritte nach vorn.«

Gehorsam machte er langsam drei Schritte vorwärts. Schapkin hob die Maschinenpistole auf.

»Und jetzt gehst du die Treppe hoch, bis ich Stopp sage.«

Im dritten Stock befahl er dem Mann, die Tür zu öffnen und in die Wohnung zu gehen.

»Stell dich an die Wand. Hände zur Seite. Beine auseinander.«

Rasch durchsuchte Schapkin seinen Verfolger. Er hatte sonst keine Waffen dabei. Wiktor Schapkin zündete die Öllampe an und knipste das Deckenlicht aus. Dann zog er einen Stuhl in die Mitte des Zimmers.

»Setz dich!«

Der Mann drehte sich um und ließ sich auf den Stuhl sinken. Wiktor Schapkin konnte seine Überraschung nicht verbergen.

»Du? Du mieser Hund …«

Der Mann starrte ihn einen kurzen Moment ausdruckslos an. Schapkin trug weder Brille noch Kontaktlinsen und plötzlich änderte sich der Blick des Mannes.

»Du … Du bist tot … Sie haben gesagt, dass …«, stammelte er schockiert.

Mehr brachte er nicht heraus. Zurück blieb nur die Fassungslosigkeit in seinem Gesicht.

Der grobschlächtige Kerl vor ihm war Titow, ehemaliger Sergeant der OMON, der Mobilen Einheit für besondere Bestimmung des Innenministeriums. Einer Polizeieinheit, die ihren schlechten Ruf mehr als verdient hatte. Titow war in Vilnius ganz vorn mit dabei gewesen, als nach den tragischen Ereignissen am Fernsehturm losgeprügelt wurde und vierzehn Menschen unter den herbeigerufenen Panzern starben. Er hatte das dumme Schwein oft genug damit prahlen hören.

»Das hat er gesagt, der Hofnarr? Dass ich tot bin?«

»Ähh …«

»Antworte!«

»Er hat gesagt, du wärst verreist.« Titow rutschte unruhig auf dem Stuhl hin und her.

»Aber du wusstest es besser, nicht wahr?«

»Nein, wie kommst du darauf?«

»Weil du mich verraten hast. Du hast mich an jenem Tag an Deck der Amur gesehen. Das weiß ich. Was hast du noch gesehen?«

Titow antwortete nicht. Er starrte nur auf den Boden. Schapkin wiederholte seine Frage, aber ohne Erfolg. Also zog er sein Messer aus der Tasche und legte es auf den Tisch.

»Der Sergeant, der sein Leben gegen litauische Zivilisten aufs Spiel gesetzt hat, ist plötzlich verstummt, oder wie? Titow, der große OMON-Kriegsheld. Weißt du eigentlich, wie weit ein Wympel-Soldat mit einem einfachen Messer kommt?«

Während er sprach, ging er hinter Titow. Dann packte er plötzlich die Haare des Mannes, zog seinen Kopf nach hinten und befahl ihm, den Mund aufzumachen.

»Ein Wympel-Soldat kommt mit so einem Messer bis zur Wahrheit …«

Schapkin redete langsam und gedämpft. Dann führte er die breite Messerklinge in Titows offenen Mund. Er wiederholte seine Frage:

»Was hast du auf der Amur gesehen?«

Notgedrungen schloss Titow vorsichtig den Mund um die Klinge und schluckte seine Spucke.

»Sag es …«

»Du hast dich versteckt … verdächtig … hattest Fernglas und Tasche … komisch …«

Titow nuschelte und antwortete stoßweise. Er spürte den kalten Stahl auf seiner Zunge.

»Und dann bist du zum Hofnarren gegangen?«

»Ja.«

»Was ist deine Aufgabe bei Atomflot?«

»Wachleiter …«

Schapkin zog das Messer zurück, und Titows Adamsapfel bewegte sich auf und ab, während er hastig schluckte.

Plötzlich sprang der Mann auf, packte die Rückenlehne und schleuderte den Stuhl nach Schapkin. Der drehte sich um und rammte Titow den Messerschaft ins Gesicht. Sein Angreifer stürzte und blieb auf dem Boden liegen, den Kopf zwischen den Händen vergraben.

Wiktor Schapkin stellte sich über ihn, bückte sich und schob seinen verletzten Arm unter Titows Hals. Es war ein Gurgeln zu hören, als er ihn leicht anhob, den rechten Arm wie einen Schraubstock ansetzte, den Kopf des Mannes mit einem Ruck zur Seite drehte und ihm das Genick brach.

Schapkin setzte sich auf den Boden und lehnte sich mit dem Rücken an die Wand. Das zweite Mal in einer Nacht.

Das Knacken war gleichbedeutend mit dem Abschied aus der Welt der Lebenden. Ein kleines Geräusch mit einer fatalen Wirkung. Vor langer Zeit war es eine beeindruckende Lektion gewesen, die er sich mit einem Ehrgeiz und einer Begeisterung angeeignet hatte, über die nur junge Menschen verfügen. Heute, so viele Jahre später, war es nur noch Handwerk. Nur noch ein Geräusch, das er nicht leiden konnte.

Es war genauso unvermeidbar gewesen, Titow zu töten, wie den Hund. Titow hatte alles in Gang gesetzt. Und diese Methode hatte ihre Vorteile. Es gab kein Blut. Vor allem das – kein Blut.

Er stand auf und rollte die Leiche auf den Rücken. Der Messerschaft hatte die Oberlippe des Mannes getroffen und ein dünner roter Streifen zog sich vom Mund über das Kinn. Warmes Blut.

Für einen Moment wurde Wiktor Schapkin schwarz vor Augen. Er war kurz davor, das Gleichgewicht zu verlieren, und tastete blind nach der Wand, um sich abzustützen.

Einen Augenblick später war er wieder so weit klar, dass er sich auf die Bettkante setzen konnte. Er musste die Situation gründlich abwägen. Die Schmerzen im linken Arm rissen ihn aus seinen Gedanken. Tetanus hatte er nicht zu befürchten, aber die Wunde musste gereinigt werden. Im Küchenschrank hatte er eine Flasche »Sam« gesehen. Samogon hieß der traditionelle, selbst gebrannte Schnaps, auf den weite Teile der Nation unter Gorbatschow wieder zurückgreifen mussten. Und arme Leute taten das immer noch. Eine Liaison aus Zucker, Hefe und Wasser sowie siebzigprozentiger Alkohol garantierten Linderung, zumindest für eine Weile.

Er säuberte den Unterarm über der Küchenspüle und wühlte noch einmal alle Schränke durch. Irgendwo musste doch Jod sein. Jeder in Murmansk hatte Jod herumstehen, auch Rentner. Er fand es in der Kommode im Wohnzimmer. Auf dem Weg in die Küche nahm er das Handtuch von dem Bild an der Wand und legte es über Titows Gesicht. Die Seele des verstorbenen Bewohners würde ihm diese Untat hoffentlich verzeihen.

Es waren sowohl Jodtabletten als auch eine Flasche da. Große Teile der Bevölkerung hatten das Ganze missverstanden. Sie dachten, wenn die große Nuklearkatastrophe eintrat, wäre Jod die Lösung für alles. Andere wussten, dass Jod die radioaktiven Isotope nur daran hinderte, sich in der Schilddrüse einzulagern. Mit Jodtabletten schützte man sich vor Schilddrüsenkrebs – und starb sehr wahrscheinlich an einer anderen Folge der Strahlung. Für die Menschen auf der Kola-Halbinsel war Jod trotzdem ein Mantra.

Schapkin musste an die Panik im Frühjahr 1998 denken, kurz nachdem er bei Maximow in Moskau angestellt worden war.

Damals verbreiteten sich Gerüchte über einen Reaktorunfall auf einem U-Boot vom Hauptquartier der Flotte in Seweromorsk und innerhalb von nur zwei Tagen herrschte das blanke Chaos.

Da es keine offizielle Stellungnahme von der Flotte gab, fingen die Leute an, große Mengen Jod zu schlucken – um wenigstens irgendetwas zu tun. Selbst die Miliz bekam die Order, drei Tabletten pro Kopf zu nehmen.

Schließlich traten die Offiziere der Flotte zusammen mit dem Gouverneur vor, um die aufgeschreckte Öffentlichkeit zu beruhigen: Es handele sich nur um einen kleinen Zwischenfall auf einem Atom-U-Boot und es sei keine Radioaktivität ausgetreten.

Schapkin kippte sich reichlich Jod über den verletzten Arm, der inzwischen ziemlich geschwollen war. Die Fangzähne des Hundes hatten sich tief ins Fleisch gebohrt.

Titows Leiche musste weg. Man konnte es so aussehen lassen wie einen Raubüberfall oder Streit. Er zögerte. Dann ging er ins Wohnzimmer und holte das Handy, das wie vereinbart hinterlegt worden war.

»Ich bin's. Ich brauche einen Transport. Jetzt …«

Titows Leiche war vor über einer Stunde beseitigt worden, ganz ohne Probleme, aber er konnte es spüren. Das leichte Zittern, das einen neuerlichen Anfall ankündigte.

Wiktor Schapkin fand keine Ruhe. Er musste seine Medikamente nehmen, auch wenn er lieber darauf verzichtet hätte. Und dann musste er unbedingt schlafen.

Bis morgen würde der Sturm vielleicht über ihn hinweggezogen sein. Hätte er Titow das Genick ein kleines bisschen früher gebrochen – als der Mann noch auf dem Stuhl saß –, dann wäre es nicht nötig gewesen, ihn niederzuschlagen und Blut zu vergießen.

Mit vierundvierzig war Schapkin manchmal so müde wie ein Mann, der gerade seinen Achtzigsten gefeiert hatte. Vierundvierzig und ein Volksheld aus der Zeit, als das Rote Heer noch Helden hervorbrachte. Dekoriert mit Orden für Taten, deren Folgen ihn mittlerweile in die Knie zwangen. Gemeinsam mit der Nation zugrunde gegangen. Er war Invalide.

Er nahm seine Medizin und tat, was er früher im Feld getan hatte – klebte sich mit dem breiten Tape den Mund zu, schnitt mit dem Messer ein Luftloch hinein, zog sich aus und holte das Seil. Schlang eine Schlaufe um das linke Handgelenk, passte die Länge an und knotete das Ende fest um das rechte. Dann hob er das Bett an und führte das Seil unter dem Bettpfosten durch, sodass er sich vom Bauch auf die Seite drehen konnte, aber trotzdem fixiert war und seine Arme nur wenig bewegen konnte.

Sollte es trotz der Medikamente schiefgehen, konnte er weder schreien noch mit unsichtbaren Feinden ringen. Niemand durften hören, dass sich jemand in der Wohnung aufhielt.

Falls das kleine Rinnsal Blut heute Nacht zurückkehrte, würde es weiterlaufen, weiter über Pjotrs Gesicht, und wenn er das Blut aus dem Gesicht des Freundes wischte, würde es immer wiederkommen.

Dann würde er wieder dasitzen, mit Pjotrs Kopf in seinem Schoß. Ihm in die Augen sehen, während die Explosionen in seinem Körper widerhallten. Das Dröhnen der Rotorblätter, die wirbelnde Luft, aufgepeitschter Staub, in dem alles unterging. Pjotr und Kabul.

8

Er hatte sich den Schal eng um den Hals geschlungen, die Hände tief in die Taschen vergraben. Jetzt stapfte Jan Jordi Kazanski die Hauptstraße hoch wie ein Mann, der keine Eile hatte. Es herrschten immer noch Minusgrade und seine Zehen froren in den dünnen Slippern.

Der Prospekt Lenina wurde von robustem ungarischem Flieder gesäumt. Die Hauptstraße mit ihren bunten Fassaden stand in krassem Kontrast zum Rest von Murmansk. Die großen stalinistischen Gebäude und Paläste der Innenstadt waren blau, rot, grün oder gelb gestrichen und ihre neoklassizistischen Fassaden zum Teil mit weißen Gesimsen und Ornamenten versehen, die wie Schlagsahne auf einer Torte aussahen.

Kazanski prägte sich jedes Detail ein. Eine Angewohnheit, die ihm in Fleisch und Blut übergegangen war. Natürlich war das hier nicht das Vogelviertel in Madrid, aber der Prospekt Lenina zeugte dennoch davon, dass Teile der Stadt die deutsche Bombardierung überlebt hatten.

Er wollte eine Runde durch die Stadt drehen, sich hier und da ein bisschen umsehen, ein Seemann auf Landgang, der sich die Zeit vertrieb. Er wollte wissen, ob er beschattet wurde. Falls es so war, würde er nichts dagegen unternehmen. Noch nicht.

Es war Vormittag und langsam kam Leben in die Straßen.

Die Wärme, die aus den Wohnungen und Geschäften drang, vertrieb den Raureif, und an den Mauern bildete sich Kondenswasser, das in kleinen Bächen quer über die Bürgersteige rann. Es sah aus, als hätte einer im Suff auf seinem schlingernden Weg durch die Stadt an sämtliche Wände gepisst.

Der Untergrund des Gehwegs wechselte, an manchen Stellen waren es unebene, im Frost rissig gewordene Platten, an anderen Asphalt. Die wenigen Menschen, die zu dieser Stunde unterwegs waren, sahen für Kazanski alle gleich aus, einheitlich in Schwarz, Braun und Grau gehüllt.

An einem Zeitungskiosk blieb er stehen und steckte sich eine Zigarette an. Bislang hatte er noch keinen Verfolger bemerkt, aber er prägte sich genau ein, wer sich in seiner Nähe aufhielt.

Da war ein jüngerer Mann, in dessen Manteltasche eine Illustrierte steckte, ein Geschäftsmann mit Aktentasche, eine junge Frau mit grünem Kopftuch. Kazanski kaufte eine Zeitung und tat so, als würde er den Inhalt überfliegen, während er seine Umgebung scannte. Dann ging er gemächlich weiter die Straße hinunter.

An beinahe jeder Hauswand waren noch die alten, trichterförmigen Lautsprecher aus Metall angebracht. Aber auf der Straße marschierten keine Kolonnen im Gleichschritt, da wurden keine roten Fahnen geschwenkt und keine Marschmusik erklang. Die Lautsprecher waren Relikte einer vergangenen Zeit.

Jetzt war hier nur noch Stille. Der Winter kam näher. Und die Dunkelheit. Die Dunkelheit, die sich im Dezember über die Stadt legte und sich nicht mehr hob.

Ein Stück die Straße hoch kam er an einem pompösen Palais vorbei, vor dem zwei Wachmänner postiert waren. Das Gebäude war offensichtlich zweigeteilt. Zwei Eingänge, zwei

Schilder. Auf der einen Seite residierte das Innenministerium MVD, auf der anderen Seite der Föderale Sicherheitsdienst FSB, Außenstelle Murmansk Oblast. Seine Kollegen des ehemaligen KGB waren herrschaftlich untergebracht, Tür an Tür mit ihren Freunden.

Er musste an Moskau denken, an die Besuche bei Detski Mir, dem Kinderkaufhaus, wo er mit Alicia und Rosa nach Spielsachen geschaut hatte. Nur hundert Meter weiter lag die Lubjanka, das monströse gelbe Gebäude, in dessen Kellern der KGB unzählige Menschen gefoltert und getötet hatte. Heute konnte man sich gegenüber bei McDonald's den Bauch vollschlagen und sich schlimmstenfalls über zu wenig Ketchup beschweren.

Im Vergleich dazu erschien die Nachbarschaft von FSB und MVD weniger überraschend. Aber vielleicht lag Murmansk auch einfach so am Ende der Welt, dass die Leute hier viel zu sehr mit Überleben beschäftigt waren, um offene Geheimnisse zu kaschieren. Er ging in eine kleine Nebenstraße mit dem Namen Uliza Dscherzinskogo, benannt nach dem verhassten Leiter der Tscheka, die später zum NKWD wurde, aus dem wiederum der KGB hervorging. Seine Statue auf dem Lubjanka-Platz in Moskau war in einer Augustnacht 1991 von einer wütenden Volksmenge umgestürzt worden. In Murmansk war das Straßenschild auch so viele Jahre später noch immer an Ort und Stelle.

Kazanski blieb wieder stehen, spähte nach den Hausnummern und überquerte dann die Straße. Ein Stück weiter fand er schließlich das hellrote Haus, eins der wenigen frei stehenden Gebäude.

»Maximow Green Waste Company – Verwaltung«, stand auf dem riesigen blank polierten Schild, das eher an eine vergoldete Gedenktafel erinnerte. Der Name des Unternehmens klang eher nach einem grünen Start-up als nach Müllbeseitigung.

In dem Archivmaterial, das er vor seiner Abreise in New York noch durchgearbeitet hatte, stellte Maxim Maximow eine der zentralen Figuren dar. Außerdem war er ein alter Bekannter aus seiner Moskauer Zeit. Genug gute Gründe, sich den Hauptsitz seiner Firma genauer anzusehen.

Kazanski war Mitglied einer amerikanischen Delegation gewesen, die im November 95 zur Unterstützung Jelzins entsandt worden war. Das Ergebnis der Gespräche war eine Vereinbarung zwischen Jelzin und Clinton gewesen, das sogenannte UROCIS-Programm, US Russian Organized Crime Investigations Support.

Ein Stab aus Spezialisten der CIA und des FBI sollte Jelzin bei der Bekämpfung der russischen Mafia helfen, die zunehmend die anfällige Wirtschaft des Landes terrorisierte und destabilisierte. Intern lief die Zusammenarbeit unter dem unmissverständlichen Namen »Ivan Capone Projekt«.

Natürlich war ein einflussreicher Geschäftsmann wie Maximow während der UROCIS-Arbeit immer wieder in ihren Fokus geraten. Seine finanziellen Verhältnisse, sein ganzes Firmenimperium waren durchleuchtet worden, aber damals war Maximow ungeschoren davongekommen. Er war nie Gegenstand offizieller Ermittlungen gewesen, vielleicht, weil es andere und offensichtlichere Fälle gab, um die man sich kümmern musste.

Maxim Maximow war ein kultivierter Junggeselle Mitte fünfzig. Ein scharfsinniger und freundlicher Mann, der dermaßen unberührt von dem üblichen Schmutz der russischen Geschäftswelt zu sein schien, dass die UROCIS-Leute ihm den Beinamen »der Glatte« verpassten, ehe sie auf weitere Nachforschungen in seinem Konzern verzichteten.

Aber auch sonst war Maximow anders. In einer Welt, in der die neureichen Kometen überall einen Schweif aus Goldstaub hinter sich herzogen, scheute er das Licht der Öffentlichkeit. Maximow protzte nicht mit einem Luxusleben und er trat auch nicht umringt von Bodyguards und Starlets im Moskauer Nachtleben auf. Im Großen und Ganzen hatten die einleitenden Untersuchungen ergeben, dass der Mann sich nicht besonders für Frauen interessierte – und auch nicht für Männer. Er kompromittierte sich nie.

Nur ein einziges Mal, erinnerte sich Kazanski, hatte Maximow den Medien Einblick in seine Privatsphäre gewährt. Damals hatte er voller Stolz seine beeindruckende historische Sammlung präsentiert. Ein Museum, das eine komplette Etage des Palais füllte, in dem er residierte. Alle Stücke waren bereits testamentarisch dem russischen Staat vermacht und Maxim Maximow hatte damit sowohl seinen Nachruf als auch seine Schätze abgesichert, denn er hatte sich eine schriftliche Garantie geben lassen, dass alle Exponate in die Rüstkammer des Moskauer Kremls übergehen sollten.

Ein Exzentriker, der sich glühend für die russische Geschichte interessierte. Ein lächelnder Sonderling, dessen Ziel es war, heute mehr Geld zu verdienen als gestern. Und wenn er für ein Gemälde, eine alte Schriftrolle oder ein Fabergé-Ei ein paar Millionen springen lassen musste, dann tat er das mit Freude.

Kazanski schlenderte eine Seitenstraße hinunter. Es war nichts Auffälliges zu sehen. Ein junger Mann im Anzug kam aus dem Gebäude. Ein alter Mann mühte sich mit einem Reisigbesen ab, um altes Laub zusammenzufegen. Hinter dem Haus parkte eine Reihe teurer Schlitten. Ein BMW, ein Mercedes, ein Saab. Davon abgesehen wirkte die Umgebung nicht sehr prunkvoll. Ein paar Meter weiter standen zwei

Autowracks, bereits sämtlicher brauchbarer Teile beraubt. Es waren nur noch die ausgeschlachteten Karosserien übrig. Auf dem Gelände der Maximow Green Waste Company sah es aus wie in jedem anderen russischen Hinterhof auch.

Kazanski gelangte zu dem Schluss, dass er nicht beschattet wurde. Er ging zurück zur Hauptstraße, um alles zu kaufen, was ihm für seinen nächtlichen Ausflug noch fehlte.

Auf dem Herweg hatte er allerdings keinen Supermarkt entdeckt. Erst als er wieder an dem großen Platz ankam, fiel ihm das große, fast palastartige Gebäude mit den weiß gestrichenen Fensterscheiben auf. Ein steter Strom von Menschen ging ein und aus. Es war nirgends auch nur ein einziges Schild zu sehen, aber alle Leute trugen Plastiktüten oder Einkaufstaschen, also beschloss er, es zu versuchen.

Im Inneren offenbarte sich ihm ein lebendiger Markt in einer hohen Halle mit glänzendem Fliesenboden. Zusammengenommen bildeten die vielen Stände und Tische einen bunten Supermarkt, wie sie in New York vor Jahrzehnten auch noch ausgesehen hatten.

Frauen in hellgrünen Kitteln bedienten die Kunden. In einer Ecke wurden Fische verkauft. Kabeljau, riesige Heilbutte und eine Menge anderer Fische, die er nicht kannte, füllten die Auslage. Die Kundschaft bestellte und die Fische wurden gewogen. Blitzschnell schoben die Verkäuferinnen die hellen und dunklen Kugeln in einem großen Abakus hin und her, dann bekamen die Kunden einen Zettel mit dem Preis in die Hand gedrückt, den sie an der Kasse vorzeigten, um zu bezahlen. Auch weiter hinten am Süßigkeitenstand, wo ein riesiges Angebot von bunten Bonbons zur Auswahl stand, lag ein Abakus auf der Theke. Man bekam sie auch in Moskau noch zu sehen. Es war nicht alles schlechter geworden. Wieso einen Taschenrechner benutzen, wenn es auch ohne ging?

Salzgurken, Brot, Würste und zwei Flaschen Wodka. Er hatte schnell gefunden, was er brauchte, und stellte sich an der Kassenschlange an. Links von ihm war eine kleine Abteilung mit Backwaren. In der Glasvitrine lockten glasierte Kuchen in den grellsten Farben, die man sich nur vorstellen konnte. Die Markthalle mit ihrem Überfluss an Waren war beeindruckend, und offenbar gab es auch genug kaufkräftige Kundschaft, obwohl die Preise im Vergleich zu seiner Moskauer Zeit astronomisch waren.

Murmansk erstreckte sich über gewölbte Felsrücken, von dort nach unten ins Tal und wieder die Hänge hinauf, wie eine versteinerte Dünenlandschaft am Strand. Es war nach Mitternacht, als Kazanski ankam. Er war den ganzen Weg vom Zentrum ins Radischew-Viertel zu Fuß gegangen.

Das kleine Leichenhaus war fast völlig in Dunkelheit gehüllt. Nur aus einem Fenster fiel ein schwacher Lichtschein auf die niedrige Betonmauer, die offensichtlich nie ganz fertig geworden war. Es klirrte leise in seiner Plastiktüte, als er nahe an der Hauswand entlangschlich und eine Tür suchte. Der Boden war eine Mondlandschaft aus gefrorenem Matsch und Steinen, und das Letzte, was er jetzt gebrauchen konnte, war ein verstauchter Knöchel.

Er blieb stehen und warf einen Blick durch das Fenster. Drinnen saß ein junger Mann an die Wand gelehnt, die Füße auf dem Schreibtisch. Er war in eine Zeitschrift vertieft. Kazanski klopfte an die Scheibe und der Mann hob erschrocken den Kopf. »Entschuldigung, ich hätte gar nicht erwartet, dass hier noch jemand ist, aber darf ich vielleicht reinkommen?«

Der junge Mann überlegte kurz, dann nickte er und zeigte nach links. Kurz darauf hörte Kazanski, wie auf der Rückseite des Gebäudes eine Tür geöffnet wurde.

»Was wollen Sie?« Der Mann musterte ihn misstrauisch.

»Mit meiner Schwester reden …«

Der andere sah ihn verständnislos an und schüttelte den Kopf.

Es war ein Leichtes für Kazanski gewesen. Die Idee war ihm schon vor der Abreise aus Madrid gekommen. An der Rezeption des Bezirkskrankenhauses in Murmansk hatte er sich durchgefragt, ein verwirrter Angehöriger, der von auswärts angereist war und nicht verstand, wie das System hier funktionierte. Lag seine Schwester jetzt im Leichenhaus oder wo wurden die Toten hingebracht? Er bekam die Erlaubnis, die Liste selbst durchzugehen, danach bedankte er sich ausgesprochen höflich und verließ das Krankenhaus mit den Informationen, die er brauchte.

Das Leichenhaus war dem Bezirkskrankenhaus unterstellt, aber es wurde auch vom Rechtsmedizinischen Institut der Region mitgenutzt.

»Ja, meine Schwester. Sie ist vorgestern hierhergebracht worden. Ich bin den ganzen weiten Weg aus Sankt Petersburg gekommen …«

»Und was wollen Sie jetzt hier?«

»Ein bisschen ungestört mit ihr reden, ein letztes Glas mit ihr trinken. Ich habe sie seit zwei Jahren nicht mehr gesehen. Können Sie mich nicht vielleicht zu ihr lassen? Bitte?«

»Also, sehen können Sie sie nicht. Wie heißt sie? Entschuldigung … hieß …«

»Isakowa. Ludmilla Isakowa.«

»Hmm … Kommen Sie.«

Der junge Mann winkte ihn mit sich. An einem Nagel neben der Tür hing eine Liste, die er rasch überflog.

»Isakowa. Ja, sie ist hier. Ich gebe ihnen zehn Minuten im Kühlraum. Hier, nehmen Sie sich den Hocker mit. Aber nur, weil Sie extra aus Sankt Petersburg gekommen sind. Nur deshalb.«

Der Mann führte ihn in einen kahlen Raum, in dem die Kühlzellen eine ganze Wand füllten. Kazanski füllte zwei Gläser mit Wodka, eins für sich selbst und eins, das er auf den Boden stellte.

»Aber Sie fassen hier nichts an, verstanden? Ich komme in ein paar Minuten wieder.«

»Tausend Dank, Sie sind ein guter Mensch, mein Freund«, sagte Kazanski mit butterweicher Stimme und setzte sich in der Mitte des Raums auf den Hocker.

Er hustete. Die gefliesten Wände warfen ein hartes Echo zurück. Dann sagte er ziemlich laut »Prost« und auch dieser Toast hallte ihm prompt wieder entgegen. Genau wie damals, als er Rosa und Alicia identifizieren sollte, tief in den Katakomben des Rechtsmedizinischen Instituts in Moskau.

Hastig kippte er sich den Wodka in den Rachen, aber die Bilder in seinem Kopf ließen sich nicht wegspülen. Stattdessen wurde ihm übel, heiß und schwindelig.

Endlich waren die zehn Minuten um und der junge Mann kam zurück. Kazanski war froh, ihn wiederzusehen. Weitere zehn Minuten hätte er nicht ertragen.

»Sie müssen sich langweilen, mein Freund, nachts ganz allein – und noch dazu in einem Leichenhaus. Was ist, wollen Sie nicht auch einen Schluck? Sie waren so nett zu mir. Ich habe auch Brot und Wurst dabei – und Salzgurken. Der Wodka ist aus Petrosawodsk, der ist wirklich richtig gut.«

Der junge Mann musterte die Flasche mit kritischer Miene. Dann fasste er sie am Hals und drehte sie auf den Kopf, schüttelte sie ein paarmal kräftig mit kreisenden Bewegungen und sah sich den Inhalt noch einmal von Nahem an.

»Das wäre nicht nötig gewesen. Ich habe ihn schon überprüft, er ist gut«, sagte Kazanski.

»Ja, sieht ganz danach aus …«

Es war ein bekannter Trick. Wenn das Schütteln dazu führte, dass sich ein kleiner Wirbel aus winzigen Luftblasen in Richtung Flaschenhals schraubte, dann war die Qualität in Ordnung.

»Man kann nicht vorsichtig genug sein. Die Leute sterben wie die Fliegen, weil sie schlechten Fusel trinken. Und wir müssen sie dann hinterher für die Familie aufschneiden. Zivilprozesse sind bei uns neuerdings genauso in Mode gekommen wie drüben in Amerika. Aber ja … Ich nehme einen Schluck«, sagte der junge Mann mit einem anerkennenden Blick auf den Wodka.

Sie gingen zurück in sein enges Büro und setzten sich. Nach vier, fünf schnellen Gläsern lief das Gespräch schon wie von selbst. Und nach ein paar weiteren Gläsern waren sie bereits gute Kumpel.

»Bist du Wachmann?«, fragte Kazanski, obwohl er die Antwort schon kannte.

»Nee, ich bin nur der Jüngste im Institut. Wir wechseln uns mit den Nachtwachen ab.«

»Im Institut?«

»Ja, Rechtsmedizin …«

»Dann bist du Rechtsmediziner?«

»Ja, aber bei uns heißt das Thanatologe.«

»Das Wort habe ich noch nie gehört.« Kazanski lächelte und schüttelte über seine eigene Unwissenheit den Kopf.

»Thanatologie ist die Lehre vom Tod. Die Finalphase und die Todeszeichen. Der Begriff ist abgeleitet von Thanatos, dem Gott des Todes.«

»Das ist bestimmt eine spannende Arbeit.«

»Manchmal. Und manchmal ist es langweilig und ätzend. Wir haben keine Kühlzellen. Die gibt es nur im Raum, der dem Krankenhaus gehört, da, wo deine Schwester liegt. Wenn du wüsstest, wie es im Keller aussieht …«

Der junge Mann zeigte auf den Boden und verzog das Gesicht.

»Was ist denn im Keller?«

»Da unten liegen sie kreuz und quer gestapelt. Aufgeschnitten und mit ein paar Stichen wieder notdürftig zusammengeflickt. Überall sind Eingeweide verteilt. Nebenan wird ein neues Leichenhaus gebaut, aber die Bauarbeiten stehen jetzt schon ziemlich lange still.«

Als die Flasche leer war, zog Kazanski eine zweite aus der Tüte.

»Eigentlich wollte ich die morgen mit meinem Schwager teilen, aber was soll's! Ich kaufe einfach eine neue.«

Er schenkte ein und sie setzten ihre Unterhaltung fort. Der Wodka fing an, Wirkung zu zeigen, und Kazanski fragte sich, ob er tatsächlich trinkfest genug war und ob es ihm gelingen würde, sich genau zu merken, was er in Erfahrung brachte. Es war Zeit, das Gespräch in eine andere Richtung zu lenken.

»Ich kenne einen, der hat mal einen Fuß gefunden – mit Schuh und allem. Den hat er auch in der Rechtsmedizin abgegeben …«

»Natürlich. So ein Fund muss ja untersucht werden«, sagte der junge Mann, der, wie Kazanski inzwischen erfahren hatte, Leonid hieß.

»So ein Stück von einer Leiche ist für euch doch wahrscheinlich so was wie ein Puzzle, bei dem die restlichen Teile fehlen, oder?«

»Auch ein einzelnes Körperteil kann schon so einiges verraten. Erst letztes Frühjahr habe ich einen Arm untersucht, und glaub mir, der hatte ’ne Menge zu erzählen.«

In seiner Stimme schwang ein gewisser fachlicher Stolz mit. Das war fast zu schön, um wahr zu sein. Kazanski durfte jetzt nicht aus der Rolle fallen.

»Ein Arm?« Er grinste albern. »Was soll denn ein Arm erzählen können?«

»Ich war damals noch neu am Institut und hatte an dem Tag, als der Arm gebracht wurde, Hintergrunddienst. Er war einem Fischer ins Netz gegangen. Alle dachten, er wäre von einer Schiffsschraube abgetrennt worden, aber das war er nicht.«

»Nicht? Was denn sonst?«

»Jemand hatte ihn abgehackt. Das erkennt man an den Knochen, verstehst du? Und es lässt sich auch feststellen, wie lange so ein Körperteil schon im Wasser lag und ob Fische oder Krabben davon gefressen haben. Und tätowiert war der Arm. Also, du siehst – so ein Arm verrät einiges über seine Herkunft …«

Kazanski nickte beeindruckt, sagte aber nichts, um Leonid nicht zu unterbrechen. Er füllte erneut die Gläser und forderte den jungen Mann auf, sich zu bedienen.

»Irgendetwas an diesem Arm war mysteriös … Ich habe seitdem oft über die ganze Sache nachgedacht … Aber ich bin ja noch neu hier – und der Jüngste –, deshalb erzählt mir ja keiner was.«

»Mysteriös? Weil er abgehackt wurde? Das klingt wie im Krimi. War es Mord?«

»Keine Ahnung. Erst kam diese Frau von der Miliz. Dann tauchte Mary Ann auf und am Ende erschienen zwei Männer im Büro des Chefs und ich wurde dazugerufen.«

Der junge Rechtsmediziner schüttelte verzweifelt den Kopf. Er war mittlerweile ziemlich voll.

»Eigentlich war sie ganz süß …« Er schüttelte wieder den Kopf.

»Wer?«

»Mary Ann. Warte, ich zeig sie dir.«

Er kramte in seiner Brieftasche und zog ein Foto heraus, oder besser gesagt eine Autogrammkarte. Auf dem Bild lächelte ihm eine hübsche Blondine entgegen.

»Und jetzt ist sie weg … Tot. … Sie war wundervoll. Nicht wahr?«

»Tot?«

»Autounfall. Sie ist betrunken gefahren. Vor zwei Wochen.«

»Hmm … Ja, wirklich eine schöne Frau. Aber wer war diese Mary Ann?«

»Sie hat im Arktika ABBA-Songs gesungen. Ihre Stimme war noch besser als die von der echten, der Blonden.«

»Agnetha Fältskog?«

»Ja, ich glaube so heißt sie. Mary Ann war nur eine Art Künstlername. Sie hieß Marianne und kam aus Schweden. Magst du ABBA?«

»Na klar, eine der besten Bands der Welt. Prost! Auf ABBA!« Kazanski hob sein Glas und schenkte sofort wieder nach.

»Und was hatte diese Sängerin mit dem Arm zu tun?«

»Sie hat mich danach gefragt. Ich hatte ihr irgendwann abends mal einen Strauß Rosen gekauft und hinter die Bühne gebracht. Zuerst dachte sie vielleicht, ich hätte irgendwelche Absichten, aber gefreut hat sie sich trotzdem, und mit der Zeit haben wir uns angefreundet. Irgendwann hat sie mir dann ein Foto von einem Mann gezeigt und mich gefragt, ob ich ihn kennen würde. Den Mann kannte ich nicht – aber seine Tätowierung.«

»Die von dem Arm?«

»Ja.«

»Und dann?«

»Nichts ... Das heißt, doch. Später ist diese Milizionärin aufgetaucht, verdammt neugierig, knallhart ... Ich hatte sie schon öfter im Arktika gesehen, und auf einmal kam die auch noch hier vorbei. Ziemlich speziell. Aber ganz schön scharf, sage ich dir. Und schließlich noch die beiden Männer. Der Chef rief mich in sein Büro, und ich musste beichten, dass ich Mary Ann von dem tätowierten Arm erzählt hatte. Dann bekam ich richtig Ärger. Aber woher hätte ich wissen sollen, dass ...? Na ja, scheiß auf das alles. Ich hatte eh nicht vor, mein ganzes Leben hier oben zu verbringen. Prost, mein Freund. Vermisst du deine Schwester?«

»Natürlich, aber wir hatten uns leider zerstritten. Deshalb haben wir uns nicht mehr oft gesehen. Diese Mary Ann sieht ziemlich heiß aus. Warst du verliebt in sie? Ich hätte mich bestimmt verknallt ...«

Kazanski pfiff anerkennend und wedelte mit der Autogrammkarte.

»Ja, ein bisschen. Aber es wurde nie was draus. Wir waren die meiste Zeit gute Freunde. Nur als sie sich mit dem Hofnarren und seiner Bande eingelassen hat, da bin ich sauer geworden – und habe mir Sorgen gemacht.«

»Dem Hofnarren?«

»Ja. Der Typ ist verrückt.«

»Was heißt verrückt?«

»Er benimmt sich wie ein Wahnsinniger. In der einen Sekunde höflich und nett, in der nächsten komplett durchgeknallt. Also, so hat Mary Ann es beschrieben. Der Hofnarr ist kreideweiß – er ist Albino. Trägt immer Zylinder und Sonnenbrille. Und das Merkwürdigste: Er hat immer einen Vogel auf der Schulter. Einen großen Raben. Verrückt eben ...«

»Was wollte eine Schönheit wie sie von so einem Spinner?«

»Vielleicht fand sie ihn spannend? Sie hat mir nicht geantwortet, als ich sie gefragt habe.«

»Ein Hofnarr … Den würde ich mir auch gern mal anschauen«, sagte Kazanski grinsend. »Was treibt so ein schräger Typ hier in Murmansk?«

»Er ist bei Maxim Maximow angestellt, diesem Multimillionär. Aber wenn ich dir einen Rat geben darf … halte dich fern vom Hofnarren.«

»Warum? Ist er gefährlich?«

»Vergiss es. Lass uns besser über was anderes reden. Man kann nie wissen …«

Der glasige Blick des jungen Mannes wanderte langsam über die Wände und das Fenster hinter Kazanski, als wollte er sich vergewissern, dass sie allein waren. Für einen kurzen Moment sah er fast ängstlich aus.

»Er ist unheimlich. Halt dich fern«, wiederholte er und strich dann zärtlich mit dem Finger über Mary Anns Foto.

»Leider hatte ich in der Nacht hier oben Dienst, als sie den Unfall hatte. Sonst hätte ich ihren Auftritt gesehen«, seufzte er.

»Man sollte sich besoffen auch einfach nicht ans Steuer setzen. Wie gut, dass ich kein Auto habe. Prost!« Automatisch hob Kazanski sein Glas.

»Sie war sternhagelvoll. Die Miliz bestand darauf, dass wir sie obduzieren. Sternhagelvoll … Ich hätte es nicht fertiggebracht, sie aufzuschneiden …«

»Diese Frau von der Miliz, die klingt spannend. Weißt du noch, wie sie heißt?«

»Den Nachnamen hab ich vergessen, aber der Vorname ist Walentina. Wobei, ich weiß es wieder! Sie heißt Suschko … Walentina Suschko.«

9

Die Bisswunde in Wiktor Schapkins linkem Arm pochte, als er langsam zu sich kam und die Augen aufmachte. Er wusste nicht, wie spät es war, aber ein schmaler Streifen Licht fiel durch die verstaubten Vorhänge.

Der kaputte Arm, das Seil, das sich in seine Handgelenke grub, das Tape über dem Mund, der schmerzende Körper. Während seine Umgebung langsam Kontur bekam und er wieder klar im Kopf wurde, kehrten nach und nach auch die Ereignisse der Nacht in sein Bewusstsein zurück.

Tatsächlich war die Nacht gar nicht so schlimm gewesen. Er war nur einmal von seinem eigenen erstickten Schrei aufgewacht, der durch das Tape nur wie ein dumpfes Stöhnen klang. Er erinnerte sich noch, dass er eine Weile heftig nach Luft geschnappt hatte, aber als die Wirkung der Medikamente einsetzte und die Albträume aus seinem Kopf vertrieb, war er wohl wieder eingeschlafen.

Er fühlte sich auch nicht so verwirrt, wie er es früher schon erlebt hatte. Das ließ ihn hoffen, dass es nur ein kurzer Anfall war.

Er hob das Bett an und zerrte das Seil unter dem Bettpfosten heraus. Endlich. Es war eine Wohltat, auf dem Rücken zu liegen, sich auszustrecken und zu spüren, wie sich jeder Wirbel knackend einrenkte. Vorsichtig zog er das Tape ab und atmete ein paarmal kräftig ein und aus. Er blieb liegen und starrte an die Decke, während das Wohlbefinden sich in seinem Körper ausbreitete.

Es war der schmerzende Arm, der ihn schließlich dazu brachte, aufzustehen. Eine Entzündung konnte das Aus für sein Vorhaben bedeuten, bevor er überhaupt richtig damit angefangen hatte.

Er setzte Wasser für ein Glas Tee auf und wickelte den Verband ab. Der Unterarm war dunkelrot und glühte, aber er stellte erleichtert fest, dass die Verletzung normal aussah. Dieser verdammte Köter hatte wirklich zugepackt. Es fühlte sich an, als würden seine Zähne immer noch in seinem Fleisch stecken.

Er nippte an dem kochend heißen Tee, dann stellte er einen großen Topf mit Wasser auf den Gaskocher. Er hatte keine Eile. Es war wichtig, den Arm gründlich zu versorgen, also würde er jetzt eine Schüssel mit Seifenlauge machen, die Wunde noch einmal mit Alkohol reinigen und reichlich Jod darübergeben.

Es war sicher nicht förderlich, dass er gezwungen gewesen war, den Arm über Nacht herabhängen zu lassen. Nachdem er das Desinfizieren hinter sich gebracht und einen frischen Verband angelegt hatte, fühlte er sich schon wesentlich besser. Er legte sich wieder hin, um seine Lage zu überdenken.

Ein dünnes Rinnsal Blut war der Auslöser, damals wie heute.

Ein Soldat, der diesen Anblick nicht ertrug, war kein Soldat. Er war einer schmerzhaften Demütigung zuvorgekommen, als er selbst die Konsequenzen gezogen und seinen Abschied eingereicht hatte. Er war gegangen, als die Jungen noch ehrfürchtig seinen Namen flüsterten. Er war gegangen, als der Name Wiktor Schapkin noch Respekt einflößte.

»Sie sind einer unserer letzten Helden«, hatte der General

an jenem lauen Frühlingstag gesagt, als Schapkin zum letzten Mal abtrat, um sich in eine Welt zu begeben, in der er einer unter vielen war. Das war 1993 gewesen.

Wenn er zurückdachte, wusste er genau, wann es schiefgegangen war. Er war nicht abergläubisch, aber vielleicht war es trotzdem ein Vorzeichen gewesen, als Pjotr zum ersten Mal getroffen wurde.

Auch wenn sie sich unverwundbar fühlten, waren sie es nicht. Sie wurden alle drei 1979 bei der Gründung von Wympel in die Eliteeinheit aufgenommen. Sie waren jung, erst zweiundzwanzig Jahre alt, aber so gut, dass sie zu den Auserwählten gehörten, als das Erste Chefdirektorat des KGB gezielt Leute für Spezialeinsätze suchte. Wympel sollte die unsichtbare Faust sein, die hinter der feindlichen Linie zuschlug.

Kurz darauf ging es zum ersten Mal schief. Es war Ende Dezember 1979. Im Frühjahr 1978 war die Situation in Afghanistan so außer Kontrolle geraten, dass Breschnew einschritt. Als Daoud bei einem Putsch von einer Gruppe Offiziere getötet wurde, bestimmte Breschnew Nur Muhammad Taraki zu seiner Marionette, was sich jedoch als Fehler entpuppte.

Nach dem Mord an dem amerikanischen Botschafter im Jahr 1979, der Verfolgung sowjetischer Staatsbürger und der Meuterei der 17. Afghanischen Division in Herat musste Breschnew seine Karten in Kabul ganz neu mischen. Jetzt sollte Premierminister Hafizullah Amin an die Macht, der gleich selbst für die Ermordung seines Vorgängers sorgte.

Aber Breschnew hatte wieder einen Fehler gemacht. Denn Amin stellte sich schon bald gegen den Kreml und verbreitete eine antikommunistische Stimmung im Land. Der KGB erhielt die Order, ihn aus dem Weg zu räumen, als jedoch mehrere Versuche fehlgeschlagen waren, entschied sich das Politbüro, auf den Tisch zu hauen: Die Rote Armee überquerte die Grenze mit dem Ziel, Babrak Karmal als neues Staatsoberhaupt einzusetzen.

Unter der Leitung der Spezialeinheit Zenit stürmten Soldaten der Alpha- und Wympel-Einheiten am 27. Dezember den Darulaman-Palast in Kabul. Der Befehl war einfach. Präsident Hafizullah Amin und seine Familie sollten vernichtet werden. Und der Befehl wurde ausgeführt.

Oleg war in einer der Gruppen, die von hinten angriffen und sich schwere Gefechte mit der Präsidentengarde lieferten, während Pjotr und er im Hof des Palastes ins Kreuzfeuer gerieten. Pjotr wurde am Oberschenkel getroffen. Er hatte ihn zum Helikopter getragen, war zu seiner Gruppe zurückgekehrt und hatte sich weiter von Raum zu Raum durch diesen riesigen Palast gekämpft.

Während des Kriegs war die Wympel-Einheit durchgehend in Kabul stationiert. Von dort aus wurden die Operationen hinter der feindlichen Linie der Aufrührer geplant. Erst waren sie im Lager Tari Tajbeg untergebracht, das der 40. Armee als Hauptquartier diente, später wurden sie ins Fort Bala Hissar verlegt, wo auch der Nachrichtendienst seinen Sitz hatte.

Es passierte 1985.

Sie waren gerade alle drei zu Hause gewesen, wo sie kräftig die Nachricht gefeiert hatten, dass Pjotr bei seinem nächsten Heimaturlaub heiraten würde.

An diesem Abend kamen sie gemeinsam mit ein paar Kameraden aus dem Kino im sowjetischen Kulturzentrum in Kabul. Sie waren auf dem Weg zurück über den Basar, als ein Junge mit einer Maschinenpistole aus einer Gasse heraussprang und eine Salve auf die kleine Gruppe von Soldaten abfeuerte.

Zwei waren auf der Stelle tot. Pjotr wurde von vier Kugeln

in den Bauch getroffen. »Allahu akbar!«, Gott ist groß, hatte der Junge geschrien und ihnen den Tod gewünscht. Dann war er verschwunden. Von der Dunkelheit verschluckt.

Er hatte Pjotr zu einem Auto getragen. Ihn getragen, genau wie schon sechs Jahre zuvor. Fieberhaft hatte er versucht, seine Hände auf die Schusswunden zu pressen, aber das Blut war einfach zwischen seinen Fingern herausgeflossen.

»Ich bringe dich nach Hause. Wir halten zusammen. Immer. Pjotr, Oleg, Wiktor, für ewig. Denk daran. Du kommst wieder nach Hause …«

Er flüsterte ihm zu, aufmunternde Worte, alles, was ihm gerade einfiel – aber das dünne rote Rinnsal lief einfach aus Pjotrs Mund heraus. Und während er seinen Freund in den Armen hielt, verschwand das Leuchten aus Pjotrs Augen. Das Letzte, was er sagte, war: »Grüß Oleg – und küss meine Liebste von mir. Wiktor, mein Freund …«

Bei manchen kam die Reaktion ganz schnell. Und das war am besten. Oleg etwa weinte wie ein kleines Kind. Er selbst war anders. Er verdrängte das Ganze, trug es all die Jahre mit sich herum, bis zu jenem Tag im Frühjahr 1992, als er wieder einen jungen Mann aus dem Kugelhagel wegtrug. Wieder rann ein roter Streifen über ein Kinn. Sie waren gegen eine Bande von Räubern im Einsatz, die sich mit Geiseln in einer Schule am Rand von Moskau verschanzt hatten.

PTBS lautete der Fachbegriff, posttraumatische Belastungsstörung, und war auch in Russland eine anerkannte Diagnose, aber vor allem im Westen verfügte man über Erfahrungen bei der Behandlung. Die Amerikaner hatten reichlich Vietnam-Veteranen, an denen sie herumprobieren konnten. Eine PTBS konnte nach einem Tag ausbrechen, aber auch noch Jahre nach dem Ereignis. Dafür gab es kein Gesetz.

Die Ärzte hatten gesagt, er sei ein spezieller Fall. Speziell, weil ganze sieben Jahre vergangen waren, ehe die Geisel-Episode das Trauma auslöste. Seitdem wurde er von Albträumen gequält, von jähzornartigen Anfällen und den Selbstvorwürfen, die er sich jedes Mal machte, wenn er ohne Grund gewütet hatte.

Der erste Feldarzt hatte es mit verschiedenen Benzodiazepinen versucht, mit Diazepam, Alprazolam und Triazolam. Am Ende wusste er kaum noch, warum er gerade durch eine Tür gegangen war.

Der nächste Arzt gab ihm Betablocker, um das Adrenalin unter Kontrolle zu halten, und das war mindestens genauso schlimm. Er bekam die Dosierung nicht in den Griff, und irgendwann war sein Blutdruck so niedrig, dass er nur noch schlafen wollte, was jede wache Stunde des Tages zu einem einzigen Kampf machte.

Zum Glück war es heute anders. Mittlerweile brauchte er gar keine Medikamente mehr – außer, irgendein Schlüsselerlebnis löste einen Anfall aus. Er war wieder der disziplinierte ehemalige Oberst mit dem kühlen Kopf, und er merkte selbst, wenn das Trauma im Anmarsch war.

Nach seinem Abschied aus der Wympel-Truppe hatte er einen Spezialisten in Moskau aufgesucht, der über Internet einen amerikanischen Kollegen hinzugezogen hatte. Den beiden war es gelungen, die passende Medikation und Therapie für ihn zusammenzustellen. Nachdem er den ganzen weiten Weg hinter sich hatte, durch seelische Höhen und Tiefen, verstand er sehr viel besser, warum so viele Afghanistan-Veteranen als drogenabhängige Wracks endeten. Das Problem zu ignorieren, war einfach keine gute Idee. Wiktor Schapkin war noch nie weggelaufen. Und so stellte er sich seinem Trauma wie einem neuen Feind, auch wenn er zwischendurch Angst vor sich selbst bekam.

»PTBS, verursacht durch Kriegserlebnisse, ist eine moralische, soziale, philosophische und mentale Verletzung, und deshalb muss auch auf dieser Ebene der Heilungsprozess stattfinden. Kein Medikament der Welt allein genügt, um eine PTBS zu heilen. Ihr Beruf hat Ihre Seele verletzt, Herr Schapkin, aber Sie können sich trotzdem wieder ein gutes Leben aufbauen.«

So gesehen war das Ziel seines Vorhabens eine Art Wiedergutmachung für seine Arbeitsverletzung.

Wiktor Schapkin ließ den Blick über die vergilbte Decke wandern. Eine schwarze Spinne krabbelte über ihr Netz, um in der Ecke in aller Ruhe auf das nächste Opfer zu warten.

Kazanskis Kopf dröhnte, als hätte ein ganzer Handwerkertrupp mit umfassenden Bauarbeiten begonnen. Aber zumindest hatte er sich den Kater diesmal im Dienst der Firma erworben, das waren mildernde Umstände.

Er war gestern Abend ziemlich betrunken gewesen, aber nicht so dicht wie der junge Rechtsmediziner, der nach einem sehr detaillierten Bericht, wie die schwedische Sängerin ihn einmal geküsst hatte, einfach eingeschlafen war.

Nachdem er zum zwanzigsten Mal verzweifelt festgestellt hatte, dass Mary Ann jetzt tot war, einfach weg, war er mit der Stirn auf die Tischplatte gesackt und hatte angefangen zu schnarchen.

Kazanski hielt die Augen geschlossen, während die Gespräche des gestrigen Abends langsam in sein Bewusstsein zurückkehrten. Mary Ann und Marianne … Im Leichenhaus war ihm sofort klar gewesen, dass das kein Zufall sein konnte. Dann war die Erkenntnis zusammen mit den anderen Theorien im Alkoholnebel versunken.

Es war wie ein Energieschub, als er die Zusammenhänge

jetzt plötzlich wiedererkannte. Entschlossen machte er die Augen auf, um nachzusehen, wie spät es war. Er musste aufstehen und loslegen. Was er jetzt brauchte, war ein handfester Beweis, dass Marianne genau *die* Marianne war.

Er griff nach der Plastiktüte, die neben dem Schuh- und Klamottenhaufen lag. Zum Glück hatte er daran gedacht, hinter sich aufzuräumen, ehe er das Leichenhaus wieder verlassen hatte. Es waren noch etwas Brot und ein Rest Wurst in der Tüte, leere Flaschen, und dann fand er das, wonach er suchte – das Glas mit Salzgurken.

Kazanski schwang die Beine aus dem Bett und richtete sich stöhnend auf, was das Dröhnen in seinem Schädel nur noch schlimmer machte. Er schraubte das Gurkenglas auf, angelte die letzte Gurke heraus und schleuderte sie in Richtung Papierkorb unter dem Schreibtisch – ohne zu treffen.

Es führte kein Weg daran vorbei. Er hatte es schon ein paarmal gemacht, aber es kostete ihn wirklich Überwindung. Um den Geschmack erträglicher zu machen, hielt er sich mit einer Hand die Nase zu und führte mit der anderen das Glas mit der salzigen Brühe an den Mund. Fünf große Schlucke, dann war es überstanden. Es schmeckte widerlich, aber es half …

Während er unter der Dusche stand, ging er Schritt für Schritt noch einmal alles durch. Er musste einen zweiten nächtlichen Ausflug unternehmen … Dann drehte er das kalte Wasser auf und wartete, bis er starr vor Kälte war. Beim Rasieren musterte er sein müdes Gesicht im Spiegel. Er sah mitgenommen aus, aber nicht unzufrieden. Er war auf der richtigen Spur. Auf der Spur, die begonnen hatte, als man Ulf zum Krankenwagen trug.

Die Erinnerung daran setzte das Karussell wieder in Gang. Dieselben Fragen. Dieselbe Leere. Gab es vielleicht gerade in diesem Moment ein Zeichen in Madrid? Eine kaum merkliche Bewegung? Einen Nerv, der in Ulfs großem Körper aus seinem Schlaf erwachte und die anderen Nerven weckte?

Sobald er wieder Kontakt hatte, mussten sie ihm Antworten geben. Und wenn sie nichts wussten, dann mussten sie es eben umgehend herausfinden. Er wollte wissen, wie es Ulf ging.

Das breite professionelle Lächeln verwandelte sich schlagartig in einen schmalen Strich, als Kazanski der Rezeptionistin im Hotel Arktika sein Anliegen erklärte.

Er stellte sich als enger Freund der Sängerin Mary Ann vor, die, wie er gehört hatte, unglücklicherweise bei einem Autounfall ums Leben gekommen sei. Er kenne sie noch aus Sankt Petersburg, wo sie in einem Nachtclub aufgetreten sei. Jetzt werde er bald nach Schweden reisen und wolle die Gelegenheit nutzen, bei ihren Eltern vorbeizuschauen, um zu kondolieren. Er habe ein paar schöne Fotos von einem gemeinsamen Ausflug mit Mary Ann nach Peterhof. Die wolle er ihren Eltern zur Erinnerung schenken. Es gebe nur ein Problem: Er wisse nicht, wie er ihre Adresse ausfindig machen sollte. Denn Mary Anns Nachname sei entweder Andersson oder Anderberg – er sei sich nicht ganz sicher.

»Könnten Sie mir nicht weiterhelfen?«, fragte er und versuchte es mit einem freundlichen Lächeln.

Alle russischen Hotels verlangten einen Pass beim Einchecken. In guter bürokratischer Tradition bekam man seine Papiere manchmal erst Stunden nach der Ankunft wieder ausgehändigt. Natürlich hatte die Rezeptionistin alle Unterlagen, die er brauchte.

»Ich weiß nur, dass sie hier gewohnt hat. Das ist alles.«

Sie studierte ihre Fingernägel und fing dann an, in irgendwelchen Formularen zu blättern, als hätte sich der Mann vor ihr in Luft aufgelöst.

Kazanski machte sich keine Sorgen über die Glaubwürdigkeit seiner Geschichte. Das war für beide Seiten unerheblich. Die Kunst bestand darin, das Spiel zu spielen. Diskret schob er einen Hundert-Rubel-Schein über die Theke. Sie legte das Geld beiseite, ohne den Blick zu heben.

»Es ist wirklich sehr wichtig für mich. Vielleicht könnten Sie nur kurz für mich nachsehen? Versuchen Sie es zuerst mit Anderberg.«

Das Telefon klingelte und die Rezeptionistin nahm das Gespräch entgegen. Als sie den Hörer wieder auflegte, schaute sie zu ihm hoch und seufzte.

»Einen Moment. Ich sehe nach, was ich tun kann …«

Fünf Minuten später kam sie aus dem kleinen Büro hinter der Rezeption zurück. Wortlos legte sie ihm einen Zettel hin und widmete sich dann wieder ihren Formularen.

»Vielen Dank. Können Sie mir noch sagen, in welchem Stock sie gewohnt hat?«

»Versuchen Sie es im dritten.«

»Danke.«

Auf einem Blatt Papier, das jemand mit Tesafilm neben den Aufzug an die Wand geklebt hatte, stand in geschwungener Handschrift »Café, 4. Etage«.

Kazanski fuhr nach oben und entdeckte ein identisches Hinweisschild an einer ramponierten Tür, die aussah, als führte sie zur Hintertreppe. Tatsächlich befand sich dahinter eine kleine Cafeteria mit einer Kuchenvitrine, kleinen runden Tischen und ein paar großen unechten Pflanzen. Auf einer kleinen Anrichte in der Ecke stand ein Fernseher, der auf voller Lautstärke lief. Kazanski musste fast brüllen, als er sich einen Kaffee und ein Stück Brot bestellte.

Erst als er am Tisch saß, zog er den Zettel aus der Tasche. Die Rezeptionistin hatte alles in Blockschrift abgeschrieben, mitsamt Geburtsdatum, Ausstellungsort, Gültigkeitsdatum. Er hatte richtiggelegen. Der Name auf dem Ausweis lautete: Anderberg, Marianne.

Die schwedische ABBA-Sängerin mit Künstlernamen Mary Ann war dieselbe Marianne, die Ulf eine E-Mail geschickt hatte. Dieselbe Marianne, mit der er sich in Stockholm treffen wollte. Sie musste ihm die folgenschweren Fotos zugespielt haben. Der tätowierte Arm war der Grund gewesen, warum sie die Nähe des jungen Rechtsmediziners gesucht, vielleicht sogar mit ihm geflirtet hatte.

Kazanski nippte an dem kochend heißen Kaffee, in den die Bedienung, ohne nachzufragen, ein Kilo Zucker gekippt hatte. Für Russen war es nahezu unvorstellbar, ihren Kaffee ungesüßt zu trinken. Und für Russen waren Bier und Stockfisch die beste Medizin am Tag danach. Aber der Kaffee tat gut. Das Kopfweh war verschwunden und er war einen Schritt weitergekommen. Allerdings war die Spur tot, denn die Miliz hatte Mary Anns Hotelzimmer natürlich längst geräumt, selbst wenn er herausfand, wo sie gewohnt hatte. Trotzdem – er würde einen Plausch mit der Etagendame führen, die für den dritten Stock zuständig war. Sie hatte bestimmt ein paar Informationen für ihn. Und wenn nicht, konnte eine Handvoll Rubel vielleicht noch weitere Türen öffnen.

Er war kurz davor, die junge Frau in der Küche zu fragen, warum dieser verdammte Fernseher eigentlich so ohrenbetäubend laut sein musste, aber dann ließ er es bleiben. Stattdessen legte er ein großzügiges Trinkgeld auf die Untertasse und stellte sie auf den Tresen. Sie strahlte, als sie das Geschirr entgegennahm.

»Diese Mary Ann, die hier gesungen hat …«

»Ja, was ist mit ihr? Sie ist tot.« Das Mädchen sah ihn lächelnd an.

»Sie war doch nicht alleine, oder? Ich meine, sie ist doch mit einer Band aufgetreten?«

»Ja, mit den Purple Hearts. Die spielen hier immer noch, nur ohne sie. Soweit ich weiß, treten sie den ganzen Winter hier auf. Zwei Männer und eine Frau, ich glaube aus Sankt Petersburg. Sie waren ziemlich gut, zusammen mit ihr. Mary Ann hat oft ABBA gesungen. Mögen Sie ABBA?«

»Natürlich, wer mag ABBA nicht? Wohnen sie hier?«

»Wer?«

»Die Purple Hearts.«

»Ich glaube nicht. In die Cafeteria kommen sie jedenfalls nicht. Ne, im Hotel zu wohnen, wäre bestimmt zu teuer für die.«

Kazanski verabschiedete sich mit einem Winken und fuhr dann nach unten in den dritten Stock, wo Marianne gewohnt hatte, um sich mit der Etagendame zu unterhalten. Purple Hearts … Wahrscheinlich war es Zufall, aber die Band trug fast denselben Namen wie der älteste Orden des amerikanischen Militärs, gestiftet von George Washington persönlich – das Purple Heart wurde auch heute noch an Soldaten vergeben, die im Kampf für das Vaterland verwundet wurden, oder posthum an gefallene Soldaten. Herzen waren immer gut. Sie konnten golden sein, wild, blutend, flammend, gebrochen, einsam und noch verdammt viel mehr. Wahrscheinlich hatten die Musiker einfach ein paar Namen in den Topf geworfen und blind einen herausgezogen. Vielleicht war die Band auch noch eine Möglichkeit, aber zunächst würde er sich auf das Reinigungspersonal konzentrieren. Die Erfolgsaussichten waren gering, aber einen Versuch war es allemal wert.

Das kleine Biest hatte sich nicht mehr vom Fleck bewegt, seit es sich auf seinen Beobachtungsposten zurückgezogen hatte. Wiktor Schapkin lag auf seiner Pritsche und starrte die Spinne in der Ecke an.

So ähnlich war es mit den Mudschaheddin gewesen. Sie hatten ihre Netze über die unfruchtbare Landschaft gesponnen, um danach in ihren Verstecken zu warten, bis sie zuschlagen konnten. Plötzlich waren sie da. Und genauso plötzlich wieder weg. Blut und Zerstörung waren die einzigen Spuren, die sie hinterließen. In drückender Hitze, eisigem Wind, unter blauem Himmel oder im Sturm – es war immer eine Jagd auf einen unsichtbaren Feind, der in Löchern und Ritzen lauerte.

Alle waren in einer Art Netz gefangen. Er selbst war im Begriff, eines für andere auszulegen, aber gleichzeitig saß er in seinem eigenen fest.

Damals, als junge Männer, hatten sie nie einen Gedanken daran verschwendet, aber Pjotr, Oleg und er waren von Anfang an in dünne Fäden eingesponnen worden. In unsichtbare Fäden, die sie festhielten. Am Ende waren es Fäden, die sie einschnürten und Narben hinterließen, die nie wieder verschwinden würden.

Oleg und er blieben in der Wympel-Einheit. Nach dem Rückzug aus Afghanistan 1989 bekam die Truppe zunehmend den Charakter einer Antiterroreinheit nach dem Vorbild von Alpha, die 1974 unter Andropow gegründet worden war. Genau wie Wympel war Alpha dem KGB unterstellt – allerdings dem 7. Direktorat.

Wympel wurde weiterhin auf spezielle Missionen geschickt, etwa Sabotageeinsätze im Ausland, aber der größte Teil der Arbeit fand im Inland statt.

Der Zerfall der Sowjetunion 1991 stellte alles auf den Kopf und damit auch die hochangesehene Eliteeinheit vor Entscheidungen, von denen niemand je gedacht hätte, dass sie getroffen werden müssten.

Während des Putsches gegen Gorbatschow 1991 weigerte sich Wympel zusammen mit Alpha, das Weiße Haus anzugreifen. Damit retteten sie indirekt Boris Jelzin, der noch im selben Jahr als Präsident nach der Auflösung des KGB eine Vielzahl von Veränderungen veranlasste.

Die verlässlichen Männer Wympels wurden dem neu gegründeten Ministerium für Sicherheit unterstellt, als Trumpf für dessen Hauptabteilung, den Geheimdienst Glawnoje Uprawlenije Ochrany, GUO.

Nachdem sein Trauma eine zu große Belastung geworden war, reichte Oberst Wiktor Schapkin im Sommer 1993 seinen Abschied ein, und als Wympel im Spätherbst von Jelzin bestraft wurde, war er davon nicht mehr betroffen.

Dann besetzten Chasbulatow und Ruzkoi das Weiße Haus, und Wympel weigerte sich erneut, das Parlament zu stürmen. Als Jelzin am 4. Oktober den Befehl zum Angriff erteilte, musste er sich stattdessen auf die Armee, unterstützt von Alpha, verlassen.

Wympels Widerstand wurde nicht geduldet. Jelzin, der die Speznas-Truppe zwei Jahre zuvor noch gelobt hatte, warf sie jetzt raus – in die Arme des Innenministeriums. Eine respektlose Handlung. Es war entwürdigend, und die hochspezialisierten Veteranen waren nicht bereit, sich damit abzufinden. Aus Protest gegen die Entscheidung, dass sie ihre Befehle zukünftig von Milizbürokraten entgegennehmen sollten, reichten einhundertzehn der einhundertachtzig Offiziere umgehend ihren Abschied ein. Darunter auch Oleg.

Wympel, ihre stolze Einheit, wurde aufgelöst, und das Innenministerium errichtete auf den Ruinen eine neue Antiterroreinheit – Vega.

Erst mehrere Jahre später wurde Wympel vom Föderalen Sicherheitsdienst FSB reaktiviert und dem Antiterrorzentrum des Dienstes unterstellt, mit weitgehend identischen Aufgaben wie in alten Zeiten.

Oleg bekam, wie viele andere ehemalige Speznas-Soldaten, eine Anstellung bei der Sicherheitsfirma GROM, die im Auftrag der Regierung Zugverkehr, Flughäfen, öffentliche Gebäude und VIPs bewachte.

Als Wiktor gesund genug war, um wieder zu arbeiten, kam er ebenfalls bei GROM unter. Bis man ihm vor drei Jahren eine gut bezahlte Stelle in Maxim Maximows privatem Sicherheitsdienst angeboten hatte, erst in Moskau, dann in Murmansk.

Wiktor Schapkin öffnete die Augen. Die Spinne saß immer noch reglos da und wartete. Er musste dasselbe tun. Nachdenken, planen, warten. Und wenn der Augenblick gekommen war, musste er zuschlagen – entweder mit List oder kraftvoll und hart. Erst wenn seine letzte Mission überstanden war, konnte er sich aus dem Netz befreien und ein normales Leben führen, wie alle anderen Menschen auch.

Die Stufen waren über Jahrzehnte hinweg ausgetreten worden. Sie knarrten bei jedem Schritt durch das dunkle Treppenhaus, in dem der Putz in großen Placken von der Wand zu bröckeln drohte.

Jan Jordi Kazanski klopfte laut an die dünne Tür. Ein kleiner Aufkleber mit dem Namen verriet ihm, dass er hier richtig war. Hier wohnte die zweite Frau, die im dritten Stock des Hotels geputzt hatte, an jenem Tag, an dem der Tod der schwedischen Sängerin bekannt geworden war.

Bei ihrer Kollegin war er schon gewesen, einer älteren hageren Frau, deren Hände anfingen zu zittern, als er ihr Fragen stellte. Sie hatte energisch abgestritten, dass sie an dem Morgen das Zimmer der Sängerin sauber gemacht hatte. Das habe ihre Kollegin übernommen.

Er klopfte noch einmal und endlich öffnete eine schlanke, junge Frau. Er erklärte, dass er ein enger Freund der verstorbenen Mary Ann sei und dass er ihr gern ein paar Fragen stellen würde. Widerwillig ließ die Frau ihn in ihre Küche.

»Haben Sie in ihrem Zimmer geputzt, an dem Vormittag, als Sie erfahren haben, dass sie tot ist?«, fragte er nach ein paar einleitenden Höflichkeitsfloskeln. Sie sah ihn misstrauisch an.

»Warum interessiert Sie das?«

»Ich wüsste gern, ob Sie etwas gefunden haben. Etwas Besonderes. Papiere, persönliche Papiere zum Beispiel.«

»Ich habe das Zimmer an dem Tag nicht geputzt«, antwortete die Frau. »Das war Gabriela.«

»Mit der habe ich gerade gesprochen. Sie hat genau das Gegenteil behauptet.« Kazanski zog ein dickes Bündel Geldscheine aus seiner Tasche. »Aber ich würde Sie auch großzügig für Ihre Hilfe bezahlen.«

»Lassen Sie mich überlegen … Ja, das war wohl doch ich. Schwer, sich an alles zu erinnern. Bei so vielen Zimmern …«

»Haben Sie etwas gefunden?«

»Nein. Wir sollten alles liegen lassen, bis die Miliz da war. Ich habe nur das Bad sauber gemacht.«

Die Frau musterte sein Gesicht in der Hoffnung, dort ein Zeichen zu finden, dass sie sich mit dieser Antwort trotzdem für die Belohnung qualifiziert hatte.

Kazanski spielte seine Karten auf gut Glück aus, wohl wissend, dass es immer üblich – und notwendig – gewesen war, die Hand aufzuhalten. So hatte diese Gesellschaft funktioniert. So waren die Menschen aufgewachsen.

»Ihre Sachen … Sie liegen in einem Schrank im Büro. Ich durfte sie mir ansehen. Es fehlt etwas. Das weiß ich, weil ich selbst ihr ein Kleid geschenkt habe, das jetzt weg ist. Wissen Sie etwas darüber?«

»Wollen Sie etwa behaupten, ich hätte gestohlen? Was zum Teufel soll das hier?«

Die Stimme der Frau zitterte vor Wut, aber vielleicht hatte sie auch nur ein schlechtes Gewissen.

Kazanski hörte, wie plötzlich eine Zimmertür im Flur aufging. Ein fetter Typ in Unterhemd erschien in der Küchentür. Er gähnte, und seine zerzausten Haare legten nahe, dass er bis eben geschlafen hatte.

»Was zur Hölle ist das für ein Lärm? Wer ist das?« Wie ein Bär, den man aus dem Winterschlaf gerissen hatte, starrte der Mann ihn gereizt an.

»Er sagt, ich hätte was geklaut!«, zeterte die Frau vorwurfsvoll. »Schmeiß ihn raus! Sofort!«

Der Mann griff nach Kazanski, der seine Hand wegschlug.

»Jetzt lassen Sie mich doch erklären …«

Weiter kam er nicht, denn der Mann holte erneut aus. Kazanski bekam die schwere Bratpfanne zu fassen, die neben ihm auf dem Herd stand, und schlug sie dem Mann gegen den Ellenbogen. Dann trat er schnell zur Seite und rammte ihm das Knie in die Weichteile. Als der Typ sich brüllend vor Schmerz krümmte, schickte Kazanski ihn mit einem Handkantenschlag in den Nacken endgültig zu Boden. Bewusstlos klatschte der Mann auf die schmutzigen Linoleumfliesen. Seine Frau schrie panisch. Erst jetzt sah Kazanski, dass ihr ein Schneidezahn fehlte, die Lücke war groß wie ein Scheunentor. Kazanski schüttelte sie.

»Ruhe jetzt. Der Fettsack erholt sich schon wieder. Und er hat schließlich angefangen, oder etwa nicht? Also setzen Sie sich hin und erzählen Sie mir, was Sie sich genommen haben. Ich bin nicht sauer. Ich will nur eine ehrliche Antwort. Sie haben doch dieselbe Größe wie sie, oder? Und als Sie gehört hab, dass sie tot ist, konnten Sie nicht widerstehen, stimmt's?«

Die Frau nickte.

»Sind Sie von der Miliz?« Sie sah ihn fragend an.

»Nein, keine Sorge. Was haben Sie mitgenommen?«

»Nur ein paar Kleider und eine Jacke …«

»Zeigen Sie mir die Sachen.«

Sie holte das Diebesgut und er durchsuchte die Taschen. Sie waren leer.

»Du hast auch eine Tasche mitgenommen, richtig?«

»Nein, nein, nein! Das hier ist alles.« Sie schüttelte heftig den Kopf.

Er war sich nicht sicher. Entweder hatte sie doch mehr mitgehen lassen oder sie hatte es einfach in Ordnung gefunden, ein paar Klamotten einzupacken, die diese Sängerin sowieso nicht mehr tragen würde.

»Gut. Ich wohne im Hotel Meridian, Zimmer 310, falls Ihnen noch etwas einfallen sollte.«

Er drückte ihr hundert Rubel in die Hand, die sie verwundert entgegennahm. Dann verließ er die Wohnung.

Der Wind pfiff heulend vom Polarmeer über das Felsmassiv und die Hochhäuser hinweg und fand gnadenlos jede kleine Ritze, durch die er dringen konnte.

Es war stürmisch und beißend kalt, als Kazanski an diesem Abend in sein Hotel zurückkam. Die fleckigen Vorhänge in seinem Zimmer bewegten sich unruhig vor dem zugigen Fenster. Er hatte das Gefühl, dass er Halsschmerzen bekam, und schluckte ein paarmal prüfend. Vielleicht saßen die anderen in Madrid gerade draußen in einem der Straßencafés?

Der Gedanke traf ihn hart. Was machte Ewa in diesem Moment? Wo war sie? Wieder auf Reisen, vielleicht in irgendwelchen warmen Gefilden, umschwärmt von sabbernden Schleimern, die versuchten, bei ihr zu landen? Er versuchte, die inneren Bilder zu löschen, indem er noch ein paarmal schnell schluckte. Ja, doch, sein Hals tat wirklich weh.

Er beschloss, sich zum Aufwärmen unter die Decke zu legen und die Ergebnisse des Tages zu analysieren. Er hatte die Bandmitglieder der Purple Hearts in einer kalten und ungemütlichen Wohnung im Süden der Stadt gefunden.

Als er dort ankam, waren nur die Männer zu Hause, beide Anfang dreißig. Wenig später tauchte auch die Frau auf, Nina. Eine sehr schöne Frau mit asiatischen Zügen, schlank, mit langen schwarzen glänzenden Haaren. Er schätzte sie auf Ende zwanzig.

Er hatte ihnen erzählt, er sei vor langer Zeit mit Marianne Anderberg zusammen gewesen und habe sich auf das Wiedersehen gefreut, jetzt, wo er zufällig gerade in Murmansk sei, um seine neue Heuer anzutreten. Und er behauptete, dass sie ihm in einem Brief geschrieben habe, sie stecke in Schwierigkeiten. Deshalb wollte er sich in der Stadt umhören, während er auf sein Schiff wartete.

Die beiden Männer waren unglücklich über ihren Tod. Sie hatten die Schwedin gleich gemocht, als sie sich in Sankt Petersburg begegnet waren. Die Sängerin war auf der Suche nach einer Begleitband gewesen und hatte zu dem Zeitpunkt wohl schon das Engagement im Arktika vereinbart.

Die Männer glaubten, dass Mary Ann ihnen irgendetwas verheimlicht hatte. Immer wenn einer von ihnen etwas über ihre Vergangenheit wissen wollte, wechselte sie das Thema – obwohl sie mit der Zeit gute Freunde geworden waren. Und dann war da dieser schreckliche Typ, mit dem sie Zeit verbrachte. Der Hofnarr.

Keiner von ihnen verstand, warum. Schließlich konnte man es schon von Weitem riechen: Der Hofnarr und seine Leute waren *banditi*. Aber Mary Ann schlug ihre Warnungen einfach in den Wind. Auch an ihrem letzten Abend im Hotel Arktika saß sie wieder an seinem Tisch.

»Dieser Hofnarr, wer ist das?«, fragte Kazanski verwundert. Die Antwort war ungefähr dieselbe wie beim letzten Mal. Ein Sonderling, bei dem der Wahnsinn direkt unter der bleichen Oberfläche zu lauern schien. Laut der Männer arbeitete er als Sicherheitschef bei Maxim Maximow. Der eine hatte gehört, er sei außerdem ein lokaler Mafiaboss. Er flüsterte fast, als er das sagte. Und beide Männer flüsterten, als sie ihm rieten, sich vom Hofnarren fernzuhalten.

Nina hatte geschwiegen, während die Männer ihm von Marianne erzählten. »Sie hat beschissen gesungen«, war das Erste, was sie sagte.

Die Männer grinsten entschuldigend. »Interne Rivalitäten. Mary Ann konnte vielleicht nicht so gut singen wie Nina, aber sie war Schwedin. Ausländische Sängerinnen sind beliebt …«

Bevor er ging, fragte er, ob Marianne zufällig Sachen bei ihnen aufbewahrt hatte, Kleider oder Ähnliches. Sie schüttelten alle die Köpfe.

Er verließ sie mit der nahezu wortgleichen Bemerkung wie zu der jungen Putzfrau: »Ich wohne im Hotel Meridian, Zimmer 310, falls euch noch etwas einfällt. Sie hat mir viel bedeutet, wisst ihr … Sie hat damals Schluss gemacht, leider.«

Kazanski warf einen Blick auf die Uhr. Es war fast neun. Seine Zehen waren immer noch tiefgefroren und auch das Packeis in seinen Adern wollte einfach nicht schmelzen.

Als Erstes würde er ein warmes Bad nehmen und danach in die Bar des Hotel Arktika gehen und dort ein paar diskrete Fragen stellen. Fragen über Wiktor Schapkin und über den Hofnarren, sofern er damit durchkommen würde.

Wenn das geschafft war, konnte er vielleicht noch ein kurzes Nickerchen vor dem nächsten nächtlichen Ausflug machen. Das Rechtsmedizinische Institut der Region war vorläufig sein letzter offener Punkt auf der Liste. Einen Einbruch beging man am besten nach Mitternacht. Er fror noch mehr – allein beim Gedanken daran.

In Russland war alles beim Alten. Die Wände waren mit bordeauxrotem Nappa bezogen, sogar die Bar und die Tür zum Hinterzimmer waren gepolstert. Hier und da war ein Knopf abgefallen, sodass sich die Wände asymmetrisch beulten, und an einer Stelle klaffte ein langer Riss im Bezug, aus dem der gelbe Schaumstoff herausquoll. Das Ganze erinnerte an die zerschlissenen Sitze in einem alten Greyhound-Bus.

Kazanski ließ sich auf einem Barhocker nieder. Er fühlte sich gut. Im Hotel unter der Bettdecke hatte er alles sorgfältig durchdacht und seit der heißen Dusche war ihm auch wieder warm.

Es waren noch nicht viele Gäste in der Bar des Hotel Arktika. In der Halle spielten ein paar junge Männer Pool und an einem einzelnen Tisch saß eine Runde aus älteren Herren zusammen. Kazanski ließ den Blick über die Regale wandern, die sich unter zahllosen Schnapsflaschen bogen.

»Wodka bitte, fünfzig Gramm. Und eine Tüte Erdnüsse …«

Der Barkeeper nahm seine Bestellung mit einem Nicken

entgegen. Es war ein junger Kerl mit fettigen Haaren und langen Koteletten, dessen weißes Hemd nicht mehr weiß war.

»Ruhiger Abend, was?«

»Jetzt gerade, ja. Aber es kommen noch welche, später.«

Der Barkeeper schenkte Kazanski den Wodka ein und warf ihm beiläufig eine Tüte Erdnüsse hin.

»Ganz schön kalt für die Jahreszeit, oder?«

»Das wechselt. Der Oktober ist unberechenbar.«

Der Barkeeper zuckte mit den Schultern. Da er offensichtlich nichts Besseres zu tun hatte, schenkte er sich selbst einen Kaffee ein, zündete sich eine Zigarette an und schob die Tasse näher an Kazanski heran.

»Du kommst nicht aus der Gegend, oder?«

Die Frage des Barkeepers verriet kein tieferes Interesse. Es war eher eine Art Zeitvertreib, aber das spielte Kazanski perfekt in die Karten.

»Ne, ich bin Seemann. Warte nur auf mein Schiff … Drecksschiff. Verspätet … Eine ganze Woche sogar …«

»Hm, russische Heuer?«

»Nein, Mann. Norwegisch, zum Glück.«

»Ah. Angeblich soll das ja besser sein. Aber ich kenne mich mit so was nicht aus.«

Kazanski wollte noch ein bisschen warten. Er bestellte einen weiteren Wodka und eine Tasse Kaffee und stellte dem Barkeeper mehr Fragen von der Sorte, wie sie nur Fremde stellen konnten. Der Typ antwortete einigermaßen bereitwillig.

»Eigentlich wollte ich ja einen alten Freund besuchen, wo ich hier sowieso nur rumsitze und warte. Aber ich kann ihn einfach nicht finden. An der alten Adresse, die ich habe, kannte ihn keiner. Ärgerlich … Ausgerechnet jetzt, wo ich nichts zu tun habe.«

»Er wird wohl umgezogen sein.«

»Bestimmt. Vielleicht kennst du ihn? Er heißt Wiktor.«

»Ha, von denen gibt es 'ne Menge. Wir sind eine halbe Million hier oben, Kumpel.«

Der Barkeeper lachte, als hätte er gerade den lustigsten Witz seit Langem gemacht.

»Sein Nachname ist Schapkin, Wiktor Schapkin. Ich glaube, ich habe …« Kazanski wühlte absichtlich lange in seinen Taschen herum. Dann angelte er das Foto heraus und legte es auf den Tresen.

»Hier, so sieht er aus. Vielleicht kennst du ihn ja doch?«

Der junge Mann warf einen flüchtigen Blick auf das Bild und schüttelte den Kopf.

»Tut mir leid. Aber Ivan kommt gleich. Mein Kollege. Ivan kennt alle und jeden. Vielleicht kann er dir helfen.«

Nach einer halben Stunde tauchte ein Mann mittleren Alters auf. Das musste Ivan sein, so, wie er sich mit dem jungen Kerl unterhielt, der sich offenbar erst wieder an Kazanski erinnerte, als dieser sich noch einen Kaffee bei ihm bestellte.

»Das ist mein Kollege. Zeig ihm dein Foto.«

Der ältere Barkeeper sah sich das Bild an und nickte nachdenklich.

»Du willst wissen, ob ich ihn kenne? Warum fragst du?«

»Ich warte hier auf meine Heuer und wollte ihn besuchen, aber die Adresse, die ich habe, ist offenbar nicht mehr aktuell. Wir sind alte Kameraden aus der Marine, Schwarzmeerflotte.«

Der Mann hörte ihm zu, ohne auch nur zu blinzeln.

»Vielleicht kenne ich ihn«, sagte er und sah Kazanski auffordernd an.

In diesem Moment hätte er tausend harte Dollar für eine Antwort gegeben, aber als russischer Seemann konnte er das nicht tun. Kazanski versuchte es auf die übliche Tour.

»Wollt ihr nicht auch ein Glas? Ich gebe eine Runde aus …«

Der junge Mann stellte noch zwei Gläser auf den Tresen und schenkte ein.

»Aber ganz sicher bin ich mir nicht …« Wieder sah der Ältere ihn an, aber Kazanski machte keine Anstalten, mit Bargeld für die Hilfe zu bezahlen.

»Hm, ne, ich glaube, ich habe mich geirrt«, sagte Ivan und legte das Foto wieder weg.

»Na ja, egal. Dann ist er selbst schuld«, sagte Kazanski. »Er hätte mir ja auch erzählen können, dass er umgezogen ist. Prost …«

Sie hoben die Gläser und kippten den Wodka hinunter. Für einen Moment war es still. Dann gab der Ältere doch nach.

»Ich war auch bei der Marine. Nordflotte. Ist aber lange her. Die Zeit vergeht … Aber ja, ich habe deinen Kameraden ein paarmal hier gesehen – an den Pooltischen. Er war mit Matischow und den anderen da. Aber das ist lange her.«

»Mit dem Hofnarren?« Der junge Barkeeper hob den Kopf und sah seinen Kollegen mit hochgezogenen Augenbrauen an. Der Ältere warf ihm umgehend einen scharfen Blick zu. Eine Art Warnung.

»Der Hofnarr? Wer ist das?«, fragte Kazanski mit gespielter Ahnungslosigkeit.

»Aleksandr Matischow, ein Geschäftsmann, eine Art Direktor. Er arbeitet für Maxim Maximow – bei der Maximow Green Waste Company.«

»Und da ist mein Freund vielleicht auch angestellt?«

»Tja, vielleicht.«

»Und wieso wird dieser Typ Hofnarr genannt?«

»Es gibt keinen Grund. Aber lass mich dir einen guten Rat geben, mein Freund. Von Seemann zu Seemann: Du solltest besser aufhören, dumme Fragen zu stellen. Vergiss deinen Kameraden. Und ich habe dir nichts erzählt … Danke für den Wodka …«

Der Ältere verschwand im Hinterzimmer, und der Jüngere hatte es plötzlich eilig, die Gläser in die Spüle zu stellen und den Tresen abzuwischen.

Es war spät, fast Mitternacht, als Kazanski auf dem Weg zurück ins Hotel Meridian war. Nach seinem Besuch in der Bar des Arktika hatte er noch eine Runde über den Prospekt Lenina gedreht und ein einfaches Restaurant gefunden. Das Steak hätte als Schuhsohle bessere Dienste geleistet, aber die Suppe war in Ordnung gewesen.

Auf dem Weg den Hotelflur hinunter fragte er sich, ob seine Unterhaltung mit dem Barkeeper irgendeine Reaktion auslösen würde. Es war immer riskant, Fragen zu stellen. Andererseits hätte er es gar nicht anders machen können. Nur ein Seemann, auf der Suche nach einem alten Kameraden. Und er hatte keinen einzigen Rubel für die Hilfe gezahlt.

Er schlug die Zimmertür zu, kniete sich auf den Boden, warf einen Blick unters Bett und griff nach dem schwarzen Bewegungssensor, den er am Bettpfosten befestigt hatte. Mit dem Fingernagel öffnete er das Kästchen, das nicht größer war als eine halbe Streichholzschachtel. Was er dann sah, brachte ihn blitzschnell wieder auf die Füße. Die kleine Leuchtdiode warnte ihn mit rotem Blinken. Es war jemand in seinem Zimmer gewesen. Dem Display zufolge hatte er exakt um 23:27 Uhr Besuch gehabt – vor rund einer halben Stunde.

Er machte sich sofort daran, das Zimmer zu untersuchen. Mit den Händen tastete er die Unterseiten der Tischplatte und der Fensterbank, der Regalbretter und Schubladen ab, während seine Augen nach anderen naheliegenden Möglichkeiten Ausschau hielten. Es konnte ein Mikrofon platziert worden sein – oder Schlimmeres. Erst im Bad wurde er fündig. Als er den Griff von der Spülung schraubte und den Deckel vom Wasserkasten nahm, lag es da. Ein kleines Päckchen, mit dickem Tape zugeklebt.

Womöglich ging es jetzt um Sekunden. Mit dem Taschenmesser schnitt er das Päckchen auf. Es war eine Plastiktüte, gefüllt mit weißem Pulver. Er feuchtete einen Finger an und probierte.

Es war Puderzucker, Gott sei Dank. Er kippte den Inhalt der Tüte in die Toilette, knüllte das Tape zu einer kleinen Kugel zusammen und warf sie genau wie den Sensor hinterher. Dann spülte er das Ganze weg. Hastig riss er sich die Klamotten vom Leib, legte sich ins Bett und machte das Licht aus. Sie konnten jeden Moment da sein.

Er fing an, sich auf die Geräusche zu konzentrieren. Die Zimmer des Hotels waren nur durch dünne Rigipsplatten voneinander getrennt. Von irgendwoher war leise ein Fernseher zu hören. Dann ging nebenan eine Tür auf und eine laute Männerstimme sagte etwas. Kurz darauf setzte ein Stöhnen und Keuchen ein, das Erinnerungen an einen Trieb weckte, den er verschwunden geglaubt hatte. Der Idiot da drüben vögelte eine Hure.

Der letzte Schrei aus dem Nebenzimmer war gerade in ein heiseres Japsen übergegangen, als es an seine Tür klopfte. Kazanski stand langsam auf.

»Wer ist da?«, rief er.

»Miliz. Aufmachen!«

Kazanski fummelte kurz am Türschloss herum, dann öffnete er. Er starrte direkt in einen Pistolenlauf und eine Frauenhand stieß in rückwärts zurück in sein Zimmer.

»Was geht hier vor sich?«, fragte er erschrocken. Jemand

knipste das Licht an und er stand blinzelnd in Unterhose mitten im Raum.

»Hinsetzen!«, befahl die Frau. »Tima, du durchsuchst das Zimmer, ich schaue mir den Typen hier genauer an.«

Beide Ermittler waren in Zivil. Die Frau setzte sich Kazanski gegenüber, während ihr älterer Kollege anfing, den Schrank zu filzen. Sie wühlte in ihrer Manteltasche und hielt Kazanski dann ihren Dienstausweis unter die Nase. Er schaffte es gerade so, ihren Namen zu lesen, ehe sie den Ausweis schon wieder eingesteckt hatte. Es war die Milizionärin, von der ihm der junge Rechtsmediziner erzählt hatte – Leutnant Walentina Suschko.

Sie zündete sich eine Zigarette an, lehnte sich auf dem Stuhl zurück und musterte ihn gründlich und ohne jede Scheu.

Ihre kastanienroten Haare waren im Nacken zu einem strengen Knoten zusammengebunden und ihr Gesicht wirkte in dem grellen Licht auffallend blass. Die Stehlampe neben ihr hatte keinen Schirm, sodass die Glühbirne fast wie ein Scheinwerfer jede noch so kleine Falte ihrer linken Gesichtshälfte sichtbar machte.

Er schätzte sie auf Ende dreißig. Sie hatte dunkle Ringe unter den Augen, und ihm fiel eine einzelne Ader auf, die an ihrer Schläfe hervortrat. Ihr Gesicht war ein bisschen mollig, und wenn sie so wie jetzt zurückgelehnt dasaß, dann bildete sich ein leichtes Doppelkinn. Er dachte gerade, dass ihre braunen Augen einen schönen Schwung hatten, als ihm auffiel, wie ihr prüfender Blick nach unten wanderte und für einen Sekundenbruchteil an seiner Unterhose stoppte.

»Ziehen Sie sich was an! Und dann will ich Ihre Papiere sehen.«

Mit ihren knallroten Lippen zog sie kräftig an der Zigarette und stieß dann einen Atompilz aus Rauch aus.

Vielleicht war sie einer der Drachen vom Ende der Welt. Ein Ungeheuer in zerschlissenem Wintermantel und billigen Jeans. Eine Echse, die mit ihrem eigenwilligen Charme Seeleute anlockte, so ähnlich wie die Sirenen mit ihrem Gesang, nur um sie dann mit Haut und Haar zu verschlingen.

»Findest du was?«, rief sie ihrem Kollegen zu, der auf dem Boden kniete, mit dem Kopf im Garderobenschrank.

»Noch nicht«, lautete die dumpfe Antwort.

Kazanski reichte ihr seinen Inlandspass.

»Den anderen auch, danke.«

Er gab ihr seinen Reisepass. Gemäß der sowjetischen Bürokratie gab es so viele Dokumente wie möglich, einen Pass für zu Hause und einen für Reisen ins Ausland. Und daran hatte sich nichts geändert. Beide Pässe sahen identisch aus, rot und mit einem Umschlag aus laminierter Pappe. CCCP stand darauf. Auch wenn die Nation verschwunden war, sah das System keine Veranlassung für eine Korrektur. Alle mussten ihre Dokumente erneuern, wenn sie fünfundvierzig wurden, und bis dahin konnte Russland offensichtlich warten.

Leutnant Suschko blätterte in seinem Ausweis, und ihre Miene zeigte deutlich, wie unglaublich langweilig ihr war. Irgendetwas hatte diese Frau an sich … Ihre träge Arroganz täuschte über die Tatsache hinweg, dass dieser Drachen das Fegefeuer in sich trug.

»Militärdokumente?«

»Moment …«

Es schlugen immer noch keine Flammen aus ihrem Mund. Kazanski kramte in seiner Tasche und schickte einen freundlichen Gedanken an die gründlichen Menschen in der Firma. Er reichte ihr den dunkelroten Militärausweis.

Sergej Iwanowitsch Lunews Papiere waren in Ordnung. Sie verrieten alles über seine Ausbildung, Dienststellen und militärischen Rang. Unter welchen Umständen die Abteilung an die fremde Identität gelangt war, wusste er nicht, aber eins war sicher: Zu irgendeinem Zeitpunkt war Lunew verstorben, hatte in der Datenbank der Firma seine letzte Ruhestätte gefunden und war jetzt von den Toten auferstanden.

»Seemann? Hm … Wie sind Sie hierhergekommen?«

»Mit dem Zug.«

»Fahrkarte.«

Wieder musste er in seinen Sachen wühlen. Zum Glück hatte er sein Ticket aufbewahrt, vielleicht würde sie das ja zufriedenstellen. Er konnte hören, dass der Alte jetzt im Bad rumorte, und freute sich schon auf die Enttäuschung in Leutnant Suschkos Gesicht.

»Wo haben Sie abgemustert?«

»Turku, Finnland.«

»Schiff?«

»Ursula König II., Reederei Stern und König, Hamburg.«

»Und bei wem wollen Sie hier anheuern?«

»Aase Stavanger von Østmo Frachtverkehr.«

»Wann?«

»Planmäßig in einer Woche.«

»Weshalb der Wechsel?«

»Die Norweger zahlen besser als die Scheißdeutschen.«

Ihr Kollege kam zurück und setzte sich auf die Bettkante. Leutnant Suschko sah ihn scharf an.

»Was gibt's?«

»Ich habe nichts gefunden, Walja. Überhaupt nichts.«

Der Mann schüttelte den Kopf. Sein faltiges Gesicht sah müde aus. Selbst der graue Walrossschnauzbart ließ die Spitzen hängen und der Blick unter den buschigen Augenbrauen erschien Kazanski ziemlich resigniert. Aber die Furie gab noch nicht auf.

»Durchsuch ihn, Tima.«

Kazanski stand bereitwillig auf und spreizte Arme und Beine. Der Mann, der offenbar Timur hieß, schüttelte den Kopf.

»Wonach suchen Sie eigentlich?«, fragte Kazanski.

»Hier stelle ich die Fragen. Haben Sie Feinde in Murmansk oder eine alte Rechnung offen?«, fragte Leutnant Suschko.

»Nein, keine alten Rechnungen. Und Feinde? Ich bin doch gerade erst angekommen …«

»Wir behalten Sie im Auge, Seemann. Verlassen Sie sich drauf … Gute Nacht.«

Es gab keine Straßenbeleuchtung. Lediglich drei Viertel des Monds warfen ein schwaches Licht auf das kastenförmige Gebäude. Das Rechtsmedizinische Institut sah aus wie eine verlassene Lagerhalle, die nur darauf wartete, unter ihrem eigenen Gewicht im Kies zu versinken.

Kazanski hatte lange am Hotel gestanden und nach den beiden Milizionären Ausschau gehalten, aber sie waren nicht noch einmal aufgetaucht. Es war fast eine Stunde her, dass sie türeknallend abgezogen waren. Irgendwann hatte er endlich ein Taxi erwischt und den Fahrer gebeten, ihn an der Uliza Frolowa rauszulassen, ganz im Osten von Murmansk, im Stadtteil Bolnisjnyj Gorodok.

Und jetzt stand er hier. Irgendwo hinter dem Hauptsitz der Rechtsmediziner ragten die nackten Felsen auf und markierten den Übergang von der Stadt zu der tundraähnlichen Landschaft.

Die Karosserie eines ausrangierten Stadtbusses stand völlig deplatziert vor dem Gebäude herum. Es gab wohl kaum einen Grund, das Wrack zu obduzieren. Die Todesursache war eindeutig.

Fast alle Fenster im Erdgeschoss waren von innen mit Holzbrettern verrammelt. Dort, wo eigentlich Scheiben hingehörten, gähnten Löcher.

Auf der Vorderseite waren zwei Eingänge. Eine der Türen wurde von einem Eisenriegel versperrt, vielleicht weil der ganze Schuppen einstürzen würde, falls jemand auf die verrückte Idee käme, sie aufzumachen. Die andere Tür hing schief unter einem provisorischen Vordach aus Wellblech. Davor parkte ein Wagen, der nach Militär aussah. Ein Transporter mit Vorhängen an den Heckscheiben. Das musste der offizielle Leichenwagen sein.

Kazanski schlich sich auf die Rückseite des Instituts. Dort befand sich eine weitere Tür, gesichert mit einem Vorhängeschloss. Es kostete ihn nur ein paar Sekunden, es zu knacken, dann ging er vorsichtig die wenigen knarrenden Stufen hinauf.

Der Geruch traf ihn wie ein Schlag. Ein widerlicher süßlicher Gestank, aber Leichen konnten wohl kaum die Ursache dafür sein, nachdem die ja im Leichenhaus gestapelt wurden. Vielleicht hatte man mitten in einer Obduktion einfach Feierabend gemacht? Oder kam der Gestank von irgendwelchen chemischen Mitteln? Er ging einen langen Gang hinunter. Der Lichtkegel seiner Taschenlampe verriet, wie der Dielenboden unter seinem Gewicht federte. An einer Stelle fehlte sogar ein komplettes Brett.

Die dritte Tür, die er probierte, war die richtige. Dahinter war das Büro des Chefs, mit billigen Holzpaneelen an den Wänden und einem großen Schreibtisch vor dem Fenster. Und in der Ecke standen sie, die Archivschränke mit den kyrillischen Buchstaben auf den Schubladen.

Er klemmte sich die kleine Taschenlampe zwischen die Zähne und zog die erste Schublade auf – vielleicht war »R«

für »Ruka« – Arm – eine logische Sortierung? Er blätterte ohne Erfolg durch das Hängeregister. Als Nächstes versuchte er es mit »o« für »otloschenko« – zurückgestellt. Auch hier hatte er kein Glück. Er dachte kurz nach und entschied sich dann für »n«, »nesnakomyj« – unbekannt.

Er erkannte die Akte sofort. Es konnte nur die sein. Er zog sie heraus und verschaffte sich schnell einen Überblick über den Inhalt. Das Erste, was er sah, war das Foto einer Tätowierung, das er nur allzu gut kannte. Es war exakt dasselbe Bild, das in Ulfs Umschlag gesteckt hatte. Er blätterte weiter durch die wenigen Seiten, offizielle Papiere mit verschiedenen Stempeln. Dann kam er zu dem Wichtigsten, dem eigentlichen Bericht.

Er brauchte ungefähr fünf Minuten, um ihn konzentriert zu lesen. Die Sprache der Rechtsmediziner mit ihren lateinischen Fachbegriffen war nicht leicht zu verstehen. Viele Formulierungen waren einerseits präzise und trotzdem unklar, weil zwar Beobachtungen beschrieben wurden, aber man im Gegenzug ziemlich sparsam mit logischen Schlussfolgerungen war. Rechtsmediziner hielten sich ausschließlich an Tatsachen. Mutmaßungen und Theorien waren nicht ihr Ding.

Kazanskis Lippen formten ein zufriedenes Lächeln um den Griff der Taschenlampe, als er die Akte zurück an ihren Platz räumte. Jetzt wusste er alles über den Arm, der das ganze Geschehen in Gang gesetzt hatte, als er in der Nähe des kleinen Küstenorts Dalnie Selenzy im Netz eines Fischers hängen geblieben war.

Man hatte Wiktor Schapkin, sofern es sich denn wirklich um seinen Arm handelte, sehr gründlich liquidiert. Die Rechtsmediziner hatten Spuren von Curare gefunden, sahen aber mit der üblichen Vorsicht davon ab, sich auf das tödliche Gift als Todesursache festzulegen. So waren sie eben. Ein

Rechtsmediziner würde das damit begründen, dass das Objekt theoretisch schon vor dem Kontakt mit dem Gift gestorben sein könnte.

Curare – hier in der russischen Provinz eine ungewöhnlich fortschrittliche und professionelle Methode für einen unblutigen Mord. Und gnadenlos. Das Opfer erstickte qualvoll.

Der Arm war unter dem Einsatz von großer Kraft mit einem scharfen Werkzeug abgetrennt worden. Er hatte einem Mann gehört, geschätzte Körpergröße etwa 180 Zentimeter. Blutgruppe A. Das Alter konnte nur mit »20 +« angegeben werden.

Er dachte an die Vorlesungen damals zurück. Rechtsmedizin hatte ihn fasziniert. Ein männlicher Arm oder ein anderes sekundäres Körperteil als einziges Objekt einer Untersuchung bekam immer nur die Einordnung »unter zwanzig« oder »über zwanzig«. Alles andere war reine Spekulation, es sei denn, man hatte gleichzeitig einen Fuß. Und bei einer Frau kam man über eine Analyse der Knochendichte auch noch ein bisschen näher an das Alter heran.

Kazanski atmete ein paarmal tief durch und freute sich über die frische Luft, als die Tür des stinkenden Gebäudes hinter ihm zufiel und er das Vorhängeschloss einrasten ließ. Er war zufrieden. Jetzt hatte er handfeste Informationen, mit denen er weiterarbeiten konnte.

Der heiße Tee, den die Etagendame ihm gekocht hatte, linderte seine Halsschmerzen. Es war das alte Problem. Er fühlte sich steif gefroren und ihm wurde einfach nicht warm.

Er war den ganzen Weg von der rechtsmedizinischen Bruchbude bis zum Hotel gelaufen, weil nirgends ein Taxi aufzutreiben gewesen war. Er war auch sonst kaum einem Auto begegnet.

Murmansk war eine dunkle Stadt, eine stille Stadt. Sobald das Tageslicht verschwand, verschwanden auch die Menschen in ihren kleinen Wohnungen, verkrochen sich in ihren Löchern. Wie sollte das erst werden, wenn die Dunkelheit Anfang Dezember endgültig die Macht übernahm? Er stellte es sich wie einen Trancezustand vor. Vielleicht fiel man in eine Art Koma, so wie Ulf. Morgen würde er endlich Antwort bekommen. Appelson hatte hoch und heilig versprochen, ihn über den Zustand des Schweden auf dem Laufenden zu halten. Kazanski hoffte das Beste, aber er befürchtete das Schlimmste.

Er schaltete den kleinen ramponierten Kasten an, der einen Fernseher darstellen sollte. Es war fast zwei Uhr nachts und ein drittklassiger amerikanischer Actionfilm steuerte gerade seinem Höhepunkt entgegen. Er konnte nur den ersten Teil der belanglosen Dialoge auf Englisch hören, dann setzte eine monotone russische Männerstimme mit der trägen Simultanübersetzung ein.

Danach strahlte der Sender eine Wiederholung der Crime-Scene-Doku des Tages aus. Noch ein Kulturgut, das man aus seiner Heimat importiert hatte. Auch durch die ständige Berieselung mit solchen Sendungen über knallharte Kriminalfälle hatte der Mafiaslang Einzug in die russische Sprache gehalten. Wenn aus Nachrichten und Reportagen schnelle Unterhaltung wurde, schauten alle zu.

Inzwischen wussten schon kleine Kinder und alte Babuschkas, dass ein Mafiosnik keine Pistole hatte, sondern eine *puschka* – eine Kanone. Der neurussische Klassiker war *sakasat* – einen Auftragsmord bestellen. Früher bedeutete das Wort einfach nur »bestellen«. *Kryscha* hieß ursprünglich »das Dach«. Jetzt bezeichnete man damit das Schutzgeld, das kleine wie große Geschäftsleute den Gangstern bezahlen mussten. Mit *rasborka* bezeichnete die Mafia einen Waffenstillstand, heute nutzten die Russen den Ausdruck, wenn sie Probleme oder Streitigkeiten lösten. Kleine Jungs spielten *killer* und träumten von einer *Rejbanij*-Sonnenbrille, denn so hießen die schließlich im Fernsehen. Die Liste der englischen Begriffe und Wörter aus dem Mafiaslang im allgemeinen Sprachgebrauch war endlos lang.

Jelzin war irgendwann auf die Idee verfallen, die russische Sprache beschützen zu wollen. Also hatte er einen Rat aus siebenunddreißig klugen Köpfen zusammengestellt, das russische Gegenstück zur Académie Française. Es nützte nur nichts. Für die Russen war das Ganze *njet problem*.

Er musste eingeschlafen sein, denn er wurde von einem lauten Klopfen an seiner Zimmertür unsanft geweckt. Als er aufmachte, war kein Mensch im Flur.

Fast hätte er die Tasche übersehen, die jemand an den Türgriff gehängt hatte. Eine schwarze Damenhandtasche aus Leder. Schlagartig war er hellwach.

Er setzte sich auf die Bettkante und fing sofort an, den spärlichen Inhalt zu untersuchen. Puderdose, Spiegel, Lippenstift, Halspastillen – und ein Notizbuch. Er blätterte es durch und stieß vor allem auf schwedische Adressen und lange Telefonnummern. Auf einer der hinteren Seiten stand der Name Ulf Nyström. Seine E-Mail-Adresse sah aus, als wäre sie eilig hingekritzelt worden, darunter war ein Treffpunkt notiert: Kornhamnstorg, Gamla Stan.

Es war Marianne Anderbergs Tasche. Wie auch immer sie jetzt hierhergekommen war. Wer auch immer sie ihm gebracht hatte, war offenkundig nicht auf eine Belohnung aus.

In einem Reißverschlussfach steckte ein Pass. Er gehörte Marianne Anderberg und deckte sich mit den Informationen, die er sich bereits von der Rezeptionistin im Arktika erkauft hatte. Aber da war noch mehr. Er fischte einen Brief, einen Führerschein und eine Fotografie heraus.

Der Brief war an Marianne Anderberg in Stockholm adressiert. Als er das Foto umdrehte, stockte ihm kurz der Atem, und er starrte sprachlos auf das, was er sah. Aber doch, es war tatsächlich echt. Er warf einen Blick auf den Führerschein. Als er den Namen las, breitete sich eine wunderbare Ruhe in seinem Körper aus. Er ließ sich schwer nach hinten auf sein Bett fallen und blieb mit geschlossenen Augen liegen.

Der Führerschein war nicht auf Marianne Anderberg ausgestellt. Sondern auf Marianne Frykberg. Den Namen einer jungen Marianne Frykberg, zu jung, um verheiratet zu sein, denn der Name Anderberg stammte wahrscheinlich aus einer Ehe.

Die Lust auf eine Zigarette trieb ihn notgedrungen wieder auf die Beine. Auf einmal hatte er deutlich weniger offene Fragen zu klären. Erst da fiel ihm der Brief wieder ein. Er setzte sich vor das zugige Fenster, steckte sich die Zigarette an und überflog die Zeilen, aber er konnte nicht viel damit anfangen. Er sprach kein Schwedisch und verstand nur ein paar einzelne Wörter.

Er fluchte verärgert.

Er legte den Brief beiseite, schob den Vorhang einen Spalt auf und blickte hinüber zu dem Betonkoloss, dem Hotel Arktika. Dann fing er unbewusst an, auf dem zerschlissenen Teppichboden auf und ab zu wandern. Das Foto, der Name im Führerschein – und nun der Brief. Der Brief der Umweltkriegerin Ida Frykberg an ihre Schwester Marianne …

10

Seine Stirn war nicht warm, also hatte er sicher kein Fieber, auch wenn er sich so fühlte. Er fror, obwohl er sich in eine zusätzliche Decke eingewickelt hatte, als er schlafen gegangen war. Wobei ihn das eigentlich nicht überraschte, denn so übergangslose Wechsel von Hitze zu Kälte hatten ihm schon immer Probleme bereitet.

Jan Jordi Kazanski blieb bis zum frühen Nachmittag im Bett, nur unterbrochen von einer heißen Dusche. Es war zum Glück keine verschwendete Zeit, denn im Moment konnte er ohnehin nicht weitermachen. Vielleicht sah das anders aus, wenn er heute Abend Kontakt mit Moskau und Langley gehabt haben würde. Vielleicht war Ulf mittlerweile wach und hatte sich bei dem Krankenhauspersonal schon für die gute Versorgung bedankt?

Obwohl er keinen Hunger hatte, zwang er sich, in einem Lokal hinter dem Arktika einen Teller Gemüsesuppe mit einem Stück Brot zu essen. Danach ging er die Hauptstraße hinunter, weil seine Garderobe dringend ein paar Ergänzungen benötigte, aber das war gar nicht so einfach, sondern genauso schwierig, wie einen Supermarkt ausfindig zu machen. Tatsächlich war er an seinem Ziel bereits vorbeigelaufen, als er einen Passanten um Hilfe fragte. Das winzige Schild über einer gewöhnlichen Haustür war schwer zu entdecken. Das Gebäude glich einem normalen Wohnblock, aber im Inneren offenbarte sich ein großes Bekleidungsgeschäft. Es gab drei Fenster, die allerdings alle abgedeckt waren, und der riesige Raum war ziemlich sparsam beleuchtet. In Madrid hätte so ein Laden nicht ein einziges Hemd verkauft.

Als er wieder im Hotel war, begutachtete er zufrieden seine Ausbeute: ein Sweatshirt, ein dicker Strickpullover, ein paar lange Unterhosen, eine billige Pelzmütze aus Kaninchenfell, zwei Paar Wollsocken und kräftige Schnürstiefel aus Leder. Und eine halbe Flasche Rum aus dem Supermarkt.

Seine Stirn glühte inzwischen. Seine Augen schmerzten bei jeder Bewegung und sie brannten auch nach dem Spaziergang im Wind. Er hatte die Grippe.

Dank seines Charmes und einiger Rubel erbarmte sich die Etagendame und machte ihm in ihrer kleinen Putzkammer einen Topf Wasser auf dem Gaskocher heiß, füllte es in eine Thermoskanne und steckte ihm eine Handvoll Teebeutel zu. Bis zu den Zähnen bewaffnet mit Tee und Rum ging er ins Bett, um die Grippe aus dem Körper zu schwitzen.

Moskau

Es sah aus, als wären gleich mehrere Vulkane ausgebrochen, so, wie es unter den Schirmen an den großen Grillplätzen brodelte, zischte und qualmte, wo die Frauen in dicken Pullis mit glühenden Wangen standen und Würstchen, Koteletts und Schaschlik, diese verlockenden Grillspieße, wendeten.

Genau wie die meisten anderen Metrostationen war auch die Station Dinamo ein regelrechter Marktplatz, wo bis in den späten Abend hektisches Treiben herrschte.

Erst ging er vorbei, aber als ihm der Duft von Gewürzen, Ketchup und Senf in die Nase stieg, musste er einfach umdrehen. Generalleutnant Eduard Glikin liebte Hotdogs, und nach den sportlichen Aktivitäten des Vormittags war er außerdem hungrig.

Er hatte zuerst eine Stunde Tennis gespielt und danach war er seine üblichen tausend Meter geschwommen. Im Augenblick war er gezwungen, drüben im großen Dinamo-Sport-Komplex zu schwimmen, was einigermaßen absurd war, wenn man bedachte, dass sich seine Arbeitsstätte mitten auf dem großen Areal der Armee befand, aber zurzeit war kein Wasser im Hallenbad des ZSKA, dem Sportklub der Armee.

Zweimal in der Woche ging er deshalb den stark befahrenen Prospekt Leningradskij hinunter, um Sport zu treiben, was jetzt, wo das Alter sich langsam bemerkbar machte, noch wichtiger wurde, als es ohnehin schon immer gewesen war. Er war vierundfünfzig, aber in hervorragender Form.

Er nahm eine Abkürzung und überquerte die Grünfläche zwischen dem Hotel Aerostar und dem Moskauer Luftfahrtinstitut. Er wollte auf jeden Fall pünktlich vor der Besprechung wieder im Büro sein. Bis dahin war aber immer noch eine Dreiviertelstunde Zeit, also verlegte er seinen Weg durch die ehemalige Sporthalle, die zu einer Art Einkaufsarkade mit unzähligen kleinen Geschäften umgebaut worden war, die größtenteils dasselbe anboten. Er wollte schauen, ob er ein Geschenk für seine Frau fand. Sie freute sich immer so, wenn er sie mit einer Kleinigkeit überraschte.

Generalleutnant Glikins Büro befand sich im Aquarium, im Hauptquartier des militärischen Nachrichtendienstes GRU, Glawnoje Raswedywatelnoje Uprawlenije. Der Spitzname Aquarium war naheliegend, denn die GRU sammelte ihre Fäden in einem großen Kasten aus Beton und dunklem Glas, der hinter Zäunen und Militärkasernen in der Nähe des Zentralnyj Aeroport na Frunse aufragte.

Abgesehen von dem fehlenden Wasser im Schwimmbecken hatte der Generalleutnant keinen Grund, unzufrieden zu sein, auch wenn er höchstbesorgt über die Sache war, die sie später in seinem Büro diskutieren würden.

Der Dienst war gut durch die turbulenten Jahre gekommen. Es hatte zwar Kürzungen gegeben, aber er arbeitete immer noch für den Nachrichtendienst, den viele für den effektivsten der Welt hielten. Die GRU war immer noch die GRU. Ein gewaltiger Apparat, ein Staat im Staat, auch wenn der Dienst dem neuen russischen Verteidigungsministerium unterstellt worden war, das im April 1992 gegründet worden war.

Der Zerfall der Sowjetunion hatte sie nicht ins Chaos gestürzt – nicht wie damals, als der KGB aufgelöst worden war. Eduard Glikins Kollegen und Rivalen des föderalen Sicherheitsdienstes hatten sicher an die sechs Namensänderungen und noch mehr Umstrukturierungen hinter sich gebracht, ehe der Dienst Mitte der Neunzigerjahre unter dem Namen Federalnaja Sluschba Besopasnosti, kurz FSB, zu alter Stärke gefunden und alte Privilegien zurückerobert hatte.

Und auch für ihre direkten Konkurrenten des zivilen Auslandsnachrichtendienstes SWR, Sluschba Wwneschnei Raswedki, waren es stürmische Zeiten gewesen. Also, alles in allem war die GRU wirklich mit einem blauen Auge davongekommen.

Der Generalleutnant leitete das Fünfte Direktorat, eins der wichtigsten der zwölf Direktorate der GRU. Der Dienst als solcher war auf ausländische Angelegenheiten ausgerichtet, aber speziell das Fünfte Direktorat koordinierte hauptsächlich Einsätze im Inland.

Das Direktorat übernahm den operativen Teil der nachrichtendienstlichen Arbeit in den vier Flotten, den Militärbezirken und in Kriegszeiten auch an der Front. Und natürlich hatten die Flotten genau wie die Bezirke ihre eigene Hierarchie und den entsprechenden Überbau, aber am Ende war Generalleutnant Glikin der Oberbefehlshaber.

Zum heutigen Treffen hatte er den Chef des Nachrichtendiensts der Marine, Vizeadmiral Putin, und den jungen Analytiker Leutnant Simonow vom Vierten Büro, Zweites Direktorat, einbestellt.

»Wo bleiben die Bilder? Schaffen Sie die Fotos her! Auf der Stelle!« Wütend rauschte die Faust des Generalleutnants auf die Gegensprechanlage und beendete den kleinlauten Rechtfertigungsversuch seiner Sekretärin. Man hatte ihm versprochen, dass ihm die Bilder zu Beginn der Besprechung vorliegen würden, aber das Labor hatte sich immer noch nicht gemeldet.

»Diese Geschichte ist jetzt schon eine Katastrophe und sollte sich mein Verdacht bestätigen, könnte es noch viel schlimmer kommen. Ich habe kein gutes Gefühl bei diesem Seemann«, sagte Glikin und nahm das Gespräch mit seinen beiden Gästen wieder auf.

»Denken Sie, dass die Amerikaner wieder hier sind, Generalleutnant?«

Glikin antwortete nicht, und Vizeadmiral Putin verspürte wenig Lust, seine Frage zu wiederholen. Glikin war zu launisch.

Der Nachrichtendienst der Nordflotte hatte ihm den Schapkin-Fall unmittelbar nach Schapkins Kontakt zu der Umweltorganisation übergeben, aber kaum hatte Putin die ersten Informationen weitergeleitet, als er die Angelegenheit schon an das Direktorat und Generalleutnant Glikin persönlich abtreten musste. Jetzt konnte der Vizeadmiral zwar die groben Umrisse des Falls erahnen, aber es war völlig klar, dass man ihm seitdem wesentliche Details vorenthalten hatte. Dieser Mangel an Vertrauen seitens der höchsten Stelle verärgerte ihn – und ließ ihn aufhorchen.

»Bringen Sie uns auf den aktuellen Stand. Der amerikanische Privatdetektiv … Wurde er sauber und ordentlich beseitigt?« Glikins Blick war auf den Vizeadmiral gerichtet.

»Selbstverständlich. In der Tundra. Den findet niemand mehr, aber das steht auch im Bericht …«

»Der Bericht ist eine Sache, die Wirklichkeit eine andere – aber gut. Simonow, haben Sie etwas entdeckt?« Glikin wandte sich an den jungen Analytiker.

»Nein. Ich bin alles mehrfach durchgegangen. Sowohl die Verhörprotokolle als auch die Überwachungsberichte. Es gibt keine konkreten Spuren, aber es deutet auch nichts darauf hin, dass Daniel Shaw in den letzten Jahren etwas mit seinem ehemaligen Arbeitgeber zu tun hatte. Er hatte seine eigene Firma, private Kunden, keine Verbindungen zur CIA. Also hat er uns wahrscheinlich die Wahrheit gesagt, bevor …«

»Hm … Die Sängerin, dieses schwedische Mädchen? Mehr über sie, Putin?«

»Nein, Herr Generalleutnant. Ich habe vor unserem Treffen noch ein Briefing bekommen, aber seit dem Bericht, der Ihnen bereits vorliegt, sind keine neuen Informationen dazugekommen. Sie hat offensichtlich alles erzählt, was sie wusste. Der Abschlussbericht wird morgen vorliegen, aber er ändert nichts.«

»Also ist die Sache fürs Erste vom Tisch, nicht wahr? Was ist mit dem jungen Rechtsmediziner?«

Vizeadmiral Putin zögerte kurz. Er kannte Glikins Taktik, Fragen zu stellen, die er selbst schon beantwortet hatte. Fragen, die eher ein Test waren.

»Ich schlage vor, ihn laufen zu lassen. Im Grunde weiß er nichts. Wir könnten sonst ungewollte Aufmerksamkeit auf uns ziehen …«

»Gut … Aber jagt ihm ein bisschen Angst ein. Was ist mit Wiktor Schapkin? Können wir ihn von der Liste streichen?« Glikin sah Simonow mit hochgezogenen Augenbrauen an. Es war kein Zufall, dass er den jungen Leutnant hinzugezogen hatte. Der Mann hatte einen scharfen Verstand.

»Ich habe unsere alten und neuen Verhöre mit Informationen aus der Rechtsmedizin und unseren eigenen Unterlagen abgeglichen. Alles deutet in dieselbe Richtung. Es ist nur nicht ausreichend, jedenfalls rein technisch betrachtet. Ich empfehle deshalb, dass wir uns qualifizierteres Material kaufen.«

»Tun Sie das! Aber vorsichtig! Ich will nicht, dass der FSB sich auch noch einmischt. Hier rennen schon genug Idioten herum, da brauchen wir nicht auch noch welche aus der Lubjanka.«

Für Glikin war Wiktor Schapkin tot. Der letzte Überwachungsbericht stammte von Mai. Der Mann war seit einem halben Jahr spurlos verschwunden. Sie hatten eine benutzte Spritze mit Resten von Curare in seiner Wohnung gefunden. Die Untersuchungsergebnisse der Rechtsmediziner stimmten damit überein, die Tätowierung passte, und der Arm zeugte davon, was mit der Leiche geschehen war. Aber natürlich hatte der junge Simonow recht damit, so penibel zu sein. Sie brauchten einen Beweis. Er hatte nur gehofft, den FSB dabei umgehen zu können. Glikin warf einen Blick auf die große Uhr neben dem Fenster. Die Besprechung dauerte jetzt bereits eine Stunde und näherte sich dem Ende. Aber bevor er seine Gäste entließ, hatte er noch etwas zu erledigen. Er würde diese Idioten aus dem Labor eigenhändig in die Entwicklerflüssigkeit tunken … Es klopfte an die Tür. Es war seine Sekretärin.

»Die Bilder, auf die Sie gewartet haben, sind da, Herr Generalleutnant. Bitte sehr.« Sie legte einen braunen Umschlag auf Glikins Schreibtisch und zog sich eilig wieder zurück.

»Das war verdammt noch mal aber auch Zeit …« Vorsichtig legte der Generalleutnant seine Zigarre auf dem Aschenbecher ab, ehe er den Umschlag öffnete. Er nahm sich einen Augenblick Zeit, um sich die Bilder zunächst selbst anzuschauen, bevor er sie vor sich auf dem Tisch ausbreitete, damit die beiden anderen sie auch sehen konnten.

»Das ist er also, unser mysteriöser Seemann aus Murmansk … Was sagen Sie, meine Herren?«

Vizeadmiral Putin und Leutnant Simonow rutschten näher, um die Fotos eingehend zu studieren, ehe sie bedauernd die Köpfe schüttelten.

Die sechs Bilder waren nahezu identisch, einige waren lediglich vergrößerte Ausschnitte. Der Mann war schätzungsweise um die vierzig. Er hatte ein markantes Gesicht mit einem leicht gewölbten Nasenrücken, sein Mund war breit und das Kinn eckig. Seine Augen waren dunkel. Der Mann hatte eine Kappe tief in die Stirn gezogen und sich einen dicken Schal um den Hals geschlungen. Er trug eine kurze, billig aussehende Lederjacke und ebenso schäbige dunkelblaue Hosen. Auf dem letzten Foto der Serie kam er aus einem Geschäft, eine volle Plastiktüte in der einen, ein Paar Schnürstiefel in der anderen Hand.

»Dem Seemann Sergej Iwanowitsch Lunew ist es beim Warten auf sein Schiff wohl zu kalt geworden …« Der Generalleutnant blies nachdenklich eine Rauchwolke zur Decke.

»Was schlagen Sie vor, Generalleutnant?«, fragte Vizeadmiral Putin.

Für einen Moment herrschte Stille in dem großen Büro. Glikin spuckte einen Tabakkrümel auf den Boden und betrachtete seine Zigarre, ehe er antwortete.

»Ich habe zu wenig. Zu wenig, um mehr Druck zu machen. Bis auf Weiteres bleibt die Sache bei mir – und nur bei mir. Verstanden?«

Beide nickten.

»Aber selbstverständlich«, fuhr Glikin fort, »werden wir den Seemann überprüfen. Lassen Sie ihn weiter beschatten und ich erwarte ab sofort Ihren täglichen Bericht, Putin. Egal ob es Neuigkeiten gibt oder nicht.«

»Und die Milizionärin?« Wieder sah der Vizeadmiral Glikin fragend an.

»Für sie gilt dasselbe. Weitermachen. Das war's für heute. Danke, meine Herren …«

Generalleutnant Glikin blieb noch eine Weile reglos in seinem großen Schreibtischstuhl sitzen, nachdem die beiden entlassen waren. In Gedanken ging er alles noch einmal durch. Ein vertrackter Fall. Brenzlig genug, um ihm Angst zu machen – aber andererseits war er noch nicht bereit, mit allen Mitteln einzuschreiten und damit das Risiko einzugehen, die Arbeit des Direktorats zu exponieren.

Am liebsten wollte er dem Generalstab das Ganze erst vorlegen, wenn er einen sauber abgeschlossenen Fall präsentieren konnte. Sonst musste er am Ende womöglich auch noch den schweren Gang ins Ministerium antreten. Der Minister war kein Freund von Problemen. Und dieses Problem würde ihm erst recht nicht gefallen.

Das Klügste, was er jetzt tun konnte, war, den Seemann und die Milizionärin überwachen zu lassen. Auf diese Weise arbeiteten sie für ihn. Und sobald er neue Fakten auf dem Tisch hatte, würde er die Situation noch einmal neu bewerten. Seine langjährige Erfahrung sagte ihm, dass es am sichersten war, die Karten eng am Körper zu halten. Auch wenn das System demselben Herrn diente, gab es trotzdem eine Menge entgegengesetzter Interessen, vor denen man auf der Hut sein musste.

Mit der Spur nach Madrid zum Beispiel war nicht sehr geschickt verfahren worden. Die Kollegen hatten nicht einmal die Bilder zurückgeholt. Stattdessen lag jetzt ein Schwede im Krankenhaus – im Koma. Jeder Idiot wusste, dass Diplomaten immer tabu waren, wenn es sich irgendwie vermeiden ließ. Es erweckte einfach zu viel Aufsehen … Und der Seemann … Er *musste* ein Agent sein. Schließlich hatte er die Kontaktperson getroffen. Mit Wiktor Schapkins Tod war den Amerikanern irgendetwas aus den Händen geglitten, was auch immer es gewesen sein mochte. Vielleicht versuchten sie gerade, es wieder aufzuheben? Oder überreagierte er einfach nur, weil die ganze Geschichte so verdammt heikel war?

Er legte den Zigarrenstumpen nachdenklich im Aschenbecher ab. Er hatte heute schon zwei geraucht. Das war ungesund, und er hatte seiner Frau versprochen, damit aufzuhören, aber das war wirklich leichter gesagt als getan.

Murmansk

Die neuen Stiefel, der Pullover und die lange Unterhose wirkten Wunder. Es war halb acht Uhr abends, als Jan Jordi Kazanski auf den Bürgersteig vor seinem Hotel trat. Eisige Minusgrade schlugen ihm entgegen.

Dank der vernünftigen Investition spürte er die Kälte nur im Gesicht. Wenigstens fror er nicht, als er die Hauptstraße hinunterging, aber er war sich nicht sicher, ob er sich wirklich schon besser fühlte. Auf jeden Fall hatte er im Schlaf geschwitzt wie ein Pferd in der Sauna.

Er nahm sich reichlich Zeit für die üblichen Ausweichmanöver, aber bislang hatte er noch keine wie auch immer geartete Beschattung bemerkt. Vom Prospekt Lenina bog er nach rechts in eine kleine Seitenstraße ab, die kurz darauf am Bahnhof endete. Der Parkplatz links des Hauptgebäudes brummte immer noch vor Leben.

Drei lange Ketten mit nackten Glühbirnen hingen in weichen Bögen an ein paar Holzmasten und sorgten für die Beleuchtung des kleinen improvisierten Marktplatzes.

Zwei Buden waren bis zum Bersten mit Blumen in allen Farben und Formen gefüllt. Unter dem grellen Licht bildeten sie einen unwirklich bunten Teppich und schufen eine Illusion von südländischer Wärme und Romantik, die in scharfem Kontrast zu den derben Verkäuferinnen mit den rot gefrorenen Gesichtern stand. Und dahinter im Dunkeln waren die Gleise, umgeben von Schrott, und noch weiter hinten schloss sich hinter Zäunen und Stacheldraht das trostlose Hafengebiet an, gefolgt von eiskaltem Wasser und noch ein ganzes Stück weiter den buckligen Bergen.

Kaum jemand verehrte Blumen so sehr wie die Russen – auch hier am Ende der Welt.

Kazanski bestellte sich eine Tasse Kaffee und einen großen Pfannkuchen mit undefinierbarer Fleischfüllung. Die Menschen waren schwarze Schatten, die hier und da ein Gesicht bekamen, wenn das harte Licht sie für einen kurzen Moment auftaute.

Jeden Bissen des Pfannkuchens den schmerzenden Hals hinunterzwingen, war eine Qual. Er blieb lange stehen und versuchte, sich die verschiedenen Personen einzuprägen. Als er aufgegessen hatte, schlenderte er am Bahnhofsgebäude vorbei, ging dann weiter die Uliza Kominterna hinunter, wechselte die Richtung und umrundete das beeindruckende alte Kinogebäude.

Er hatte das beunruhigende Gefühl, dass ihm jemand in der spärlichen Straßenbeleuchtung folgte, aber es war immer noch nur ein Gefühl. Er stoppte vor dem Kino, trat in den Schatten des Eingangsportals und wartete.

Das Gebäude war zu einem Baumarkt umfunktioniert worden. Die Rezeptionistin im Hotel hatte ihm erzählt, dass es in ganz Murmansk kein Kino mehr gab. All die vielen Einwohner der Stadt, gefangen in Dunkelheit und Kälte – ohne ein Kino. Das erklärte jedenfalls die vielen kleinen Verkaufsstände, in denen sich die Videokassetten bis unters Dach stapelten. In Murmansk fand der Großteil aller Aktivitäten in den heimischen vier Wänden statt.

Er lehnte sich vorsichtig vor. Er meinte, das Geräusch harter Sohlen auf dem Bürgersteig gehört zu haben, aber nachdem niemand zu sehen war, setzte er seine Wanderung fort.

Fünf Minuten später blieb er an der Hauptstraße stehen. Im Rückspiegel eines parkenden Autos beobachtete er mit etwas Abstand hinter sich eine schwarze Gestalt, die ebenfalls stehen geblieben war und sich jetzt an den Pfosten einer Bushaltestelle lehnte. Es war höchste Zeit, sich Klarheit zu verschaffen. Er trat durch die nächstbeste Haustür und versteckte sich im Windfang. Es dauerte nicht lange, bis er Schritte hörte. Als sein Verfolger genau vor ihm war, packte er ihn von hinten am Hals.

»Spuck es aus, Kumpel. Wer schickt dich?«

Kazanski dachte, er könnte den Mann festhalten und eine Antwort aus ihm herausquetschen, aber sein Gegner wehrte sich, griff nach hinten und bekam ihn am Nacken zu fassen.

In einer fließenden Bewegung ging der Mann plötzlich in

die Knie und zwang Kazanski mit sich nach unten. Ehe Kazanski reagieren konnte, rollte er schon über die Schulter des Typen und landete mit solcher Wucht auf dem harten Betonboden, dass er kurz das Gefühl hatte, sich den Rücken zu brechen. Dann hörte er nur noch das Geräusch hastiger Schritte, als sein Gegenspieler aus dem Hauseingang flüchtete.

Kazanski blieb einen kurzen Augenblick liegen, bis er wieder Luft bekam. Schließlich kämpfte er sich auf die Beine und schüttelte sich. Er steckte sich eine Zigarette an, setzte sich auf die Treppe und stöhnte. Erst der Versuch, »Stoff« in seinem Zimmer zu platzieren, und jetzt ein Schatten. Trotz aller Bemühungen war er kein anonymer Seemann. Zumindest nicht mehr.

War er aus der Übung gekommen? Oder war der Mann ein Profi gewesen? Wahrscheinlich eine Kombination aus beidem. Kazanski stand auf und setzte seinen Zickzackkurs durch die Stadt fort. Sein Schatten hatte für heute sicher genug.

Der Bewegungsmelder unter dem Bett verriet Kazanski, dass keine ungebetenen Gäste in dem bescheidenen Zimmer gewesen waren, das man für ihn in dem Holzhaus oben im Schilstroj-Viertel angemietet hatte.

Heute und für den Rest der ersten Woche waren um 22:00 Uhr Ortszeit feste Treffen zwischen Murmansk, Moskau und Langley vereinbart. Die Uhrzeit war bewusst so spät gewählt, damit er unbemerkt kommen und gehen konnte. Appelson kam das nur gelegen, für ihn fiel der Termin um 14:00 Uhr bequem in seine Bürozeit in der Firma. Darüber hinaus hatte Kazanski jeden Tag ab 23:00 Uhr die Möglichkeit, Moskau zu kontaktieren, falls notwendig.

Aber zuerst gab es noch eine Kleinigkeit zu erledigen. Bei

seinem letzten Besuch hatte er befriedigt festgestellt, dass ihm das keine Probleme bereiten würde.

Wie in den meisten russischen Häusern befand sich die Hauselektrik in einer Metallkiste auf halber Höhe an der Außenwand. Die interessierte ihn nicht. Er brauchte nur das Telefonkabel, das an derselben Stelle aus der Wand kam und lose entlang der Bretterverschalung zur Hausecke verlief, von wo aus es schräg in die Luft zu einem morschen Telefonmast führte, der sich schon gefährlich zur Seite neigte. Nicht mal im Traum hätte man in diesem felsigen Boden unterirdisch Kabel verlegen können.

Mit einer Kneifzange knipste er das Kabel ab und entfernte die Isolierung von zwei der drei Drähte. Er ging davon aus, dass die beiden farbig markierten die a- und die b-Ader waren. Dann befestigte er Krokodilklemmen an beiden Enden und zog die dünne Leitung die vier Meter bis zum offenen Fenster. Zuletzt holte er den Laptop aus dem Versteck unter der Bodendiele, verband ihn mit dem Telefonkabel und startete einen Testlauf.

Es war ein Kinderspiel, sich einen Telefonanschluss zu klauen. Als er das eingebaute Modem einschaltete, tat er letztlich nichts anderes, als drinnen bei der alten Dame den Telefonhörer abzunehmen und auf das Freizeichen zu warten.

Es funktionierte perfekt. Bis zu seinem Rendezvous blieben ihm immer noch anderthalb Stunden. Zeit, die er nutzen würde, um ein Sprachprogramm zu finden, mit dem er Marianne Frykbergs Brief übersetzen konnte.

Die Techniker der NSA hatten sich, ohne zu zögern, für eine Lösung entschieden, bei der er sich über das Festnetz ins Internet einwählen musste. Datenverkehr über Satellitentelefon war viel zu leicht nachzuverfolgen und zu lokalisieren.

Mithilfe ihrer Überwachungsanlagen hätten die Russen ihn schnell aus dem Verkehr gezogen.

So musste Kazanski sich nur noch in einen Privatchat einloggen, dann konnte er in aller Ruhe kommunizieren.

Kaz für Kazanski und Mur für Murmansk ergab den logischen Chat-Namen »kazmur«, gefolgt von Monat und Tag.

Wenn er mit Bruce Darrow kommunizieren sollte, der den CIA-Standort in Moskau leitete, lief das Ganze über die Internet Voice Communication Software von CUSeeMe. Die NSA-Leute hatten sich mit Half Duplex begnügt, das hieß, dass man nur abwechselnd reden konnte, ähnlich wie bei einem Funkgerät, aber dafür war das System wesentlich zuverlässiger als Full Duplex, was zwar die Zwei-Wege-Kommunikation ermöglichte, aber zu oft zusammenbrach.

Die Software digitalisierte das Gespräch, und falls nötig konnte er auch eine kleine Videokamera anschließen, um sich Bruce Darrows schiefe Schneidezähne in dessen Büro in der Moskauer Botschaft anzuschauen.

Die Zeit schleppte sich dahin. Frykbergs Brief zu übersetzen, hatte nicht lang gedauert. Das Programm verwandelte Schwedisch im Handumdrehen in verständliche Sätze.

Jede Sekunde fühlte sich an wie eine Minute. Nach diesem Abend hatte er mehr als genug zu berichten. Er nahm die Bernardelli auseinander und setzte sie wieder zusammen, überlegte kurz, ob er Grund hatte, die Pistole später mit ins Hotel zu nehmen, entschied sich dann aber doch, sie zurück in das Versteck unter den Bodendielen zu legen.

Um 21:57 Uhr betrat *jordi* den privaten Chatroom »kazmur1017«. Er konnte sehen, dass *darrow* schon da war, und begrüßte ihn höflich. Kurz darauf loggte *appel* sich ein und sie konnten anfangen.

Um die Übersicht zu bewahren, war von vornherein eine feste Reihenfolge abgesprochen: Murmansk – Langley – Moskau, wenn es Kommentare gab. Ansonsten galten die üblichen Spielregeln eines Chats und was es noch so an Universaljargon und Abkürzungen gab, die der Effektivität dienten.

jordi: Neues von Ulf?

appel: Weiter im Koma. Zustand unverändert.

Kazanski wollte wissen, ob Moskau Informationen über Wiktor Schapkin ausgegraben hatte, ehe er von seinen eigenen Entdeckungen berichtete. Über einen kleinen Maulwurf beim FSB am Lubjanka-Platz sollte Moskau versuchen, detaillierteres Material aus den Wympel-Archiven zu beschaffen.

jordi: Mehr über VS?

darrow: Noch nicht. Wir haben einen Fuß in der Tür. Unser Freund muss zwei Ivans überzeugen. Infos sind da, aber sehr teuer.

appel: Der Preis ist unwichtig. Beschaff die Ware asap.

darrow: Verstanden.

Kazanski lächelte. Appelson machte Druck in Moskau. Abgesehen von dem Maulwurf gab es offenbar zwei weitere Mittelsmänner, die fürstlich entlohnt werden wollten. Langley hatte Spendierhosen an und es sollte schnell gehen. Jetzt war er an der Reihe.

jordi: Med. Daten VS: 180 cm groß, Blutgruppe A. Bitte bei den Kollegen abgleichen.

darrow: Verstanden, wird gecheckt – asap.

jordi: Habe Ulfs Freundin Marianne gefunden. Leider zu spät. Vor Kurzem bei Autounfall gestorben. Sie hat Ulf die Fotos gegeben. Habe hübsches Bild in ihrem Nachlass gefunden. Motiv: VS flankiert von schönen Amazonen / Umweltschutzgruppe Nordlicht – Foto aus unserem Album ist ein Ausschnitt davon. Marianne Schwester von Frykberg. Verstanden?

Sowohl bei Appelson als auch bei Darrow war die Botschaft angekommen, wie er den Buchstaben entnehmen konnte, die über den Bildschirm flimmerten. Appelson erklärte kurz, dass das Archivfoto direkt von Wiktor Schapkin stammte. Er hatte es einem Postboten der Firma übergeben, damit sein Kontaktmann ihn bei der ersten Begegnung erkennen würde.

Als Nächstes beschrieb Kazanski den Inhalt des Briefs, den Ida Frykberg ihrer Schwester geschrieben hatte, und beendete seinen Bericht mit der nüchternen Tatsache, dass er beschattet wurde. Er bat um die Bestätigung, dass es sich dabei nicht um seine eigenen Back-up-Leute handelte, was der Moskau-Chef auch umgehend tat.

Dann hatte Kazanski nur noch eine Frage – und eine Bitte.

jordi: Darrow, sagt Ihnen der Name »der Hofnarr« etwas? Offensichtlich unter Maxim Maximows Fittichen.

darrow: Nein – wird geklärt.

jordi: Appelson, halten Sie mich bitte über Ulf auf dem Laufenden.

Mehr gab es fürs Erste nicht zu besprechen. Alle drei beendeten den Chat mit »sys«, »see you soon«, und Kazanski packte seine Ausrüstung weg und demontierte die Kabel.

Irgendwie hatte er gehofft, wenigstens etwas Positives von seinem schwedischen Freund im Krankenhaus in Madrid zu hören. Woher Ulf Marianne kannte, war nach wie vor unklar, aber das war im Moment auch nicht so wichtig.

Er hatte seine Vorgesetzten auf den neuesten Stand gebracht und sie waren ziemlich überrascht. Verständlicherweise. Auf dem Bild aus Marianne Frykbergs Tasche war Wiktor Schapkin zu sehen gewesen, flankiert von den beiden Umweltamazonen, deren Brüste weltweit für Aufsehen gesorgt hatten, ehe sie mit ihrem Schiff Frøya spurlos verschwunden waren.

Astrid Storvik-Marshall und Ida Frykberg hatten jeweils einen Arm um Wiktor Schapkin gelegt und lächelten strahlend in die Kamera. Es war dasselbe Foto wie das von Schapkin im CIA-Archiv in Langley. Nur, dass die beiden Frauen weggeschnitten worden waren.

Idas Brief an Marianne war tatsächlich ziemlich belangloses Blabla. Allerdings erzählte Ida darin, dass sie sich ein bisschen in den Mann auf dem Bild verknallt hatte. Er hieß Wiktor Schapkin, und sie hatten vereinbart, mit ihm zusammenzuarbeiten.

Ihre letzten Zeilen konnte Kazanski auswendig: »Du wirst sehen, liebste Marianne, schon bald werden die Medien auf der ganzen Welt wieder über Astrid und mich berichten. Wir haben alles in der Hand, um sie fertigzumachen. Das wird unser großer Triumph – und diesmal ganz ohne nackte Brüste, versprochen … Kuss, Ida.«

»Jetzt wach schon auf, Tima! Wenn du weiter so schnarchst, fällt die alte Karre irgendwann endgültig auseinander.«

Walentina Suschko schlug ihrem Partner auf die Schulter. Der ältere Miliz-Sergeant gähnte, stöhnte und streckte sich, ehe er wach genug war, um Walentina anzuschauen, die neben ihm am Steuer saß. Irgendwie schien sie nie zu schlafen und trotzdem hatte sie sich immer noch etwas von dieser jugendlichen Energie bewahrt. Sie wirkte so frisch und gesund.

Kaum hatte er den Gedanken zu Ende gebracht, als einer von Leutnant Suschkos kurzen, heftigen Hustenanfällen den Schiguli erschütterte. Sie kurbelte das Fenster herunter und steckte sich eine Zigarette an. Das brachte ihn auf die Idee, dass er eigentlich auch eine rauchen könnte.

Dann saßen sie eine Weile im vollgequalmten Auto, ohne etwas zu sagen. Sie parkten bestimmt schon eine Stunde vor dem Hotel Arktika. Das war immer eine strategisch günstige Stelle. Von hier aus hatten sie gleichzeitig den Prospekt Lenina im Blick, den kleinen Platz und beide Hotels, das Arktika und das Meridian.

Es war ihre letzte Hundswache. Ab morgen hatten sie wieder die Nachmittagsschicht, aber für gewöhnlich waren sie sowieso rund um die Uhr im Dienst. Der Dienstplan war nur ein Blatt Papier, mehr nicht.

»Wollen wir nicht nach Hause fahren und eine Tasse Kaffee trinken?« Timur Glasow seufzte und sah seine Partnerin fragend an.

»Fünf Minuten noch, einverstanden?«

Wieder saßen sie schweigend da. Gerade als Walentina den Zündschlüssel umdrehen wollte, schlug sie ihm wieder auf den Arm.

»Schau mal, da! Ist das nicht … Doch, das ist er … Das ist unser Freund, der Matrose. Nur, dass er jetzt ein Kaninchen auf dem Kopf hat.«

Eine geduckte Gestalt ging über den Platz. Der Mann trug die Pelzmütze tief in der Stirn und hatte die Schultern fast bis zu den Ohren hochgezogen. Seine Hände steckten tief in den Hosentaschen. Er ging die Treppe hoch und verschwand im Hotel Arktika.

»Und jetzt?« Timur Glasow seufzte tief. Eigentlich seufzte er immer.

»Wollen wir nicht kurz nachschauen gehen? Oder willst du lieber hier warten?«

»Äh, ich weiß nicht … Ich glaube, ich bleibe sitzen. Also, wenn du nichts dagegen hast.«

»Gut, ich bin gleich wieder da.«

Walentina Suschko schnippte ihre Kippe aus dem Fenster, kurbelte die Scheibe hoch und stieg aus. Timur Glasow schlug seinen Kragen hoch, lehnte sich bequem zurück und machte die Augen zu.

Der junge Barkeeper, der heute ein weißeres Hemd angezogen hatte, erkannte Kazanski direkt wieder und nickte freundlich, als er sich an den Tresen setzte und einen Kaffee bestellte.

»Wie ist es gelaufen? Hast du deinen Kameraden gefunden?«, fragte er.

»Ne, leider nicht. Und ich hab auch keine Lust mehr, zu suchen. Vielleicht wäre es einfacher, diesen anderen Clown zu finden, von dem ihr erzählt habt – wie hieß er noch mal? Hofnarr? Der müsste ja wissen, wo Wiktor steckt. War er hier?«

Der junge Mann sah sich vorsichtig um. Dann stützte er sich auf die Ellenbogen und beugte sich zu Kazanski vor.

»Nein … Der Hofnarr war heute nicht hier. Aber versuch es morgen noch mal. Dann ist oben Showabend«, flüsterte er mit einer Kopfbewegung in Richtung der breiten weißen Marmortreppe, die zum Restaurant im ersten Stock führte.

»Danke …«

Kazanski legte zwanzig Rubel für den Kaffee auf die Theke und signalisierte dem Barkeeper, dass er sich den Rest in die Tasche stecken solle. Er nahm seine Tasse und zog damit an einen der kleinen Tische um.

In der Bar waren nur wenige Gäste, während die schwarzen Lederjacken draußen in der Halle längst sämtliche Pooltische in Beschlag genommen hatten. Kazanski war ganz und gar in Gedanken vertieft – ohne an etwas Bestimmtes zu denken –, als ihm seine Umgebung plötzlich wieder ins Bewusstsein kam.

Er sah, wie sie Kurs auf die Bar nahm. Es war die Milizionärin. In zerschlissenem Mantel und mit Dutt im Nacken. Sie schlenderte an ihm vorbei, ohne ihn zu beachten, und stellte sich an den Tresen, wo sie den jungen Mann herzlich begrüßte, der ihr, ohne dass sie etwas sagen musste, sofort eine Tasse Kaffee einschenkte.

Dann standen die beiden da, tranken Kaffee und rauchten. Kazanski konnte nicht hören, worüber sie sprachen, aber plötzlich brach Leutnant Suschko in heiseres Gelächter aus, das direkt in einen heftigen Hustenanfall überging. Kurz darauf verschwand der Barkeeper nach hinten und Walentina Suschko drehte sich um.

Kazanski hatte nicht das Bedürfnis, die Ordnungsmacht herauszufordern, und wollte gerade unterwürfig in seine Tasse starren, als sich ihre Blicke begegneten.

Notgedrungen nickte er ihr zu und wahrscheinlich lächelte er dabei auch ein bisschen. Sie lächelte nicht. Sie nickte nur leicht. »Der Seemann«, sagte sie laut, mit schleppender Stimme, als würde sie schon bei seinem Anblick vor Langeweile umkommen. Dann beschäftigte sie sich kurz mit ihren Fingernägeln, drückte sorgfältig ihre Zigarette aus und ging.

Kazanski putzte sich die Nase, dass die Nebenhöhlen quietschten. Die Halsschmerzen klangen langsam ab, aber dafür bekam er immer schlechter Luft durch die Nase, und er spürte einen zunehmenden Druck hinter der Stirn.

Er hatte immer noch keine Vorstellung davon, wo er Walentina Suschko in der ganzen Sache einsortieren sollte. Laut dem jungen Rechtsmediziner hatte sie auffallend großes Interesse an dem abgetrennten Arm gezeigt. Das war ungewöhnlich für die Miliz. So viel war klar.

Nicht so klar war dagegen, ob Leutnant Suschko wirklich so umwerfend war, wie der junge Mann im Leichenhaus behauptet hatte. Tatsächlich war sie ganz schön übergewichtig, aber sie hatte trotzdem ein ungewöhnlich attraktives Gesicht mit einerseits weichen, aber auch scharfen Zügen – und ausdrucksvollen Augen. Sie strahlte etwas Undefinierbares, Spannendes aus, eine drohende Gefahr, die bei ihrer Attitüde aus Gleichgültigkeit und Arroganz mitzuschwingen schien.

Er gab den Versuch auf, sie irgendwo einzuordnen. Der Hofnarr war jetzt wichtiger. Aber er würde auf jeden Fall vermeiden, sich mit der Miliz anzulegen. Erst recht mit einer eigensinnigen Person wie Leutnant Suschko.

Als Kazanski über den Platz zurückging, tat ihm der Rücken weh, die Folgen der unerfreulichen Begegnung mit seinem Schatten. Es hatte angefangen zu schneien. Leichte kristalline Flocken wirbelten in dem kräftigen Wind herum. Er hielt sich mit dem Finger ein Nasenloch zu und rotzte dicken Schleim auf den weiß bepuderten Boden. Nicht gerade Manieren, die eines Botschaftsmitarbeiters würdig waren, aber hier oben am Rande des Eismeers hielt er das für verzeihlich. Dreckswetter.

11

Die Kälte konnte dem Betongesicht nichts anhaben. Mit seinen markanten Zügen und den hervorquellenden Basedow-Augen erinnerte es an eine Sphinx unter feindlichem Himmel. Der Blick war nach Westen gerichtet, dorthin, woher sie gekommen waren.

Kazanski starrte das ausdruckslose Gesicht an, bis es vor seinen Augen verschwamm. Aljoscha hieß die gewaltige Statue des Soldaten, der in seinem langen Wintermantel, mit Helm und Gewehr über der Schulter, Ausschau nach den Deutschen hielt.

Nach den Deutschen, die Murmansk von Norwegen aus über zweiundvierzig Monate hinweg mit Granaten bombardierten, in dem zerstörerischen Versuch, die Stadt mit dem strategisch so wichtigen Hafen einzunehmen, der nie zufror. Drei Viertel der Stadt wurden dem Erdboden gleichgemacht, aber Murmansk blieb standhaft.

Kazanski war zu Fuß nach Seljonyj Mys gegangen. Sein Rücken tat immer noch weh, deshalb hielt er es nicht aus, lange im Bett zu liegen, und vielleicht war es ja auch eine gute Idee, sich den letzten Rest der Grippe aus dem Körper zu laufen. Davon abgesehen war er einfach froh, dass sich der Spuk so schnell in eine gewöhnliche Erkältung verwandelt hatte.

Schon im Zentrum hatte er gespürt, dass die Richtung, die zu dem einsamen Monument führte, die einzig richtige war.

Er brauchte Luft und Ruhe, um Bilanz zu ziehen, um seine Ungeduld zu zügeln und sich selbst davon zu überzeugen, dass er bereits große Fortschritte gemacht hatte. Vielleicht hatte er sogar die leise Hoffnung, dass die Stadt plötzlich zu ihm sprechen würde, wenn er nur lange genug aus der veränderten Perspektive auf sie hinunterblickte – und aufmerksam zuhörte.

Die Aussicht hier oben war atemberaubend. Aljoscha stand auf seinem Posten und wachte über Hochhäuser, die aus demselben Stoff errichtet waren wie er selbst. Auch die Bevölkerung musste Gene aus Beton haben. Das war die einzige Erklärung dafür, dass sie es immer irgendwie geschafft hatten, egal wie hoffnungslos die Lage gewesen war.

Am Fuß der Statue sollte eigentlich eine ewige Flamme an jene erinnern, die ihr Leben im Großen Vaterländischen Krieg geopfert hatten, aber die Zeiten hatten sich geändert. Nicht einmal mehr die ewige Flamme war noch so ewig wie damals in der Sowjetunion. Die Stadtverwaltung hatte offensichtlich aus Gründen der Sparsamkeit den Gashahn zugedreht. Keine nette Geste gegenüber dem Mann, der tagein, tagaus unerschütterlich seine Heimat beschützte. Als Fels in der Brandung war der riesige Aljoscha vielleicht wirklich der Einzige, auf den sich die Murmansker noch verlassen konnten. Denn dieser Ort war kaputt.

Für Jan Jordi Kazanski war es keine Frage, dass er so schnell wie möglich wieder von hier verschwinden und in sein behagliches Viertel in Madrid zurückkehren würde, aber die Bewohner der Stadt dort unten hatten keine Wahl. Diese Menschen wohnten auf der größten Atommülldeponie der Welt. Sie waren gezwungen, im Schatten einer gewaltigen nuklearen Bedrohung zu leben, zu lieben und zu sterben.

Das Wetter war einigermaßen aufgeklart und es hatte aufgehört zu schneien. Von hier oben sah alles weiß und unschuldig aus. Und genau deshalb war es so gefährlich.

Die Kola-Halbinsel, an deren Nordküste der milde Golfstrom entlangstrich, war so trügerisch wie der Kommunismus. Nirgendwo sonst auf der Welt war die Konzentration radioaktiven Materials so hoch wie hier. Atommüll, Bomben, Atomreaktoren. Der größte Teil davon gehörte der Nordflotte, die ihre ganze Schlagkraft in der unwirtlichen Gegend versammelt hatte. Dreißig Kilometer nördlich von Murmansk, in Seweromorsk, befand sich ihr Hauptstützpunkt.

Die Nordmeerflotte, gegründet im Sommer 1933, war der Inbegriff von Stärke und Stolz gewesen. Als Josef Stalin damals Poljarny besuchte, eine Hafenstadt an der Mündung des Murmansk-Fjords, hatte er beschlossen, das Eismeer zu bezwingen. Vor Ausbruch des Zweiten Weltkriegs war die Flotte noch ziemlich klein gewesen, aber um die Murmansk-Konvois zu beschützen, die Material und Nachschub der westlichen Alliierten in die Sowjetunion brachten, war sie immer größer geworden.

Nach dem Krieg zog die Sowjetunion Bilanz. Auf See war man der amerikanischen Marine in allen Bereichen weit unterlegen. Eine schlechte Position, denn der Krieg hatte gerade gezeigt, wie wichtig die Schlagkraft auf dem Meer war – vor allem auch unter der Wasseroberfläche. Deshalb begann man Ende der Fünfzigerjahre, die Flotte auf der Kola-Halbinsel massiv auszubauen, wobei der Schwerpunkt fast ausschließlich auf den U-Booten lag.

Bereits am 21. Dezember 1952 hatte der Oberste Sowjet den Bau atombetriebener U-Boote genehmigt. Mit dieser strategischen Entscheidung war das Schicksal Kolas besiegelt. Die Russen wurden drei Jahre nach den Amerikanern fertig. Am 4. Juli 1957 starteten die zwei Atomreaktoren des

U-Boots K-3 Leninski Komsomol, das Kurs auf den Stützpunkt Malaja Lopatka in Seweromorsk-7 nahm, am heutigen Fjord Sapadnaja Liza, wo es stationiert wurde.

Zwischen 1950 und 1970 wuchs die Nordflotte von der kleinsten der vier sowjetischen Flotten zur größten und strategisch wichtigsten heran. Ungefähr zwei Drittel aller sowjetischen Atom-U-Boote wurden im Norden stationiert, der Rest in der Pazifikflotte. Die Schwarzmeerflotte und die Baltische Flotte verfügten dagegen nie über eigene Atom-U-Boote.

Während der gesamten Sowjetzeit deckte der Staat sämtliche Kosten der Marine und die Nordflotte erlebte nie finanzielle Schwierigkeiten. Das sah mittlerweile anders aus. In der Kasse der Flotte herrschte oft Ebbe, genau wie bei vielen russischen Familien.

Kazanski sah sich um, ehe er in den Schnee rotzte und einen schleimigen Fleck auf der vereisten Oberfläche hinterließ, der bald unter der nächsten Schicht Schnee verschwunden sein würde. Nicht mal der größte Wissenschaftler würde in zweihundert Jahren an dieser Stelle auf dem Boden knien und rufen: »Hier stand ein erkälteter Mensch, sehr wahrscheinlich ein Spezialagent der CIA.« Auf dieselbe Weise trug und versteckte die Natur stillschweigend ihr nukleares Geheimnis, aber wie lange noch?

Er sah nur den glitzernden Fjord, die Kräne, die Schulter an Schulter im Hafen aufragten, und die grau melierten Betonhäuser, die fröstelnd in der Kälte standen. Der Rest des Horizonts waren verschneite Felsmassive, die sich jungfräulich weiß irgendwo in der Weite verloren.

Ein einsames Frachtschiff stach gerade in See, während es über der Landschaft langsam dunkel wurde. Dann jagte die graue Wolkendecke plötzlich über dem Fjord heran. Die

Schneeflocken stürzten sich in die Tiefe und ließen sich vom Sturm treiben.

Jetzt war um ihn herum alles weiß. Laut fluchend suchte Kazanski Schutz im Windschatten hinter der Statue. Mit einem so schnellen Wetterumschwung hatte er nicht gerechnet.

Alle Konturen verschwammen in diesem Grenzland am Rand der Welt.

Die Unterlagen, die Appelson ihm in Langley gegeben hatte, waren deprimierender Lesestoff.

Zurzeit waren etwa einhundertdreißig der insgesamt zweihundertsiebenundvierzig russischen Atom-U-Boote außer Dienst gestellt. Achtundachtzig davon befanden sich an den Stützpunkten der Nordflotte und über fünfzig dieser U-Boote hatten immer noch Kernbrennstoffe an Bord.

Gemäß dem START-II-Abkommen hätten vor dem Jahr 2000 einhundertfünfzig Schiffe stillgelegt werden sollen.

So weit waren die Russen nur nie gekommen. Nur sehr wenige U-Boote waren vollständig abgewrackt worden. Der Rest lag übergangsweise in Stützpunkten und Werften. Manche mussten ununterbrochen mit Luft vollgepumpt werden, damit sie nicht sanken.

Er dachte an die Zugfahrt durch Karelien. An die polnische Wurst mit den großen Speckstückchen, die er mit seinem Taschenmesser kleingeschnitten hatte. So ungefähr lief es mit den U-Booten – Salamitaktik. Man nahm ein Atom-U-Boot, schnitt es auf und warf das Stück mit der Raketeneinheit weg – auf den START-II-Haufen. Dann schweißte man die beiden übrigen Teile wieder notdürftig zusammen, zu einer schwimmenden Rolle Schrott, häufig noch mit dem Reaktor und den Brennstäben an Bord.

So überraschend der Schneesturm aufgezogen war, so

plötzlich war er auch wieder vorbei. Kazanski legte den Kopf in den Nacken, um nachzusehen, ob Aljoscha lächelte. Aber der Soldat starrte nur nach Westen, in Richtung der Andrejewa-Bucht im Liza-Fjord, wo die gebrauchten Reaktorbrennstoffe aus den U-Booten in großen Kühlbecken gelagert wurden, die Risse bekamen und undicht wurden, was dazu führte, dass radioaktiv verseuchtes Wasser direkt in die Bucht sickerte.

Seit 1959 hatte Russland mehr als doppelt so viel Atommüll im Meer verklappt als alle anderen Länder zusammen. Sowohl die Nordflotte als auch die Murmansker Seereederei, die mittlerweile von Maximows Konzern abgelöst worden war, hatten sich im großen Stil daran beteiligt.

Flüssige Abfälle in Form von Kühlwasser wurden in der Regel in fünf Feldern in der Barentssee verklappt. Feste Abfälle, verunreinigtes Material und ganze Reaktorkerne landeten für gewöhnlich in der Karasee vor der Ostküste Nowaja Semljas. Offiziell war die Verklappung 1992 eingestellt worden.

Mit dieser Atommüllproblematik hatte sich die Umweltorganisation Bellona befasst und das alles hatte letztlich zu den FSB-Ermittlungen gegen den ehemaligen U-Boot-Kapitän Aleksandr Nikitin geführt. Mit der vorläufigen Abweisung der Klage durch das Gericht endete das Jahr 1998, ein Jahr, das von diplomatischen Unruhen zwischen den Nachbarländern Norwegen und Russland geprägt war.

Kazanski fühlte sich seltsam allein hier oben, vermutlich genau wie Aljoscha. Es wurde ihm erst bewusst, als er aufhörte, über die Vergangenheit nachzudenken, und sich stattdessen darauf konzentrierte, wie es jetzt weitergehen sollte.

War Ulf der Grund dafür, dass er hier in Murmansk stand? War er ausschließlich deshalb hier? Oder hatte er in Wahrheit nur einen Vorwand gesucht, um sich ans Ende der Welt zu flüchten? Denn von hier aus verlief der Weg zurück in den Fußspuren der Selbstreflexion. Der einzige Weg nach Hause. Nach Hause zu der Kommodenschublade, in der ihre Kleider lagen.

Wenn die Welt wirklich so kugelrund war, wie alle sagten, dann müsste er von hier oben abspringen können. Abspringen und entlang der Längen- und Breitengrade hinunterrutschen, schräg über Schweden schlittern, sich in der Nordsee nasse Füße holen, an der Bretagne den Rücken prellen, weiterholpern und einen Zusammenstoß in Kap Finisterre verhindern, hastig nach den Kanarischen Inseln greifen und sich den Kopf in der West-Sahara stoßen, den Schmerz im kühlen Atlantik lindern, in Fortaleza an Land gespült werden, zerzaust über Salvador, Belo Horizonte und Rio de Janeiro rutschen, sich in der Mündung des Rio des la Platas zwischen Montevideo und Buenos Aires den Arm einklemmen, um bei Comodoro Rivadavia die Fersen in den Boden zu rammen und schließlich am anderen Ende der Welt in Ushuaia in Tierra del Fuego anzukommen, Feuerland.

Dann würde er mit beiden Füßen in der abgelegensten Stadt der Welt landen. Dort, wo er damals mit Alicia gewesen war, als sie beide noch jung waren. Damals, als sie ihre Familie in Buenos Aires besucht hatten. Damals, als sie während des langen, turbulenten Landeanflugs auf eine Stadt, in der Seelöwen und Pinguine ihre Nachbarn waren, fast seine Hand zerquetscht hatte.

Oder suchte er hier, wo jede Vorwärtsbewegung einen zwangsweise irgendwann zurückführte, in Wahrheit nach Ewa? Ihre Briefe und Postkarten lagen ebenfalls in dieser Kommode. Dieser verdammten Kommode …

Er musste Antworten auf die Fragen finden, die Wiktor

Schapkins Arm in der Firma aufgeworfen hatte, und dann musste er nach Hause und seine eigenen Fragen beantworten.

Er ließ den Blick ein letztes Mal über den Horizont schweifen. Wären die Städte dieser Welt nicht immer so versessen darauf, sich mit Prädikaten wie die »freundlichste«, »weißeste« oder »höchste« zu schmücken, hätten die Argentinier Ushuaia ruhig »die erste Stadt« nennen können. Den Anfang der Welt konnte man je nach Blickrichtung ebenso gut am Südpol wie am Nordpol verorten. Das Ende der Welt dagegen befand sich eindeutig in Murmansk, wo der Schnee verdeckte, was …

Motorenlärm riss Kazanski aus seinen Gedanken. Ein ramponierter Schiguli fuhr hustend auf den Platz vor dem Monument. Dann ging der Motor aus und der Wagen rollte die letzten Meter auf ihn zu. Er erkannte die beiden Milizionäre sofort. Es waren Walentina Suschko und ihr Partner.

Leutnant Suschko stieg aus, schlenderte auf ihn zu und lehnte sich an das Geländer. Sie hatte eine Pelzmütze auf. Der Alte blieb im Auto sitzen. Mit etwas Mühe steckte sie sich eine Zigarette an. Sie sagte nichts, und Kazanski verspürte nicht das geringste Bedürfnis, von sich aus ein Verhör zu eröffnen. Nach ein, zwei Minuten brach sie das Schweigen.

»Einsam und verlassen hält der Seemann Ausschau nach seinem Schiff …«

Kazanski sah keinen Grund zu antworten. Schließlich hatte sie ihm keine Frage gestellt, sondern nur einen Kommentar abgegeben oder vielleicht etwas rezitiert.

»Hm, nicht sehr gesprächig, der Seemann, was?«

Kazanski zuckte mit den Schultern.

»Hat der Seemann inzwischen rausgefunden, ob er Feinde in der Stadt hat?«

»Was meinen Sie?«

»Neulich Abend. Wir hatten einen Tipp bekommen. Vielleicht eine Falle …«

»Was für einen Tipp?«

»Einen Tipp eben…«

»Wie gesagt, keine Feinde – und keine Freunde. Verfolgen Sie mich?«, fragte Kazanski.

»Wie kommt der Seemann darauf?«

Walentina Suschko stand immer noch an dem Geländer und starrte auf den Hafen hinunter.

»Nur so ein Gefühl.«

»Timur und ich machen jeden Tag einen Abstecher hier rauf.«

»Verständlich. Die Aussicht ist großartig.«

»Aussicht? Das ist doch keine Aussicht.«

»Ich finde schon, dass …« Weiter kam Kazanski nicht.

»Ah ja, das finden Sie also. Sagen Sie mal, nutzt ein Seemann nicht in jedem Hafen die Gelegenheit auszugehen?«

»Nicht alle Seemänner.«

»Heute Abend ist eine große Show im Arktika. Ich glaube, die würde einem Seemann gefallen.«

Sie schnippte ihre Kippe in den Wind, drehte sich um und ging zurück zum Auto.

Auf dem Weg zurück in die Stadt blieb Kazanski am Ufer des kleinen Sees stehen, an dem er auf dem Weg zum Monument vorbeigekommen war. Er erkannte das Auto wieder, den dunkelgrünen Schiguli, der am Straßenrand vor einem kleinen Holzhaus parkte.

Walentina Suschkos Partner stand trippelnd auf dem Badesteg. Kazanski ging näher. Aus dem Wasser ragten mehrere Köpfe auf. Winterbader, wie er sie damals in Moskau schon gesehen hatte. Er tippte Leutnant Suschkos Partner auf die Schulter.

»Die sind irre, oder?« Er nickte in Richtung der Badenden, streckte die Hand aus und stellte sich vor.

»Timur Glasow«, sagte der Mann und ignorierte Kazanskis ausgestreckte Hand.

»Sagen Sie mal, hat Ihre Kollegin Leutnant Suschko was gegen mich, weil sie mich ständig verfolgt?«

»Kümmern Sie sich um Ihren eigenen Kram«, antwortete Glasow mit einer Schroffheit, die nicht zu seinen wässrigen Augen passte.

»'tschuldigung …«

Kurz darauf kletterte Walentina Suschko in einem grell orangen Badeanzug aus dem See. Timur Glasow warf ihr ein Handtuch zu, das sie sich über die Schultern legte. Es machte nicht den Eindruck, als würde sie übermäßig frieren.

»Wer verfolgt hier wen, Seemann?«

Sie sah Kazanski an, und zum ersten Mal erahnte er eine Regung, die Ähnlichkeit mit einem Lächeln hatte.

»Winterbaden ist gut für den Kreislauf und schützt vor Erkältungen. Sollten Sie auch mal versuchen, Seemann. Ich nehme allerdings an, dass Ihr Schwanz danach in einen Fingerhut passt.«

Walentina Suschko lachte heiser und verschwand mit wiegenden Schritten in Richtung Umkleideraum.

»Stimmt, zusammen mit Ihrem Erbsenhirn …«

Kazanski hatte sich den Kommentar nicht verkneifen können und jetzt war es zu spät. Er bemerkte, wie sie kaum merklich stockte, aber dann ging sie weiter den Steg hinunter, als hätte sie nichts gehört. Timur Glasow schüttelte den Kopf und seufzte tief.

Es schneite wieder, als Kazanski das Stadtzentrum erreichte. Als er die Straße überquerte, stieg ein kleiner Geysir aus Dampf aus einem Gitter in der Mitte der Fahrbahn auf. Der Gestank war so unerträglich, dass er sogar einen Weg durch Kazanskis völlig verstopfte Nase fand.

Aus dem Stadion, das nicht mehr als ein flacher Kessel mit gefliesten Treppenstufen war, drang Lärm. Auf der Anzeigentafel fehlte die Hälfte der Buchstaben, aber er konnte sich zusammenreimen, dass gerade die Lokalmatadoren gegen Seweromorsk spielten. Die Spieler trugen lange Hosen und Handschuhe und viele hatten sogar Mützen auf.

Gegenüber an einer Straßenecke standen die Leute vor einer Konditorei Schlange. Durch das einzige Fenster des Geschäfts sah man die Wartenden wie Fische in einem Aquarium.

Das Leben ging weiter in diesem Land, das seit Jahren von Krisen gebeutelt wurde. Das Leben ging weiter, in diesem Zwittersystem aus Sozialismus und Kapitalismus, in dem unzählige Menschen seit Monaten auf ihren Lohn warteten. Das Leben ging weiter in dieser Stadt, in der das Lokalfernsehen täglich die radioaktive Hintergrundstrahlung bekannt gab. Die Messungen selbst waren nicht so besorgniserregend wie der Gedanke, dass man sich überhaupt dazu entschieden hatte, sie zu veröffentlichen.

Auf dem Platz wühlte ein alter abgemagerter Mann in einer Mülltonne herum. Für ihn drehte sich alles darum, irgendwo ein paar essbare Reste zu finden. Damit auch sein Leben weitergehen konnte.

Es gab keine große Auswahl, als Kazanski seine besten Sachen herauslegte, um sich für den Showabend im Hotel Arktika umzuziehen.

Aus Rücksicht auf seine angeschlagene Gesundheit hatte er zwei T-Shirts unter dem hellblauen Hemd an, das genauso nichtssagend und sterbenslangweilig aussah wie jedes andere hellblaue Hemd. Dazu trug er schwarze Bundfaltenhosen, weiße Tennissocken und seine ausgetretenen flachen Slipper.

Als er den großen Raum betrat, dankte er sich selbst. Die Temperatur im Restaurant betrug kaum über zehn Grad. Dafür beeindruckte der Saal mit vier zentralen Säulen, einer gewölbten Decke, Unmengen von verschnörkeltem Stuck, einer gold glitzernden Tanzfläche, pompöser Tischdekoration und einem aufmerksamen Kellner in jeder Ecke. Der ganze Raum war in Bordeaux gehalten.

Kazanski suchte sich einen Platz ganz hinten an der Wand aus. Hier hatte er nicht nur einen elektrischen Wärmeofen im Rücken, sondern auch das gesamte Geschehen im Blick.

Es waren erst wenige Gäste da. Links von ihm saß eine Gruppe von sechs Männern und zwei Frauen. Skandinavier. Keine Dänen. Die konnte man anhand ihres leidenschaftslosen Genuschels leicht von den anderen unterscheiden. Wie Ulf klangen sie allerdings auch nicht. Also waren es wohl Norweger. Norweger waren keine Seltenheit in Murmansk, zumal sie sogar ein eigenes Konsulat in der Stadt hatten.

Nachdem er ziemlich viel Zeit darauf verwendet hatte, die Speisekarte zu studieren, entschied er sich für einen Krabbencocktail als Vorspeise, eine Champignonsuppe als Zwischengang und ein Steak mit Salat als Hauptgericht. Er musste ziemlich lange suchen, um eine Krabbe im Cocktail zu finden, aber er hatte ja keine Eile. Solange nur so wenige Gäste da waren, fiel er vermutlich ziemlich auf, so allein am Tisch, aber ihm blieb nichts anderes übrig, als abzuwarten.

Als ihm die Suppe serviert wurde, betraten die Musiker die Bühne. Es waren die Purple Hearts. Die Männer trugen glänzende Jacken, der eine in Gold, der andere in Silber, dazu lila Hosen und passende Krawatten. Die schöne Sängerin hatte eine Gitarre dabei. Sie trug ein hautenges lila Paillettenkleid. Nach spärlichem Applaus begann das Trio mit gedämpften Instrumentalnummern, die als sanfte Untermalung zum Essen geeignet waren.

Nach und nach füllten sich die Tische und die Gespräche wurden lauter. Auch die Raumtemperatur stieg. Kazanski bat den Kellner, mit dem Hauptgang zu warten, damit er nicht zu schnell fertig wurde. Er warf einen Blick auf die Uhr. Es war fast neun.

Als es endlich passierte, verstummten für einen Moment alle Gespräche. Sogar er selbst hielt mitten in dem Versuch inne, ein Stück von seinem Steak abzusäbeln. Kein Zweifel, der Augenblick war gekommen …

Alle drehten den Kopf zum Eingang. Eine Frau, die klirrend ihr Besteck auf dem Teller ablegte, war peinlich berührt, weil sie plötzlich so einen schrecklichen Lärm verursachte.

Kazanski erwartete eigentlich Trompeter und einen Herold, der dem Volk verkündete, dass dem König in den Sinn gekommen war, sich unter seine Untertanen zu mischen. Stattdessen erschienen drei breitschultrige Gorillas in Anzügen, gefolgt von fünf Herren, von denen sich drei in Damenbegleitung befanden. Dann kamen noch einmal drei Herren und drei junge Frauen. Die Herren trugen elegante dunkle Anzüge, die Frauen das Edelste, was ihre Kleiderschränke zu bieten hatten. Auf Russisch hieß das, leuchtende Farben mit Rüschen, Volants und viel Glitzer.

Als Letztes trat eine groß gewachsene, schlaksige Gestalt mit gemessenen Schritten in den Saal.

Das war er also.

Sein Anzug war ebenso schwarz wie der große Vogel, der

auf seiner rechten Schulter saß, mit einer Silberkette am Bein. Er trug eine dunkle Sonnenbrille und auf dem Kopf einen schwarzen Zylinder mit einem Band aus glänzender Seide. Seine Hände und sein Gesicht waren so weiß wie frisch gefallener Schnee. Zwischen den blutleeren Lippen klemmte eine dekadente Zigarettenspitze aus Gold.

Der Hofnarr gab sich die Ehre.

Ein Raunen ging durch den Raum. Die Purple Hearts stimmten eine neue Nummer an und das Gefolge des Hofnarren ließ sich an dem langen Tisch nieder, der schon für ihre Ankunft reserviert war.

Vier Kellner eilten herbei. Der eine rollte einen Servierwagen zum Hofnarren, der am Kopfende saß. Die groteske Gestalt löste die Kette von seinem Revers und ließ den Vogel auf seinen Handrücken hüpfen. Dann führte er die Hand zum Griff des Servierwagens, der Vogel wechselte erneut gehorsam den Platz und wurde wieder angekettet.

Das war der Rabe. Das große Tier saß nahezu reglos da. Nur ab und zu verriet ein Zucken seines Kopfs, dass er tatsächlich lebendig und ausgesprochen wachsam war.

Während die Zeit dahinkroch, wurde die Stimmung immer gelöster, und nach und nach trafen auch die späten Gäste ein, die nicht zum Essen kamen. Mittlerweile wurden die Plätze knapp und es war fast unerträglich warm im Saal.

Kazanski saß allein an seinem Tisch – eine einsame Insel in dem bunten Archipel. Aber schon wenig später pflügten drei füllige Fregatten von Anfang vierzig durch das Restaurant auf seinen Tisch zu und baten um Erlaubnis, bei ihm vor Anker zu gehen. Er rang sich ein Lächeln ab und stimmte zu.

Wenigstens fügte er sich jetzt besser in die Umgebung ein. Die Busenfreundinnen kicherten und warfen ihm verstohlene Blicke zu, ehe eine von ihnen ihren Mut zusammennahm und einen Toast auf die ganze Insel ausbrachte.

Ein Moderator mit glänzender Gelfrisur betrat die Bühne und kündigte mit einem Zahnpastagrinsen, das vermutlich sogar im Dunkeln leuchtete, den ersten Show-act an. Die Frauen an Kazanskis Tisch klatschten und johlten genau wie ihre Mitschwestern, als das Licht im Saal ausging und ein junger Bodybuilder-Typ im Scheinwerferlicht erschien.

Der Typ trug Leopardenfell und präsentierte sich als Raubtier, und während er zuckend seine drei Nummern zu wummernden russischen Discobeats sang, wand er sich irgendwie aus seinem edlen Pelz, bis er am Ende nur noch einen Tangaslip anhatte. Flickflackschlagend verließ er den Saal in Richtung Küche, die anlässlich der Gala offenbar auch als Künstlergarderobe diente.

Kazanski beobachtete den Hofnarren so konzentriert, wie die Umgebung es zuließ. Diese bizarre Gestalt hatte weder den Zylinder noch die Sonnenbrille zum Essen abgesetzt und unterhielt sich kaum mit den anderen Gästen am Tisch. Anscheinend war der Mann sich selbst Gesellschaft genug.

Ab und zu zerriss ein hysterisches Lachen das Gesicht des Hofnarren, das in der nächsten Sekunde schon wieder erstarrte, sodass sich sein Mund in einen schmalen Schlitz verwandelte. Zwischen zwei langen, krummen Fingern hielt er die Zigarettenspitze, die er nur ablegte, während er aß.

Der Rabe hatte sich auf seiner Stange umgedreht. Es sah aus, als würde er auf einen Stapel Teller schielen.

Nach dem Clown im Leopardenfell folgten noch mehrere Tanz- und Gesangsnummern, ehe es eine Pause gab. Die Purple Hearts bekamen viel Applaus, dann wurde die Musikanlage angeschaltet. Kazanski fand tatsächlich auch, dass Nina eine gute Sängerin war. Als die Musiker hinter ihm vorbei zur Küche gingen, winkte er ihr zu. Sie erkannte ihn und blieb stehen.

»He, du singst super …«

»Danke.«

»Ich wollte mich nur bedanken!« Er musste ihr fast ins Ohr brüllen.

»Wofür?« Sie sah ihn verwundert an.

»Dass du mir Mariannes Tasche gebracht hast.«

»Keine Ahnung, wovon du sprichst. Ich muss los …«

Kazanski war sich sicher, dass sie es gewesen war. Die Putzfrau hätte sich niemals eine ordentliche Belohnung entgehen lassen. Und ihre alte Kollegin kam erst recht nicht infrage. Die war viel zu verängstigt. Aber warum die Tasche ausgerechnet bei Nina gewesen war und was sie dazu bewogen hatte, sie ihm zu bringen, darauf würde er heute wohl keine Antwort mehr bekommen.

In der Pause hatten die Leute angefangen zu tanzen. Nachdem er den Busenfreundinnen ein paarmal höflich einen Korb gegeben hatte, verzog er sich. Er brauchte Luft und ging die Treppe hoch, um sich ein paar Stufen ums Eck herum hinzusetzen. Der Saal dort unten war so verqualmt, dass ihm die Lust verging, selbst zu rauchen. Und seinem Hals tat das auch nicht gut.

Er hatte gerade beschlossen, wieder zurück an den Tisch zu gehen, bevor er noch anfing zu frieren, als er das Klappern von Absätzen auf dem Marmorboden hörte und eine heisere Stimme, die ihm bekannt vorkam. Er spähte vorsichtig über das Geländer.

Es war Walentina Suschko, in schwarzer Lederjacke und türkisfarbenen High Heels. Sie begrüßte eine Frau und blieb dann vor der Flügeltür zum Restaurant stehen. Nach einem kurzen Blick auf ihre Armbanduhr steuerte sie auf die Treppe zu. Kazanski zog sich hastig die Schuhe aus und flüchtete in den zweiten Stock hinauf. Das Klappern verstummte. Leutnant Suschko hatte sich fast genau an dieselbe Stelle gesetzt, wo er selbst gerade eben noch gesessen hatte.

Die Milizionärin zündete sich eine Zigarette an und hustete. Nach ein paar Minuten hörte Kazanski erneut Schritte auf der Treppe. Er legte sich ausgestreckt auf den Boden und robbte leise ans Treppengeländer vor. Ein Zylinder wurde sichtbar. Der Hofnarr. Er setzte sich neben Walentina Suschko. Die beiden unterhielten sich gedämpft, Kazanski konnte kein Wort verstehen.

Das Gespräch dauerte nur wenige Minuten, dann verschwand der Hofnarr und kurz darauf stand auch Walentina Suschko wieder auf und ging nach unten.

War etwa ganz Murmansk an diesem bizarren Komplott beteiligt? Kämpfte er einsam und alleine, durchgefroren und erkältet gegen den Rest? Wiktor Schapkin hatte für Maximow und den Hofnarren gearbeitet. Irgendetwas hatte ihn das Leben gekostet. Nur sein tätowierter Arm war als stummer Zeuge wieder aufgetaucht. An diesem Arm hatte Leutnant Suschko ungewöhnlich großes Interesse gezeigt und jetzt gerade hatte sie ein vertrauliches Gespräch mit dem Hofnarren geführt.

Alle Spuren führten zu dem Typen mit dem Zylinder. Wenn er das Motiv für den Mord an Schapkin herausfinden wollte, dann musste er diese extravagante Vogelscheuche aufsuchen.

Es würde ein Drahtseilakt werden. Mit der absoluten Aufmerksamkeit auf dem nächsten Schritt und in Gedanken trotzdem mehrere Schritte voraus, denn der Sensenmann stand schon bereit, das Seil beim geringsten Wackeln zu kappen.

Die drei Frauen an Kazanskis Tisch waren hartnäckig. Schließlich gab er sich geschlagen und ging mit einer von ihnen auf die Tanzfläche. Nur um seine Ruhe zu haben. Er fühlte sich unwohl. Es war Jahre her, dass er getanzt hatte. Er trat ein bisschen von einem Fuß auf den anderen und versuchte, irgendwie die Arme dazu zu bewegen. Dabei konnten Alicia und er vor Urzeiten tatsächlich eine betörende Salsa aufs Parkett legen, so unvorstellbar ihm das inzwischen auch erschien.

Der Alkoholdunst hing längst wie eine dicke Wolke über dem Raum, aber er selbst war völlig klar im Kopf. Er war immer noch unschlüssig: Sollte er an den Tisch des Hofnarren gehen und sich zu ihm setzen? Oder sollte er warten? Der pomadige Conférencier kam auf die Bühne und rettete ihn. Die Musik wurde leiser, die Show ging weiter. Unerträglich, aber nicht so quälend wie das Tanzen auf der Stelle.

Drei junge Frauen in Tarnanzügen marschierten in den Saal, begleitet von infernalisch lauten Trommeln und Trompeten. Eine weitere Kostümnummer begann, und es brauchte nicht viel Fantasie, um sich auszumalen, was jetzt kommen würde. Zu heißen Rhythmen fingen die Soldatinnen an, sich im Takt zu räkeln. Die Männer glotzten und klatschten sich gegenseitig auf die Schultern, ohne die Augen von den Frauen abzuwenden. Während dieser Vorstellung stand sicher einiges stramm.

Kazanski konzentrierte sich wieder auf den Hofnarren, der auf seinem eigenen Planeten in seiner eigenen Galaxie ganz unbeeindruckt sein Eis aß und Champagner trank. Walentina Suschko war nirgends zu sehen.

»Entschuldigung, der Herr.«

Ein Kellner tippte Kazanski diskret auf die Schulter und steckte ihm eine Visitenkarte zu.

»Was ist das?«

»Herr Matischow hat mich gebeten, Ihnen das hier zu überreichen.«

»Und wer soll das sein?«

Kazanski sah den Kellner fragend an, der sich zu ihm herunterbeugte und ihm ins Ohr flüsterte: »Herr Matischow ist der Herr mit dem Zylinder und der Sonnenbrille dort drüben.«

»Ah. Danke.«

»Entschuldigung. Herr Matischow erwartet Ihre Antwort …«

»Antwort worauf?«

»Wenn Sie so freundlich wären, die Karte zu lesen, der Herr.«

Kazanski las. »Aleksandr Matischow, Maximow Green Waste Company«, das »Green« war in grünen Buchstaben gedruckt. Eine Berufsbezeichnung fehlte. »Abendessen übermorgen, 20:00 Uhr, Hotel Ogni« stand handschriftlich darunter. Lange nachdenken konnte Kazanski darüber jetzt nicht. Er nickte dem Kellner zu.

»Sagen Sie ihm, dass ich die Einladung annehme.«

Kazanski trank einen Schluck seines abgestandenen Biers und angelte eine Zigarette aus der Brusttasche. Er wollte jetzt doch eine rauchen, Halsweh hin oder her. Der Wolf war zum Lamm gekommen. Er hatte es blöken hören. Aber diese Geschichte würde anders verlaufen. Mit dem Blick folgte er dem Kellner zurück zum Hofnarren und sah, wie die Vogelscheuche nickte und dem Kellner einen Geldschein in die Hand drückte.

Kazanski wollte eigentlich gerade aufstehen und gehen, da bemerkte er Leutnant Suschko, die auf ihn zusteuerte, als hätte er plötzlich offene Sprechstunde.

Sie trug einen kurzen dunkelblauen Rock und eine türkisblaue Jacke, die zu ihren High Heels passte. Auf dem Weg zu ihm schnappte sie sich einen Stuhl. Einer der Norweger vom Nebentisch winkte ihr zu. Ein Hüne, der mit seiner polierten Glatze und dem Haarkranz aussah wie ein Mönch.

»Hej, Walentina! Prost!«, drang der tiefe Bass des Norwegers durch den Lärm.

»Hallo, Tormod!«

Sie winkte zurück und der Norweger hob sein Glas zum Gruß. Dann stellte Walentina Suschko ihren Stuhl ab und setzte sich, ohne zu fragen, neben Kazanski.

»'n Abend. Ein Seemann allein auf dem stürmischen Meer ...«

Wieder fiel Kazanski ihre Angewohnheit auf, zu kommentieren, statt Fragen zu stellen. Ihr Tipp, sich die Show anzusehen, war also tatsächlich eine Art Aufforderung gewesen.

»'n Abend. Wer folgt denn nun wem?«

»In dem Loch hier läuft man sich zwangsläufig über den Weg.«

Walentina Suschko steckte sich eine Zigarette zwischen die dunkellila geschminkten Lippen. Ihre blauen Augen hatte sie dramatisch mit schwarzem Kajal eingerahmt. Unter der Jacke trug sie eine enge weiße Bluse, die so tief ausgeschnitten war, dass man ihre kleinen Brüste gar nicht übersehen konnte, die noch dazu so hochgepusht waren, dass das weiche Fleisch eine pralle Hügelkette bildete. Der Duft eines schweren würzigen Parfums kroch ihm in die Nase.

»Sie kennen jeden hier in der Stadt, oder?« Kazanski nickte zum Tisch der Skandinavier.

»Nein, nicht alle. Das da drüben sind Norweger. Der Große, der gerade gegrüßt hat, heißt Tormod Bjørknes. Geschäftsmann, früher einer von den Großen. Wie bei allen anderen ging es auch mit seiner Firma bergab, als der ganze Scheiß zusammengebrochen ist. Netter Typ …«

»Warum sind Sie neulich Nacht in mein Zimmer gestürmt?«

»Tut mir leid, darüber kann ich nichts sagen. Nur, dass wir einen Tipp bekommen haben.«

Sie lächelte bedauernd. Sie konnte es also doch. Lächeln.

»Der Mann da drüben, der mit dem Hut. Wer ist das?« Kazanski zeigte diskret auf den Hofnarren.

»Das ist der Hofnarr. So wird er zumindest genannt. Halten Sie sich von ihm und seinen Leuten fern.«

»Warum?«

»Nur ein guter Rat …«

»Mafiosniki?«

Leutnant Suschko antwortete nicht. Sie zuckte nur mit den Schultern.

»Wie läuft es mit Ihrem Schiff?«, fragte sie dann.

»Immer noch Probleme in Stavanger. Hoffentlich kommt es bald. Ich habe keine Lust mehr, noch länger hier herumzusitzen.«

»Sie sehen nicht aus wie ein Seemann …« Sie schaute ihm direkt in die Augen und lächelte wieder. Einer ihrer Schneidezähne hatte einen schimmernden Goldrand. Früher ein Statussymbol. Jetzt war es nur noch eine Reminiszenz an eine vergangene Zeit.

»Ach nein? Warum nicht?« Er erwiderte ihr Lächeln.

»Seemänner sind härter im Nehmen, was das Wetter betrifft. Hier bei uns jedenfalls.«

»Ich bin fast nie an Deck. Zum Glück.«

Walentina Suschko sah ihn wieder an. Der Seemann strahlte Ruhe aus. Selbstsicher manövrierte er durch die Klippen, mit denen sie ihn konfrontierte. Und er war schnell.

Auch unten auf dem Badesteg hatte er ihre Provokation prompt gekontert. Nicht viele hatten den Mumm, der Miliz die Stirn zu bieten. Seine dunklen Augen, eingerahmt von feinen Falten, waren gelassen und unergründlich. Die hohen Schläfen glänzten unter dem Bürstenschnitt. Ihr gefiel, was sie sah. Sein Auftreten verbarg seine Intelligenz. Und genau das bereitete ihr Sorgen. Sie streckte ihm die Hand hin.

»Walentina, Walentina Suschko.«

Ein neues Lächeln breitete sich einladend vor ihm aus, aber Kazanski war ziemlich sicher, dass sie nicht betrunken war, zumindest nicht sehr.

»Sergej Lunew«, sagte er und drückte ihre Hand, lang und fest. Sie lachte heiser, warum auch immer.

»Hast du deinen Kameraden gefunden, Sergej?«

Endlich eröffnete sie. Das einleitende Manöver wirkte sorgfältig vorbereitet.

»Kamerad?« Kazanski erbat sich Bedenkzeit.

»Ja, einer der Jungs an der Bar hat erzählt, dass du auf der Suche nach einem Kameraden bist.«

»Ach so, das … Kamerad ist vielleicht zu viel gesagt. Eher ein guter Bekannter. Wir waren zusammen bei der Marine. Er heißt Wiktor. Wiktor Schapkin. Kennst du ihn?«

»Schapkin? Nein, sagt mir nichts. Was macht er?«

»Das weiß ich gar nicht. Ich weiß nur, dass er hier gewohnt hat, als ich das letzte Mal von ihm gehört habe.«

»Ich werde mich mal ein bisschen umhören. Mein Kollege kennt fast jeden hier oben. Vielleicht kann ich dir helfen. Hast du Lust zu tanzen?«

»Nein danke. Ich tanze nie. Oder fast nie«, fügte er im Gedanken an die Blamage des Abends hinzu. »Aber was hältst du von einem Drink?«

»Drink? Ich nehme ein Bier.«

Walentina Suschko hängte ihre Jacke über die Stuhllehne. Der Rock spannte ein wenig über ihren weichen Hüften und ihr üppiger Bauch rollte vorn über den Bund. Alles an ihr war rund. Rund und gefährlich.

»Wie findest du die Show? Haben dir die Soldatenstripperinnen gefallen?« Wieder forderte sie ihn mit ihrem heiseren Lachen heraus.

»Nein, ich stehe eher auf Frauen in Zivil.«

Der Frost und der frische Wind waren wie eine Befreiung, als er die Treppe hinunterging und die Rauchschwaden im Arktika hinter sich ließ. Für ihn war es wie eine Party bei Nachbarn. Sein Heimweg betrug nur ein paar Hundert Meter.

Er war immer noch nicht schlauer, was Walentina Suschko betraf. Sie hatten sich eine halbe Stunde unterhalten, wobei Suschko sich abwechselnd ein bisschen an ihn herangemacht hatte – und in ihrer Rolle als Milizleutnant wieder auf Abstand gegangen war. Er war ihren vielen Fragen ausgewichen, die sie bei Bedarf in schmeichelndes Lächeln oder herausfordernde Blicke verpackt hatte. Aus irgendeinem Grund hielt sie ihn für verdächtig. Das Problem war vielleicht, dass sie selbst nicht wusste, warum.

Eine Zeit lang dachte er, ihr kleines Intermezzo würde auf ein verführerisches Angebot hinauslaufen, und er hatte sich sogar schon eine Ausrede einfallen lassen – seine Grippe. Während seiner Ausweichmanöver kühlte ihr Interesse jedoch ab und statt zu fragen, ob er sie nach Hause begleiten wolle, leerte sie ihr Glas, stand abrupt auf und bedankte sich für den Abend. Sie wollte noch ein paar Freunden Hallo sagen, die an einem anderen Tisch saßen.

Er selbst brach ebenfalls auf, erschöpft von der Erkältung

und müde, weil er sich so lange auf ihr Frage-Antwort-Spiel hatte konzentrieren müssen.

»Psst …«

Erst jetzt bemerkte er die Gestalt, die zusammengekauert auf einer Bank in der hinteren Ecke des Platzes saß. Es war Nina, die Sängerin der Purple Hearts, in einem schweren Ledermantel.

»Ich habe gesehen, dass du im Begriff warst zu gehen. Wir haben gerade eine kurze Pause vor unserem letzten Set, ich habe also nicht viel Zeit«, sagte sie.

»Was willst du?«

»Nur sagen, dass du recht hast. Ich habe dir die Tasche gebracht. Ich kenne dich zwar nicht, aber ich glaube, du bist okay. Das bist du doch, oder?«

Kazanski nickte und setzte sich neben sie. »Ja, ich bin okay …«

»Dass du mit ihr zusammen warst, kaufe ich dir nicht ab, aber ich will gar nicht wissen, wer du wirklich bist. Ich will nur, dass jemand herausfindet, was mit ihr passiert ist. Die Sache stinkt. Das war kein Unfall … Marianne war klug, rücksichtsvoll und verantwortungsbewusst. Sie war nicht der Typ, der sturzbetrunken Auto fährt. Und sie war ja auch Schwedin …«

»Du denkst, dass sie umgebracht wurde?«

»Ja … Kurz bevor sie mich bat, die Tasche für sie aufzubewahren, kam ein Amerikaner zu ihr – zweimal. Ein Privatdetektiv, sagte sie. Er hieß Shaw, genau wie der Autor, der *Die jungen Löwen* geschrieben hat. Bei seinem zweiten Besuch hat er ihr gedroht – er wurde handgreiflich. Danach wurde sie immer unruhiger. Sie vertraute mir an, dass sie vielleicht gezwungen sein würde, den Kontakt zu uns abzubrechen und unterzutauchen. Sie sagten nur nicht, warum. Den Rest der Geschichte kennst du ja. Mehr weiß ich nicht.«

»Du bist nicht zur Miliz gegangen?«

»Bist du wahnsinnig? Ich will doch nicht in irgendwas reingezogen werden … Außerdem kann man denen nicht trauen. Nein danke …«

»Hast du diesen Shaw gesehen?«

»Ja, beim ersten Mal.«

»Und danach?«

»Seitdem nie wieder.«

»Marianne hatte Interesse am Hofnarren?«

»Ja. Das war komisch … Ich weiß nicht, warum. Wenn ich sie danach gefragt habe, hat sie immer das Thema gewechselt oder einfach gar nichts gesagt. Ich habe sie gewarnt. Er ist unheimlich. Angeblich ist er ein Mafiosnik. Sie meinte nur, sie fände ihn spannend.«

»Hm. Wo habt ihr Marianne kennengelernt?«

»In Sankt Petersburg, wie die Jungs gesagt haben. Sie kam zu einem unserer Auftritte, um uns zu hören. Sie war wie besessen davon, diesen Drecksjob hier oben auf die Beine zu stellen, und ihr fehlte eine Band. Das Angebot war gut.«

»Du mochtest sie nicht?«

»Doch, ich habe das nur gesagt, damit die Jungs nicht noch misstrauischer werden. Es gab ein paar Andeutungen. Ich … Weißt du … In Wahrheit war ich verliebt in sie … Aber sie … Also, sie stand nur auf Männer, hat sie gesagt. Aber wir waren gut befreundet. Ich habe viel geweint wegen ihr. Ich vermisse sie. Ich habe nie eine Antwort bekommen. Wenn man verliebt ist, will man alles über den anderen wissen – alles. Aber sie war so verschlossen … Hat nie etwas erzählt … Ich muss jetzt zurück. Ich hoffe, ich konnte dir helfen.«

»Das konntest du – und wie. Danke. Oh, eine letzte Sache noch …«

»Ja?«

»Warum Purple Hearts?«

»Irgendeinen Namen brauchten wir ja … Vadim war für Broken Hearts, Pavel für Purple Hearts und ich für Golden Hearts. Wir haben das Los entscheiden lassen und Pavel hat gewonnen. Darum … Wieso fragst du?«

»Reine Neugier …«

Nina lachte, stand wortlos auf und eilte zurück ins Arktika. Kazanski ging mit schnellen Schritten weiter ins Meridian, um sich und sein kaputtes, aber immer noch schlagendes Durchschnittsherz ins Warme zu bringen.

12

Moskau

Sonntage waren mitunter hervorragende Arbeitstage. Für gewöhnlich war es friedlich und ruhig in dem großen Hauptquartier der GRU. Keine störenden Besprechungen. Man konnte richtig viel erledigen. Heute war es nicht so. Generalleutnant Eduard Glikin war genervt. Und besorgt. Aus mehreren guten Gründen.

Er hatte Anna versprochen, dass sie einen Sonntagsausflug machen würden. Von Zeit zu Zeit zog es sie zur Krim-Brücke, wo seine Frau Stunden damit verbringen konnte, sich die Bilder der Maler an der Uferpromenade anzusehen. Die Künstler waren eigentlich immer da, bei nahezu jedem Wetter. Das meiste dort war reiner Kitsch, ab und zu jedoch entdeckte sie begeistert ein Talent.

Danach hatten sie vorgehabt, in den herbstlich ruhigen Gorki Park hinüberzuspazieren und eine Tasse Kaffee zu trinken. Daraus wurde nun nichts. Anna war wütend gewesen, als er ihre Verabredung abgesagt hatte. Aber nach der Nachricht, die man ihm telefonisch übermittelt hatte, war ihm gar nichts anderes übrig geblieben, als ins Hauptquartier zu fahren. Die Bildanalyse war abgeschlossen.

Das Ergebnis aus der Archivabteilung lag vor ihm auf dem Tisch. »Mit großer Wahrscheinlichkeit«, stand im Bericht, unterschrieben vom Chefarchivar persönlich. Er hatte also richtig vermutet. Die Amerikaner waren im Begriff, ihre Mission in Murmansk wiederaufzunehmen.

Er betrachtete noch einmal die Fotos des Seemanns. Wie üblich war eine Computeranalyse des Gesichts frontal und im Profil durchgeführt worden. Der Mann auf den Bildern war »mit großer Wahrscheinlichkeit« ein Amerikaner, Kazanski, Jan Jordi. Vergleichsgrundlage waren die obligatorischen Fotos der Mitarbeiter der amerikanischen Botschaft, die damals wie heute in den GRU-Archiven aktualisiert und gesammelt wurden. Selbst der Generalleutnant konnte die Ähnlichkeit mit bloßem Auge erkennen, auch wenn die Haare inzwischen wesentlich kürzer waren.

Vor wenigen Jahren war dieser Kazanski, Jan Jordi, an der Botschaft in Moskau beschäftigt gewesen. Er wurde unter der unspezifischen Bezeichnung »Büromitarbeiter« geführt, aber aus dem ergänzenden Material ging hervor, dass er mit dem amerikanisch-russischen Mafia-Bekämpfungsprojekt UROCIS betraut gewesen war und intern auch Ivan Capone genannt wurde.

An der Zusammenarbeit war von russischer Seite der FSB beteiligt gewesen, die Amerikaner hatten Experten der CIA und des FBI geschickt. Der FSB war damals nicht sehr mitteilungsfreudig gewesen, und den Unterlagen konnte Glikin entnehmen, dass die GRU ziemlich viel Zeit darauf verwenden musste, um sich einen Überblick über das Projekt zu verschaffen.

Jan Jordi Kazanski war am 4. Januar 1998 ausgewiesen und zur Persona non grata erklärt worden. Der Grund dafür war anhaltendes, unangemessenes Verhalten gegenüber den russischen Behörden gewesen.

Ein Schnüffler der amerikanischen Regierung auf den

Spuren der Affäre in Murmansk war das absolut Letzte, was Generalleutnant Glikin im Augenblick gebrauchen konnte. Murmansk war gleichbedeutend mit Ärger. Das galt für diesen gottverlassenen Ort schon lange.

Kazanskis Anwesenheit löste bei Glikin ein seltenes Gefühl von Unbehagen aus. Dasselbe galt für die Nachricht, dass der Amerikaner seinen Schatten bemerkt und überfallen hatte. Auch die letzte Meldung, dass Kazanski in Gesellschaft des weiblichen Milizleutnants bei irgendeinem Showabend gesehen worden war, trug nicht gerade zu seiner Beruhigung bei. Und schließlich nervte ihn, dass Anna nach so vielen Ehejahren immer noch nicht einsehen wollte, dass seine Arbeit immer Vorrang hatte.

Der Generalleutnant nahm eine Zigarre aus der Schublade. Die vortreffliche Havanna war zweifellos der einzige Höhepunkt an diesem Sonntag. Natürlich besaß der FSB wesentlich ausführlichere Informationen über diesen Kazanski. Sollte es wirklich so weit kommen, dass er gezwungen war, in der Lubjanka betteln zu gehen? Allein bei dem Gedanken rümpfte er angewidert die Nase.

Der junge Sekretär der amerikanischen Botschaft ging ein weiteres Mal seine Anweisungen durch. Sie waren ausgesprochen simpel. Trotzdem war er ein wenig angespannt. Solche Botengänge waren neu für ihn.

Der Amerikaner aß gerade einen Hähnchenschenkel in einem der vielen Fastfood-Restaurants im beeindruckenden unterirdischen Einkaufszentrum am Manegenplatz. Mit ihrem typischen Sinn für Humor sprachen die Russen nur von Luschkows Keller, benannt nach dem ambitiösen Bürgermeister, der ganz Moskau mit Denkmälern dekorierte, die vor allem an seine eigene Amtszeit erinnerten. Mit der heftig kritisierten Statue Peter des Großen unten am Fluss hatte er jedenfalls eine bleibende Spur hinterlassen. Offiziell hieß das Einkaufszentrum ganz banal Handelskomplex am Manegenplatz. Dass die Geschäfte darin ausschließlich westliche Markenwaren zu schwindelerregenden Preisen verkauften, machte es noch komischer. Es war ein exklusiver Spielplatz für Neureiche. Alle andere konnten nur staunen und träumen.

Er warf einen Blick auf die große Uhr über dem Burgertresen. Gleich würde er sein Zeichen bekommen. Er legte seine Baseballkappe auf den Tisch und sein Portemonnaie obendrauf, damit sie wusste, dass er der Empfänger war.

Einen Moment später kam die Frau mit dem roten Halstuch und den roten Handschuhen. Kurz vor seinem Tisch ließ sie einen der Handschuhe fallen, bückte sich, hob ihn auf und ging weiter. Der junge Mann sah wieder auf die Uhr, wartete zehn Minuten, dann stand er auf und fuhr mit der Rolltreppe nach oben.

Auch in dem berühmten Kaufhaus GUM herrschte sonntags reges Treiben. So waren die neuen Zeiten. Der Amerikaner nahm den Eingang an der Nikolskaja Uliza und setzte seinen Weg in den ersten Stock fort und betrat schließlich das kleine Café. Man fand es nur, wenn man von seiner Existenz wusste – versteckt zwischen den vielen kleinen Geschäften.

Er setzte sich ans Fenster. Von hier hatte man Aussicht auf den gesamten Roten Platz mit dem Mausoleum, den blaugrünen Tannen, der Kreml-Mauer und dem gelben Senatsgebäude dahinter. Er war der einzige Gast. Bei einer Abendeinladung hatte ein russischer Kollege ihm erklärt, dass die Altkommunisten dieses Café als Schande betrachteten. In unmittelbarer Nachbarschaft von Lenins sterblichen Überresten Bier auszuschenken … die reinste Blasphemie.

Lenin lag direkt hier gegenüber. Er bekam immer noch jeden Tag eine Gesichtsbehandlung, und zwei Monate im Jahr schloss das Mausoleum, damit der Staatsführer in einem speziellen Chemikalienbad aufgefrischt werden konnte. Laut der Experten befand er sich in gutem Zustand und würde vermutlich noch etliche Generationen überdauern.

Der Amerikaner drehte sich um, als er hörte, wie sich eine Frau Tee bestellte. Das war sie. Sie kam zu ihm und setzte sich an seinen Tisch.

»Alles in Ordnung?«, fragte er.

Die grauhaarige Dame nickte ruhig. Dann kramte sie in ihrer Handtasche und steckte ihm unter dem Tisch einen großen Umschlag zu.

»Das ist alles. In Kopien. Die gesamte Akte über Wiktor Schapkin aus dem Wympel-Archiv.«

»Sehr schön. Gab es Probleme?«

»Nein. Keine Probleme. Und Sie haben auch etwas für mich?«

»Selbstverständlich.« Der junge Mann zog ein Kuvert aus der Innentasche seiner Jacke und auch dieser Umschlag wechselte unter dem Tisch den Besitzer. Er war prall gefüllt mit Dollarscheinen.

Der CIA-Chef in Moskau, Bruce Darrow, saß in seinem Büro in der Botschaft am Nowinskij Bulwar und hatte die Füße auf den Schreibtisch gelegt. Er öffnete den Umschlag, den der junge Rufus nach seinem Ausflug ins GUM gerade bei ihm abgeliefert hatte.

Es waren sechs A4-Seiten, auf einer alten Schreibmaschine mit hüpfenden Buchstaben getippt. Das letzte Blatt weckte sofort sein Interesse. Er pfiff leise, als ihm ein Detail auffiel, das schlagartig die gesamte Mission änderte.

Diese letzte Seite war eine schematische Auflistung medizinischer Daten. »Blutgruppe: 0«. Das war eindeutig. Und auch der letzte Zweifel wurde endgültig von dem Wort »Universalspender« vom Tisch gefegt, das auf einer gepunkteten Linie unter der Blutgruppe stand. Wiktor Schapkin hatte die Blutgruppe 0 und war für Notfälle als Universalspender gekennzeichnet worden, weil seine Blutgruppe keinen Ärger mit den Antigenen machen würde. So viel wusste Darrow gerade noch.

Mit anderen Worten: Wiktor Schapkin war nicht tot. Oder zumindest hatten die Rechtsmediziner in Murmansk nicht Wiktor Schapkins tätowierten Arm untersucht. Laut Kazanskis Informationen hatte der rechtmäßige Besitzer des Arms Blutgruppe A. Auch die geschätzte Körpergröße stimmte nicht überein. Kazanski hatte von 180 Zentimetern gesprochen. Schapkin war 190 Zentimeter groß. Eine derartige Abweichung war von Experten nicht zu erwarten. Und solange Schapkin nicht tot aufgefunden wurde, musste man davon ausgehen, dass er noch überaus lebendig war.

Dann las Darrow sich den Rest der Archivunterlagen durch. Wiktor Schapkin hatte während seiner langen Dienstzeit bei Wympel eine Vielzahl an Auszeichnungen und Beförderungen erhalten. Seine Militärkarriere endete offensichtlich nach der Behandlung eines nicht näher benannten Traumas. Im Mai 1993 hatte Schapkin sein Abschiedsgesuch eingereicht, das auch bewilligt worden war.

Bei der zweiten Durchsicht der Akte, als er den langen Abschnitt über Schapkins Afghanistan-Einsatz noch einmal gelesen hatte, hielt Darrow plötzlich inne. Ihm kam eine Idee. Er sah auf die Uhr. Es war erst halb zwei. Das war auf jeden Fall noch zu schaffen. Dann konnte er Jan Jordi Kazanski gleich heute Abend informieren.

Der ältere Herr stützte sich auf seine Hacke. Sein wachsamer Blick folgte dem dunkelblauen Auto, das in den Feldweg abbog und auf sein Haus zufuhr. Es war nur ein kleines Auto, aber das rote Diplomatenkennzeichen weckte sofort seine Aufmerksamkeit. In diese Gegend verirrten sich nie Diplomaten. Zum Glück.

Bruce Darrow ließ den Wagen im Leerlauf den Weg hinunterrollen. Er wollte bei seiner Ankunft Bescheidenheit demonstrieren. Auch deshalb hatte er eins der kleinen Kurierautos genommen. Im Übrigen hatte er den Mann, der reglos mitten auf dem Acker hinter dem Haus stand, schon oben von der Straße aus bemerkt. Das musste Ilja Tarasow sein, ehemaliger Wympel-Oberst. Das konnte nur er sein. Allein die Haltung und diese Autorität, die selbst von Weitem eine stoische Ruhe ausstrahlte.

Darrow hatte über eine Stunde für den Weg hierher gebraucht. In der Stadt hatte er mehrere kleine Manöver eingelegt, um sich abzusichern, ehe er auf die große Ringstraße und von dort weiter nach Nordwesten gefahren war, in Richtung des großen Istra-Reservoirs.

Auch wenn der Kalte Krieg aufgetaut war und der Austausch von Spionen am Checkpoint Charlie einer fernen Vergangenheit angehörte, konnte man als Botschaftsmitarbeiter, vor allem der amerikanischen Botschaft, nie wissen, ob man nicht unerwünschte Begleitung hatte. Am Wert von Informationen würde sich nie etwas ändern.

Er hatte sich im Dorf hierher durchgefragt, und nun hielt er vor dem kleinen verwitterten Haus, das mit den vielen windschiefen Holzschuppen auf der Rückseite an einen kleinen Bauernhof erinnerte. Darrow ließ sich reichlich Zeit, stieg langsam aus und ging in Richtung Haustür.

Der Mann kam ihm entgegen, er hinkte leicht. Sie trafen

sich auf halber Strecke. Bruce Darrow bemerkte den musternden Blick des Alten hinter den schlierigen Brillengläsern. Tarasow musste etwa Mitte sechzig sein. Abgesehen von dem schlechten Bein sah er ziemlich fit aus, wettergegerbt und kerngesund.

»Oberst Tarasow?« Darrow streckte ihm lächelnd die Hand entgegen.

»Pensionist Tarasow …«

»Bruce Darrow, guten Tag. Ich komme von der amerikanischen Botschaft. Hätten Sie vielleicht Zeit, sich einen Augenblick mit mir zu unterhalten?«

»Zeit? Wenn ich etwas habe, dann Zeit. Was wollen Sie?«, knurrte Tarasow.

»Ich würde gern mit Ihnen über Ihre Jahre bei Wympel sprechen. Ich hoffe, dass Sie mir mit Ihrem Wissen weiterhelfen können.«

»Tut mir leid. Ich bin keiner von diesen Schurken, die am liebsten die Uhr zurückdrehen wollen, aber … Sie müssen verstehen, dass ich nicht mit jemandem von der amerikanischen Botschaft über meine Vergangenheit diskutieren kann.«

»Ich bin nicht darauf aus, Ihnen brisante Informationen zu entlocken, ich will nur …«

Darrow wurde mit einer energischen Handbewegung ausgebremst.

»Wie gesagt. Ich kann Ihnen nicht helfen, und ich möchte nicht hören, was Sie hierhergeführt hat. Auf Wiedersehen.«

Ilja Tarasow machte mit militärischer Präzision auf dem Absatz kehrt und humpelte zurück zu seiner Hacke, die er an eine Schuppenwand gelehnt hatte.

Darrow blieb einen Moment abwartend stehen. »Es geht um Schapkin, Oberst Wiktor Schapkin!«, rief er dann.

Zwischen den Büschen pickten ein paar Hühner in der Erde. Bei Darrows Rufen fing lautes Gegacker und Flügelschlagen an, als hätte Schapkins Name das Federvieh in Aufruhr versetzt. Der alte Mann erstarrte mitten in der Bewegung, als er nach seinem Werkzeug griff. Er blieb ein paar Sekunden unentschlossen stehen, aber dann drehte er sich zögernd nach Darrow um. Schließlich winkte er den Amerikaner zu sich.

»Sagten Sie Schapkin?« Wieder sah Tarasow ihn durchdringend an.

»Ja, Wiktor Schapkin. Ich weiß, dass Sie in Afghanistan sein Vorgesetzter waren.«

»Ja, das war ich.« Der Alte nickte nachdenklich.

»Kannten Sie ihn gut?«

»Wenn man zusammen in der Hölle ist, lernt man sich kennen. Sehr gut sogar. Wiktor war wie ein Sohn für mich. Worum geht es?«

»Ich fürchte, dass Schapkin in Schwierigkeiten steckt. In großen Schwierigkeiten …«

»Lassen Sie uns reingehen, aber ich muss hier draußen erst noch zumachen.«

Der Alte ging in einen der Schuppen und Darrow begleitete ihn. In den Lehmboden war eine Holzluke eingelassen. Sie stand offen, und darunter, auf einer dicken Schicht aus Stroh, lagerten Berge von Gemüse – Kartoffeln, Kohl, Karotten, Gurken und Zwiebeln.

»Das ist unsere Schatzkammer. Mutters und meine Kronjuwelen …«

Tarasow zählte alles auf und verwendete dabei Koseformen, die fast so klangen, als hätte er eine persönliche Beziehung zu jedem einzelnen Kohlkopf und jeder Zwiebelknolle in seinem Keller.

»Wir sind reich. Drei Kühe, vier Schweine und einundzwanzig Hühner. Wir können nicht klagen.«

Tarasow klang beinahe ein wenig verlegen. Er nahm eine Heugabel und deckte die Vorräte mit Stroh von einem Haufen zu, der fast den halben Schuppen füllte.

»Es wird bald Nachtfrost geben … Kommen Sie, gehen wir ins Haus …«

Sie setzten sich an den Tisch in der großen Küche, die von einem enormen gusseisernen Herd dominiert wurde. Der Boden war aus nacktem Beton, abgedeckt mit unzähligen kleinen Linoleumresten in den unterschiedlichsten Farben.

Tarasows Frau grüßte freundlich, und auf Wunsch ihres Mannes zauberte sie umgehend Salzgurken und eingelegte Pilze hervor, während der Oberst a. D. eine Flasche Wodka aus dem Schrank holte. Darrow fing Tarasows Blick auf und sah dann zu dessen Frau hinüber.

»Machen Sie sich wegen ihr keine Sorgen. Es gibt nichts auf der Welt, das Mutter nicht hören darf«, sagte er und gab ihr einen zärtlichen Klaps auf den Po.

Bruce Darrow legte Tarasow eine Kopie des Bilds von dem Arm hin.

»Sagt Ihnen dieses Foto etwas?«

»Ja.« Tarasow antwortete ohne Bedenkzeit.

»Wären Sie so freundlich …«

»›P. O. W. Naweki‹ … Das P steht für Pjotr. Das O für Oleg und das V für Wiktor. Das ist die Tätowierung der Ismajlowo-Jungs. Dazu das Wympel-Emblem, es fehlt nur der Fallschirm. Der wäre zu viel gewesen. Zu teuer, den auch noch stechen zu lassen, daran kann ich mich noch erinnern.«

»Die Ismajlowo-Jungs?«

»Ja, so haben wir sie genannt. Sie hingen zusammen wie die Kletten. Immer schon, von Kindesbeinen an. Alle drei aufgewachsen in Ismajlowo. Sie kamen als junge Rekruten und haben alles gemeinsam gemacht.«

»Ismajlowo in Moskau?« Darrow hörte konzentriert zu, während er sich eine Scheibe Brot abschnitt.

»Ja, in Moskau. Sie kennen sicher den Markt dort.«

Darrow nickte.

»Prost!« Ilja Tarasow legte den Kopf in den Nacken und spülte die klare Flüssigkeit hinunter. Es waren wesentlich mehr als die üblichen fünfzig Gramm. Dann fuhr er fort.

»Pjotr Klim, Oleg Galibin und Wiktor Schapkin standen in Kabul alle drei unter meinem Kommando. Pjotr habe ich nicht mehr mit nach Hause gebracht. Er wurde von einem kleinen Bastard getötet, einem miesen kleinen Köter, der plötzlich im Basar aufgetaucht ist und mehrere meiner Männer niedergemäht hat. Pjotr hatte sich gerade verlobt …«

Darrow bemerkte, wie der Blick des Alten für einen Moment wegdriftete, ehe er sich wieder fasste.

»Sie gehörten zu den Besten, die Ismajlowo-Jungs. Und einen besseren Mann als Wiktor hatte ich nie in der Truppe. Einmal hat er mich noch besucht, aber leider habe ich seit mehreren Jahren nichts mehr von ihm gehört. Sie sagten, er wäre in Schwierigkeiten? Warum? Und was hat das Foto zu bedeuten?«

»Ich kann nicht ins Detail gehen, aber zum Dank für Ihr Vertrauen, werde ich Ihnen, so gut es geht, antworten.«

Bruce Darrow erzählte dem alten Wympel-Oberst eine oberflächliche Version des Falls, die gerade noch vertretbar war. Tatsächlich ließ sich das Ganze auf einen Satz herunterbrechen. »Wir hatten eine Abmachung mit Wiktor Schapkin, aber er ist nicht aufgetaucht, und wir können ihn nirgends finden.«

Tarasow hörte zu, aber offenbar war er schon zu dem

Schluss gekommen, dass er gar nicht weiter nachfragen wollte. Sein Blick wurde wieder fern und er schüttelte gedankenverloren den Kopf.

»Tja«, sagte er, mehr zu sich selbst, »nun habe ich noch einen der Ismajlowo-Jungs verloren. Die Blutgruppe, es muss ja Olegs Arm sein … Jetzt ist nur noch Wiktor übrig. Mein guter Witja …«

»Ja, so ist es wohl«, sagte Darrow leise. »Sagen Sie, sahen Oleg und Wiktor sich irgendwie ähnlich?«

»Sie hatten dieselbe Haarfarbe, rotblond. Ähnliche Statur, wobei Wiktor größer war. Denken Sie …«

»Wer weiß? Es ist nicht auszuschließen.«

»Verflucht, verflucht, verflucht. Wissen Sie, ich habe nie viel vom Krieg gehalten. Ich war nur zufällig ein guter Soldat. Afghanistan war der blanke Wahnsinn. Ich bin am liebsten hier zu Hause bei meiner Frau. Hast du gehört, Mutter? Oleg ist jetzt auch weg. Armer Oleschek. Es ist nur noch Wiktor übrig …«

Die Frau des Alten legte ihm eine Hand auf die Schulter und er nahm sie und drückte sie. Darrow räusperte sich leise. Dann bedankte er sich bei Tarasow, dass er ihm zugehört hatte.

»Sie müssen sich nicht bedanken. Helfen Sie ihm, wenn sie können, Amerikaner, damit würden Sie einem alten Mann einen großen Dienst erweisen. Sie haben mein schlechtes Bein bemerkt, nicht wahr? Er hat mich damals aus den Flammen gerettet. Wiktor …«

Der Vater mit seinem Sprössling auf dem Schlitten. Die Kinder, die Fangen spielten. Die Mütter mit Picknickkörben. Es sah aus wie bei einem großen Ausflug. Wie bei Amerikanern, die sich an einem Sonntag, dem heiligen Familientag, im Park am ersten Schnee erfreuten. Und doch war es so anders. So russisch.

Kazanski hatte verwundert die vielen parkenden Autos bemerkt. Jetzt stapfte er den verschneiten Hauptweg des Friedhofs hinunter und staunte noch mehr. Denn überall war Leben und hektische Aktivität.

Der Friedhof war eine Wildnis aus Bäumen, Sträuchern und protzigen Grabsteinen mit Büsten oder fein gemeißelten Konterfeis der Toten, geschmückt mit weißen Skulpturen, die Tauben oder Engel darstellten. Aus westlicher Sicht erschien das vielleicht schwülstig und übertrieben, aber so gefiel es den Russen eben. Der Friedhof in Murmansk war, was das betraf, also ziemlich normal, und er wusste auch, dass es normal war, sich am Grab zu treffen und die Toten mit einem Stück Brot und eins, zwei Gläschen zu ehren. Aber dass so viele auf den Friedhof wallfahrten, erschien ihm ungewöhnlich.

Kazanski spähte links und rechts in die verschneiten Wege des knirschenden Labyrinths, aber erst ganz zum Schluss, am Ende des Friedhofs, fand er, was er suchte.

Ein Mann saß nach vorn gebeugt auf einer Bank vor zwei bescheidenen Grabsteinen. Er hob den Kopf, als Kazanski stehen blieb. Ein paar Schneeflocken hingen in dem üppigen Walrossbart und den buschigen Augenbrauen. Es war Timur Glasow. Leutnant Suschkos Partner bei der Miliz.

»Entschuldigen Sie, dass ich Sie störe, aber man hat mir gesagt, dass ich Sie hier finden würde«, sagte Kazanski.

»Wer hat das gesagt?«

Timur Glasows Miene blieb unbewegt, nur in seiner Stimme klang Verwunderung. Tiefe Falten gaben seinem Gesicht etwas Schwermütiges. In der Hand hielt Glasow ein Glas.

»Ihre Nachbarin. Eine rothaarige Frau.«

»Ah, die Matrone. Sie weiß immer alles. Was führt Sie zu mir, Seemann?«

»Unglaublich, diese vielen Menschen …«

»Es hat geschneit, es ist Sonntag, und es ist die letzte Gelegenheit, bevor der Friedhof schließt. Murmansk verabschiedet sich für dieses Jahr. Deshalb.«

»Ich habe Walentina Suschko gestern Abend bei der Show im Arktika getroffen. Wir haben uns ein bisschen angefreundet. Sie meinte, dass Sie mir vielleicht weiterhelfen können.«

»Wobei?«

»Ich bin auf der Suche nach einem ehemaligen Kameraden.«

»Hm, setzen Sie sich. Wenn Walja das gesagt hat, wird es wohl in Ordnung sein …«

Timur Glasow rutschte ein Stück zur Seite. Unter der Bank war der obligatorische Schrank eingebaut. Er beugte sich vor, öffnete die Tür und nahm ein Glas heraus.

Kazanski fiel auf, wie sorgfältig der Schnee von den beiden Steinen der Grabstätte gekehrt worden war. In Russland stellte man den Grabstein immer am Fußende der Verstorbenen auf. Wie man einen schweren Stein über dem Kopf eines geliebten Menschen platzieren konnte, dessen Verlust man betrauerte, war den Russen ein Rätsel.

Auf einem der Steine stand ein Glas Wodka und auf dem Glas lag eine Zigarette. Auf dem anderen Stein stand ein Glas mit einer rötlichen Flüssigkeit und einem Riegel Schokolade.

»Trinken Sie einen Schluck mit mir?«

Kazanski nickte und Glasow zog eine Flasche Wodka aus seiner Manteltasche und schenkte ein. Dann bot er Kazanski eine Zigarette an und steckte sich selbst auch eine an.

»Ich bin hier, um mich von meinen Eltern zu verabschieden«, sagte der alternde Milizionär und nickte zu den Grabsteinen.

»Ich komme erst im Mai wieder, wenn der Schnee schmilzt. Prost!«

Timur Glasow erhob sein Glas und prostete erst seinen Eltern zu, dann Kazanski. Nachdem der Schnaps ihm einen wohligen Seufzer entlockt hatte, fuhr er langsam fort.

»Mein Alter hat gern Wodka getrunken, ein bisschen zu gern … Meine Mutter war mehr für süßen moldawischen Rotwein und Schokolade zu haben. Leben Ihre Eltern noch?«

»Ja, sie leben noch und sind auch beide gesund«, antwortete Kazanski. Leutnant Suschkos Partner war offenbar in Plauderlaune. Er hatte Glück.

»Mein Alter hat mir nur zwei Sachen hinterlassen … Eine Angel und ein Sprichwort. ›Ehrlich währt am längsten.‹ Er war Buchhalter in einem der großen Fischereikollektive. Er hatte eine Buchführung in der Fabrik und eine zweite zu Hause. Meine Mutter hat es mir erst lange nach seinem Tod erzählt … Trotzdem hatten wir nie Geld … Aber Sie haben vorhin einen alten Kameraden erwähnt?«

»Er heißt Wiktor Schapkin. Ich wollte ihn besuchen, während ich auf mein Schiff wartete, aber ich kann ihn nicht finden. Kennen Sie ihn?«

Als Kazanski nach einer halben Stunde aufbrach und sich für den Wodka bedankte, war er kein Stück schlauer geworden.

Timur Glasow kannte keinen Schapkin, aber viel ärgerlicher war, dass er sich nicht dazu hatte verleiten lassen, etwas über seine Partnerin Walentina Suschko zu erzählen. Das war Kazanskis eigentliches Ziel gewesen. Und obwohl er den Köder langsam und mit Bedacht ausgelegt hatte, um den Milizionär nicht zu verschrecken, war das Gespräch ins Stocken geraten, sobald er Leutnant Suschko erwähnte.

Genauso wortkarg war Timur Glasow geworden, als er ihn beiläufig nach dieser seltsamen Gestalt, dem Hofnarren, fragte. »Machen Sie einen großen Bogen um ihn«, lautete sein einziger Kommentar dazu.

Entweder litt der alte Ermittler unter einem alles beherrschenden Respekt vor seiner Partnerin, oder er war schlauer, als Kazanski ihm zugetraut hatte.

Hatte der nachmittägliche Besuch des Friedhofs noch unter einem Mangel an neuen Erkenntnissen gelitten, sah die Sachlage schon ganz anders aus, als Kazanski sich um 22:00 Uhr ins Internet einwählte und in den privaten Chatroom »kazmur1018« einloggte, um sich mit Moskau und Langley zu treffen.

Es blieb ihm erspart, von den stockenden Ermittlungen zu berichten, nachdem folgende Nachricht des Moskauer CIA-Chefs auf dem Bildschirm erschien:

darrow: Tätowierter Arm ist NICHT VS. Wiederhole NICHT VS.

Kazanskis Überraschung machte sich deutlich bemerkbar, er konnte die Taste kaum loslassen:

jordi: ????????????????????????

darrow: Blutgruppe passt nicht. Arm gehört Ex-Wimpel-Kamerad von VS. Darstellung des Falls zu umfangreich hier. Übergabe meines Berichts am bekannten Treffpunkt um 13:00 Uhr. Bote ist derselbe wie letztes Mal. Bericht nach dem Lesen sofort vernichten.

In seinem schwarzen Overall wurde Wiktor Schapkin von der sternenlosen Nacht verschluckt. Nur für kurze Augenblicke zeigte sich die fahle Mondsichel über der Tundra. Sie erinnerte ihn an die Sichel auf der roten Fahne. Hammer und Sichel und die Gedanken, die ihm in den letzten Tagen unablässig durch den Kopf gegangen waren.

In dieser Nacht war er gezwungen, seinen Unterschlupf zu verlassen. Seinem Arm ging es inzwischen deutlich besser, und er war erleichtert, dass er nicht in den Strudel eines erneuten Anfalls hineingezogen worden war. Trotzdem hatte er seine Medizin genommen, um auf der sicheren Seite zu sein.

Er bewegte sich mühelos durch den Schnee, aber er hielt sich außerhalb der Reichweite der Scheinwerfer. Er blieb stehen und betrachtete die hell beleuchtete Aljoscha-Statue. Hier waren sie, zwei Soldaten. Einer im Licht, einer im Schatten. Einst waren sie beide aus Beton gewesen. Aber er hatte Risse bekommen und war ein zerbrechlicher Mensch geworden. Und als solcher freute er sich auf den Rest seines Lebens. Bald war es so weit.

Wiktor Schapkin hatte eine Entscheidung getroffen. Er würde zuschlagen, wenn die Amur in der Nerpa-Werft vor Anker lag, in der Olenja-Bucht, an der Westküste des Murmansk-Fjords, kurz vor dem offenen Meer.

Es waren nur noch wenige Tage, dann war die Wartezeit vorbei. Er freute sich auf den Moment. Nicht, weil er die Spannung und den Rausch vermisst hatte. Er wollte es nur endlich hinter sich haben.

Der Plan stand. An der vereinbarten Stelle würde ein Auto für ihn bereitstehen. Er würde entlang der Küste an die Olenja-Bucht fahren und auf demselben Weg wieder zurück. Danach würde er sich auf den Weg nach Westen machen, auf der Route, die er mit dem Lkw aus Finnland gekommen war. Ein Stück vor dem ersten Kontrollposten würde er den Wagen irgendwo versteckt im Wald abstellen. Diesmal war es zu riskant, sich über die Grenze schmuggeln zu lassen, weshalb er sich für die sicherere Variante entschieden hatte, zu Fuß zu flüchten. Auf diese Weise waren mögliche Verfolger chancenlos.

Sobald er in die Natur eintauchte, würde es nur noch ihn und seinen Rucksack geben. Darauf freute er sich. Auf die Geräusche und Gerüche, die Morgen, die Nachmittage, die Abende. Er wollte alles in sich aufsaugen, in dem Bewusstsein, dass es ein endgültiger Abschied vom Wald und all den Fertigkeiten war, die er sich angeeignet hatte. Als sie jung waren, hatte ein großer Teil der Manöver in der Taiga stattgefunden und ihm die Augen für ihre Schönheiten geöffnet.

Vielleicht war es ihm vergönnt, sich am Anblick eines Bären zu erfreuen? Er hoffte es.

Sljudorasrabotka in dem menschenleeren Grenzgebiet zu Finnland war sein erstes Ziel. Von dort aus würde er weiter nach Süden wandern und dabei immer einen Abstand von gut zwanzig Kilometern zur Grenze halten. Er wollte nicht schon bei Kuolajärvi versuchen, nach Finnland zu gelangen, sondern erst weiter südlich, jenseits des Polarkreises, im Gebiet zwischen Kerkkyalja und Pukari. Dort gab es nahezu keine russischen Grenzkontrollen. Er würde höchstens einen verrosteten Zaun überwinden müssen. Und auf Finnen traf man dort erst recht nicht.

Rund zehn Kilometer von der Grenze entfernt befand sich Kuusamo. Von dort aus konnte er problemlos der Staatsstraße bis zur Bottnischen Bucht folgen. Sobald er in Vaasa war, würde er mit der Fähre nach Sundsvall übersetzen. Dann konnte er sich im Zug zurücklehnen und ganz entspannt nach Stockholm, zurück zu Olga fahren. Dort würde er sich ausruhen, ehe er die nächste Etappe des Plans in Angriff nahm.

13

Die alte Babuschka war nirgends zu sehen, also kramte Kazanski das Kleingeld aus seiner Hosentasche und legte alles auf die Untertasse, die sie als Kasse aufgestellt hatte. Aus den beiden Pappkartons auf dem Boden nahm er sich einen der kleinen Klumpen Seife und ein zerlumptes Handtuch.

Er wollte zuerst die Unterlagen aus Moskau lesen, sie dann in der Toilette verbrennen – und zum Abschluss in die Sauna gehen, sofern sie denn in Betrieb war.

Letzte Nacht hatte er wieder gefroren. Im Großen und Ganzen ging es bergauf, aber vielleicht war der kalte Nachmittag auf dem Friedhof keine gute Idee gewesen. Eine Schwitzkur in der Sauna würde sicher helfen. Er durfte jetzt unter keinen Umständen noch einen weiteren Tag mit Tee und Rum im Bett verbringen.

Es war exakt 13:02 Uhr, aber der Postbote war noch nicht aufgetaucht. Kazanski war der einzige Gast in der Badeanstalt. Er ließ sich auf eine Bank sinken und zündete sich eine Zigarette an. Der Typ kam sicher jeden Moment.

Er war gespannt auf Bruce Darrows Bericht. Der abgetrennte Arm gehörte also nicht Wiktor Schapkin. Diese Möglichkeit war ihnen die ganze Zeit bewusst gewesen, sie hatten sie allerdings für ziemlich unwahrscheinlich gehalten. Wiktor Schapkin konnte noch leben – aber genauso gut konnte er tot sein. Vergiftet und anschließend zerstückelt zu werden, war schließlich nicht der einzige Weg aus dieser Welt.

Kazanski war den Fall wieder und wieder in Gedanken durchgegangen, während er schlaflos im Bett lag und fröstelte. *Wenn* Schapkin irgendeine Form von Absprache mit den Umweltamazonen Frykberg und Storvik-Marshall eingegangen war. *Wenn* er ihnen helfen wollte, irgendetwas aufzudecken und mediale Aufmerksamkeit zu erregen. *Wenn* jemand Wind davon bekommen hatte. Das Ganze war ein einziges großes »*Wenn*«. Letztlich konnte Wiktor Schapkin sich überall Feinde gemacht haben. Dasselbe galt für die Amazonen, mit denen er außerdem die Gemeinsamkeit teilte, dass sie genauso spurlos verschwunden waren wie er. Was ebenfalls für Kazanskis nervige Zusatzaufgabe galt, den Privatdetektiv Daniel Shaw. Hinzu kam, dass Marianne Frykberg tot war und Ulf im Koma lag.

Klar war nur: Jeder, der mit der Frøya, die im nördlichen Gegenstück des Bermudadreiecks verschollen war, in Verbindung stand, verschwand, starb oder wurde verstümmelt.

Ungeduldig warf Kazanski einen Blick auf seine Uhr. Es war inzwischen 13:10 Uhr und er verspürte eine wachsende Unruhe im Körper. Präzision war unabdingbar und mit Amateuren zu arbeiten gefährlich.

Vielleicht würden Darrows Papiere einige seiner nächtlichen Überlegungen hinfällig machen. Vielleicht war alles auch ganz einfach: Jemand wollte Schapkin umbringen. Sie hatten seinen Ärmel hochgeschoben, die Tätowierung gesehen, ihn mit Curare getötet und im Meer versenkt. Sie hatten die richtige Tätowierung gefunden – aber den falschen Mann. In diesem Fall konnte Wiktor Schapkin über alle Berge sein, in Sibirien oder an der Costa del Sol oder er saß auf einem Stein auf Borneo.

Als der verabredete Zeitpunkt um mehr als eine Viertelstunde überschritten war, stand Kazanski auf. Der Stuhl der Alten stand immer noch verlassen im Flur. Er öffnete die Tür zur Sauna. Sie war kalt wie ein Kühlschrank. Im Duschraum rann ein dünner Wasserstrahl aus einer der Duschen. In einer Ecke stand ein Blecheimer. Hier war vor Kurzem noch jemand gewesen. Der Boden war nass.

Er wollte sich gerade umdrehen, als ihm etwas auffiel – eine kleine Pfütze vor der Wand, kaum größer als ein Kronkorken. Sie schimmerte eigenartig. Er ging in die Knie. Das Wasser war rosa. Während er den Blick über den Betonboden wandern ließ, bewegte er sich langsam zurück zum Flur. An der Tür entdeckte er noch einen Fleck. Dieser war dunkelrot. Und draußen im Flur noch einen.

Kazanski schlich zur Schwimmhalle. Das Becken lag immer noch leer und verlassen da. Als er an den Beckenrand trat, sah er die Leiche des Moskauer Boten. Der Mann lag auf dem Bauch, so, wie er aufgeschlagen war, mit verdrehten Armen und Beinen. Kazanski sprang nach unten, drehte den Toten auf den Rücken und untersuchte ihn. In einer Jackentasche fand er eine gewöhnliche Neun-Millimeter-Makarow und drei kleine Geldscheine. In einer anderen Tasche eine Schachtel Zigaretten und ein Feuerzeug. Sonst nichts.

Die Todesursache war ein zehn Zentimeter breiter Schnitt durch die Kehle. Der Mann war im Duschraum getötet worden. Der oder die Täter hatten den Boden sauber gespült und die Leiche hierhergeschleppt. Eine notdürftige Lösung, ihn aus dem Weg zu schaffen, denn natürlich wurde er hier gefunden – aber das war offenbar egal. Es war nur darum gegangen, etwas Zeit zu gewinnen, bevor der Tote entdeckt wurde. Und auch Kazanski musste jetzt zusehen, dass er so schnell wie möglich von hier verschwand.

Er ging zum Gang und sah den Rücken der Alten. Die Babuschka war wieder da, wo auch immer sie so lange gesteckt hatte. Kazanski zog sich wieder in die Schwimmhalle zurück. Die oberen Fenster waren mit Haken verschlossen. Das zweite, das er zu öffnen versuchte, gab schließlich nach und er stemmte sich mit den Armen hoch. Mühsam zwängte er seine Beine nach draußen und landete krachend auf dem Dach eines Autowracks. Ein ausgebrannter Lada, der genau wie all die anderen Schrottkarren mehr oder weniger wahllos in der Stadt abgestellt worden war.

Darrows Bericht über Wiktor Schapkin und seine Wympel-Vergangenheit war weg und irgendwo in dieser elenden Betonwüste saß wahrscheinlich gerade einer und blätterte mit zufriedenem Grinsen in den Unterlagen der Firma.

Sie hatten den Boten beschattet und ihm die Post abgenommen. Sie mussten gewusst haben, dass der Mann für die Firma arbeitete. Wussten sie also auch, dass der Seemann kein Seemann war? Die Wahrscheinlichkeit war groß.

Kazanski drehte eine Runde entlang der Schienen. Unter der Pelzmütze war ihm zu heiß, während ihm eisige Schauer den Rücken hinunterliefen. Die dunkle Wolkenwand über der Bergkette sah bedrohlich aus. Die Stadt war feindselig. Hinter ihrer kühlen Fassade folgten ihm Blicke. Ihre Kälte kroch unter seine Haut und saugte ihm die Wärme aus dem Blut. Aus dem felsigen Boden hier konnte man nicht einfach Antworten stampfen. Murmansk war uneinnehmbar.

Er sah einen grünen Zug, der sich losriss und nach Süden rollte wie eine Raupe auf der Flucht. In achtundzwanzig Stunden würde er in Sankt Petersburg sein. Kazanski dagegen war in sechs Stunden mit einem farblosen Irren zum Abendessen verabredet, der einen Raben auf der Schulter spazieren trug.

Der Abdruck des Tennisballs war in dem roten Sand schwer zu erkennen. Generalleutnant Glikin suchte gründlich auf beiden Seiten der weißen Linie. Dann richtete er sich auf und winkte seinem wesentlich jüngeren Gegner zu.

»Der war drin! Der gilt!«

Major Salenko sah das zufriedene Lächeln seines Chefs. Wenn Glikin lächeln und ihm einen fraglichen Ball zusprechen konnte, dann hatte der Generalleutnant ungewöhnlich gute Laune.

Salenko war Glikins Stellvertreter im Direktorat und kam als solcher öfter in den zweifelhaften Genuss, zu einem Tennismatch mit seinem Vorgesetzten abkommandiert zu werden. Nur beim ersten Mal war er so dumm gewesen, vollen Einsatz zu geben und Glikin auf dem Platz fertigzumachen. Danach hatte er seinen alternden Chef eine ganze Woche lang im Nacken sitzen gehabt. Seitdem waren ihre Spiele sehr ausgeglichen, aber in aller Regel gewann Glikin.

So lief es auch an diesem ersten Tag der Woche, an dem ein steter Wind welkes Laub über den Platz wehte.

»Salenko, ich habe mir überlegt, Sie nach Murmansk zu schicken. Sie fliegen morgen Vormittag.«

Glikin saß vornübergebeugt in der Umkleide und schnürte seine Schuhe, als er seine Order erteilte. Der freundschaftliche Ton sollte niemanden in die irrige Annahme versetzen, dass es hier etwas zu diskutieren gab. Das war Salenko nur allzu bewusst.

»Jawohl, Generalleutnant. Gibt es Neuigkeiten?«

»Ja, erfreuliche Neuigkeiten. Die Nachricht hat mich kurz bevor wir hierhergekommen sind erreicht. Ab sofort übernehmen Sie die Leitung der Operation – vor Ort. Das ist immer besser. Einsatzbesprechung um 16:00 Uhr in meinem Büro.«

Generalleutnant Glikin lehnte sich in seinem Stuhl zurück und genoss die letzte Zigarre des Tages in vollen Zügen. Major Salenko hatte soeben sein Büro verlassen.

Ab morgen würde sein operativer Chef in Murmansk vor Ort sein. Damit war die Mission in den besten Händen und sollte sich die Situation zuspitzen, befand sich sein verlängerter Arm bereits auf der Kola-Halbinsel. Er hatte Salenko persönlich ausgebildet, hatte ihm vieles beigebracht, anderes ausgetrieben, Stärken gefördert, Schwächen beseitigt. Der Mann war intelligent und arbeitete effektiv und kaltblütig. Major Salenko war wie geschaffen dafür, die Leitung des Fünften Direktorats von ihm zu übernehmen, wenn er eines Tages abdankte.

Es war ein hervorragender Tag gewesen. Vor dem Tennismatch hatte Glikin die Nachricht aus Murmansk erhalten. Jetzt wusste er genau, auf welchem Stand die Amerikaner waren. Ihm fehlte nur noch das Motiv für ihre Operation. Wiktor Schapkin musste im Besitz irgendeiner Ware sein – ganz egal, ob er tatsächlich bereit war, sie zu verkaufen, oder nicht –, die so wertvoll war, dass die Amerikaner dafür den Schritt über die Schwelle der Kola-Halbinsel gewagt hatten.

Das Direktorat hatte sich den kleinen Fisch über Mittag geschnappt, den Boten, der sie schon einmal ausgetrickst hatte. Sie waren ihm zur Badeanstalt gefolgt und mit reicher Beute zurückgekehrt.

Der Mann hatte sämtliche Informationen über Wiktor Schapkin bei sich. Unterlagen, gefaxt von Moskau und unterschrieben von Bruce Darrow. Die Amerikaner wussten genauso viel – und noch ein bisschen mehr – über den ehemaligen Wympel-Oberst wie die GRU. Allein das Wissen über den Kenntnisstand des Feindes war für die GRU Grund genug, die Jagd auf Schapkin zu eröffnen.

Glikin liebte diese Art menschlichen Schachspiels und darüber hinaus konnte diese neue Entwicklung der Schapkin-Affäre das Direktorat intern stärken. Der Fall zeigte, wie wichtig die Existenz seiner Abteilung auch in Zeiten jenseits des Kalten Kriegs war. Jetzt mussten auch die Friedenstauben einsehen, dass sein Direktorat immer noch Priorität als tragende Säule der GRU verdiente. Und die Habichte, die würden die schwerwiegenden Argumente für sich zu nutzen wissen.

Dass der CIA-Bote kaltgemacht wurde, war ein bedeutungsloses Detail, das im besten Fall für Verwirrung bei den Amerikanern sorgen würde. Der Mann hatte von dem Moment an durchgehend unter Überwachung gestanden, als sie sein Treffen mit Wiktor Schapkin in Murmansk aufgedeckt hatten. Die faszinierendsten Seiten des Spiels kamen zum Vorschein, wenn man die Früchte seiner Geduld und harter Fußarbeit ernten konnte. So war es auch im Fall Wiktor Schapkin.

Seit der ehemalige Wympel-Oberst mit den beiden Frauen der Umweltorganisation Nordlicht gesehen worden war, hatten sie Aufzeichnungen gemacht. Während eines Aufenthalts in Kirkenes in Norwegen standen die Frauen unter den üblichen Routineobservationen des Diensts. Das war eine ganze Weile nachdem diese verrückten Weiber mit ihrem Schiff nach Murmansk gekommen waren, um sich vor den Augen der Weltpresse die Kleider vom Leib zu reißen. Mit dieser Aktion hatten sie ja geradezu um die Aufmerksamkeit der GRU gebettelt.

Nach zwei Tagen an Bord der Frøya war Wiktor Schapkin

mit dem Bus zurück nach Murmansk gefahren. Dann verschwand das Schiff in der Barentssee und seitdem war auch Wiktor Schapkin verschwunden. Aber sie würden ihn schon finden, und dann würde es Generalleutnant Glikin ein besonderes Vergnügen sein, den Mythos der Wympel-Truppe in Empfang zu nehmen.

Von der Zigarre war kaum mehr als ein Stumpen übrig, aber heute würde er sie ganz herunterrauchen. Er ließ den Blick durch sein Büro wandern, das seit so vielen Jahren sein zweites Zuhause war.

Die große Karte füllte zwei ganze Wände. Landkarten bedeuteten ihm mehr als die Kunstwerke, die seine Frau sammelte. Eine Karte war wie ein Schachbrett. Und diese Partie würde er gewinnen. Er hatte die letzten Tage viel darüber nachgedacht. Wenn es ihm gelang, den Fall abzuschließen und die Gefahr abzuwenden, überlegte er, vielleicht sein Abschiedsgesuch einzureichen. Die bedeutendsten Köpfe hatten alle eines gemeinsam: Sie hatten rechtzeitig aufgehört.

Für ihn konnte es gar keinen besseren Abschluss geben, als zu gehen, sobald er dem Generalstab dargelegt hatte, wie souverän sein Direktorat diesen Fall gehandhabt hatte. Er dachte einen Augenblick darüber nach. Doch, das hier konnte einer seiner größten Erfolge werden. Er würde gründlich unter diesen Spinnern aufräumen. Und wenn alles vorbei war und die Fünfte Direktion ihre Arbeit erledigt hatte, würde kein Fleck mehr zu sehen sein.

Murmansk

Das blinkende Blaulicht hatte einen seltsamen Effekt auf den Schnee in der Dämmerung. Die dicken Flocken flimmerten kurz auf, während das harte Licht einmal träge um die eigene Achse kreiste und die wenigen neugierigen Gesichter und das asymmetrische Fliesenmuster der Fassade streifte.

Die ganze Szenerie wirkte wie flüchtige Momentaufnahmen, die Bewegungen erschienen ruckartig, wie wenn das Stroboskoplicht eine Technoparty in einen zuckenden Organismus verwandelt.

Die meisten Passanten zog es nur schnell ins Warme und sie warfen im Vorbeigehen einen beiläufigen Blick auf das Geschehen. Zwei Wagen der Wache an der Uliza Dscherzschinskogo und einer aus dem Hauptquartier waren schon vor Ort, als Walentina Suschko und Timur Glasow vor der Badeanstalt ankamen.

»Los, Tima, sehen wir uns den armen Kerl mal an.«

Timur Glasow folgte seiner Partnerin den Gang hinunter, geleitet vom Licht einer Glühbirne, die an einem kurzen Kabel von der Decke baumelte. Weiter hinten hörten sie jemanden reden.

Die dunkle Halle wirkte wie eine Kapelle und die Männerstimmen hallten zwischen den kahlen Wänden wider. Einer ihrer Kollegen sprach gerade mit einer alten Frau, die anderen hatten sich unten in dem maroden Becken im Kreis um die männliche Leiche versammelt.

»Hallo, Jungs. Was ist denn hier schon wieder los?«

Der Widerhall der Wände verlieh Walentina Suschkos heiserer Stimme zusätzliche Kraft.

»Komm runter und sieh es dir selbst an«, antwortete einer der Männer.

Sie sprang ins Becken, während Timur Glasow sich auf den Rand setzte und von dort vorsichtig nach unten rutschen ließ. Der Kreis öffnete sich, als Leutnant Suschko näher trat. Sie blieb kurz stehen und steckte sich eine Zigarette an, ehe sie sich neben die Leiche kniete.

»Dem ist nicht mehr zu helfen, Freunde. Habt ihr was gefunden?«

Die Männer schüttelten die Köpfe.

»Kohle?«

»Dreißig Rubel«, antwortete einer.

»Herrgott. Das muss doch eine riesige Schweinerei gewesen sein. Ist das hier irgendwo passiert?«

»Vermutlich im Duschraum. Das Mütterchen da oben hat ihn gefunden. Rein zufällig. Sie hatte plötzlich das Gefühl, dass es zieht. Das da stand offen«, sagte ein junger Kollege und zeigte auf eins der Fenster.

»Hmm. Na ja, ich denke, das schafft ihr erst mal alleine, oder?«, fragte sie die Dscherzschinskogo-Leute.

Drei von ihnen nickten – einer gähnte laut und herzhaft.

»Wahrscheinlich das Übliche. Aber solange die Typen sich nur gegenseitig umbringen, soll es mir recht sein«, sagte Walentina Suschko schulterzuckend und stieg die klapprige Beckenleiter hoch. Timur Glasow folgte ihr stumm.

»Geht es Ihnen gut oder brauchen Sie Hilfe?« Walentina Suschko legte der alten Frau eine Hand auf die Schulter.

»Hilfe? Ich brauche keine Hilfe. Ich war dabei, als die Deutschen gekommen sind. Und dann kommt so eine Rotznase und fragt mich, ob ich Hilfe brauche? Gott bewahre!«, fauchte die Alte und schüttelte empört den Kopf.

»Immer schön ruhig bleiben, Mütterchen. Ich wollte Sie nicht beleidigen. Rauchen Sie?«

Die Frau nickte widerwillig.

»Hier, dann nehmen Sie die.«

Walentina Suschko steckte ihr ein ganzes Päckchen Zigaretten zu und war schon wieder auf dem Weg zum Ausgang.

»Komm, Tima. Ich gebe einen Kaffee aus. Ich muss kurz zu Hause nachschauen, ob der Junge seine Hausaufgaben macht.«

Es waren nur ein paar Gesprächsfetzen, irgendetwas mit »Mord in der Badeanstalt«. Kazanski schnappte die Worte auf, als er an der Rezeption vorbeiging. Dann war der Tote also schon entdeckt worden. Er hatte eigentlich damit gerechnet, dass es Tage dauern würde oder vielleicht sogar, bis der Kerl anfing zu stinken.

Er hatte gerade eine halbe Stunde unter der heißen Dusche gestanden und fühlte sich einigermaßen fit. Der Mord bedeutete, dass er noch besser aufpassen musste. Es war verdammt mühsam, ständig die Umgebung im Blick zu behalten. Er schüttelte sich. Es schneite wie verrückt, aber wenigstens war es einigermaßen windstill.

Für einen kurzen Moment überlegte er, ob es klüger wäre, eine Waffe mitzunehmen, aber dann verwarf er den Gedanken. Hätte der Hofnarr die Absicht, ihn zu töten, würde er es so oder so tun. Aber offenbar hatte er andere Pläne. Zumindest vorläufig.

Kazanski winkte sich ein Taxi und ließ sich zum Hotel Ogni bringen, dem mit Abstand besten Hotel der Gegend, etwa acht Kilometer außerhalb der Stadt.

Noch bevor der Fahrer vor dem Eingang hielt, bemerkte Kazanski den Mann im Anzug, der rauchend im beleuchteten Foyer stand. Er starrte auf seine Schuhspitzen hinunter, während sich seine Lippen kaum merklich bewegten, als würde er sich mit seinen Hemdknöpfen unterhalten. Seine Ankunft wurde also bereits angekündigt.

Das Hotel Ogni lag oben auf einem Berg und blickte auf Murmansk hinunter, das sich wie eine leuchtende Festung gegen die Dunkelheit verschanzte. Die flachen roten Gebäude des Hotels wurden von einzelnen Scheinwerfern angestrahlt, die rundherum im Gelände verteilt waren.

Wind und Wetter hatten ihre Spuren an der Fassade hinterlassen und auf den ersten Blick wirkte nichts an diesem Ort besonders luxuriös. Das Hotel war klein. Es gab gerade mal zehn Zimmer, aber wenn sich bedeutende Persönlichkeiten in diese Ecke nördlich des Polarkreises verirrten, was selten genug vorkam, dann logierten sie hier.

»Minister aus dem In- und Ausland und vor einigen Jahren sogar das norwegische Königspaar«, hatte der Rezeptionist im Meridian beiläufig geantwortet, während er hinter seinem Tresen Zeitung las. »Oh, und Jane Fonda war auch schon da.«

Kazanski bezahlte den Taxifahrer und fragte sich, was Jane Fonda wohl in Murmansk gemacht hatte.

An der Rezeption wurde er von einem skeptischen Blick empfangen. Eine ältere, gepflegte Empfangsdame musterte ihn von den ausgetretenen Schuhen bis zur Pelzmütze, die er sich hastig vom Kopf riss.

»Womit kann ich Ihnen helfen?«, fragte sie und machte ein Gesicht, als wäre er in Hundescheiße getreten.

»Ich habe eine Verabredung …«

Kazanski wollte ihr gerade erklären, dass er zum Abendessen mit Aleksandr Matischow verabredet war, aber dann überlegte er es sich anders, stützte einen Ellenbogen auf die Theke und erwiderte den kritischen Blick der Frau.

»Ich habe eine Verabredung mit der Vogelscheuche, dem Hofnarren. Sagt dir das was, Babuschka?«

Die Frau schnappte nach Luft und vor Schreck vergaß sie,

die Nase zu rümpfen. Kazanski lief sich nur schon mal warm für die konfrontative Taktik, zu der er sich gerade spontan entschieden hatte. Er hatte nicht vor, während des Abendessens die Initiative zu ergreifen, aber wenn er schließlich zuschlug, dann ohne jeden Respekt.

»Oh, Entschuldigung, der Herr. Ja, Herr Matischow erwartete Sie. Dort entlang.«

Die Frau führte ihn eine Treppe hoch.

Das Restaurant glich einem Urwald aus verschlungenen Ornamenten und Bordüren in Goldbronze auf purpurrotem Grund. Überall an den Säulen, den Türrahmen und sogar der Decke glitzerten und schimmerten sie im Schein der Kristallleuchter. Näher konnte ein Alchemist dem Paradies nicht kommen. Kazanski fühlte sich allerdings eher an die Restaurants in Chinatown erinnert.

Die Frau setzte ihren Weg durch das goldene Glanzbild fort und führte ihn einen Gang hinunter. Zwei Männer in Anzügen standen wie festgeklebt auf dem Marmorboden. Der eine durchsuchte Kazanski, nickte, und nachdem die Frau angeklopft hatte, öffnete sie die Tür zu einem kleineren Gastraum. Darin saßen zwei Männer. Außer ihnen war niemand da.

»Ah, willkommen, Herr Lunew. Kommen Sie zu uns«, begrüßte ihn eine schrille Stimme.

Eine schlaksige Gestalt stand auf und zog einen Stuhl zurück. Es war der Hofnarr, in schwarzem Anzug und mit Sonnenbrille. Der Zylinder lag auf dem Tisch. Seine Haare waren so weiß wie seine Haut. Keine Falten, keine Spuren von Alter oder Müdigkeit, nur glatte, zarte Haut wie Pergament. Der Mann konnte genauso gut zwanzig wie fünfundvierzig sein.

Kazanski gab ihm die Hand und nickte stumm. Er hatte auch den anderen Mann schon mal gesehen. Er war vielleicht vierzig oder fünfzig, mit silbergrauen, welligen Haaren und einem sorgsam getrimmten, leicht angegrauten Vollbart. Seine Augen lächelten freundlich hinter der Goldrandbrille.

»Mein Arbeitgeber, Maxim Maximow.«

Der Hofnarr breitete präsentierend die Hände aus.

»Guten Tag, Herr Lunew. Nehmen Sie doch Platz«, sagte Maximow mit einer sanften Stimme, die das komplette Gegenteil zu der hochfrequenten Fistelstimme des Hofnarren war.

Und dann begann ein Gespräch, das Kazanski rückblickend am ehesten als experimentelles Theater bezeichnet hätte. Ein Kinobesuch wäre ihm allemal lieber gewesen, aber an jenem Abend saß er in der ersten Reihe, und ab und zu musste er selbst auf die Bühne, um seinen Text aufzusagen.

Erst während der Vorspeise bemerkte er den Raben, der wie eine Statue auf der Fensterbank saß, halb hinter einem Vorhang versteckt.

In der kleinen Schale schwammen Tiefseegarnelen in Knoblauchsoße, während Maximow die kleine Runde begeistert mit der Geschichte über verschiedene Fotografien unterhielt, die er am Nachmittag erworben hatte. Private Aufnahmen, die das Leben in Murmansk während der deutschen Fliegerangriffe zeigten.

»Die Bilder werden Teil meiner Sammlung über das Alltagsleben im Großen Vaterländischen Krieg. Wenn ich einmal nicht mehr bin, wird das alles dem Museum in Moskau gehören. Auf diese Weise stelle ich sicher, dass die Russen immer auf den Spuren der Geschichte wandeln können. Sehen, erinnern, lernen. Themen mit Perspektive faszinieren mich sehr. Interessieren Sie sich für Geschichte, Herr Lunew?«

Kazanski schüttelte den Kopf.

»Bedauerlich. Nehmen Sie beispielsweise mein Engagement hier oben. Auch darin liegt eine Perspektive. In aller Bescheidenheit versuchen wir, hier aufzuräumen. Wie Sie wissen, war Umweltbewusstsein in der Planwirtschaft nicht vorgesehen. Und es gehörte auch nicht zu den Dingen, mit denen sich die Armee und die Flotte besonders beschäftigt haben. Deshalb habe ich das jetzt übernommen. Die Maximow Green Waste Company entsorgt die Abfälle und macht alles für eine neue Ära sauber und bereit. So, wie ich Russland meine gesamte Sammlung vermache, versuche ich, der kommenden Generation das Land in einem besseren Zustand zu hinterlassen.«

Maximow machte eine Pause und schenkte sich Wasser ein. Es war bemerkenswert. Der reiche Russe strahlte nicht den leisesten Anflug von Selbstherrlichkeit aus. Was er sagte, klang vielmehr ganz sachlich, als wäre er wirklich überzeugt davon, dass sich alles genau so verhielt, wie er es schilderte. Kazanski hielt sich weiter zurück.

»Unser Gast ist ein geduldiger Mann, Aleksandr, und sehr schweigsam …« Maxim Maximow lächelte und sah den Hofnarren an.

»Geduld ist das Kind der Klugheit. Vorsicht ist die Mutter der Weisheit«, erwiderte der Hofnarr und brach in derselben Sekunde in schrilles, kehliges Gelächter aus.

Kazanski lief es eiskalt über den Rücken, aber mit derselben dämonischen Automatik, mit der das Lachen eingesetzt hatte, verstummte es auch. Die Gesichtszüge des Hofnarren erstarrten schlagartig und verwandelten sich wieder in eine ausdruckslose weiße Maske. Mit ruhiger Hand führte er die Zigarettenspitze zu den schmalen Lippen, die vor einer Sekunde noch weit auseinandergerissen waren.

Der Rabe stieß ein krächzendes Echo seines Besitzers aus. Dann war es still im Raum.

Maximow schien jeden Augenblick zu genießen. Er lächelte sanft und saß entspannt zurückgelehnt auf seinem Stuhl.

»Wohl gesprochen, mein guter Aleksandr. Ich hoffe, du hast recht.«

Kazanski fischte eine Zigarette aus der zerknitterten Schachtel in seiner Brusttasche. Er zündete sie mit derselben Ruhe und Sorgfalt an, die die bizarre Gestalt auf der anderen Seites des Tischs gerade an den Tag gelegt hatte, inhalierte tief und blies eine Rauchwolke über die Blumenvase. Dann richtete er den Blick auf die Sonnenbrille und fragte mit gespielter Sorge:

»Du siehst blass aus. Bist du krank?«

Für einen Moment entstand eine bedrohliche Spannung am Tisch. Kazanski konzentrierte sich so angestrengt auf jede winzige Vibration, dass es ihm fast so vorkam, als hätte sein Bewusstsein seinen Körper verlassen und sich als eigenständiger Beobachter neben ihn gesetzt.

»Heeeeh, he, he, heeeeeh, he, he, he.«

Das Relais löste aus und das Gelächter des Hofnarren ertönte für ein paar wenige, endlos lange Sekunden. Dann verstummte es und der Rabe krächzte sein Echo in den Raum.

»Wer einen scharfen Humor hat, kommt niemals unbewaffnet«, sagte der Hofnarr und nickte anerkennend. Dann setzte er seine Sonnenbrille ab und sah Kazanski mit seinen rötlich glänzenden Augen an, er schielte stark.

»Nun, ich bin alles, aber nicht krank. Man nennt es Albinismus. In meinem Fall okulokutaner Albinismus, Tyrosinase negativ, weil sowohl Augen, Haut und Haare betroffen sind. Aber ich bin nicht zu hundert Prozent albinotisch, tatsächlich beeinträchtigt es mich gar nicht so sehr. Trotzdem werden Sie mich niemals draußen im Schnee finden, Lunew.«

Kazanski nickte.

»Hmm, ich kenne eine bucklige Zwergin. Die ist auch schwer zu finden …«

Maximow gluckste belustigt, tupfte sich den Mund ab, legte sorgsam seine Serviette zusammen und legte sie auf den Tisch.

»Wenn die Herren mich jetzt entschuldigen. Ich kann leider nicht weiteressen. Mein Flugzeug wartet. Aleksandr, du kümmerst dich um den Rest.« Dann wandte er sich an Kazanski, gab ihm die Hand und sagte:

»Aleksandr irrt sich selten. Wenn Sie ein kluger Mann sind, Lunew, dann nehmen Sie mein Angebot an. Ich hoffe, wir werden gut zusammenarbeiten. Auf Wiedersehen.«

Das Hauptgericht wurde serviert, Lammkoteletts mit Rahmkartoffeln und Gemüse. Sie aßen schweigend. Der Hofnarr ließ sich offensichtlich nicht davon stören, dass Kazanski nicht sofort neugierig nach dem Angebot fragte, das Maximow erwähnt hatte. Schließlich brach Matischow die Stille.

»Mit Albinismus verhält es sich anders, als die meisten denken, Lunew. Unsere Augen sind nicht rot, uns fehlt nur Pigment in der Iris. Deshalb dringt Licht ein und wird von der Netzhaut reflektiert, der lichtempfindlichen Oberfläche an der Rückwand des Auges. In meinem Fall entsteht dabei ein rötlicher Schimmer. Eine Illusion … Dazu leide ich an Esotropie, oder anders gesagt: Ich schiele. Aber lassen Sie sich davon nicht täuschen. Alles in allem ist so eine Sonnenbrille eine ziemlich praktische Erfindung für einen genetisch defekten Menschen wie mich. Wenn das Tageslicht hier oben Anfang Dezember ganz verschwindet, fühle ich mich am wohlsten. Ich bin ein Mann der Dunkelheit. Sagen Sie mir … Stimmt das mit der Zwergin?«

»Ja, sie verkauft Lose für eine Lotterie. Prächtige Frau.«

Der Hofnarr schnitt ein Stück Fleisch ab und warf es dem

Vogel auf der Fensterbank zu, der schwarz, glänzend und reglos mit einer Kette am Bein dasaß.

»Was hat es mit dem Federvieh da drüben auf sich? Ein Rabe, oder?« Kazanski nickte zu dem großen Vogel.

»Ja, Rasputin ist ein Rabe, Corvus corax. Hier oben gibt es viele davon.«

»Rasputin?«

»Ja, wie der Hurenbock am Zarenhof. Er hat zwar keinen Bart, aber dieselben stechenden Augen. Es heißt, die Frauen hätten sich unter Rasputins hypnotischem Blick hingegeben. Ich kann nicht behaupten, mit einem vergleichbaren optischen Vorteil ausgestattet zu sein. Der Rabe begleitet mich überallhin. Er ist das Ebenholz. Ich bin das Elfenbein.«

Der Hofnarr schlug sein mechanisches Lachen an und Rasputin übernahm. Wieder überlief ein Schauer Kazanskis Rücken und er musste sich zwingen, sitzen zu bleiben.

Erst bei Kaffee und Cognac eröffnete der Hofnarr erneut das Gespräch. Er wirkte einerseits völlig unstrukturiert und gleichzeitig schien er den Verlauf des Abendessens messerscharf kalkuliert zu haben. Er hatte sich den Prolog bis zum Schluss aufgehoben:

»Lunew, ich habe mir sagen lassen, dass Sie auf der Suche nach Wiktor Schapkin sind.«

»Murmansk ist eine kleine Stadt. Ja, das stimmt, ich suche nach ihm.«

»Da haben wir etwas gemeinsam. Wieso suchen Sie ihn? Also, abgesehen davon, dass Sie beide in der Marine gedient haben …«

»Das ist privat. Eine alte Rechnung.«

»Schapkin ist angeblich verschwunden. Manche behaupten, er sei tot …« Die hellroten Augen des Hofnarren sahen Kazanski forschend an.

»Und wenn ich sage, dass er nicht tot ist?«

Der Hofnarr zuckte mit den Schultern.

»Worauf läuft das alles hinaus? Was meinte Maximow mit ›Angebot‹?« Kazanski wählte seine Worte mit Bedacht. Jetzt musste er über das Drahtseil balancieren.

»Wiktor Schapkin hat für die Maximow Green Waste Company gearbeitet, aber er hat uns betrogen. Deshalb würden wir gern mit ihm reden. Mein Angebot lautet: Finden Sie ihn, falls er noch lebt. Vergessen Sie Ihre eigene Rechnung und bringen Sie ihn mir.«

»Und dann?« Kazanski sah das Pantomimengesicht fragend an.

»Dann gehen Sie 50 000 Dollar reicher nach Hause.«

»Und wenn ich Nein sage?«

»Dann haben Sie gut zu Abend gegessen. Aber allein zu arbeiten, kann gefährlich sein. Vor einiger Zeit rannte ein Typ hier in der Gegend herum und hat Fragen gestellt. Ein Privatdetektiv aus Amerika, wie sich herausstellte. Plötzlich war er verschwunden und seitdem hat ihn niemand mehr gesehen …«

Der Hofnarr nahm den Zigarettenstummel aus der Spitze und drückte ihn im Aschenbecher aus. Kazanski war sich nicht sicher, ob diese letzte Bemerkung eine Drohung, eine Feststellung oder ein Geständnis war. Nicht die kleinste Regung im Gesicht des Hofnarren gab einen Hinweis darauf.

»Nun, was sagen Sie? Keine weiteren Fragen, nur eine vernünftige Kooperation, von der wir beide profitieren.«

»Sagen wir 70 000 Dollar?« Kazanski lächelte diabolisch.

»Überspannen Sie den Bogen nicht, Lunew. Aber gut. Sagen wir 70 000 Dollar. Lassen Sie uns nach unten in die Bar gehen und auf hoffentlich gute Zusammenarbeit anstoßen.«

In der schummrig beleuchteten Bar im Keller des Hotels waren nur eine Handvoll Gäste. Dem Aussehen nach Geschäftsleute, die mit ausladenden Gesten und dröhnendem Lachen einen gewinnbringenden Vertrag feierten.

Als sie den Hofnarren mit seinem Raben auf der Schulter sahen, verstummten sie und fingen an zu tuscheln, aber kurz darauf war der Geräuschpegel wieder so hoch wie zuvor und die Männer tranken unbeeindruckt weiter.

Der Hofnarr bestellte eine Bloody Mary. Kazanski blieb beim Bier und bestand darauf, es in der Flasche serviert zu bekommen. Er verfolgte jede Bewegung der Bedienung und achtete darauf, wie sie den Kronkorken öffnete. Er wollte kein Risiko eingehen.

Sie setzten sich in eine Sofaecke und stießen an. Der Hofnarr, der plötzlich auffallend redselig war, hielt das Gespräch mit einer langen Reihe unbedeutender Informationen über die Stadt und die Region in Gang. Zumindest für den Moment hatte Kazanski den Drahtseilakt hinter sich gebracht und konnte entspannen.

Nach zehn Minuten hielten zwei elegante Damen Einzug. Der Hofnarr winkte sie zu sich und stellte sie vor:

»Das ist Sergej Lunew, Sergej, das sind Natascha A und Natascha B. Setzt euch, Mädchen.«

Beide Frauen trugen Pelzmäntel. Sie setzten sich links und rechts von Kazanski auf das Sofa. Natascha A, eine gertenschlanke Blondine in Lederhose, legte ihren Pelz ab und gab den Blick auf die prallen Brüste unter der dünnen Seidenbluse frei. Natascha B, eine ebenso schlanke Frau mit modischem Kurzhaarschnitt, behielt ihren Pelz an, aber dafür schlug sie die Beine übereinander, wobei ihr kurzer Minirock die knackigen Oberschenkel hochrutschte und die Klipse des Strapsgürtels entblößte, die ihre Netzstrümpfe festhielten.

Die Venusfalle hatte zugeschnappt. Kazanski war überzeugt davon, dass der Hofnarr hinter seiner Sonnenbrille den Ablauf seiner Inszenierung aufmerksam verfolgte.

Die Frauen plauderten los und stellten banale Fragen, deren Antworten sie nur hören wollten, weil damit Geld zu holen war. Aus dem Augenwinkel bemerkte Kazanski plötzlich einen grellen Blitz. Als er sich umdrehte und den Partyfotografen entdeckte, der gerade die gut gelaunten Geschäftsmänner verewigte, wusste er, dass der zweite Akt begonnen hatte.

Kurz darauf kam der Fotograf zu ihnen an den Tisch.

»Ein Bild zur Erinnerung? Es ist auch nicht teuer. Eins kostet 15 Rubel, vier nur 40 – und Sie bekommen die Bilder sofort, Polaroid.«

»Verzieh dich!« Kazanski versuchte, ihn mit einer energischen Handbewegung abzuwimmeln.

»Ich zahle, Lunew! Schließlich ist man nicht jeden Tag in so schöner Gesellschaft, nicht wahr?« Das weiße Gesicht sprang in ein schiefes Grinsen auf, aber das metallische Gelächter blieb aus.

Die Fotosession zog sich in die Länge. Kazanski zählte, wie oft die Kamera blitzte. Fünfmal. Der Fotograf bedankte sich für die großzügige Bezahlung des Hofnarren und warf vier Bilder auf den Tisch, ehe er hastig verschwand.

Nach zwei Getränkerunden für die kleine Gruppe zupfte der Hofnarr Kazanski am Ärmel.

»Ich muss nach Hause. Morgen in aller Frühe ruft wieder die Arbeit. Auf Ihren Namen ist ein Zimmer reserviert und es ist bereits bezahlt – für alles … Viel Spaß. Ich kontaktiere Sie.«

Die Minuten krochen dahin, während Kazanski die Situation und das Motiv des Hofnarren überdachte. Natascha A –

oder vielleicht war es auch B – legte ihre Hand auf seinen Oberschenkel, während ihre Mitschwester ihm ins Ohr flüsterte, er sähe aus wie ein richtiger Stier.

Der Hofnarr hatte mit geradezu krankhafter Eitelkeit seine Überlegenheit demonstriert und auch, dass er allein entschied, in welcher Reihenfolge die Ereignisse eintrafen und wer dabei welche Rolle spielte.

Kazanski entschuldigte sich bei den beiden Frauen und ging nach oben an die Rezeption. Als er zurückkam, setzte er sein breitestes Lächeln auf und hielt das Gespräch noch exakt zehn Minuten in Gang, während er A und B sanft den Nacken kraulte. Dann legte er den beiden die Arme um die Schultern und flüsterte:

»Also, Mädels, wollen wir? Zimmer sieben. Hier ist der Schlüssel. Macht euch schon mal fertig, ich trinke noch einen Whisky und komme gleich nach. Das macht einen besseren Eindruck, nicht wahr?«

Natascha A und Natascha B nickten und kicherten, dann tänzelten sie davon. Als sie weg waren, rannte Kazanski in großen Sätzen die Treppe hoch.

»Wo zum Teufel bleibt mein Taxi?«

»Es müsste jeden Moment da sein, aber …«

Weiter kam die Rezeptionistin nicht. Der gereizte Gast war schon durch das Foyer nach draußen in die Dunkelheit gestürmt.

Als Kazanski mit einer vollen Thermoskanne unter dem Arm und einer Handvoll Teebeutel in der Tasche die Tür öffnete, freute er sich zum ersten Mal, seine beengte Unterkunft wiederzusehen. Die Etagendame hatte auch diesmal Erbarmen mit ihm gehabt, und das, obwohl es halb zwei Uhr nachts war.

Nach einem ganzen Abend als Statist in der Potemkinschen Kulisse des Hofnarren war die Stille seines Zimmers eine Wohltat.

Im Inszenieren waren die Russen Meister. Das hatten der Hofnarr und all die anderen von Feldmarschall Grigori Potjomkin gelernt, dem engsten Vertrauten Katharinas der Großen. Als die Zarin zeigen wollte, wie schön und zivilisiert die eroberten Gebiete am Schwarzen Meer geworden waren, hatte sie ihren treuen Helfer gebeten zu zaubern.

Potjomkin ließ entlang der Wege großflächige Kulissen von neuen und vornehmen Häusern aufstellen, und als die Zeit gekommen war, war auch das Bühnenbild bereit. Die Zarin konnte ihre Gäste, Kaiser Josef II. von Österreich und den polnischen König Stanislaus II., stolz auf eine Kutschfahrt durch ihre Ländereien einladen. Und der Plan funktionierte. Seitdem hatte die Sowjetunion ihre Illusionstechniken bis zur Perfektion weiterentwickelt.

Hinter den Kulissen wurden die Fäden gezogen, damit die Gäste immer nur die strahlenden Fassaden zu sehen bekamen. Die kommunistischen Brüder und Schwestern aus aller Welt wurden während sogenannter Studienaufenthalte oder Freundschaftsbesuche in ihrem Glauben an das fürsorgliche Kollektiv bestätigt. Eine Bestätigung, bei der nichts dem Zufall überlassen war, wobei die Brüder und Schwestern ohnehin nur sahen, was sie sehen wollten, es gab also vermutlich nicht viel zu befürchten.

Die Skeptischeren wurden an der kurzen Leine von allgegenwärtigen Intourist-Guides geführt, damit sie keine Gelegenheit hatten, einen Blick hinter den eindimensionalen Betrug des Gastgebers zu werfen. Und gab es doch mal Probleme, stand ein ganzes Heer von KGB-Hirten bereit, um die verirrten Schafe zurück in die Herde zu treiben.

Als die Kulissen 1991 mit ohrenbetäubendem Krachen in sich zusammenfielen, hatte das Lobpreisen ein Ende. Das Publikum aus aller Welt, die Brüder und Schwestern von eben, verließ eilig das Land und reihte sich bereitwillig in lange Warteschlangen ein, um zu klagen. Man verlangte sein Geld zurück. Die Eintrittskarte war für den falschen Platz, die falsche Vorstellung oder den falschen Tag gewesen. Wahnsinn, wie eilig es plötzlich alle hatten …

Die Russen würden Potjomkins Kunst nie vergessen. Es lag ihnen im Blut. Sie beherrschten die Choreografie immer noch. Eine Rolle war nichts, was man selbst ausfüllte. Sie wurde einem von Leuten wie dem Hofnarren zugeteilt.

Kazanski wurde von einem leisen Klopfen an der Tür aus seinen Gedanken gerissen.

»Wer ist da?«, flüsterte er.

»Ein Freund. Mach auf.«

Er öffnete die Tür und ein junger Mann trat mit einem hastigen Schritt in sein Zimmer.

»Keine Sorge. Ich bin über die Hintertreppe gekommen. Niemand hat mich gesehen. Ich habe Post aus Moskau dabei. Soll sie persönlich übergeben.«

Der Mann öffnete den Reißverschluss seiner Jacke und zog einen großen Umschlag heraus.

»Hier. Die Unterlagen aus der Badeanstalt hast du nicht bekommen, oder?«

Kazanski schüttelte den Kopf.

»Nein, andere waren schneller als ich.«

»Ja, leider. Wir haben es gesehen. Deshalb habe ich hier alles noch mal. Du sollst die Unterlagen vernichten, wenn du sie gelesen hast. Order von Darrow.«

»Irgendeine Idee, wer dahinterstecken könnte?«

»Ich bin nur ein Bote. Alles, was ich weiß, ist, dass die Miliz das Ganze als interne Mafia-Auseinandersetzung ansieht, also werden sie der Sache vermutlich nicht weiter nachgehen. Hier ist ein Schlüssel für den Hintereingang des Hotels. Praktisches Ding. Du kannst ihn behalten. Ich soll ausrichten, dass Moskau dich morgen Abend erwartet.«

»Ich werde da sein.«

»Gut, ich verschwinde wieder. Tschüss.«

Der junge Mann öffnete die Tür einen Spaltbreit und stellte sicher, dass die Luft rein war. Dann war er weg.

Kazanski ließ sich in den einzigen Sessel im Zimmer sinken und vertiefte sich in den Bericht des Moskauer CIA-Chefs. Moskau hatte routinierte, effektive Arbeit geleistet. Bruce Darrow verstand sein Handwerk.

Während sein Blick über die Seiten wanderte, traten die Zusammenhänge und Gründe immer deutlicher hervor. Das Gesprächsprotokoll mit dem pensionierten Oberst lieferte ein paar entscheidende Puzzlestücke.

Pjotr, Oleg und Wiktor – die Jungs aus Ismajlowo, die in der berühmten Eliteeinheit der Sowjetunion gelandet waren, Wympel.

Stolz und Bruderschaft, die mit drei Tätowierungen besiegelt wurden, »P. O. W. Naweki«.

Von den dreien konnte nur Wiktor Schapkin noch am Leben sein, und Darrow ließ deutlich durchblicken, dass Oleg vermutlich aufgrund einer Verwechslung umgebracht worden war.

Kazanski las den Bericht dreimal, ehe er ins Bad ging und die Blätter einzeln über der Toilette verbrannte. Dann spülte er und sah zu, wie die braunen Ascheflocken von dem Strudel verschluckt wurden.

Er war kein bisschen betrunken, aber trotzdem bemerkte er zu seiner Überraschung, dass er eine hitzige Diskussion mit sich selbst führte, während er versuchte, das Brett aus dem Kleiderschrank zu zerren. Der Drahtseilakt des Abends, bei dem er jedes Wort sorgfältig abwägen und sich geduldig von seiner Umgebung leiten lassen musste, hatte ihn Nerven gekostet. Als Staatsanwalt listete er die Indizien auf und als Verteidiger widerlegte er sich selbst und fegte die Behauptungen der Anklage mit Gegenfragen vom Tisch.

Kazanski setzte sich mit einem Glas Tee aufs Bett. Vor sich auf dem Schoß hatte er das umgedrehte Brett aus dem Kleiderschrank, eingeschlagen mit Schrankpapier – eine perfekte Tafel. Bewaffnet mit einem Kugelschreiber legte er los. Er hoffte, durch eine schematische Aufstellung vielleicht neue Möglichkeiten und Zusammenhänge zu entdecken, die er bislang übersehen hatte.

Er fing an, ein Diagramm zu zeichnen, das so ähnlich aussah wie Diagramme, die Firmen für viel Geld erstellen ließen, wenn sie selbst nicht mehr wussten, wer über wen die Entscheidung traf und warum.

In die Mitte zeichnete er einen Kreis. Das war die neue, gefährliche Allianz zwischen ihm, dem Hofnarren und Maximow. Eine Allianz, deren Konsequenzen er noch nicht überblicken konnte, die aber möglicherweise mit seinem eigenen Tod enden würde, sollte er tatsächlich mit Wiktor Schapkin an der Hand dort auftauchen.

Die Vermutung lag nahe, dass der Hofnarr den Mord an Schapkin bestellt hatte und bislang eigentlich sicher gewesen war, dass man den richtigen Mann getötet, zerteilt und im Meer versenkt hatte. Vielleicht waren Unstimmigkeiten aufgetaucht und hatten Zweifel geweckt oder er wollte lediglich herausfinden, wie viel der Seemann Lunew wusste und warum er sich für Schapkin interessierte. Und nun würde der Hofnarr mit seinem Foto versuchen, Lunews wahre Identität aufzudecken, um sich ein Bild davon zu machen, mit welchem Gegner er es zu tun hatte. Solange Kazanski nicht enttarnt wurde, würde die Allianz halten.

Als Nächstes kreiste er den Namen Walentina Suschko ein und zog eine Linie von ihr zum Hofnarren. Es gab eine Verbindung zwischen der Milizionärin und dem Mafia-Albino. Die beiden hatten auf der Treppe im Arktika ein vertrauliches Gespräch miteinander geführt.

Dann malte er zwei neue Kreise, einen für Wiktor Schapkin und einen für die Umweltamazonen Frykberg und Storvik-Marshall. Auch hier gab es eine Verbindung, eine Vereinbarung zur Zusammenarbeit, die aus dem Brief in Mariannes Tasche hervorging.

Der kryptischen Aussage des Hofnarren zufolge konnte er den ehemaligen CIA-Mitarbeiter und Privatdetektiv Daniel Shaw als tot markieren. Der Mann war von Storvik-Marshalls Vater angeheuert worden und er hatte seine Fragen nach Astrids Verschwinden ganz offensichtlich mit dem Leben bezahlt.

Dasselbe hatte Marianne getan. Sie hatte Ulf die Fotos des Arms zugespielt und sich nach Wiktor Schapkin erkundigt. Die ABBA-Sängerin war einer Sache auf der Spur gewesen, die im Zusammenhang mit dem Verschwinden ihrer Schwester stand. Auch sie hatte ihre Neugier das Leben gekostet.

Auf der Liste der Opfer notierte er außerdem noch den Boten seiner eigenen Firma. Der Mord in der Badeanstalt bedeutete, dass gewisse Kräfte augenscheinlich wussten, dass sich Spezialagent Jan Jordi Kazanski, CIA, auf einer Mission in Murmansk befand. Und das war nicht der Hofnarr. Sonst hätte er sich nicht auf die Art an ihn herangetastet, wie er es gerade getan hatte.

Der letzte Name auf der Liste der Opfer war der ehemalige

Wympel-Offizier Oleg Galibin. Ermordet mit Curare und in kleinen Häppchen den Fischen zum Fraß vorgeworfen.

Kazanski ließ den Blick wieder und wieder über die Namen auf dem Papier wandern. Dann stellte er seine improvisierte Tafel auf den Schreibtisch, ging im Zimmer auf und ab, blieb stehen, dachte nach und setzte seine rastlose Wanderung fort, die nur vier Schritte in jede Richtung zuließ. Schließlich machte er zwei Striche unter den Kreis mit dem Namen Walentina Suschko. Sie war die Nächste.

14

Ein kleiner VW Polo hielt am Bordstein und Tormod Bjørknes wuchtete mühevoll seinen voluminösen Körper aus dem Auto. Er wohnte in einer großen Wohnung an der Wolodarskaja Uliza in der Nähe des Ethnografischen Museums. Er war relativ früh zu einer verlängerten Mittagspause aus dem Büro nach Hause gefahren.

Es war ein ruhiger Tag und er hatte seinen Schreibtisch ohne schlechtes Gewissen verlassen. Mit geradezu kindlicher Vorfreude dachte er an die Köstlichkeiten, die im Kühlschrank auf ihn warteten.

Er war jetzt Mitte vierzig und froh, dass er nach dem großen Showabend im Arktika, den er mit seinen Geschäftsfreunden verbracht hatte, so langsam wieder er selbst war. Das Ganze war dank seiner feierfreudigen Landsleute zu einem ziemlichen Saufgelage ausgeartet. So etwas hinterließ bei ihm ja mittlerweile noch tagelang Spuren, aber heute ging es ihm zum Glück wieder gut.

Seine Frau war nicht zu Hause. Als der große Niedergang vor drei Jahren begonnen hatte, war sie als Lehrerin an die Schule zurückgekehrt.

Der kräftige Norweger erstarrte, als er die Hintertür im Hof aufschließen wollte. Sein Blick hatte wie immer die Mauer neben dem Briefkasten gestreift und dabei war er an einem kleinen Kreuz aus grüner Kreide hängen geblieben. So klein, dass man von seiner Existenz wissen musste, um es zu entdecken.

Grün bedeutete, dass eine Nachricht für ihn gekommen war. Wenn er selbst ein rotes Kreuz machte, hieß das, dass er eine Nachricht hinterlegt hatte. Am liebsten wäre er sofort in den Keller gegangen, aber er verbot es sich, dem Impuls einfach nachzugeben.

Er leerte den Briefkasten und stieg keuchend in den dritten Stock hinauf. Die Wohnung war groß und stattlich. Bar bezahlt und renoviert, damals, als es ihnen noch ganz hervorragend ging. Von der Straße aus musste man den Eindruck gewinnen, dass hier ein wohlhabender Mann lebte. Alle Fenster hatten Isolierverglasung und die spiegelblanken Flächen waren in diesem Land ein untrügliches Zeichen von Reichtum.

Tormod Bjørknes, der Junge aus Kirkenes, war studierter Anwalt. Von seinem Vater hatte er einen ausgeprägten Geschäftssinn geerbt, den er sich zunutze gemacht hatte, um nach dem Zerfall der Sowjetunion zusammen mit seiner Frau auf dem Markt sein Glück zu versuchen, den alle als Markt der unbegrenzten Möglichkeiten bezeichneten.

Sie behielten ihr Haus in Tromsø, verlegten aber 1992 ihren Wohnsitz in Jelenas Geburtsort. Die Bjørknes Trade Company importierte alles Gute aus dem Westen. Bereits ein Jahr später führten sie ein eigenes Lebensmittelgeschäft und eine Bekleidungsboutique in Murmansk und noch etwas später weiteten sie ihr Tätigkeitsfeld aus und begannen, mit einigen Nähstuben zusammenzuarbeiten.

Tormod Bjørknes trank einen Schluck Milch und schmierte sich ein paar Brote, die er mit großem Appetit verschlang.

Ihr Geschäftserfolg übertraf alle Erwartungen. Bald kannte er jeden, den man kennen musste, und jeder in Murmansk wusste, wer Bjørknes war. Nicht, dass er jemals jemanden bestochen hätte, er war einfach nur ein großzügiger Mensch. Und seine guten Kontakte an die Spitze machten das Leben leichter. Zollerklärungen wurden schneller bearbeitet, und die Ware stand nicht so lange im Lager herum, auch wenn der Besitzer der Lagerhalle davon natürlich profitierte.

Mit der Zeit gelang es Bjørknes, seinen Mitarbeitern etwas über norwegische Effizienz und Servicementalität beizubringen. Seine Angestellten drehten ihren Kunden nicht länger den Rücken zu, sondern fragten stattdessen mit einem Lächeln, womit sie behilflich sein dürften. Und die Besitzer der Nähstuben, die anfangs nur Aufträge annahmen, wenn die Preise stimmten, fingen an, auf den Norweger zu hören, der ihnen erklärte, dass sie mehr verkaufen würden, wenn sie die Arbeit billiger anböten.

Schließlich war es tatsächlich unverschämt gut gelaufen. Bis vor drei Jahren. 1998 war sein *annus horribilis* gewesen.

Russlands wirtschaftlicher Kollaps hatte auch die Bjørknes Trade Company mit in den Abgrund gerissen.

Heute fuhr Tormod Bjørknes Polo statt Mercedes und lebte von dem, was von seiner Firma übrig war, während er auf den Aufschwung wartete, von dem alle redeten.

Er leerte sein Glas und spülte den Teller ab. Es gab nichts Besseres als einen Liter Milch zum Mittagessen.

Aber jetzt ließ sich die Sache nicht länger hinauszögern. Er schloss die Wohnung ab und ging nach unten in den Hof. Dort fummelte er einen Moment an dem Vorhängeschloss der Kellertür herum und stieg dann die Stufen hinunter. Unter einem Kräutertopf auf der Fensterbank lag er, ein kleiner Zettel. Er las die Nachricht zweimal. Seine Stirn legte sich in tiefe Falten.

Bjørknes ging wieder nach oben, verschloss die Tür und

stieg in sein Auto. Zuerst musste er zurück ins Büro. Bis auf Weiteres blieb ihm nichts anderes übrig, als sich mit den bescheidenen Räumen in der Nähe der Hafenverwaltung zufriedenzugeben, aber wenn der Aufschwung kam, dann …

Aufzugeben und nach Tromsø zurückzukehren, war für ihn und seine Frau nie infrage gekommen. Jelenas Familie war ihm ans Herz gewachsen, wie überhaupt die Russen und ihre Gastfreundlichkeit. Er schätzte die unbeugsamen Murmansker, die sich, wenn draußen ein Schneesturm wütete, zum gemütlichen Beisammensein in ihren kleinen Wohnungen trafen.

Die Menschen hier lebten auf der größten Atommüllhalde der Welt und hatten dennoch stets ein Lächeln im Gesicht. Stoisch ertrugen sie die völlige Dunkelheit und Kälte im Winter.

Da konnte Bjørknes nicht einfach abhauen. Es wäre feige gewesen. Und wenn er so darüber nachdachte, war er vielleicht auch Manns genug sich einzugestehen, dass sein persönlicher Abstieg ihm womöglich geholfen hatte, klarer zu sehen – mit den Augen eines gewöhnlichen Russen.

Heute drehte sich sein Leben nicht mehr nur um Lebensmittel und Klamotten. Inzwischen kümmerte sich Tormod Bjørknes außerdem um rote und grüne Kreuze. Im Dienst einer größeren und besseren Sache.

Auch für kleine Fortschritte musste man dankbar sein. Kazanski hatte nur die 09 gedrückt und sich Walentina Suschkos Telefonnummer und Adresse geben lassen.

Früher hatte es auf einem Hotelzimmer vielleicht ein Telefon gegeben, aber kein Telefonbuch und folglich auch keine Nummer, die man anrufen konnte, sofern man sie nicht schon wusste. Schlichte und unwiderstehliche Sowjetlogik.

Inzwischen gab es einen Auskunftsdienst, und in Murmansk gab es sogar einen alternativen norwegischen Anbieter, über den man telefonieren konnte.

Es war eine zeitraubende Angelegenheit gewesen, eventuelle Verfolger abzuschütteln, aber er wusste, dass sie da waren, deshalb musste er vorsichtig sein.

Anderthalb Stunden hatte er damit zugebracht, Umwege zu fahren, mit Taxi und Bus, hin und zurück, hierhin, dorthin. Mit dem Schlüssel für den Hintereingang des Hotels hatte er eine wichtige Waffe in die Hand bekommen.

Niemand überwachte den Hof, und so routiniert, wie er war, hätte es mindestens zwölf Personen gebraucht, die über Funk miteinander in Kontakt standen, um ihn erfolgreich zu beschatten. Wer auch immer sein Gegner war – er verfügte wohl kaum über derartige Ressourcen. Deshalb fühlte Kazanski sich sicher, als er auf den Bürgersteig der Hauptstraße trat, die hier draußen nicht mehr Lenina, sondern Prospekt Kolskij hieß.

Er kam an einem weitläufigen, unbebauten Areal vorbei. Vermutlich fand hier jedes Jahr im März das Festival des Nordens statt, aus reiner Erleichterung und Freude darüber, dass der Winter tatsächlich zu Ende ging. Er erinnerte sich vage, in einer der trostlosen Broschüren an der Hotelrezeption davon gelesen zu haben. Aber noch waren weit und breit keine Samen beim traditionellen Rentierrennen zu sehen. Die Gegend war menschenleer und weiß verschneit.

Als sich ein Stück weiter erneut Wohnblöcke wie ein Schutzwall erhoben, blieb Kazanski hinter den Büschen, die in einer Reihe entlang der Straße gepflanzt waren, und hielt nach Hausnummern Ausschau.

Wenig später änderte sich der Charakter der Wohnanlagen. Die Fassaden aus grobem Beton waren nun fast schon freundlich gestaltet. Als Erstes kam eine Reihe von Wohnblöcken, deren Fenster blau umrahmt waren, sodass eine dreidimensionale Wirkung entstand und die Fenster nach hinten versetzt schienen.

In der nächsten Häuserreihe hatte man das wenig geschmackvolle Kunststück wiederholt, nur diesmal in Braun, aber immerhin ein lobenswerter Versuch. Hier wohnte sie, Milizleutnant Walentina Suschko. Hausnummer 106, fünfter Stock links.

Kazanski legte den Kopf in den Nacken und ließ den Blick über die Fassade wandern, aus der die Balkone hervorragten wie Nüsse aus einer Schokoladentafel. Die Wohlhabenderen, wenn man dieses Wort hier überhaupt verwenden konnte, hatten ihre Balkone mit Fenstern versehen und zu Gewächshäusern umfunktioniert. Allerdings schien dort außer unzähligen Wäscheständern nicht viel zu gedeihen.

Ungehindert schlenderte er durch einen schmalen Durchgang und gelangte in den Hinterhof, der ein nahezu geschlossenes Viereck bildete, das dafür sorgen sollte, dass die Temperatur im Innenhof etwa ein Grad höher war als außerhalb. Denn wenn die arktischen Winde zum Angriff übergingen, war jedes Grad mehr schon ein Gewinn. Hier drinnen standen die Autos einigermaßen geschützt, aber den üblichen Schrottbergen nach zu urteilen, würden trotzdem nicht alle den Winter überleben.

Und ein Grad machte außerdem eindeutig einen Unterschied, wenn die Heizungsrohre in der Außenwand verliefen. Die Vögel waren bestimmt auch froh …

Kazanski drückte die schwere Stahltür auf und betrat das Treppenhaus. Die breite Treppe bestand aus rohem Beton. Die letzte Stufe vor dem Absatz war nur halb so hoch wie die anderen. Sorgfältige Berechnungen hatte hier offensichtlich niemand angestellt, bevor die Handwerker loslegten.

Vom ersten Stock an aufwärts breitete sich ein scharfer Gestank von Urin aus und weiter oben stieß er auf getrocknetes Erbrochenes. Kazanski lächelte wehmütig. Der Anblick und der Geruch waren ihm aus seiner Moskauer Zeit nur allzu vertraut.

Ein normaler russischer Wohnblock spiegelte die russische Mentalität ziemlich naturgetreu wider, er war das Produkt des sowjetischen Experiments. Man wollte die Russen zu sozialen, tüchtigen und patriotischen Bürgern erziehen und erwartete außerdem noch eine verdammt lange Liste anderer Tugenden von ihnen, die Lenin in seinem Moralkodex niedergeschrieben hatte. Er hatte es sich zum Ziel gemacht, ein neues Wesen zu erschaffen, das die ganze Welt sehen und bewundern sollte: den sowjetischen »Neuen Menschen«.

Erreicht hatte er genau das Gegenteil.

Das Volk war gegen das Kollektiv. Das Volk interessierte sich einen Scheißdreck für die Gemeinschaft und hasste und fürchtete den allmächtigen Staat und seine Handlanger, bis hinunter zum kleinen Aufseher, der für die Produktion von Traktorreifen oder Waschbottichen zuständig war. Und so war es heute noch. Alles, was der Gemeinschaft gehörte, lag in Ruinen. Auch die Wohnblocks.

Wenn man eine durchschnittliche russische Wohnung betrat, war plötzlich alles anders. Sauber, hübsch dekoriert und manchmal richtig schick.

Man konnte es ihnen nicht verdenken. Die »Gemeinschaft« hatte sie unterdrückt und immer wieder Angst geschürt. Aber wenn man sich für das Kollektiv nicht mitverantwortlich fühlte, dann konnte man sich auch mit vollen

Händen daran bedienen. Und das taten die Leute eben. Auch die Führungsschicht, nur etwas raffinierter.

Das sollte dem Spinner, der in Moskau in seinem Mausoleum schnarchte, vielleicht mal jemand ins Ohr flüstern.

Kazanski begegnete auf seinem Weg in den fünften Stock keiner Menschenseele. Dort angekommen blieb er vor der Wohnung auf der linken Seite stehen. Er brauchte nur ein paar Sekunden mit dem Dietrich, dann drückte er vorsichtig die Tür auf und betrat Walentina Suschkos Flur. Er lächelte, als der erste Eindruck seine Vermutung bestätigte. Leutnant Suschko wohnte ziemlich nett.

Die Wände im Flur waren mit Kunststoffpaneelen verkleidet, die Kiefernholz imitierten. Auf dem Boden lag ein grüner Läufer und über einer Kommode hing ein großer Spiegel. In der Ecke stand eine anderthalb Meter hohe künstliche Sonnenblume. Die kleine Küche war modern und sah aus, als wäre sie nach dem Frühstück hastig verlassen worden.

Auch das Wohnzimmer zeigte Spuren eines hektischen Aufbruchs. Das Bettzeug lag noch auf dem Schlafsofa. Über der Lehne des einen Sessels hing ein BH, auf dem gekachelten Couchtisch lag eine Frauenzeitschrift und im Aschenbecher waren etliche Kippen, um genau zu sein acht, alle von derselben Marke – aber manche mit Lippenstiftrand. Gegenüber der Sitzgruppe stand eine dunkle Schrankwand, die von einem großen Fernseher eines undefinierbaren japanischen Herstellers beherrscht wurde. Über dem Sofa hing ein Seerosenbild, ein nachgemachter Monet.

Kazanski blieb stehen und ließ die Details auf sich wirken. Die Tür zu einem weiteren Raum stand offen, der ursprünglich als Schlafzimmer gedacht war. Ein Blick auf die Poster mit Eishockey-, Fußball- und Popstars verriet ihm, dass es zum Kinderzimmer umfunktioniert worden war.

Nichts deutete auf einen Ehemann hin. Leutnant Suschko wohnte hier allein mit ihrem Sohn und musste sich damit abfinden, im Wohnzimmer zu schlafen und von fernen Ländern zu träumen.

Und die sonst so harsche, schlagfertige Walentina Suschko war ganz offensichtlich eine Träumerin, denn draußen im Flur hing eine kleine Pinnwand, in der Küche eine zweite größere und im Wohnzimmer über dem Esstisch noch eine. Alle waren gespickt mit Postkarten.

Gespickt mit bunten Träumen, vom Empire State Building bis zum Zuckerhut in Rio, vom spanischen Fischeridyll bis zu Marineschiffen vor Valparaiso. Zusammen ergaben sie einen farbenfrohen Flickenteppich, ein Abbild der ganzen Welt.

Wer außer einem Träumer würde sein Zuhause mit solchem Eifer, Reißzwecke für Reißzwecke, mit fernen Ländern auf bunter Pappe schmücken?

Kazanski sah auf die Uhr. Er war erst fünf Minuten hier. Entschlossen machte er sich an die Arbeit. Blätterte Bücher durch, blätterte in Fotoalben mit Bildern von Freunden, Familien, Szenen aus Suschkos Kindheit und einem Urlaub, vermutlich einer Reise ans Schwarze Meer. Er machte mit den Schubladen weiter, fand aber nur saubere Tischdecken, gehäkelte Untersetzer, ihr gutes Geschirr und das passende Besteck.

Als er ein paar Zeitungen auf dem Esstisch beiseiteschob, kam ein Brief zum Vorschein. Absender war ein oder eine S. Suschko, Moskau. Dem Poststempel nach musste der Brief bereits vor ein paar Tagen angekommen sein. Kazanski nahm die wenigen Seiten aus dem Umschlag und begann zu lesen.

Es waren Zeilen einer Mutter an ihre Tochter, keine tiefgründigen Gedanken, nur eine lose Aneinanderreihung alltäglicher Begebenheiten und ein mütterlich-stolzer Abschnitt darüber, wie viel Glück Walentinas Schwester mit ihrem neuen Job hatte, bei dem sie zuverlässig jeden Monat ein Gehalt ausgezahlt bekam.

Kazanski wollte den Brief gerade zurück in den Umschlag schieben, als sein Blick an den letzten Sätzen hängen blieb: »… aber sonst ist hier in Ismajlowo alles beim Alten. Wir hoffen sehr, dich bald wiederzusehen, liebste Walja.«

Es konnte Zufall sein. Ismajlowo war groß. Aber es konnte genauso gut alles andere als ein Zufall sein.

Die Entdeckung beflügelte ihn, und er machte sich daran, das Zimmer des Jungen unter die Lupe zu nehmen. Der große Kleiderschrank gehörte eindeutig Walentina Suschko, denn darin befanden sich ausschließlich ihre Sachen. Kazanskis Blick fiel auf die türkisblaue Jacke, die sie neulich Abend getragen hatte. Daneben hingen ein Kleid in grellem Pink, ein hellgelbes Kostüm und noch einige andere schrille Klamotten. Die Schubladen waren vollgestopft mit Unterwäsche, Blusen und Socken.

In der untersten Schublade ertastete er zwischen zwei Handtüchern etwas Hartes. Es war noch ein Fotoalbum. Allein die Tatsache, dass es hier versteckt lag, weckte Kazanskis Interesse.

Auf den Bildern war Walentina als junge Frau zu sehen. Es waren Fotos von Partys, von kichernden Freundinnen und pickeligen Jünglingen. Die Aufnahmen waren eindeutig chronologisch sortiert, denn Fräulein Suschko sah auf den Bildern nach und nach älter und reifer aus.

Kazanski reagierte eher enttäuscht als neugierig, als er umblätterte und auf eine Serie Nacktbilder in Schwarz-Weiß stieß. Äußerst private Fotos, die so oder ähnlich vermutlich in unzähligen Schubladen auf dieser Welt herumlagen. Enttäuscht, weil sie ein naheliegender Grund waren, das Album zu verstecken.

Auf den Fotos war sie vielleicht zwanzig Jahre alt. Eine junge Frau mit herausforderndem Blick. Sie saß im Gras vor einer Datscha am Waldrand, mit breiten Schultern und festen Brüsten. Ihr Bauch war flach, ihre Hüften sanft geschwungen. Das war etliche Kilos her. Sie hatte die Beine anständig geschlossen, aber vereinzelt konnte man einen dunklen Schatten zwischen den schlanken Schenkeln erahnen. Die Situation wirkte intim, sie lächelte dem Fotografen zu, vermutlich einem Amateur, der diese Aufnahmen von einem sonnigen Tag auf dem Land selbst entwickelt und abgezogen hatte.

In der ehemaligen Sowjetunion wäre es undenkbar gewesen, einen solchen Film anderen zu überlassen. Kommunisten hatten ein reichlich verkorkstes Verhältnis zu Nacktheit und Sexualität. Beide Begriffe waren nicht existent. Ein vom Kreml verordnetes Tabu. Selbst der Oberste Sowjet begrüßte erfreut Jahr für Jahr die neuen Erdenbürger, aber wie dieser Nachwuchs zustande kam, blieb rätselhaft.

Kazanski lächelte bei dem Gedanken. Früher war das Phänomen verbreiteter gewesen, aber man konnte es immer noch in den Parks und Wäldern beobachten: Die beengten Wohnverhältnisse trieben die Russen in ihre Autos und raus aus den Städten, um ihre Lust auszuleben. Und das galt sowohl für eheliche wie außereheliche Vergnügungen. Nicht selten standen schaukelnde Autos auf Waldwegen, in denen russische Paare dem Unaussprechlichen nachgingen.

Er blätterte weiter. Es folgten zwei Seiten mit albernen Sommerfotos. Drei junge Kerle standen grinsend am Seeufer und stemmten Walentina Suschko mit ausgestreckten Armen hoch in die Luft, gefolgt von den Bildern, auf denen sie sie ins Wasser warfen. Dann kam ein Foto von ebendiesen drei Männern, flankiert von Walentina und einer anderen jungen Frau, auf einer Decke mit einem Picknickkorb. Und noch mehr Fotos der drei in Badehosen und mit nacktem Oberkörper. Muskulöse, kahl rasierte Männer.

Kazanski sah sich die Fotos noch einmal ganz genau an, um ganz sicherzugehen, dass er sich nicht täuschte. Ein Irrtum war ausgeschlossen …

Er blätterte weiter. Auf den letzten vier Seiten des Albums waren nur noch Fotos von Walentina Suschko mit einem der drei, einem dunkelhaarigen Charmeur mit funkelnden Augen und schelmischem Lächeln, zu sehen. Sie waren auf einer Familienfeier entstanden, Frauen in festlichen Kleidern und Männer im Anzug. Ein Trinkspruch. Und zum Schluss ein zärtlicher Kuss auf einer Treppenstufe.

Kazanski wollte das Album gerade wieder zwischen die Handtücher legen, als er Stimmen im Treppenhaus hörte, ein kräftiges Husten und einen Schlüssel im Türschloss. Hastig schob er die Schublade zu und kroch unter das Bett.

»Jetzt steh hier nicht so rum, Tima. Geh rein und setz dich, ich koche uns Kaffee.«

Die heisere Stimme war unverkennbar. Verdammt. Das konnte dauern. Kazanski lag dicht an die Wand gepresst, sah nichts außer Staubflusen, den Teppichboden und zwei Bettpfosten. Erst gestern Abend war er in eine Venusfalle geraten und jetzt steckte er schon in der nächsten klassischen Klemme. Nur diesmal hatte er keine Idee, wie er sich aus dieser absurden Situation befreien sollte.

»Oh, Mist! Ich habe keinen Kaffee mehr da. Ich wusste doch, dass ich was vergessen habe. Tut mir leid. Ich lade dich stattdessen auf eine Tasse unten in der Cafeteria ein. Ich schreibe Mischa nur noch schnell einen Zettel. Er kommt in einer Stunde. Dann soll er noch einkaufen gehen. Ohne Kaffee überlebe ich nicht …«

Kazanski hörte schnelle Schritte. Ein Paar schwere Lederstiefel und dunkle Hosenbeine erschienen in seinem begrenzten Blickfeld. Eine Schublade ging auf, wurde wieder zugeknallt und die Stiefel verließen das Zimmer.

»Los, lass uns gehen!«

Erneutes Husten, eine Tür wurde zugeschlagen und Kazanski war der Falle entkommen. Mischa musste Walentinas Sohn sein. Es blieb also noch reichlich Zeit. Die Fotos im Album hatten ihn auf eine Idee gebracht.

Leutnant Suschko hatte die Ansichtskarten systematisch nach Erdteilen sortiert aufgehängt. Die Perlen der Sammlung hingen im Wohnzimmer. Das waren die seltenen Stücke aus den USA, Südamerika, Asien und anderen fernen Ländern, sogar eine vom Opernhaus in Sidney war dabei. Aber das war nicht das, wonach er suchte. Was ihn interessierte, waren die Karten in der Küche. Die realistischeren Träume. Länder in Reichweite.

Er begann mit dem Baltikum. Vorsichtig nahm er eine Karte nach der anderen ab, las sie und pinnte sie wieder fest. Sie waren allesamt von Seeleuten. Aber Walentina Suschko machte sicher nicht für eine Postkarte die Beine breit. Kazanski konnte sich eher vorstellen, dass sie den Männern, notfalls unter Androhung einer Strafe, den Befehl erteilte, ihr zu schreiben.

Er fuhr mit den skandinavischen Ländern fort, erst Finnland, dann Norwegen und schließlich Schweden. Bis zu der einzigen Karte aus Dänemark kam er gar nicht, denn unter denen aus Schweden wurde er fündig. Das Motiv zeigte ein paar Angler auf einer hübschen alten Brücke. Die Karte war aus Stockholm. Der Text klang weder besonders freundlich noch unfreundlich.

»Hallo Leutnant Suschko, hier die versprochene Karte. Alles ist okay. Stockholm ist eine schöne Stadt, wie man sieht. Ich mustere hier wie geplant ab. Der Däne bringt mich nach Hause. Hoffe bald auf neue Heuer. Viele Grüße Ismajl.«

Der Poststempel auf der Karte lag knapp drei Wochen zurück. Kazanski holte etwas zu schreiben und einen Zettel aus Mischas Zimmer, drückte ihn auf die Karte, sodass er die Buchstaben durch das Papier erkennen konnte, und fuhr mit dem Stift die Handschrift nach.

Er musterte das Resultat und war ziemlich zufrieden. Dann hängte er die schwedischen Angler sorgfältig an ihren Platz zurück. Weitere Postkarten musste er nicht lesen.

Nach dem Besuch in Leutnant Suschkos Wohnung verbrachte Kazanski den Rest des Tages mehr oder weniger im Bett – döste und dachte nach. Der nächste Schritt war klar. Jetzt würde sich zeigen, wie viel Back-up er tatsächlich in Anspruch nehmen konnte.

Es war schon spät, als er beschloss, in der Bar des Hotel Arktika ein bisschen Zeit totzuschlagen, vor allem um den Augen etwas Abwechslung zu verschaffen, die ihn dort draußen verfolgten. Denselben Augen, denen er später ausweichen würde.

Noch aber saß er einfach da und tat so, als würde er bei einer Tasse Kaffee dem jungen Barkeeper zuhören. Der Kerl langweilte sich, aber er redete sich in Rage. Es waren Frosttemperaturen von minus fünfzehn Grad für die Nacht vorhergesagt worden. Das war Ende Oktober selbst für Murmansk ungewöhnlich.

»Ungewöhnlich? Nichts ist mehr ungewöhnlich. Alles steht Kopf. Vor drei Jahren war der Fjord fast vollständig zugefroren. Zum ersten Mal seit Menschengedenken. Das Klima treibt seine Spielchen mit uns, und das war garantiert nicht das letzte Mal. Orkane und Überschwemmungen, und dann war es hier im Sommer arschkalt. Übrigens kannst du durchaus auch im Juni einen Schneesturm erleben. Das Ozonloch ist auch direkt über uns. Und es ist ungesund, so nah am Magnetfeld des Pols zu wohnen.

Vor zwei Jahren wurde ein Kälterekord in Russland gemessen. Minus 55,6 Grad in Khanti-Mansiysk im westlichen Sibirien. Und ein finnischer Rekord. Minus 51,5 Grad in Pokka in Lappland. Und die Norweger hätten ebenfalls fast einen neuen Rekord aufgestellt. Nein, klimatologisch gibt es nichts Ungewöhnliches mehr. Warte nur ab. Wir werden in der Zukunft noch Dinge sehen … Ich bin studierter Meteorologe, letztes Jahr fertig geworden – aber keine Arbeit, leider. Willst du noch einen Kaffee?«

»Nein danke. Ich geh wieder nach drüben, in mein Bett.«

»Wohnst du im Meridian?«

»Ja …« Kazanski gähnte so überzeugend wie möglich.

»Sag mal, hast du deinen Kameraden eigentlich inzwischen gefunden?«

»Nein. Ich hab's aufgegeben. Na denn, gute Nacht …«

Es war sternenklar und schweinekalt. Kazanski schüttelte sich, als er den Platz in Richtung Hotel überquerte.

In Kürze würden die unbekannten Augen, die ihn beobachteten, sehen, wie die Lampe in seinem Zimmer anging. Er würde so viele wärmende Schichten übereinander anziehen wie überhaupt nur möglich. Und während das Licht brannte und der Fernseher weiterhin lief, würde er unbemerkt durch den Hinterausgang verduften.

Als er eine Viertelstunde später die Treppe hinunterging, stutzte er. Durch ein Fenster sah er in einer dunklen Mauernische die Glut einer Zigarette aufglimmen. Selbst der räudigste Köter hatte es verdient, bei diesen Temperaturen im

Warmen zu rauchen. Seine Beschattung war also ausgeweitet worden und deckte jetzt auch den Hinterhof ab.

Er blieb stehen und überdachte für einen Augenblick die Lage, dann ging er weiter, nach unten in den Keller. Eine Reihe schmaler Fenster an der Stirnseite führte zum Hinterhof des Nachbarhauses. Eine Holzkiste diente ihm als Tritt, und auch wenn er sich in seinen Klamottenschichten wie ausgestopft fühlte, gelang es ihm, sich durch die Fensteröffnung zu quetschen und nach draußen zu kriechen. Nachdem er eine Mauer, einen Bretterzaun und einen Haufen Schrottautos überwunden hatte, stand er wenig später an der Straße, die parallel zum Hafen verlief.

Eine Handvoll Bahnarbeiter wärmten sich im Lokschuppen an einer brennenden Öltonne die Hände. Das Feuer warf seinen flackernden Schein auf die ausrangierten Züge und Haufen von Eisenbahnschrott.

Kazanski würde noch über einen Stacheldrahtzaun steigen müssen, wenn er weiterkommen wollte. Er legte seinen Wollpullover und die Lederjacke zum Schutz über den Zaun und schwang sich darüber. Dann zog er die Sachen hastig wieder an. Jetzt befand er sich auf dem Zollgelände. Ein Stück weiter sah er wieder Flammen im Dunkel und schlich näher.

Eine Gruppe russischer Lkw-Fahrer stand um zwei Fässer herum. Im Hintergrund zeichneten sich die Umrisse mehrerer moderner Lastzüge aus dem Westen ab. Einer der Russen hatte sicherheitshalber ein kleines Feuer unter dem Motorblock seines alten ZIL gemacht, um das Monstrum abfahrbereit zu halten. Offenbar war er Kummer gewohnt.

Kazanski betrachtete die Szenerie. Dachte an die Tour mit Alicia in die südlichste Stadt der Welt. So musste Magellan Feuerland wahrgenommen haben. Nichts als Flammen in der

Dunkelheit. Mit den Lastern als Kulisse glich dieser Abend allerdings eher einer postapokalyptischen Szene.

Er entdeckte ein paar Männer in der Kabine eines großen Lkw, die fernsahen und Kaffee tranken. Sie saßen in Hemden da, während sich ihre russischen Kollegen draußen dicht um die Fässer drängten und eine Flasche kreisen ließen.

Kazanski schlich sich auf die Rückseite der ausländischen Laster. Die meisten kamen aus Norwegen und nur ein einziger hatte die Länderkennung DK. Er stieg auf das oberste Trittbrett und klopfte an die Scheibe. Ein älterer Mann, der in der Koje vor dem Fernseher lag, kam auf die Beine. Misstrauisch beäugte er Kazanski, aber dann ließ er doch die Scheibe herunter. Kazanski fragte auf Englisch, ob er in die Kabine kommen dürfe.

»Warum?« Der dänische Fahrer schlug einen schroffen Ton an, als er feststellte, dass Kazanski kein russischer Geschäftsmann war.

»Ich würde dir gern ein paar Fragen stellen.«

»Ich weiß nichts. Hau ab.«

»Ich bezahle dich auch dafür – in Dollar.«

Der Mann zögerte. »Okay. Aber komm rüber auf die andere Seite. Der Sitz da gehört mir.«

In der Kabine war es angenehm warm. Der Mann stellte den Fernseher ab, die Explosionsgeräusche und Schreie des Actionfilms verstummten.

»Was willst du? Und woher kommst du?«

Er steckte sich eine Zigarette an und schenkte sich aus der Thermoskanne einen Kaffee ein – ohne Kazanski auch einen anzubieten.

»Ich suche einen dänischen Fahrer, der einen Passagier mit hierhergenommen hat. Weißt du etwas darüber?«

»Keinen Schimmer. Im Moment bin ich der Einzige hier oben. Also abgesehen von den Norwegern, einem Holländer und denen da.« Der Mann nickte in Richtung der schwarzen Gestalten an den Ölfässern.

»Denk nach. Gab es kein Gerede unter den anderen?«

Kazanski legte eine Handvoll Scheine auf das Armaturenbrett. Es war kurz still.

»Vielleicht war da doch etwas«, fing der Mann dann langsam auf Englisch an zu erzählen. Er sprach mit starkem Akzent. »Ich habe in Rovaniemi einen Kollegen getroffen. Geredet wird ja immer … Der Kollege hatte einen anderen Dänen in Örebro getroffen, der auf dem Weg nach Hause war. Lasse heißt er. Ein Vollidiot. Wir nennen ihn nur den Angeber. Er hat damit geprahlt, dass er sich gleich noch etwas gönnen wollte …« Der Fahrer schob seinen Daumen zwischen Zeige- und Mittelfinger und grinste schmierig.

Kazanski nickte vielsagend.

»Ja, der Angeber wollte es sich von der heißesten schwedischen Schnitte im Umkreis besorgen lassen. Dann hat er uns seinen Geldbeutel gezeigt. Voll mit Dollars. Er hat nur gesagt, die Schlepper an der Grenze nach Deutschland wären Amateure. Das ist alles. Hilft dir das weiter? So ein eingebildeter Idiot. Hoffe, er hat was Illegales gemacht. Mein Kollege und ich haben uns darüber unterhalten, dass es mit Sicherheit so war …«

»Die Schlepper?«

»Menschenschmuggler. Sie helfen den Schwarzen, ohne Papiere von Deutschland nach Dänemark zu kommen.«

»Den Schwarzen?«

»Ja. Kurden, Tamilen, Somalier und so. Es gibt Unmengen von denen. Sie wollen Asyl in Dänemark. Schmarotzer, wenn du mich fragst.«

»Weißt du, wann dieser Angeber das nächste Mal nach Murmansk kommt?«

»Ne, aber er müsste gestern oder vorgestern wieder von hier losgefahren sein.«

»Wie lange bleibt ihr normalerweise in Murmansk?«

»Unterschiedlich. Kommt auf die Laune der Zöllner an. Manche von uns haben schon über eine Woche hier gestanden, aber in der Regel geht es schneller.«

Kazanski nickte nachdenklich, legte hundert Dollar extra auf den Haufen und bedankte sich.

»Gern geschehen. Wenn du so was wie ein Bulle bist, dann hoffe ich, dass ihr ihn verknackt.«

Es war wenige Minuten vor Mitternacht. Kazanski schaffte es gerade so, seine Sendeausrüstung aufzubauen, um pünktlich zur neu verabredeten Zeit um null Uhr online zu sein. Da er mittlerweile ständig auf seine Schatten achten musste, kam ihm der spätere Zeitpunkt wirklich gelegen.

Er loggte sich unter »*kazmur*« und dem aktuellen Datum ein und kam direkt zur Sache.

jordi: Bitte um Unterstützung bei Überwachung von Milizleutnant Walentina Suschko. Wohnhaft Prospekt Kolskij 106.

darrow: Unmöglich. Habe nur noch einen Mann vor Ort.

appel: Dann finden Sie eine Lösung – UMGEHEND.

Kazanski lächelte. Der nette Wayne Appelson schwang in Langley die Peitsche, und Moskau reagierte prompt und versprach, sich um eine Lösung zu kümmern. Zwei Männer wollte Darrow bereitstellen. Nicht viel für eine Rund-um-die-Uhr-Beschattung, aber besser als nichts.

darrow: Überwachung ab wann?

jordi: Morgen früh, vorläufig für zwei Tage.

Kazanski informierte die anderen rasch über die Erkenntnisse des Tages. Er bat Bruce Darrow und Moskau, der Spur nachzugehen, dass Walentina Suschkos Familie in Ismajlowo lebte.

Die letzte Meldung kam aus Langley.

appel: Übrigens hat Ihr Schiff heute in Stavanger abgelegt. Wir konnten es nicht länger aufhalten. Nur damit Sie Bescheid wissen. Sie haben nicht ewig Zeit für den Job.

Mit seinem Messer stemmte Kazanski das Fenster wieder auf und quetschte sich zurück in den dunklen Keller. Wenig später stand er in seinem hell erleuchteten Zimmer. Im Fernsehen liefen die letzten Minuten einer Nachrichtensendung.

»Die internationale Delegation wird nächstes Jahr im April in Murmansk erwartet«, schnappte er noch auf.

Während eine Frauenstimme den Spätfilm des Abends mit Chuck Norris in der Hauptrolle ankündigte, zog Kazanski sich aus. Er freute sich auf eine ausgiebige heiße Dusche. Eigentlich hatte er sich den ganzen Tag über ziemlich gut gefühlt. Vielleicht hatte sich sein Organismus inzwischen doch an das Leben am Ende der Welt gewöhnt.

Frisch geduscht besorgte er sich eine Thermoskanne mit Wasser und ein paar Teebeutel. Man musste nur wissen, welche Knöpfe man zu drücken hatte, dann konnte man hier rund um die Uhr einen umfassenden Service genießen. Er kippte einen Schluck Rum in seinen Tee und setzte sich mit seinem umfunktionierten Schrankbrett und seinem Diagramm aufs Bett, um das Resümee des Tages zu ziehen.

Er verband Walentina Suschkos Namen mit den drei Männern von Wympel – Pjotr Klim, Oleg Galibin und Wiktor Schapkin, wobei der Strich zu Schapkin kräftiger ausfiel. Die beiden anderen waren schließlich tot, während er mittlerweile davon überzeugt war, dass sich Wiktor Schapkin in Murmansk oder zumindest irgendwo in der Nähe aufhielt.

Walentina Suschkos Mutter hatte ihrer Tochter aus Ismajlowo in Moskau geschrieben. Leutnant Suschko kam also aus demselben Stadtteil wie die drei Elitesoldaten – die Ismajlowo-Jungs, wie Wiktor Schapkins Vorgesetzter aus Afghanistan sie genannt hatte.

Die Bilder aus dem Fotoalbum belegten, dass die vier vor vielen Jahren Freunde gewesen waren. Die drei kahl rasierten Männer, die bereitstanden, um Walentina Suschko in den See zu werfen, hatten alle dieselbe Tätowierung am rechten Oberarm. Einen Schild, einen Dolch und ein Banner, auf dem »P. O. V. Naweki« stand.

Dass Walentina Suschko mit einem der drei zusammen gewesen war, bewiesen die letzten Seiten im Album. Wiktor war es nicht, aber welcher der beiden anderen es war, konnte Kazanski nicht sagen, da er keine Ahnung hatte, wie sie aussahen.

Die letzte wichtige Spur aus der Wohnung verdankte er einer plötzlichen Eingebung. Auch wenn Wiktor Schapkin nach dem irrtümlichen Mord an Oleg ins Ausland geflohen war, hatte er sich wahrscheinlich im Ostseeraum aufgehalten. Das Baltikum war naheliegend, fast schon zu offensichtlich. In Schweden war Kazanski fündig geworden.

Die Postkarte aus Stockholm, unterschrieben mit Ismajl, stammte mit großer Sicherheit von Wiktor Schapkin. Der Text hatte Kazanski zu den Lkw-Fahrern der Exportunternehmen im Hafen geführt.

Die Geschichte des dänischen Truckers mit den vielen Dollarscheinen bedeutete mit ebenso großer Sicherheit, dass Wiktor Schapkin auf demselben Weg nach Murmansk zurückgekehrt war, auf dem er entkommen war. Und er war zurückgekehrt, weil es einen wichtigen Grund dafür gab.

Jetzt musste Kazanski den ehemaligen Wympel-Oberst, der seine Vereinbarung mit der Firma nicht eingehalten hatte, nur noch finden. Und Leutnant Suschko würde ihn zu ihm führen. Die Zeit drängte. Sein Schiff war bereits auf dem Weg entlang der norwegischen Küste.

Die Halsschmerzen hatten nachgelassen, also zündete er sich eine Zigarette an. Zu seiner eigenen Überraschung die erste des Tages.

Während er rauchte, zermarterte Kazanski sich das Hirn. Das alles ergab einfach keinen Sinn. Er stand auf und wanderte rastlos im Zimmer auf und ab.

Walentina Suschko hatte Verbindungen zum Hofnarren und den lokalen Mafiosniki. Gleichzeitig gab es eine Verbindung zwischen ihr und Wiktor Schapkin. Und sie war Milizionärin. Der Hofnarr seinerseits hatte Kazanski mehr oder weniger zu einer Allianz gezwungen und wartete nur darauf, seine Beute serviert zu bekommen. Und die Schatten dort draußen – auf welcher Seite standen sie?

Unmöglich, dieses Spiel schon zu durchschauen.

Als Kazanski sich warm eingepackt in sein Bett legte, überkam ihn dasselbe seltsame Gefühl wie damals in Krakau. Er hatte den Auftrag erhalten, den Fuchs aus seinem geheimen Bau zu jagen. Und am Ende würde der Jäger sie beide erlegen, ihn und den Fuchs.

Früher am selben Abend war der norwegische Geschäftsmann Tormod Bjørknes mit seiner Ehefrau Arm in Arm den kurzen Weg zu dem hübschen Konsulat seines Heimatlands hinüberspaziert.

Auch hier kannte man ihn.

Das Paar war zusammen mit anderen handverlesenen norwegischen Freunden des Hauses und dem kleinen festen Mitarbeiterstab von Generalkonsul Børresen zum Abendessen eingeladen. Børresens Einladung unterstrich, dass Tormod Bjørknes trotz seines wirtschaftlichen Abstiegs immer noch ein bedeutender Mann war. Ein Mann mit Potenzial, dem deshalb auch von offizieller Seite die gebotene Aufmerksamkeit geschenkt wurde.

Gerade weil der entthronte Handelskönig sich nach wie vor mit einer gewissen Selbstverständlichkeit auf dem glatten diplomatischen Parkett bewegte, war er so perfekt geeignet. Perfekt geeignet, um zu vermitteln. Perfekt geeignet für rote und grüne Kreuze auf einer Mauer.

Nach dem ausgezeichneten Essen, das Tormod Bjørknes bis zum letzten Bissen genoss, zogen sich die Herren mit Cognac, Kaffee und Zigarren in die Bibliothek zurück, während sich die Damen im großen Salon versammelten. Bjørknes gelang es, sich seiner Aufgabe bewusst zu bleiben, obwohl er mit seinen heiteren Anekdoten und dem polternden Lachen ein natürlicher Mittelpunkt der geselligen Runde war.

Etwa zur selben Zeit, als Kazanski in die Koje ging, bedankten sich der Generalkonsul und seine Frau für den schönen Abend, und die Gesellschaft löste sich auf. Tormod Bjørknes hatte seine Mission erfüllt und schlenderte mit Jelena im Arm und ein paar heiteren Promille im Blut nach Hause.

Morgen würde der groß gewachsene Norweger wieder in dem bescheidenen Büro anzutreffen sein, wo er, die Ironie des Schicksals wollte es so, einen ganzen Tag mit dem Arbeitspensum für einen halben Tag zubringen würde – nach echter russischer Manier.

Endlich oben in der Wohnung angekommen, fiel dem keuchenden Tormod Bjørknes mit einem tiefen Seufzer ein, dass er wichtige Unterlagen im Auto vergessen hatten. Er wollte sie auf keinen Fall über Nacht dort liegen lassen, also blieb ihm wohl nichts anderes übrig – er musste noch einmal nach unten.

Zehn Minuten später trat die Gestalt aus der Toreinfahrt und ein Mann, groß und schlank, ging ruhig den Bürgersteig entlang. Zwei Häuser weiter blieb er stehen. Die Laternen warfen einen matten Schein auf die Straße. Der Mann bog durch das Tor in den Hinterhof und entzündete an der Tür sein Feuerzeug. Auf der Mauer war ein kleines rotes Kreuz zu sehen – Post von Bjørknes. Vorsichtig schlich er sich zum Kellerschacht und angelte den Schlüssel heraus.

Die Nachricht, die er holen sollte, war äußerst wichtig.

15

Was würde das unsichtbare Heer von Augen, das sein Hotel überwachte, wohl melden? Vermutlich »Objekt passiv«. Und derselbe Status war hoffentlich auch gestern Abend übermittelt worden, als er durch das Kellerfenster aus seinem Bau gekrochen war.

»Objekt passiv«, brummte Jan Jordi Kazanski zufrieden unter seinem Berg aus warmen Decken. Nase und Stirn hatten sich kühl angefühlt, als er aufgewacht war. Er hatte kein Fieber mehr. Jetzt lag er zusammengerollt im Bett, die Decke ganz über den Kopf gezogen. Er drückte den Knopf seiner Armbanduhr. Die grünen Ziffern zeigten 10:13 Uhr an.

Sein Körper war warm und entspannt. Selbst der stechende Schmerz in seinem Rücken war verschwunden. Er beschloss, einfach liegen zu bleiben. Solange er Lust hatte. In den nächsten zwei Tagen konnte er sowieso nichts Sinnvolles unternehmen. Er konnte nur warten und weiter seine Rolle als ungeduldiger Seemann spielen. Warten – und hoffen, dass Walentina Suschkos Überwachung ihn auf die richtige Spur führen würde. Warten – und hoffen, dass Moskau in Ismajlowo etwas Nützliches fand. Warten – und hoffen, dass die Welt ein hellerer Ort wurde.

Nach und nach fingen die Gedanken an, ihn zu bedrängen. Sie krochen aus seinem Kopf. Wie Ausgestoßene ernährten sie sich gierig von seinem gerade wiedergefundenen Wohlbefinden.

Wie immer tauchten Rosa und Alicia als Erstes auf. Und wie immer folgte kurz darauf Ewa. Die Ewigen Drei. Zwei von ihnen waren tot. Eine von ihnen lebte. Genau wie bei den Kindheitsfreunden der Wympel-Truppe.

Kazanski konnte sich unmöglich eine Antwort auf die verräterische Frage abringen, wen er am meisten liebte. Ohne den Abschied von den ersten beiden wäre die Dritte nie in sein Leben getreten. Wären sie nicht getötet worden, hätte er sich niemals in Ewas Augen verloren. Niemals ihren Schoß gespürt. War er also selbst dafür verantwortlich, in welcher Reihenfolge die Bilder erschienen? Zeigten die Verlorenen sich zuerst, damit er sich verzeihen konnte, dass danach Ewa kam?

Er änderte seine Meinung über den gelungenen Start in den Tag. Diese Grübeleien, die sich nicht in eine Kommodenschublade in Madrid einsperren ließen, verdrängten das zufriedene Gefühl, ein »passives Objekt« zu sein.

Hier lag er, Agent J. J. Kazanski, CIA, ein scharfsinniger, selbstsicherer, trainierter Mann, zusammengerollt wie ein Embryo, in Murmansk – am Ende der Welt und mit der Welt am Ende. Die Decke war eine Hülle, die ihn gegen alles dort draußen beschützte, aber sie befeuerte gleichzeitig den inneren Vulkan.

Vielleicht war es doch ein Scheißtag.

Nach einer halben Stunde stand er frierend im kalten Zimmer – um einen Vulkanausbruch zu verhindern.

Er hatte in einem bescheidenen Lokal zu Abend gegessen, gebratenen Speck mit Kartoffeln und verkochtem Kohl. Auf dem Weg zurück ins Hotel Meridian hatte er sich noch drei zufällig ausgewählte Zeitungen gekauft, um damit die Zeit totzuschlagen.

Erst im Hotel fiel ihm auf, dass alle drei dieselbe Top-Meldung auf der Titelseite hatten. Es ging um das Atommüllabkommen. Kazanski fiel der Halbsatz wieder ein, den er neulich nachts in den Fernsehnachrichten aufgeschnappt hatte. Irgendetwas über eine internationale Delegation, die nach Murmansk kommen sollte. Er behielt seinen Mantel an und setzte sich in den Sessel. Als Erstes las er den Artikel der *Nesawissimaja Gaseta*.

»Nach intensiven Verhandlungstagen in Brüssel deutet vieles darauf hin, dass Russland mit umfangreicher Unterstützung des Westens bei der Bergung und Entsorgung des Atommülls rechnen darf, der in großen Mengen auf der Kola-Halbinsel lagert. Die Freigabe der angekündigten Direkthilfen und der günstigen Kredite hängt jedoch von der Zustimmung einer Delegation aus internationalen Experten und Politikern ab, die sich bei einer Inspektion im kommenden April ein Bild von den Verhältnissen vor Ort machen wird.

In einem ungewöhnlichen Schulterschluss sollen russische Behörden nun gewährleisten, dass die Bemühungen um eine effektivere Entsorgung und eine Verbesserung der Sicherheit fortgesetzt werden können. Bemühungen, die seit dem wirtschaftlichen Zusammenbruch des Landes vor drei Jahren weitgehend stillstanden.

Die russische Abordnung setzt sich aus Vertretern des Ministeriums für Atomenergie, der Flotte, des Verteidigungsministeriums, der staatlichen Atomaufsichtsbehörde, des staatlichen Komitees der Waffenindustrie, des Katastrophenschutzministeriums und schließlich der Maximow Green Waste Company zusammen. Damit unterstützen alle Instanzen, die an der Arbeit auf der Kola-Halbinsel beteiligt sind, den Appell an den Westen.

Laut der vorläufigen Erklärung, die gestern Abend in Brüssel abgegeben wurde, gewährt Russland erstmals in breitem Umfang freien Zugang zu verschiedenen Einrichtungen, darunter auch zu Stützpunkten und Anlagen der Nordflotte. Darüber hinaus wird garantiert, dass der internationalen Delegation alles relevante Material zur Verfügung gestellt wird, auch bis dato als streng geheim klassifizierte Unterlagen der Nordflotte.

Verläuft die Zusammenarbeit zufriedenstellend, erklärt sich die EU bereit, Russland im Rahmen des G-24-Programms zur nuklearen Sicherheit zu unterstützen und darüber hinaus Fondsmittel als Soforthilfe bereitzustellen. Dasselbe gilt für die European Bank for Reconstruction and Development, EBRD. Auch von amerikanischer Seite wird die Initiative begrüßt. The Co-operative Threat Reduction Program, besser bekannt als Nunn-Lugar-Programm, hat ebenfalls Bereitschaft zur Unterstützung signalisiert. Auch Norwegen hat neue Hilfen zugesichert. Und schließlich halten es Beobachter für durchaus wahrscheinlich, dass der russische Vorstoß von Bedeutung sein könnte, wenn der Internationale Währungsfonds Anfang des Jahres die Kreditbedingungen neu bewerten muss.

›Mit diesem Vorstoß demonstrieren wir unsere Entschlossenheit, die komplizierte Situation auf der Kola-Halbinsel zu lösen. Die gute Stimmung in Brüssel zeigt: Wenn wir Einzelinteressen zurückstellen und gemeinsam anpacken, ja, dann können wir einen großen Schritt in eine sicherere, friedlichere Welt für kommende Generationen machen‹, sagte der Minister für Atomenergie, J. Polozow, auf einer Pressekonferenz.

›Wir haben uns ganz und gar auf eine breit angelegte Gesamtlösung für die Kola-Halbinsel konzentriert. Wir können nicht länger schweigend zusehen, wie das Risiko einer radioaktiven Katastrophe Jahr für Jahr steigt. Noch dazu im Zuge einer positiven Entwicklung, nämlich der Abwrackung der russischen Atom-U-Boote‹, erklärte EU-Kommissar Richard Van Laast.«

Kazanski machte eine Pause. Das hier war Diplomatie mit Zuckerguss und Schlagsahne. Die Russen auf Freiersfüßen mit Scheiße am Schuh. Er kannte das alles nur zu gut. Und wahrhaftig ein EU-Kommissar, der noch eine »Gesamtlösung« anstrebte. Die Europäer hatten ihre Sache wirklich gut gemacht. Sie hatten zweitklassige Politiker, abgedanktes Spitzenpersonal und Profibürokraten in einer Institution versammelt, in der es Diätenbetrug zur Vorspeise, Postengeschachere als Hauptgericht und Vetternwirtschaft zum Nachtisch gab.

»Die internationale Delegation, die im April nach Murmansk kommt, wird aus europäischen und amerikanischen Politikern bestehen sowie verschiedenen Experten der EU, der International Atom Energy Agency (IAEA) und dem amerikanischen Lawrence Livermoore National Laboratory. Auch die International Atomic Energy Association (INEA) wird vertreten sein. Die Organisation steht für die Durchsetzung der Regularien des Londoner Abkommens zur Entsorgung von atomaren Abfällen aus dem Jahr 1972. Zu ihrer Aufnahme kam es auf Druck kritischer EU-Parlamentarier, die auf Behauptungen der Umweltorganisation Nordlicht verwiesen, Russland würde nach wie vor illegal Atommüll verklappen.

Die Umweltorganisation Nordlicht und ihre beiden führenden Köpfe Ida Frykberg und Astrid Storvik-Marshall, die vermutlich bei dem viel diskutierten Schiffsunglück im Frühjahr umgekommen sind, haben nach der Einschätzung von Beobachtern sehr dazu beigetragen, dass der russische Vorstoß so wohlwollend aufgenommen wurde. Mit ihrer Arbeit, die auch unkonventionelle Mittel wie ein Nackt-Happening in Murmansk einschloss, ist es den Aktivistinnen gelungen, die Aufmerksamkeit der Welt auf die Probleme der Kola-Halbinsel zu richten.

Die Ergebnisse aus Brüssel haben jedoch auch Kritik ausgelöst. Sie richtet sich gegen die Führung der Nordflotte, die sich das Recht vorbehalten hat, die Bewegungsfreiheit der Delegation einzuschränken – aus streng militärischen Gründen. Am schärfsten kommentierte dies der norwegische Außenminister Johan Næss, denn die Nordflotte verweigert nach wie vor den Zugang zur Atommülldeponie in der Andrejewa-Bucht, nahe der norwegischen Grenze. Seit Jahren bemühen sich die Norweger um Zutritt zu der Anlage, die im Verdacht steht, katastrophale Sicherheitsmängel aufzuweisen.

Da die Maximow Green Waste Company zwischenzeitlich die Aufgaben zum Filtern und zur Lagerung radioaktiver Abfälle von der Murmansker Seereederei übernommen hat, war auch der in Murmansk ansässige Konzern in Brüssel vertreten. Die Erweiterung ihrer Kapazitäten auf dem Atomflot-Gelände und die Verbesserung des gesamten Verarbeitungsprozesses stießen auf breite Anerkennung.

›Wie die anderen beteiligten Parteien öffnen auch wir der internationalen Delegation unsere Türen. Diese Zusammenarbeit wird wegweisend sein. Ich betrachte das Engagement meines Konzerns als Engagement für mein Land, genau wie ich Objekte von historischem Wert erwerbe, um sie für die Nachwelt zu bewahren‹, sagt Exzentriker Maxim Maximow, der seine umfangreichen Sammlungen testamentarisch dem Staat vermacht hat.

Der zehntägige Besuch der Delegation auf der Kola-Halbinsel soll mit einer zweitägigen Konferenz in Murmansk enden.«

Kazanski kratzte sich nachdenklich das unrasierte Kinn. Die Verhandlungen in Brüssel verliehen seinem Fall eine ganz neue Perspektive. Gedankenverloren fing er an, seine üblichen Runden auf dem verfilzten Teppich zu drehen.

Die alles beherrschende Mediengeschichte des Tages löste bei Tormod Bjørknes überhaupt keine grüblerische Rastlosigkeit aus. Der Norweger schwang die Beine auf den Schreibtisch und vertiefte sich in seine Zeitungen.

Die Artikel hielten keine großen Überraschungen bereit. So funktionierte die Diplomatie, das war nichts Neues. Man streckte inoffiziell die Fühler aus und führte in möglichst kleiner Runde Gespräche.

Es lag doch auf der Hand. Die Russen hätten niemals eine solche Karte ausgespielt, wenn nicht im Vorfeld klar gewesen wäre, dass die Richtigen Farbe bekennen – und bezahlen – würden. Wenn er seinen Fußboden streichen wollte, würde er ja auch nicht vorn an der Tür damit anfangen.

Das Brüsseler Ergebnis konnte er nicht in einen größeren Kontext einordnen, weil er den größeren Kontext schlicht und einfach nicht kannte. Andere wussten viel mehr darüber. Und an ihnen war es auch, sich um das Problem zu kümmern, das offensichtlich entstanden war. Sofern es denn wirklich ein Problem war und nicht nur Ausdruck von Verfolgungswahn.

Insgeheim dachte Tormod Bjørknes, dass ihn natürlich auch dieses Gefühl von Abenteuer reizte. Aber er tat etwas

Wichtiges, selbst wenn er nur ein kleines Rädchen war. Früher hatte er in der Rolle des Direktors allein die Verantwortung getragen. Hier übernahm er eine begrenzte, aber äußerst sensible Aufgabe … Und nicht zuletzt verdiente er gutes Geld damit. Das war angesichts der allgemeinen Wirtschaftslage und seiner schlecht laufenden Firma natürlich auch nicht unerheblich.

Im Hauptsitz der Maximow Green Waste Company am Prospekt Lenina saß Aleksandr Matischow in derselben Haltung in seinem Büro, mit den glänzend polierten schwarzen Schuhen auf dem Schreibtisch. Nur war das bei ihm kein Zeichen von Gelassenheit – sondern vielmehr von konzentrierter Anspannung. Anders als der Norweger konnte er sich nicht damit abfinden, keinen Überblick zu haben.

Aleksandr Matischow ließ die Zigarettenspitze ungeduldig im Mundwinkel wippen. Er konnte sich denken, was sein Chef zu dem Brüsseler Abkommen zu sagen hatte, aber er las den Artikel trotzdem.

Wenn nur das Problem mit Wiktor Schapkin schon gelöst wäre, dann wäre dieser Moment ein Triumph gewesen. Aber er konnte ihn nicht genießen, weil ganz Murmansk ein Gespenst zu jagen schien.

Er hatte sich daran gewöhnt, dass seine Anweisungen exakt befolgt wurden, und sei es aus schierer Angst vor seiner Erscheinung. Aber jetzt ging dort draußen irgendetwas vor sich, das sich seiner Kontrolle entzog. Ein Zusammentreffen von Ereignissen, auf das er keinen Einfluss hatte.

Warum war das so? Er hatte Maximow nichts davon erzählt. Er musste diese Angelegenheit selbst in Ordnung bringen. Wieso tauchten ständig neue Leute auf, die nach Wiktor Schapkin fragten, obwohl der Mann tot war? In Einzelteile zerlegt. In der Barentssee versenkt. Auf Nimmerwiedersehen.

Die beiden Männer aus Sankt Petersburg, die den Job erledigt hatten, waren Profis. Die besten, die man kriegen konnte. Er hatte sie bewusst von außerhalb geholt. Maxim Maximow hatte eine Grundregel: niemals schmutzige Finger, Dienstleistungen immer kaufen.

Er hatte danach noch einmal Kontakt zu ihnen aufgenommen. Es *war* Wiktor Schapkin gewesen. Das Aussehen. Die Tätowierung. Adresse, Wohnung und Umgebung. Sie hatten ihm alles bis ins letzte Detail beschrieben. Er *musste* es gewesen sein.

Genauso der Kapitän. Er hatte ihm geschildert, wie die Männer mit der Axt gearbeitet hatten. Stück für Stück.

Und trotzdem spukte Wiktor Schapkin, der berühmte Wympel-Oberst, in Murmansk herum. Der invalide Held, der plötzlich sein Umweltbewusstsein entdeckt hatte – oder gierig geworden war.

Zuerst war der amerikanische Privatdetektiv aufgetaucht, Shaw. Der Mann war diskret und hatte offensichtlich den Arsch voller Dollarscheine, aber er stellte dumme Fragen – und plötzlich war er spurlos verschwunden. Zu diesem Zeitpunkt hatte Matischow selbst auch schon darüber nachgedacht, ihn aus dem Weg schaffen zu lassen, aber er war gar nicht mehr dazu gekommen, den Auftrag zu erteilen.

Dann hatte Mary Ann, die schwedische Marianne, im Hotel Arktika das Mikrofon in die Hand genommen. Eine bezaubernde, schlaue Frau. Er mochte sie, aber er wusste, dass eine Frau, die seine Nähe suchte, die Nähe von Aleksandr Matischow, die Nähe des Hofnarren, irgendwelche Absichten haben musste. Und so war es auch.

Mary Ann war zu unerfahren. Ihre Fragen und ihre Neugier verrieten sie. Vor Kurzem erst hatte er darüber nachgedacht, sie zu beseitigen. An dem Tag, an dem seine Entscheidung gefallen war, kam sie bei einem Autounfall ums Leben. Und wieder hatte er keine Order gegeben …

Dann war der Seemann Lunew auf der Bildfläche erschienen. Ein echter Seemann war er nicht. So viel stand fest. Allein sein Verschwindetrick mit Natascha A und Natascha B …

Der Seemann war alarmierend abgebrüht. Als Hofnarr hatte Matischow noch jeden Mann aus dem Gleichgewicht gebracht – nur nicht diesen Lunew. Sein ruhiger Blick und sein mangelnder Respekt machten ihn gefährlich. Ärgerlicherweise war es ihnen noch nicht gelungen, mithilfe des Fotos seine wahre Identität aufzudecken, aber sie arbeiteten weiter daran. Der Mann war ein Profi.

Morgen würde er ihn zu sich bestellen, aber bis dahin hielt er den Seemann an der kurzen Leine. Vielleicht ließ sich der Mann ja vom großen Geld verführen. Was ihm dabei allerdings keine Ruhe ließ, waren die Berichte seiner Leute. Es gab ganz offensichtlich noch andere, die Lunew überwachten. Noch mehr aufmerksame Augen in der Stadt. Andere Schatten.

Er wurde vom unmotivierten Krächzen des Raben aus seinen Gedanken gerissen. Rasputin saß auf einem Stuhlrücken, an der Armlehne festgekettet. Gereizt schleuderte Matischow die Zeitung nach dem Vogel.

»Halt endlich den Schnabel, elender Papagei!«

Dass das Tennismatch ausfiel, verriet einiges über das Ausmaß des Problems. Die erfolgreichen Verhandlungen am Vorabend in Brüssel wurden von der Außenwelt, und damit auch von der GRU, erst im Laufe des Vormittags in ihrer ganzen Tragweite wahrgenommen, und deshalb musste der Tennisschläger im Spind bleiben.

Generalleutnant Glikin, der sich nie wunderte, warum er eigentlich immer gegen seine Mitarbeiter aus der Fünften Direktion gewann, hatte zum ersten Mal seit Langem das Gefühl, gewaltig unter Druck zu stehen. Und der Druck hatte nichts mit einer guten Vorhand oder einem gekonnten Return zu tun. Er kam auch nicht von seinem Vorgesetzten. Nein, den Druck hatte er dem Nachrichtensprecher im Radio zu verdanken, verstärkt von diversen Zeitungsartikeln.

Außerdem hatte Glikin auch selbst dafür gesorgt, dass er jetzt unter Druck stand, und das war ihm nur allzu bewusst. Ihm war klar, welche Folgen die russischen Bemühungen in Brüssel haben würden. Nach dieser massiven medialen Aufmerksamkeit schien das Ganze ohnehin beschlossene Sache zu sein. Auf einmal wollte alle Welt auf der Kola-Halbinsel für Ordnung sorgen. Aber vorher musste er seine Angelegenheit zu Ende bringen.

Glikin war skeptisch. Major Salenko hatte sich mit einem Bericht aus Murmansk gemeldet. Es gab nichts Neues. Die Überwachung des CIA-Agenten und der Milizionärin hatte absolut nichts ergeben. Noch dazu sah es ganz danach aus, als hätte der Amerikaner die Absicht, wieder in seinem Hotelzimmer zu bleiben, wie bereits am Abend zuvor. Er verhielt sich so passiv, dass es verdammt verdächtig war. Oder verdammt arrogant.

Glikin hatte noch einmal zusätzliche Kräfte auf Wiktor Schapkin angesetzt. Auch wenn er seine Zweifel hatte, beschloss er, den Agenten Kazanski vorläufig weiter laufen zu lassen. Die CIA konnte ganz andere Spuren verfolgen und früher oder später musste ihr Mann in Murmansk ja aufwachen und zur Tat schreiten.

Murmansk

Inzwischen kam er sich schon fast paranoid vor, aber das Zimmer in dem Holzhaus zu erreichen, hatte sich zu einem regelrechten Hindernislauf entwickelt. Er hatte das Hotel wieder durch das Kellerfenster verlassen und über eine Stunde für den Weg gebraucht. Diesmal würde er Vorsichtsmaßnahmen treffen. Er fühlte sich alles andere als sicher.

Kazanski hatte den Großteil des Tages in Warteposition verbracht, wie schon den Tag zuvor. Solange die Überwachung von Walentina Suschko andauerte, blieb ihm auch gar nichts anderes übrig, aber das Nichtstun nervte ihn. Jetzt war es 23:30 Uhr. Immer noch eine halbe Stunde Zeit bis zum vereinbarten Chat. Hinter dem Haus verband er seine Technik mit dem Telefonkabel. Es war stockdunkel und unverändert frostig.

Bevor er wieder hineinging, zog er eine kleine Rolle schwarzes Nähgarn aus der Tasche, zusammen mit einer Packung Reißzwecken der strategische Einkauf des Nachmittags.

Er drückte auf Knöchelhöhe eine Reißzwecke in die Holzverschalung des Hauses, knotete das Garn daran fest und führte es von dort einmal um den schiefen Telefonmast, dann zu einer zweiten Reißzwecke am anderen Ende des Hauses und weiter durch das Fenster, das einen Spaltbreit offen stand. Im Zimmer befestigte er den Faden an einem Kugelschreiber, den er neben dem Computer auf den Tisch legte.

Zu Hause wäre er von den Profis, die in der Firma für Finten und Streiche zuständig waren, dafür ausgelacht worden, aber sein kleiner Trick würde hoffentlich funktionieren.

Die Überzeugung, dass er seine Verfolger durch diverse Ablenkungsmanöver dauerhaft abschütteln konnte, hatte sich in Luft aufgelöst. Jeder Bewohner der Stadt gehörte zum Heer der unsichtbaren Augen, jede Mauer, jedes Fenster hatte ihn im Blick. Und dass er sich so inaktiv verhielt, weckte beim Gegner vielleicht gerade umso mehr Aufmerksamkeit.

Es war vereinbart, dass die Firma im Hotel anrufen und die Nachricht »das Schiff ist unterwegs« hinterlassen würde, sobald es Neuigkeiten von Leutnant Suschko gab. Dann sollte er sich zum Treffpunkt in einem Hinterhof in der Nähe des Busbahnhofs begeben. Der Fall war nur nicht eingetreten.

Um Punkt null Uhr wählte er sich ins Internet ein und klickte sich direkt zum Chatroom durch, in dem Moskau und Langley ihn bereits erwarteten.

darrow: Habe Walentina Suschkos (WS) Familie in Ismajlowo ausfindig gemacht. Keine direkte Kontaktaufnahme. Laut Nachbar war WS bis vor ca. zwei Jahren bei Miliz Moskau. Seitdem Murmansk. Vater von WS Sohn Mischa war Soldat, Name Pjotr, Kindheitsfreund aus dem Viertel – getötet in Afghanistan. Mit großer Sicherheit handelt es sich um Pjotr Klim – einen der drei Ismajlowo-Jungs, die …«

Mehr konnte Kazanski nicht lesen. Der Kugelschreiber rutschte auf den Boden. Jemand war in seine Falle getappt. Er riss die Tür auf und rannte dem schwarzen Schatten nach, der in großen Sprüngen in Richtung der Baustelle flüchtete.

Zwischen einer Reihe von Paletten mit Baumaterial holte

Kazanski ihn ein. Er warf sich auf ihn und brachte den Mann zu Fall. Sie rollten durch den Schnee. Kazanski gelang es, den Kerl, der wie wild um sich schlug, zu fassen zu bekommen, und drehte ihn auf den Rücken. Der Schnee klebte ihm im Gesicht, er konnte kaum etwas sehen. Aber der Mann war kleiner als er und, wie Kazanski schnell merkte, nicht so stark.

Er hatte ihn gerade mit beiden Händen gepackt und war im Begriff, sich auf die Knie zu kämpfen, als sein Gegner sich mit seinem ganzen Gewicht auf ihn warf und Kazanski mit dem Hinterkopf gegen die Palette knallte. Es gelang dem Mann, sich zu befreien, aber mit einem kräftigen Tritt holte Kazanski ihn sofort wieder von den Beinen.

Eine Hand schob sich in eine Jackentasche, und als er das leise Klicken hörte, wich Kazanski zurück. Der Mann hatte ein Springmesser gezückt und hielt es drohend vor sich.

»Hau ab«, zischte er atemlos.

»Wer hat dich geschickt?« Kazanski machte einen Schritt auf ihn zu.

»Letzte Warnung. Hau ab!«

Als Kazanski noch einen Schritt nach vorn machte, ging der Mann zum Angriff über, aber Kazanski wich ihm aus. Als er wieder zustechen wollte, parierte Kazanski mit dem linken Unterarm und rammte ihm das rechte Knie zwischen die Beine. Noch während sich sein Widersacher vor Schmerz zusammenkrümmte, trat er ihm mit aller Kraft gegen den Brustkorb. Der Tritt beförderte den Fremden rücklings zu Boden, lautlos sackte er in den Schnee.

Erst jetzt bemerkte Kazanski die Planierraupe. Der Mann musste mit dem Genick gegen die Kante des riesigen Räumschilds der Maschine geprallt sein. Es war kein Puls mehr zu tasten. Verdammt.

Kazanski durchsuchte den Mann gründlich, aber er fand nichts außer einem Handy, Zigaretten und Kleingeld. Nichts, das Rückschlüsse auf seine Identität zuließ. Nur ein gut ausgebildeter, erfahrener Schatten arbeitete so. Kazanski zögerte. Das Handy war eingeschaltet. Dann drückte er auf die Wahlwiederholung.

Eine Stimme meldete sich. »Alpha hier. Das wurde aber auch Zeit, Beta. Wo bist du?«

Kazanski legte sofort wieder auf. Die verschlüsselten Namen bestätigten seinen Verdacht. Er hatte es mit Profis zu tun. Vermutlich Miliz oder Nachrichtendienst. Zum Glück hatte sein Verfolger offensichtlich noch keine Meldung über seinen Standort gemacht.

Er schnalzte ein paarmal nachdenklich mit der Zunge und analysierte seine Lage. Eine Leiche hatte ihm gerade noch gefehlt. Er zog den Toten zur Baugrube und rollte ihn über die Kante. Dann konnte sich die Miliz überlegen, ob der Mann selbst gefallen war und sich dabei das Genick gebrochen hatte.

Ein paar Minuten später, zurück im Haus, las Kazanski die die letzte Zeile des Chats.

appel: Bitte melden. Ich wiederhole, bitte melden, jordi.

jordi: Bin zurück. Nicht identifizierten Schatten überrascht. Wahrscheinlich Profi. Ersuche Moskau um Möglichkeit unterzutauchen. Wird evtl. nötig.

darrow: Ersuchen bewilligt.

Im Kleiderschrank eines jeden Menschen gab es diese eine zerschlissene Jacke, nur diese eine, die wie ein alter Freund war und einem sofort ein wohliges Gefühl vermittelte. Mit Schuhen war es genauso.

Und genau dieses Gefühl hatte Kazanski, als er die Tür abschloss und sich wieder auf den Weg über den Bauplatz machte. Zufrieden nahm er das Gewicht und die leichte Enge wahr. Er machte diesen Job schon lange genug, um zu wissen, dass dieses Wohlgefühl auch trügerische Sicherheit bedeutete. Trotzdem war der Zeitpunkt gekommen, sich von Schulterholster und Bernardelli begleiten zu lassen.

Das Magazin war mit sechzehn Kugeln Hohlspitzmunition gefüllt. Ein absolut zerstörerisches Projektil, das unter ästhetischen Gesichtspunkten überhaupt nicht zu diesem Prachtstück italienischer Handwerkskunst passte. Bislang war er mit einer Grippe und vorübergehenden Rückenschmerzen noch glimpflich davongekommen. Die schwarze P. One Practical an seiner linken Achsel war seine Art der Prophylaxe gegen weitere Schrammen.

Erst einige Minuten nachdem Kazanski an ihm vorbeigegangen war, sprang ein zierlicher Mann leichtfüßig von der Ladefläche eines Lastwagens, der auf der Baustelle stand. Er hatte alles beobachtet. Das Versteck des Seemanns und seinen Kampf mit dem unbekannten Verfolger. Er freute sich schon darauf, zurückzukehren und Bericht zu erstatten. Der Hofnarr würde ihn für seinen Einsatz sicher reich belohnen.

Moskau

»Fahren Sie!« General Afanasjew gab den Befehl, noch bevor er richtig auf dem Rücksitz des schwarzen Volvo saß. Der Chef des Föderalen Sicherheitsdienstes, FSB, war gerade aus der Lubjanka gekommen, dem wuchtigen gelben Gebäude, das früher als Hauptquartier des KGB gedient hatte und den gleichnamigen Platz in Moskau dominierte.

Generalmajor Dudinka saß bereits im Wagen. Er war vor

ihm an dem grauen Bürogebäude links von der Lubjanka abgeholt worden, in dem die meisten operativen Abteilungen untergebracht waren.

Gleb Dudinka leitete das Direktorat zur Bekämpfung Organisierter Kriminalität. Er konnte dem harschen Befehl seines Vorgesetzten entnehmen, wie verärgert er war.

Sie waren beide mit nur einer Stunde Vorlauf ins Innenministerium, MVD, an der Schitnaja Uliza einbestellt worden. Die Sekretärin des Innenministers hatte die Nachricht übermittelt. Nur konnte natürlich niemand einfach mit dieser Selbstverständlichkeit über den Chef des Inlandsgeheimdienstes verfügen. Dennoch hatte sich General Afanasjew entschieden, zu erscheinen, aber offensichtlich äußerst widerwillig. Dudinka hatte keine Ahnung, was der Grund für das Treffen im MVD war, und er hatte auch nicht das Bedürfnis, sich auf der Fahrt dorthin danach zu erkundigen.

»Warten Sie hier!«

Der Fahrer fuhr auf Befehl des Generals rechts heran und blieb am Straßenrand stehen. Seine Passagiere stiegen aus und gingen das kurze Stück zum Haupteingang zu Fuß.

Alle Türen in den verwinkelten Gängen des Ministeriums öffneten sich für die beiden Herren aus der Lubjanka wie von selbst, denn jeder wusste, wer da kam. Sogar die Sekretärin des Ministers, die ganz vergaß, dasselbe Selbstbewusstsein an den Tag zu legen wie noch um die Mittagszeit, als sie angerufen hatte.

»Herr Minister, der General und der Generalmajor sind eingetroffen«, meldete sie über die Gegensprechanlage.

»Reinkommen«, lautete die kurze Antwort.

Die Sekretärin öffnete die schwere gepolsterte Tür und führte sie in das riesige Büro. Zwei Männer erwarteten sie.

Innenminister Petruchin war selbstverständlich der eine, der andere war Verteidigungsminister Drosdow. Sie begrüßten sich mit einem kurzen Händedruck, dann nahmen Afanasjew und Dudinka in den tiefen Sesseln vor dem Schreibtisch Platz.

Innenminister Petruchin ließ sich Zeit. Er trug einen viel zu großen Anzug. Der Mann hatte eine schwere Bypass-Operation hinter sich und war seitdem nur noch ein Schatten seiner selbst.

Petruchin war immer ein brummender Bär gewesen, mit großer Gestik, den passenden Zigarren und beeindruckender Trinkfestigkeit. Jetzt war der mächtige MVD-Mann wie zusammengeschrumpft und hatte seinen Biss verloren.

»Ihr Anliegen ist hoffentlich wichtig.«

Unhöflich kam General Afanasjew dem Minister zuvor und eröffnete das Gespräch, was selbst den müden Bären dazu veranlasste, die Augenbrauen hochzuziehen.

»Ja. Ich habe die Herren einbestellen lassen, um Ihnen Informationen mitzuteilen, die von äußerster Bedeutung sind«, antwortete er.

Der Verteidigungsminister nickte ernst. Drosdow war eine ebenso machtvolle Erscheinung wie Petruchin früher, und dass General Afanasjew aus demselben Holz geschnitzt war wie er, ließ eine explosive Mischung entstehen. Dudinka war der Jüngste in der Runde, mehr Technokrat und auf moderne Art zielstrebig.

»Ich komme direkt zur Sache. Der FSB muss umgehend sämtliche Nachforschungen Maxim Maximow betreffend einstellen, auch bekannt unter dem Decknamen Operation Max, wenn ich richtig orientiert bin.«

Der Innenminister war also nicht zu schwach, um den süßen Triumph einer unmissverständlichen Anweisung auszukosten. Unter den schweren Augenlidern sah er sie abwartend an.

»Kommt nicht infrage«, erwiderte Afanasjew.

»Ist dem Herrn Minister bewusst, wie lange mein Direktorat schon an dieser Sache arbeitet?«, fragte Dudinka höflich, aber durchaus scharf.

»Ich wurde von meiner eigenen Abteilung, mit der Sie anfangs zusammengearbeitet haben, darüber in Kenntnis gesetzt, Herr Generalmajor. Ich kenne alle Argumente, aber das ändert nichts an meinem Beschluss«, antwortete Petruchin trocken.

»Wenn die Herren die Medienberichte der letzten Tage verfolgt haben, sollte sich damit eigentlich alles Weitere erübrigt haben«, sprang ihm der Verteidigungsminister bei.

»Wir sprechen hier von einer umfangreichen Untersuchung, die auf einem begründeten Verdacht basiert. Der FSB ist befugt, solche Entscheidungen eigenständig zu treffen«, blaffte Afanasjew und schlug mit der Faust in seine Handfläche.

»Soweit mir bekannt ist, hat der FSB bislang keinen einzigen Beweis gegen Maximow vorlegen können. Ich dagegen weiß, dass der Mann einen großen Einsatz für sein Land zeigt. Und beachtliche Arbeit auf Kola leistet«, erwiderte Petruchin.

»Wir stecken tief in den Ermittlungen, und ich garantiere Ihnen, dass wir stichhaltiges Beweismaterial finden werden. Es ist nur eine Frage der Zeit«, unternahm Dudinka einen weiteren Anlauf. Er war nicht bereit, die Arbeit von Jahren einfach so wegzuwerfen.

»Wir treten auf der Stelle, meine Herren. Einigen wir uns darauf, die Operation Max auf unbestimmte Zeit ruhen zu lassen. Die Alternative wäre, den Fall zu den Akten zu legen – endgültig. Sie haben die Wahl.«

Verteidigungsminister Drosdow deutete mit einer Handbewegung an, dass die Diskussion an dieser Stelle beendet war. Eine Provokation, die Afanasjew zu noch schärferen Geschützen greifen ließ.

»Nun, wenn das so ist, sehe ich mich gezwungen, mich persönlich an den Präsidenten zu wenden.«

»Tun Sie das. Ich war vor wenigen Stunden bei ihm im Kreml.« Petruchin zog einen Umschlag aus der Schreibtischschublade und reichte ihn Afanasjew.

»Heute unterschrieben, wie Sie dem Datum entnehmen können. Daraus geht mit aller gebotenen Deutlichkeit hervor, dass der Präsident den Verteidigungsminister und mich in dieser Sache unterstützt.«

General Afanasjew las die wenigen Zeilen des Präsidenten auf dessen persönlichem Briefpapier gleich mehrmals. Dann faltete er das Schreiben zusammen und knallte es energisch auf den Schreibtisch.

»Auf Wiedersehen, die Herren …«

Automatische Bewegungen in tranceartigem Zustand. Vielleicht konnten Generalmajor Gleb Dudinkas Mitarbeiter im Direktorat es nicht sehen, aber er stand den Rest des Tages vollkommen neben sich. Alles, was er zu entscheiden hatte, wurde kommentarlos auf den nächsten Morgen vertagt. Seine Gedanken wanderten immer wieder zurück.

Gleb Dudinka war im Frühjahr 1991 zum KGB gekommen. Er bekam einen Platz in der riesigen Zweiten Hauptdirektion, einer der tragenden Säulen des Dienstes, die für die interne Sicherheit der Sowjetunion zuständig war. Dort arbeitete er einige Monate in der Zwölften Abteilung, die Korruption, Amtsmissbrauch und Unregelmäßigkeiten in Staatsbetrieben untersuchte.

Dann plötzlich im August brach alles zusammen. Nach dem missglückten Putsch wurde die mächtige Statue des eisernen Felix vom Lubjanka-Platz entfernt und der jahrzehntelang unterdrückte Hass gegen den KGB loderte lichterloh auf. KGB-Chef Wladimir Krjutschkow wurde wegen seiner Beteiligung am Putsch verhaftet. Der KGB stand symbolisch für das gesamte Schreckensregiment und Michail Gorbatschow schaffte den ganzen Koloss noch im selben Jahr, am 24. Oktober, mit einem Federstrich ab.

Chaotische Jahre folgten, in denen Gleb Dudinka aufgestiegen war und auf verschiedenen Posten überzeugt hatte. Vor gut drei Jahren hatte er die Leitung des Direktorats zur Bekämpfung Organisierter Kriminalität übernommen, nachdem er zuvor bereits übergangsweise an dem amerikanisch-russischen Ivan-Capone-Projekt mitgearbeitet hatte, UROCIS.

Damals verzichtete man darauf, Maxim Maximows Geschäftsimperium gezielt unter die Lupe zu nehmen – aber Gleb Dudinka hatte den Gedanken daran nie aufgegeben. Als er Chef des Direktorats wurde, ließ er sofort die nötigen Vorbereitungen treffen.

Generalmajor Dudinka stand am Fenster, die Ellenbogen auf die Fensterbank gestützt. Von seinem Büro aus blickte er auf den Lubjanka-Platz hinunter. Weiter hinten sah er das McDonald's-Schild, aber auch wenn er nichts gegen einen Familienausflug in das Burger-Restaurant hatte, war ihm der Appetit gerade gründlich vergangen. Er hatte den ganzen Tag noch nichts gegessen.

Seit dem Besuch im Innenministerium wurde seine Wut immer größer. Er war außer sich – und gleichzeitig fühlte er sich machtlos, was das Ganze nur noch schlimmer machte.

Sein Chef hatte sich für ihn eingesetzt, aber das war vor

allem Theater gewesen. Afanasjew ging es nur darum, sein Revier zu markieren. Tatsächlich hatte Afanasjew selbst die Order erteilt, anderen seiner Meinung nach wichtigeren Aufgaben höhere Priorität einzuräumen als der Operation Max, auch weil sie nach drei Jahren Ermittlungsarbeit immer noch keinen Durchbruch geschafft hatten.

Der FSB hatte genug Niederlagen einstecken müssen. Unter anderem diese idiotische Geschichte mit dem ehemaligen U-Boot-Kapitän Nikitin. In Dudinkas Augen war das Ganze von Anfang an glatter Selbstmord für den Dienst gewesen. Man hatte überreagiert und die ultimative Demütigung kam, als der Richter in Sankt Petersburg den Dilettanten, die für den Fall zuständig waren, ihre Klageschrift um die Ohren gehauen hatte. Die Arbeit mehrerer Jahre bekam das Prädikat »wertlos«. Zu allem Überfluss wussten die norwegischen Umweltschützer von Bellona die Medien geschickt zu nutzen, und am Ende stand der FSB da wie eine Truppe Vollidioten.

Die Ermittlungen im Mordfall Galina Starowoitowa in Sankt Petersburg waren genauso ein Fiasko gewesen. Ihr Tod konnte nie aufgeklärt werden. Auch wenn viele ein Problem mit der Menschenrechtsaktivistin hatten, war sie auf diese Weise zur Märtyrerin der Demokratiebewegung geworden. Und Märtyrer konnte niemand gebrauchen, ganz egal woher sie kamen. Was dagegen jeder brauchte, waren Effektivität, harte Arbeit und eine Gesellschaft, die nicht von organisierter Kriminalität unterwandert war. Diese beiden Fälle waren keine Ausnahmen – das Scheitern schien förmlich am FSB zu kleben.

Wenn es ihm gelang, Maxim Maximow zu überführen und den sanften Exzentriker und Vaterlandsfreund als Betrüger und Mafiaboss zu enttarnen, dann konnte er dem FSB damit zu neuem Respekt verhelfen. Es wäre ein Triumph mit Perspektive. Denn wenn Maximow wirklich zur Strecke gebracht würde, hätte das eine gewaltige präventive Auswirkung auf die schillernde Geschäftswelt der smarten *biznesmeny*.

Und jetzt stellte ausgerechnet eine politische Konspiration ihm dabei ein Bein. Die Unterschrift des Präsidenten war wie ein Faustschlag ins Gesicht, der ihm keine Möglichkeit ließ, sich dagegen zu wehren.

Dudinka drückte zornig seine Zigarette aus und zündete sich sofort die nächste an.

Drei Jahre Arbeit auf Eis gelegt. Er hatte zwei seiner besten Agenten für die Operation Max abgestellt. Sie langsam und mit Bedacht in Stellung gebracht. Einen der beiden konnte er danach nie wieder operativ einsetzen. Niemals. Er hatte seinen Trumpf in Maximows engstem Umfeld platziert. Es war nur noch eine Frage der Zeit. Und wegen einer Meldung aus Brüssel sollte jetzt alles umsonst gewesen sein.

Es klopfte an der Tür. Dudinka drehte sich um. Es war seine Sekretärin.

»Wenn der Generalmajor kurz …«

»Nein! Das hat Zeit bis morgen.«

Gleb Dudinka wandte sich wieder dem trüben Fenster zu. Man hatte ihn um einen sicheren Sieg gebracht. Er erwog, sich an die Schreibmaschine zu setzen und aus Protest seinen Abschied einzureichen.

Murmansk

Es war nicht mehr als eine halbe Stunde her, dass er die E-Mail aus der Zentralverwaltung in Minsk empfangen hatte.

Die belarussische Kontaktperson teilte darin mit, dass der Seemann Lunew doch sehr große Ähnlichkeit mit einem gewissen Jan Jordi Kazanski hatte, ehemaliger Sekretär der amerikanischen Botschaft in Moskau, ausgewiesen am 31. Dezember 1997, abgeschoben an 4. Januar 1998. Der E-Mail war eine Bilddatei angehängt. Ein Archivfoto des erwähnten Amerikaners.

Aleksandr Matischow setzte seine Sonnenbrille auf und drehte sich wieder zum Bildschirm um, auf dem die beiden Fotos nebeneinander zu sehen waren. Das Foto, das er nach Belarus geschickt hatte, und der Mailanhang, den er gerade zurückbekommen hatte. Die Ähnlichkeit war nicht zu übersehen. Lediglich die Haare waren inzwischen deutlich kürzer und der Mann sah ein bisschen abgekämpfter aus.

Er hatte aus gutem Grund keine Möglichkeit, sich direkt an Moskau zu wenden, aber der Kontakt in Minsk war einer von vielen, die Maxim Maximow einen Gefallen schuldeten. Die Suche war über Russlands Datenbank gelaufen, ein begrenzter Service, den der FSB dem Nachbarland zur Verfügung stellte.

Die Datenbank war aus den Überresten des niedergegangenen Netzwerks SOUD hervorgegangen, Sistema Objedinennogo Utschjota Dannych o Protiwnike, dem System zur Datenerfassung über den Gegner, das die Nachrichtendienste der Warschauer-Pakt-Länder gemeinsam errichtet hatten.

Die Zusammenarbeit war anlässlich der Olympischen Spiele in Moskau 1980 vereinbart worden, damit der ganze Ostblock, einschließlich Kuba und Vietnam, Informationen über potenzielle Feinde sammeln und sich gegenseitig zur Verfügung stellen konnte – von Journalisten bis hin zu Flugbegleiterinnen.

In den folgenden Jahren hatten die Länder ihr Datennetzwerk weiter ausgebaut, aber der Fall der Mauer bedeutete gleichzeitig den Todesstoß für SOUD in seiner ursprünglichen Form.

Der FSB hatte danach auf diesen Ruinen eine neue Datenbank errichtet, aber die Mitglieder der Föderation hatten nur begrenzten Zugriff auf dieses Archiv. Deshalb wusste er nicht, woran dieser Kazanski gearbeitet hatte und warum er ausgewiesen worden war. Der Grund dafür konnte Vergewaltigung oder Mord sein, aber vielleicht war er auch nur mit nacktem Arsch durch den Gorki Park gerannt.

Sehr viel wahrscheinlicher war allerdings, dass der Mann, den Aleksandr Matischow jeden Moment in seinem Büro erwartete, für die CIA gearbeitet hatte. Diplomaten aus dem Mittleren Osten wurden für gewöhnlich aufgrund schillernder Eskapaden rausgeworfen, die Amerikaner in der Regel nur, wenn sie Dreck an den Händen hatten.

Das Büro in der Maximow Green Waste Company sah aus wie jedes westliche Großraumbüro mit Computern, Schreibtischen, Stühlen, mobilen Trennwänden, Grünpflanzen und sogar einem Wasserspender.

Auch die Angestellten unterschieden sich nicht – die mittlere Führungsebene mit selbstgefälliger Miene, die durch teure Kleidung und Ambitionen auffiel, dann die normalen farblosen Büromitarbeiter und ein paar Frauen, die den ganzen Kram erledigen mussten, auf den sonst niemand Lust hatte.

Kazanski wurde von der Empfangsdame, einer Frau Mitte vierzig, die eine intensive Parfumwolke hinter sich herzog, durch den großen Raum geführt, vorbei am Büro des Verwaltungsdirektors und weiter die Treppen hoch. Im dritten Stock blieb sie stehen, klopfte an eine Tür und wartete.

»Herein!«

Die Frau öffnete und bat Kazanski einzutreten.

»Ah, mein Freund, der Seemann. Wie gut, dass Sie kommen konnten, Lunew. Setzen Sie sich. Großartige Frau, meine Sekretärin. Früher Professorin in Nischni Nowgorod – Molekularbiologie. Was für eine Verschwendung nationaler Ressourcen …«

Der Hofnarr saß hinter seinem Schreibtisch und breitete überschwänglich freundlich die Arme aus. Er hatte seine Sonnenbrille auf. Der Zylinder lag auf dem Computer. Kazanski sah sich nach dem Raben um. Er saß auf einem Trapez, das in der Nähe der Fenster von der Decke hing.

Kazanski hatte keine Ahnung, worum es ging. Er hatte nur die Nachricht erhalten, dass er kommen sollte. Der Hofnarr setzte seine Sonnenbrille ab, rieb sich die rötlichen Augen und sah ihn lächelnd an, ohne etwas zu sagen.

»Du nimmst den Piepmatz mit auf die Arbeit …« Kazanski nickte in Richtung des Raben.

»Rasputin ist mein Freund. Grigori Jefimowitsch, auch Rasputin genannt, 1869 bis 1916. Ihm wurden seherische Fähigkeiten zugesprochen. Man nahm ihn am Zarenhof auf, weil man glaubte, er könne heilen. Der kleine Alexei war nämlich sehr krank. Rasputin war ungepflegt und widerlich, aber trotzdem verfielen ihm sogar die vornehmsten Damen. Ja, ja, er selbst meinte übrigens, die Sünde sei eine Voraussetzung für die Erlösung. Als sie irgendwann doch zu viel von ihm hatten, lockten Prinz Jussupow, Großfürst Pawlowich und noch ein paar andere ihn in eine Falle. Sie servierten ihm vergifteten Wein und Gebäck. Als das nicht genügte, schossen sie auf ihn – zweimal. Dennoch starb er erst, als sie ihn gefesselt in ein Eisloch in der Neva warfen. Was sagen Sie, Lunew – ist die Sünde eine Voraussetzung für die Erlösung?«

»Wenn ja, ist meine Erlösung gesichert …«

Das maskenhaft weiße Gesicht des Hofnarren brach in ein haarsträubendes Gelächter aus, der Rabe zuckte zusammen und stieß sein bizarres Echo aus. Vielleicht dauerte es fünf Sekunden, vielleicht zehn, dann war es wieder totenstill im Raum.

»Sie reden nicht viel, Lunew, aber für einen Seemann sind Sie erstaunlich wortgewandt. Wäre ich ein Hellseher wie Rasputin, würde ich vor meinem inneren Auge jetzt vielleicht sehen, dass Sie *nicht* alle sieben Weltmeere befahren haben. Dass in Ihren Adern *kein* Salzwasser fließt. Dass Sie *nicht* hier vor Anker gegangen sind, um den Herrn und Meister zu wechseln – sondern um Ihrem eigenen Kompass zu folgen. Auf einem heimlich abgesteckten Kurs, mein Freund … Irgendeine Spur von Wiktor Schapkin?«

Mit langsamen Bewegungen zündete Kazanski sich eine Zigarette an. Der abrupte Wechsel des Hofnarren vom fast poetischen Ton zu der scharfen Frage ließ eine tiefe Kluft im Kopf des Mannes vermuten. Auf der einen Seite stand der Psychopath, auf der anderen Seite … Nein, er fand kein passendes Wort, aber der Mann war ohne Zweifel intelligent.

»Nein, ich komme nicht voran. Schapkin ist wie vom Erdboden verschluckt«, antwortete Kazanski.

Der Hofnarr nickte stumm und machte keinerlei Anstalten, das Gespräch noch weiter fortzusetzen. Kazanski stand auf.

»Wenn das alles war, dann …«

»Das war alles. Für heute. Finden Sie den Ausgang allein, Seemann?«

Kazanski nickte, drehte der seltsamen Gestalt den Rücken zu und verließ das Büro.

Aleksandr Matischow blieb in Gedanken versunken sitzen. Das kurze Gespräch hatte den Amerikaner nicht dazu verleitet, sich zu verraten. Was wollte die CIA in Murmansk? Hatten sie Spur aufgenommen?

Denn er musste von der CIA sein. Allein wie er gestern seinen Schatten überwältigt und die Leiche anschließend seelenruhig in eine Grube geworfen hatte. Wahrscheinlich war der Seemann einer ihrer guten Leute. Wie gut, würde sich zeigen.

Matischow sah auf die Uhr. Es war etwas mehr als eine halbe Stunde vergangen. Zeit genug für seine Männer, Kazanskis Zimmer in dem Haus oben am Hang zu filzen. Sie hatten Order, jeden Quadratzentimeter unter die Lupe zu nehmen – aber absolut nichts anzufassen.

Er zählte die Stunden. In neun Stunden würde er sich am selben Ort wie immer mit Walentina Suschko treffen. Er hatte ihr nur nichts Neues zu berichten.

Nach dem Besuch beim Hofnarren verbrachte Kazanski den Rest des Tages mit Zeitunglesen und sah ungeduldig zu, wie die Minuten zäh dahinkrochen. Es kam kein Anruf aus der Firma. Die zweitägige Überwachung von Leutnant Suschko war ein Misserfolg gewesen. Sie erlaubte sich keinen Fehler. Deshalb hatte er beim abendlichen Onlinetreffen mit Moskau um Unterstützung bei einem letzten Versuch gebeten.

Die Verbindung war da. Walentina Suschko war mit Wiktor und mit Oleg seit Kindertagen befreundet. Und der Vater ihres Sohnes war der dritte Wympel-Soldat Pjotr Klim, der in Afghanistan umgekommen war. Wiktor war »Ismajl«, der ihr aus Stockholm geschrieben hatte. Es musste jetzt endlich etwas passieren. Kazanski war entschlossen, volles Risiko zu gehen, und Langley stimmte dem Versuch zu.

Er schaltete die Spätnachrichten aus, die ohnehin nur ein Aufguss der guten und schlechten Meldungen des Tages waren – vor allem der schlechten –, die er schon in den früheren Ausgaben serviert bekommen hatte. Dann setzte er sich mit der Durchschrift der Postkarte und einem Blatt Papier an den Schreibtisch. Sorgfältig fing er an zu schreiben. Als er fertig war, betrachtete er kritisch jeden einzelnen Buchstaben.

Zufrieden nahm er einen Umschlag und schrieb »An Leutnant Suschko« auf die Vorderseite. Morgen früh würde der Bote den Brief abgeben. Sollte Walentina Suschko die Nachricht überprüfen und den Betrug aufdecken, bedeutete das für ihn, Wiktor Schapkin ganz sicher niemals zu finden, aber der Zeitpunkt war gekommen, diesen letzten Versuch zu wagen.

Sie *musste* sich mit Schapkin treffen. Und wenn es so weit war, dann würde er an ihren Fersen kleben.

Kazanski hatte den Wortlaut des Briefs noch exakt im Kopf. Die kurze Nachricht war wohlüberlegt: »Notsituation. Komm heute Nacht, 01:00 Uhr. Keine anderen Kontaktversuche! Sei äußerst vorsichtig! Ismajl.«

16

Noch außer Atem von den letzten sechzig Liegestützen setzte Wiktor Schapkin sich auf die Bettkante. Nachdem es sonst nichts gab, womit er sich beschäftigen konnte, hatte er sein hartes Trainingsprogramm weiter intensiviert. Er trainierte jeden Vormittag und jeden Abend auf dem Fußboden im Wohnzimmer. Er war in Topform und fühlte sich gut.

Zum Glück hatte sein Anfall sich nicht verschlimmert. Er hatte die Medikamente wieder abgesetzt. Auch der Hundebiss verheilte gut und bereitete ihm keine Probleme. Die Tage hier kamen ihm noch länger vor als in Stockholm, und strenge Selbstdisziplin war die einzige Möglichkeit, damit fertigzuwerden.

Ab und zu ging er spätnachts ein bisschen spazieren, um seine Lungen mit der kühlen Luft zu füllen, und einmal war er in voller Verkleidung mit Brille und farbigen Kontaktlinsen mit dem Bus ins Zentrum gefahren, um ein paar Dinge für seine Mission einzukaufen.

Laut Plan sollte die Amur morgen ihre Reise zur Nerpa-Werft in der Olenja-Bucht fortsetzen, einem der vielen kleinen Wurmfortsätze des Murmansk-Fjords. Und genau dort war es endlich so weit.

Die Werft arbeitete mit zivilen Schiffen und der Instandhaltung militärischer Atom-U-Boote. Zusätzlich wurden dort etliche U-Boote der zweiten Generation abgewrackt, und das war zweifellos auch der Grund, warum das Transportschiff Amur Kurs auf Nerpa nahm.

Von der Olenja-Bucht aus führte die Route der Amur weiter nach Skalistij.

Wenn Schapkins Plan gelang, setzte die Amur ihre Reise nach Skalistij einfach fort, als wäre nichts passiert. Niemand würde ahnen, dass ein ungebetener Gast an Bord gewesen war. Er würde im Schutz der Dunkelheit seine Sachen holen und unbemerkt wieder verschwinden.

Danach musste er nur noch seine Rechnung mit dem Hofnarren begleichen. Das ließ sich mit einer Kugel erledigen. Sobald Olegs Tod gerächt war, konnte sein neues Leben beginnen.

Wiktor Schapkin stürzte sich mit großem Appetit auf einen Teller mit lauwarmem Borschtsch und einer dicken Scheibe altem Brot. Er hatte immer noch reichlich Essen. Was noch übrig war, würde er mit in die Datscha am Westufer des Fjords nehmen. Die kleine Hütte war der perfekte Ausgangspunkt für die letzte Phase seiner Mission.

Nach dem Essen widmete er sich einer weiteren Übung, die zu seinem festen Tagesprogramm gehörte. Er legte das Dragunow-Gewehr vor sich auf den Tisch, startete die Stoppuhr, schloss die Augen und ließ die Finger über das kühle Metall wandern. Stück für Stück zerlegte er die Waffe mit routinierten Handgriffen.

Als er fertig war, setzte er sie wieder zusammen – ohne die Augen aufzumachen. Er drückte auf die Stoppuhr. Durch das Training hatte er seine alte Sicherheit zurückerlangt. Die Teile wuchsen förmlich aus seinen Händen, seine Haut erkannte jede Schraube und jeden Falz. Er war wieder genauso schnell wie früher.

Es konnte immer etwas Unvorhergesehenes passieren.

Dann kam es auf jede Sekunde an. Der Rest seines Lebens sollte nicht an fehlender Sorgfalt scheitern.

»Leichenfund auf Baustelle«. Kazanski blieb an der Schlagzeile der *Murmanskij Westnik* hängen.

»Die Leiche eines etwa vierzigjährigen Mannes wurde gestern Vormittag auf einer Baustelle in Schilstroj gefunden. Der Miliz zufolge deutet nichts auf ein Verbrechen hin. Bauarbeiter haben den Toten entdeckt. Nach den ersten Untersuchungen geht die Miliz davon aus, dass der bislang unbekannte Mann in eine Baugrube gestürzt ist und sich dabei das Genick gebrochen hat.«

Kazanski las weiter. Es gab eine Reihe von Aussagen sowohl der Arbeiter, die den Mann gefunden hatten, als auch seitens der Ermittler. Die Bauarbeiter vermuteten, dass der Mann betrunken den fatalen Schritt in die Baugrube gemacht hatte. Die Miliz äußerte keine eigene Theorie, widersprach aber auch nicht der Möglichkeit eines weiteren Todesfalls im Zusammenhang mit Alkohol.

Am Ende des Artikels hieß es: »Es handelt sich um den zweiten Leichenfund innerhalb weniger Tage. Erst vor Kurzem wurde ein Toter im leeren Schwimmbecken der alten Badeanstalt entdeckt. Der Mann wurde mit einem Messerstich in den Hals getötet. Bei der Miliz sind bislang keine Hinweise eingegangen, die Ermittler stehen vor einem Rätsel. Man geht jedoch davon aus, dass der Mann das Opfer interner Auseinandersetzungen krimineller Banden geworden ist.«

Kazanski drehte sich auf dem Bett um. Er konnte sich nicht mehr konzentrieren. In Gedanken war er bereits bei der Situation, die keinesfalls eintreten durfte:

Wenn sein Plan schiefging, war seine Aufgabe nicht mehr zu lösen. Wiktor Schapkin ließ sich nicht einfach aus dem

Hut zaubern, was bedeutete, dass er womöglich gezwungen sein würde, aufzugeben und nach Madrid zurückzukehren, wo Ulf unverändert im Koma lag.

Der Brief mit »Ismajls« Handschrift war am frühen Morgen von demselben jungen Kerl abgeholt worden, der ihm vor ein paar Tagen eine neue Ausgabe von Darrows Bericht ins Hotel gebracht hatte. Der Mann sollte die Nachricht in Walentina Suschkos Briefschlitz werfen, sobald sie zur Arbeit gefahren war. Sie hatten die Milizionärin rund um die Uhr unter Überwachung. Die beiden Kollegen mussten inzwischen ziemlich müde sein.

In der Nacht hatten seine Helfer ein wenig Spezialausrüstung der Firma an Walentina Suschkos Dienstwagen angebracht. Selbst wenn sie ihnen in ihrem alten Schiguli entwischen sollte, blieb das Auto ein piepsender roter Punkt auf dem Monitor. Im Umkreis von zehn Kilometern hatte sie keine Möglichkeit, sich vor ihnen zu verstecken.

Wenn nichts Unerwartetes dazwischenkam, würden seine beiden Kollegen ihn heute Abend um zehn im Hinterhof abholen. Dann blieben ihnen noch drei Stunden, bis Walentina am Treffpunkt erwartet wurde – wo auch immer das sein würde.

Falls Leutnant Suschko sie zu Schapkin führte, zählte jede Sekunde, denn der ehemalige Wympel-Oberst würde sofort durchschauen, dass es sich um eine Falle handelte.

Der Plan sah vor, Wiktor Schapkin in einen Keller am westlichen Stadtrand zu bringen. Dort wollte Kazanski ihn verhören. Entweder nett und freundlich, notfalls aber auch mit der schnellen Methode. Die Firma hatte einige Fragen an den Mann. Etwa, warum Schapkin sich nicht an die Abmachung gehalten hatte.

Nach den jüngsten Entwicklungen des Falls war Kazanski

allerdings mindestens genauso gespannt darauf, was Schapkin mit den Umweltamazonen Ida Frykberg und Astrid Storvik-Marshall zu tun hatte.

Er ging in Gedanken seine Möglichkeiten durch. Schapkin war klug genug, die Vorteile in einem Geschäft zu erkennen. Und wenn nicht, dann war eine Kugel in den Oberschenkel vielleicht der direkte Weg zu ein paar Antworten. In Krakau hatte es so funktioniert.

Er erinnerte sich noch gut daran, wie gesprächig dieser arme polnische Wirt plötzlich wurde, nur weil Blut floss. Eine Kugel im Bein war lächerlich, verglichen damit, sein Dasein als lebende Leiche im Koma zu fristen. Aber ein Mann mit Heldenstatus, von Wympel geformt, hatte womöglich ein ziemlich entspanntes Verhältnis zum Schmerz, und ein Schuss in den Oberschenkel würde womöglich nicht ausreichen.

Der beigefarbene Lada rollte auf die Sekunde pünktlich in den Hinterhof. Wobei Beige eigentlich geschmeichelt war. Das Auto war so verdreckt, dass es im Dunkeln eher grau aussah.

»Hallo, steig ein«, sagte der junge Mann, der auch den Brief abgeholt hatte. Er hieß Anatoly.

»Juri …« Sein Kollege auf dem Rücksitz streckte die Hand nach vorn und begrüßte Kazanski.

»Ich gehe davon aus, dass du alles gesichert hast?« Anatoly sah Kazanski fragend an.

»Natürlich. Da war ein Typ, den ich nicht abschütteln konnte, aber der wacht so schnell nicht wieder auf. Er liegt drüben im Kellerschacht.« Kazanski zeigte zur hintersten Ecke des Hofs.

»Ausgezeichnet. Der Tote auf dem Bauplatz, das warst auch du, oder?«, fragte Anatoly.

»Vielleicht … Erzähl mir, was der aktuelle Stand ist.«

»Sie hat sich den ganzen Abend noch nicht gerührt. Hier, sieh selbst«, antwortete der Mann auf dem Rücksitz.

Er reichte Kazanski den Monitor, der mit den beiden leuchtenden Punkten auf dem Bildschirm an ein Computerspiel im Taschenformat erinnerte. Der rote Punkt, der sich südlich von ihnen befand, bewegte sich keinen Millimeter.

Als Anatoly den Gang einlegte und dann auf die Straße bog, setzte sich der grüne Punkt in Bewegung. Kazanski spürte es, das leichte Ziehen in der Magengrube. Das war es. Er kannte es. Das intensive Gefühl, mit allen Nervenzellen seines Körpers verbunden zu sein. Das Gefühl von Alarmbereitschaft in Muskeln, Sehnen und Sinnesorganen. Bedrohlich, aufregend und bestätigend.

Er wurde eins mit dem grünen Punkt und dessen ruhiger Bewegung auf den roten Punkt zu. Er kontrollierte das Spiel. Von hier aus konnte er drehen, stoppen, zurücksetzen und sich durch das Labyrinth schleichen – auf der Jagd nach Wiktor Schapkin.

»Wir halten bei der Statoil-Tankstelle und warten da. Das ist ziemlich nah an ihrer Wohnung, dann können wir uns an sie dranhängen, wenn sie losfährt«, sagte Anatoly und nahm den Abzweig auf eine breitere Straße.

Sie parkten, geschützt im Dunkeln, dicht an der Mauer einer Werkstattbaracke. Schon bald füllte der Qualm der ewigen Zigaretten den Lada, die Luft war zum Schneiden dick und vibrierte vor Spannung.

Sie redeten nicht viel. Je weniger sie wussten, desto besser. Kazanski erfuhr aber zumindest, dass diese beiden Männer offenbar alles an Unterstützung waren, was ihm in Murmansk zur Verfügung stand. Juri auf dem Rücksitz war als

Ersatz für den Pechvogel, der sein Leben in der Badeanstalt gelassen hatte, aus Moskau eingeflogen worden.

Die Männer stellten Kazanski keine Fragen. So funktionierte das System. Sie hatten die klar definierte Aufgabe, Leutnant Suschko zu beschatten und sonst nichts – es sei denn, sie bekamen eine anderslautende Order aus Moskau oder von Kazanski selbst. Eigeninitiative war in dieser Rolle undenkbar – und absolut verboten.

Kazanski saß reglos da und starrte auf den Monitor. Hin und wieder kam es Kazanski so vor, als würde der rote Punkt größer werden, und er hatte das Gefühl, in seinem Licht zu versinken. Aber die ganze Zeit stand er still. Kazanski blinzelte und rieb sich den Punkt von der Netzhaut.

Juri schnarchte, während Anatoly mit offenem Mund ungelenk am Seitenfenster lehnte. Er hatte ihnen gesagt, dass sie sich ein bisschen ausruhen sollten. Fast drei Tage Überwachung, mit einem kurzen Nickerchen hier und da, kosteten Kraft. Sie hatten sein Angebot, für ein paar Minuten die Augen zuzumachen, mit herzhaftem Gähnen angenommen.

Kazanski hatte gerade auf die Uhr geschaut. Das war um 00:14 gewesen. Um 00:15 Uhr vibrierte der rote Punkt auf dem Monitor.

»Jetzt! Sie fährt los!«

Sofort waren Anatoly und Juri hellwach, und auch er selbst spürte, wie das Adrenalin durch ihn hindurchschoss und jede einzelne Zelle weckte. Jetzt kam Leben ins Labyrinth.

Kurz darauf bog ein grüner Schiguli auf den Kolskij Prospekt und fuhr in südliche Richtung los. Es war Walentina Suschko.

»Halt Abstand. Die Frau ist gnadenlos und sie ist wachsam«, sagte Kazanski.

»Ja, ja. Wir bleiben die ganze Zeit außer Sichtweite. Hauptsache, du behältst den Punkt im Blick«, antwortete Anatoly mit größter Gelassenheit, wie Kazanski sehr zufrieden zur Kenntnis nahm.

Der rote Punkt bewegte sich auf dem Bildschirm abwechselnd in alle vier Himmelsrichtungen, augenscheinlich ohne festen Kurs. Mal langsam, mal schneller. Walentina Suschko war so losgefahren, dass sie eine Dreiviertelstunde Zeit hatte, um ihr Ziel zu erreichen.

Sie durchquerten zweimal das menschenleere Stadtzentrum und kreuzten eine Weile durch die noch einsameren Randgebiete. Nach einer halben Stunde bewegte sich der rote Punkt auf einmal zielstrebig Richtung Norden.

»Sie fährt nach Rosta«, sagte Anatoly. »Industriegebiet, ärmliche Gegend, Gesindel und Pack …«

Um 00:55 Uhr stand der Punkt wieder still, ein kleines Stück nordwestlich vom grünen Punkt.

»Mach das Licht aus. Sie muss in eine der ersten Stichstraßen auf der linken Seite gefahren sein. Langsam vorwärts«, wies Kazanski ihn an.

Als die Punkte auf einer Höhe waren, bog Anatoly links ab und ließ den Wagen mit ausgeschaltetem Motor weiterrollen. Vor einem heruntergekommenen Wohnblock stand Walentina Suschkos Dienstwagen.

Wiktor Schapkin fuhr erschrocken zusammen, als es plötzlich leise klopfte. Er griff nach der Makarow und stellte sich neben die Tür an die Wand. Dann hörte er ein Flüstern.

»Witja … Ich bin es, Walentina … Ist alles in Ordnung? Witja …«

Er öffnete die Tür einen Spaltbreit und sah, dass sie allein war. Hastig fasste er sie an der Schulter und zog sie in die Wohnung.

»Walja! Was zur Hölle machst du hier! Hatten wir nicht ausgemacht …«

»Aber der Brief … Du hast doch geschrieben, dass ich kommen soll.«

Für einen Sekundenbruchteil starrte Walentina Suschko ihn verwirrt an. Dann dämmerte es ihnen.

»Scheiße! Eine Falle!«

Im selben Augenblick wurde die Tür aufgetreten, ein Mann tauchte auf, die gezogene Pistole auf Schapkin gerichtet.

»Ergeb–«

Mehr konnte er nicht mehr sagen. Zwei Schüsse aus Schapkins Makarow schleuderten den Mann rücklings ins Treppenhaus. Als Antwort ertönte das Rattern einer Maschinenpistole. Ein Kugelhagel zerfetzte den Türrahmen und durchlöcherte die dünnen Wände.

Der zweite Mann warf sich nach vorn, rollte sich an der offenen Wohnungstür vorbei und feuerte dabei eine neue Salve ab. Flach auf dem Boden liegend, die Arme ausgestreckt und die Pistole fest in beiden Händen, drückte Walentina Suschko ein paarmal ab. Der schräge Winkel hatte ihr für einen winzigen Moment eine Chance eröffnet. Die Kugel traf den Angreifer direkt über dem rechten Ohr. Seine Maschinenpistole rutschte über den Beton und er blieb leblos neben seinem Kollegen liegen.

Dann hörten sie leise Schritte. Wiktor Schapkin kam blitzschnell auf die Beine. Vorsichtig warf er einen Blick ins Treppenhaus, gerade noch rechtzeitig, um einen Schatten nach unten verschwinden zu sehen. Es dröhnte durch das kahle Treppenhaus, als er zweimal schoss. Der Mann schrie auf, aber er rannte weiter. Schapkin lief zurück, um nach Walentina zu schauen.

»Ist bei dir alles in Ordnung?«

»Natürlich …« Sie hustete heftig und steckte ihre Pistole zurück ins Holster. »Wer zur Hölle war das?«

»Keine Ahnung. Wir müssen weg. Behalte du das Treppenhaus im Auge, während ich packe!«

Walentina Suschko zog die Tür zu, damit er die Leichen und das Blut nicht sehen konnte. Dann durchsuchte sie hastig den Mann, den es zuerst erwischt hatte.

Mit gerunzelter Stirn musterte sie den doppelseitigen Dienstausweis, der in der Innentasche seiner Jacke steckte.

Dann schnippte sie den Ausweis mit zwei Fingern auf den Brustkorb des Toten, mit derselben Beiläufigkeit, mit der ein professioneller Spieler seine Trumpfkarte auf den grünen Filz fallen ließ.

Kazanski und seine Helfer hatten die ersten Schüsse gehört, als sie gerade aus dem Auto steigen wollten. Dann folgte das charakteristische Rattern einer Maschinenpistole – zwei Salven. Dann noch ein Schuss. Dann Stille.

Das herrliche Gefühl von Kontrolle, das die beiden leuchtenden Punkte ihm bis eben vermittelt hatten, verwandelte sich schlagartig in einen chaotischen Meteoritensturm aus unzusammenhängenden Gedanken.

Jemand war ihnen zuvorgekommen. Sie waren auf der Ziellinie überholt worden. Von wem? Wie? Erneute Schüsse beendeten das Vakuum, das kurzfristig im Auto entstanden war. Zwei einzelne Schüsse aus einer Pistole.

Kazanski befahl den beiden im Fußraum des Wagens in Deckung zu gehen. Dann öffnete er vorsichtig die Tür, sah sich um, rannte los und presste sich an die Hausmauer.

Die Bernardelli mit beiden Händen fest im Griff wollte er gerade den ersten Schritt ins Treppenhaus machen, als eine Gestalt aus der Tür stolperte und ihn fast umrempelte. Der

Unbekannte hielt sich die Schulter, seine Hand war blutverschmiert. Die beiden Männer starrten sich überrascht an. Dann ergriff der andere seine Chance und flüchtete in Richtung der gegenüberliegenden Wohnblocks.

Das Wichtigste war jetzt, Wiktor Schapkin zu finden. Kazanski drückte sich wieder an die Mauer, aber es kam kein Verfolger aus dem Haus gestürmt. Er wartete noch einen Augenblick. Irgendwo im Dunkeln leuchteten Scheinwerfer auf. Er hörte einen Motor aufröhren und durchdrehende Reifen, die versuchten, Halt im Schnee zu finden. Dann änderten die Scheinwerfer die Richtung und schließlich raste das Auto in Richtung Hauptstraße los.

In einigen Wohnungen gingen Lampen an, aus dem Haus drang Rufen und Schreien, aber im Treppenhaus war niemand zu sehen. Die Panik blieb hinter geschlossenen Türen. Kein Mensch mit einem Funken Verstand mischte sich in die Auseinandersetzungen krimineller Banden ein.

Kazanski schlich sich vorsichtig durch das dunkle Haus, tastete sich am Geländer entlang nach oben, machte einen Schritt nach dem anderen. Draußen schien der Mond und sorgte für einigermaßen gute Sicht. Hier drinnen war es stockfinster. Es gab keine Fenster, nur einen innenliegenden Schacht.

Im zweiten Stock fiel ein schmaler Streifen Licht durch einen Türspalt, aber als er die letzte Stufe erreichte, wurde die Tür augenblicklich zugeschlagen. Dasselbe wiederholte sich im dritten Stock, hier sah er jedoch noch einen anderen schwachen Lichtschein.

Auf dem Boden vor einer Tür, die halb offen stand, lagen zwei leblose Körper. Er schob die Tür ganz auf und drückte sich an die Wand. In der Wohnung war alles still. Das Gesicht an den rauen Putz gepresst, konnte er in den kleinen Flur und weiter ins Wohnzimmer spähen.

Während er noch zögerte, fiel sein Blick auf eine kleine Karte, die auf der Brust der einen Leiche lag. Er hob sie vorsichtig auf. Es war ein Ausweis. Er klappte ihn auf. »Glawnoje Raswedywatelnoje Uprawlenije«. Die Männer waren von der GRU. Der militärische Nachrichtendienst war Wiktor Schapkin also auch auf den Fersen und nur wenige Minuten vor ihnen hier gewesen.

Er blieb einen Augenblick in der Hocke. Als er einen kühlen Luftzug im Gesicht bemerkte, stand er auf und schlich sich in die Wohnung. Er bemerkte als Erstes das offene Fenster. Darunter lehnte ein umgekipptes Bett an der Wand, an dem ein Seil festgeknotet war, das durch das Fenster nach draußen in die Nacht führte. Kazanski sah sich um. Kein Blut. Jetzt musste er schnell sein. Die Miliz würde jeden Moment hier sein.

Rasch durchsuchte er die Wohnung. Es war, wie er erwartet hatte: Ein Speznas von Wympel hinterließ keine Spuren.

»Sie sind gerade davongefahren! Vor ein paar Minuten! Leutnant Suschko und ein Mann.«

Anatoly tauchte aus dem Fußraum auf und öffnete die Tür, als Kazanski auf das Autodach klopfte.

»Haben sie euch gesehen?«

»Nein, ganz sicher nicht. Sie hatten ein paar Taschen dabei und haben Suschkos Auto genommen.«

»Gut, dann sind wir immer noch im Spiel. Hoffentlich diesmal allein.«

»Was meinst du?«, rief Anatoly, um den Motor zu übertönen, während er ungeduldig Gas gab.

»Die GRU … Die GRU ist uns zuvorgekommen. Mach das Gerät an und dann sieh zu, dass wir hier wegkommen.«

Kazanski reichte Anatoly den Monitor und einen Augenblick später waren der rote und der grüne Punkt zurück auf dem Bildschirm.

»Die GRU. Verdammte Scheiße. Dann lieber alle anderen gleichzeitig«, sagte Anatoly, vor allem zu sich selbst.

Nach diesem Drama in Rosta hatte sich Kazanskis Freude in Wut und Ärger verwandelt. Während er konzentriert den roten Punkt verfolgte, suchte er nach einer Erklärung für die Anwesenheit der GRU-Agenten.

Sie hielten großen Abstand, aber diesmal legte Walentina Suschko offensichtlich keine Ausweichmanöver ein. Sie fuhr auf direktem Weg nach Süden ins Stadtzentrum, weiter den Prospekt Lenina und Kolskij entlang, in Richtung Kola am Ende des Fjords.

Zu keinem Zeitpunkt sahen sie die Rücklichter ihres Autos. Diesmal wollte Kazanski nur wissen, wo der gejagte Schapkin Zuflucht suchte. Ein Fuchsbau hatte immer mehrere Ausgänge.

Sie folgten dem Punkt über die Kolabucht-Brücke, dann bog Walentina Suschko nach rechts ab und setzte ihre Fahrt am Westufer der Bucht fort, nach Norden auf der Fernstraße nach Petschenga. Hier drüben gab es nicht viel. Ein paar vereinzelte Gebäude in Ufernähe und dann die einsame Betonenklave Abram-Mys, die auch von der Stadt aus zu sehen war.

»Ziemlich einsam hier drüben, oder?«

Die Frage war an Anatoly am Lenkrad gerichtet. Er verfügte offensichtlich über eine gewisse Ortskenntnis.

»Ja, abgesehen von Drowjanoje, Tri Rutschja und Abram-Mys gibt es hier nichts, was man auch nur als Dorf bezeichnen könnte. Aber es gibt ein paar Datschas auf der Westseite. Nur kleine Sommerhütten von normalen Murmanskern. Die Leute verbringen hier die Wochenenden mit ihren Familien.

Wer Glück hat, konnte genug Erde zusammenkratzen, um eine Handvoll Kartoffeln zu ernten. Aber mehr auch nicht. Die Datschas sind über ein großes Gebiet verteilt. Das könnte eine Möglichkeit sein …«

Kazanski hob plötzlich die Hand und Anatoly verstummte. Der rote Punkt stand still.

»Sie halten gerade oder sie haben das Auto abgestellt. Fahr langsam weiter. Licht aus.«

Kazanski änderte die Einstellung, sodass die nähere Umgebung des roten Punkts angezeigt wurde.

Nach wenigen Minuten waren sie fast da. Die Straße vor ihnen verlief schnurgerade, bot freien Blick. Schließlich überschnitten sich der rote und der grüne Punkt – aber von Leutnant Suschkos altem Schiguli war weit und breit keine Spur zu sehen. Eigenartig …

Anatoly schaltete das Licht wieder ein. Die Fahrbahn war leer, rundherum war nichts weiter als Geröll und ein paar einsame Zwergbirken zu sehen.

Juri und Kazanski stiegen aus. Am anderen Ufer lagen Murmansk und der Hafen in schläfrigem Schein. Juri war es, der den Sender schließlich entdeckte. Die Diode leuchtete wie Glut im fahlen Mondlicht. Der Sender lag auf einem Stein am Straßenrand.

»Sie hatten allen Grund dazu, misstrauisch zu sein …« Kazanski steckte sich eine Zigarette an und lehnte sich frustriert an den Lada.

Mit einem scharfen Klirren explodierte ein Scheinwerfer und einen Moment lang glitzerte eine Kaskade von Glassplittern auf. Sie schafften es gerade noch in Deckung zu gehen, als auch der zweite Scheinwerfer zerbarst und es um sie herum dunkel wurde. Sie hatten keinen Schuss gehört. Es schien fast, als wären die Scheinwerfer aus eigener Kraft zersprungen.

»Er hat ein Gewehr. Er ist irgendwo dort draußen und spielt mit uns.«

Kazanski drückte seine Zigarette auf dem Asphalt aus und kroch auf allen vieren zur offenen Autotür.

17

Moskau

Generalleutnant Eduard Glikin gehörte selbst zu denen, die ihren Arbeitsplatz scherzhaft »das Aquarium« nannten, und für gewöhnlich fühlte er sich im Fünften Direktorat im Hauptquartier der GRU auch wie ein Fisch im Wasser. Aber nicht an diesem Morgen.

Wenn der Glaskoloss ein Aquarium war, dann musste die Sauerstoffpumpe ausgefallen sein, und Glikin bemerkte auch bedrohlich viele Raubfische in den Büros und auf den Fluren.

Er war gegen drei Uhr nachts von Major Salenkos Stimme geweckt worden. Nur ein Idiot führte ein wichtiges Gespräch am Privattelefon, deshalb war Glikin sofort hellwach, als er die Meldung entgegennahm: »Große Probleme in der Familie. Die Party fällt aus. Erwarte Anweisung.«

Er antwortete seinem Entsandten in Murmansk, dass er um fünf Uhr weitere Instruktionen erhalten werde, und legte auf. Anna war auch wach geworden, aber zum Glück stellte sie keine Fragen, als er aufstand, sich anzog und nach unten in die Küche schlurfte. Nach drei Tassen Kaffee hatte er die Situation für sich analysiert und eine Entscheidung getroffen.

Jetzt saß er in seinem Büro und starrte die vielen Landkarten an der Wand an. Das Schachspiel hatte eine unerwartete Wendung genommen, und er sah sich gezwungen, seine zurückhaltende Taktik aufzugeben. Über seine persönliche und maximal gesicherte Telefonleitung hatte er Major Salenko zugehört, Fragen gestellt und ihm schließlich die Order erteilt, die das Ergebnis seiner Überlegungen war: »Wir können nicht noch mehr Zeit verschwenden. Holen Sie diesen Kazanski und bringen Sie ihn dazu, den Mund aufzumachen. Aber lassen Sie ihn am Leben.«

Er war bisher überhaupt nicht zufrieden mit Major Salenkos Arbeit in dieser Angelegenheit. Seine Anwesenheit in Murmansk hatte sich nicht bezahlt gemacht. Eher im Gegenteil. Erst wurde einer seiner Männer von dem Amerikaner entdeckt und überfallen. Dann lag der Nächste tot in einer Baugrube. Und jetzt hatten sie zwei weitere Agenten verloren.

Der Wympel-Held Wiktor Schapkin hatte sie im Treppenhaus niedergemäht, weil sie zu voreilig gewesen waren. Sie hätten auf Major Salenko und die anderen warten sollen. Zu allem Überfluss war der dritte Mann direkt in den Amerikaner hineingelaufen, als er verletzt aus dem Haus geflüchtet war.

Jetzt war Schluss. Diesen Jan Jordi Kazanski als Spürhund zu nutzen, brachte sie nicht weiter. Es wurde Zeit, ihn zum Reden zu bringen. Notfalls mit Gewalt.

Murmansk

Natürlich stand nichts in den Zeitungen. Es war ja lange nach der Deadline passiert. Kazanski bezweifelte, dass überhaupt über die Schießerei in Rosta berichtet werden würde. Wenn die Miliz über zwei tote GRU-Agenten im Hausflur stolperte, war der Fall sofort unter Verschluss.

Er war früh aufgestanden. Jetzt saß er in der kleinen Cafeteria des Hotels Arktika und trank eine Tasse Kaffee. Der Fernseher dröhnte genauso laut wie beim letzten Mal, als er hier war, um mehr über die Schwedin Mary Ann herauszufinden. Das alles erinnerte ihn an ein Ritual, mit dem er nichts mehr zu tun hatte – das Morgenritual. Damals mit fröhlichem Lachen und lautem Geschrei. Drei vertraute Personen am Tisch. Zwei große und eine kleine. Jetzt gab es nur noch ihn – und Rockmusikvideos im Fernsehen. Die Zeitung vor ihm verschwamm und er versank in Gedanken.

Wenn Rosa noch lebte, würde sie vielleicht auch zum Frühstück MTV laufen lassen. Sie wäre ja genau in dem Alter … Er versuchte, sich vorzustellen, wie sie jetzt aussehen, wie sie sich anziehen, auf welche Schule sie gehen würde, und er überlegte, ob er wohl jemals mit ihr geschimpft hätte.

»Hallo, noch Kaffee? Es ist noch ein kleiner Schluck da, ich koche gleich neuen.«

Die junge Frau hinter dem Tresen lächelte. Die Jungen lächelten meistens. Er bejahte, und sie kam und schenkte ihm den Rest ein.

»Haben Sie die Purple Hearts inzwischen gehört?«

Kazanski nickte. »Ja, die sind gut. Vor allem die Sängerin ist super.«

Die Frau schaute zum Fernseher. »Das da ist meine Lieblingsband. Die sind so toll.«

»Wer ist das?«

»Father Disaster and the Wonder-Wankers. Aus England. Liverpool. Die sind so heiß.«

»Komischer Name …« Er schüttelte den Kopf.

Die Frau verschwand in der Küche. Kazanski faltete die Zeitung zusammen und trank seinen lauwarmen Kaffee aus. Seit sie heute Nacht zurückgekommen waren, zerbrach er sich den Kopf, versuchte, die GRU in der ganzen Geschichte unterzubringen.

Nachdem man ihnen die Scheinwerfer zerschossen hatte, war ihnen nichts anderes übrig geblieben, als umzudrehen und nach Hause zu fahren. Er hatte mit Anatoly vereinbart, dass der junge Kollege einen Wagen organisieren würde, der um elf Uhr in Abram-Mys bereitstehen sollte. Das war in einer Stunde.

Kazanski selbst würde mit der Fähre übersetzen und sich zwischen den kleinen Datschas auf die Suche nach Schapkin machen. Der Gedanke war naheliegend. Bislang hatte Schapkin sich in einer leer stehenden Wohnung versteckt gehalten, wie auch immer er das angestellt hatte. Freie Wohnungen waren in ganz Russland eine Seltenheit. Leutnant Suschko war mit Sicherheit nicht in der Lage, ihm einen neuen Unterschlupf zu organisieren, ohne dass weitere Personen in die Sache verwickelt wurden. Und das war nicht sehr wahrscheinlich. Das wiederum führte Kazanski zu dem Schluss, dass es sich bei dem Versteck am Westufer des Fjords nur um eine Datscha handeln konnte, die über Winter nicht genutzt wurde. Von denen gab es mehr als genug. Er musste also nur noch die richtige finden. Gewöhnliche systematische Ermittlerarbeit nach dem Ausschlussprinzip war der einzige Weg.

Ein jüngerer Mann kam in den Raum, setzte sich mit seiner Zeitung an den Tisch und bestellte Kaffee. Kazanski musterte ihn. Es gab zu viele Leute in Murmansk, die sich für seine Arbeit interessierten. Heute Abend würde er sich zum letzten Mal von dem kleinen Zimmer aus in den Onlinechat einloggen. Anatoly hatte zwei Feldbetten und ein Heizgerät besorgt. Damit konnte er in dem Keller wohnen, in dem sie Wiktor Schapkin verhören würden, sollten sie ihn tatsächlich finden.

Kazanski legte Geld auf den Tisch und stand auf. Als er die Hand auf den Türgriff legte, spürte er, wie sich etwas Hartes in seinen Rücken bohrte, und eine Stimme zischte ihm ins Ohr.

»Ganz ruhig. Eine falsche Bewegung und ich jage dir eine Kugel ins Rückgrat. Du gehst jetzt schön langsam zum Aufzug. Ich bin die ganze Zeit hinter dir.«

Kazanski fluchte innerlich. Ein dummer kleiner Fehler. Er hatte dem Mann den Rücken zugedreht, aber nicht einmal das Scharren der Stuhlbeine gehört.

Langsam ging er den Hotelflur hinunter. Sie kamen an einer Putzfrau vorbei, aber sie würdigte die Männer keines Blickes.

»Drück auf den Pfeil nach unten.«

Kazanski gehorchte und wartete. Er konnte nichts anderes tun. Der Mann war klug genug, so viel Abstand zu halten, dass er nicht an ihn herankam. Noch nicht. Vielleicht im Aufzug.

Die Fahrstuhltür glitt auf. In der Kabine standen ein groß gewachsener Mann und ein kleines Mädchen. Das Kind hatte eine Schultasche auf dem Rücken. Vielleicht arbeitete seine Mutter auf dem Stockwerk. Die Kleine lächelte Kazanski mit breitem Zahnlückengrinsen an und stieg aus. Er richtete den Blick auf den Typen im Aufzug, der ungerührt stehen blieb.

»Vergiss es, versuch es gar nicht erst …« Der Große zog eine Pistole und richtete die Waffe auf ihn. Kazanski saß in der Falle. Wenn er die Kugel nicht in den Bauch bekam, dann in den Rücken. Er beschloss, auf eine bessere Chance zu warten, und trat in den Fahrstuhl, dicht gefolgt von dem Mann hinter ihm.

»Die GRU geht lieber auf Nummer sicher, was? Wie ich

sehe, habe ich eine solide Eskorte bekommen. Ihr gehört bestimmt zu den Besten. Andererseits – das heißt ja nicht viel. Ihr habt echt nachgelassen, Freunde. Das gestern habt ihr gründlich vermasselt, wenn ihr mich fragt. Euer Ruf ist besser. Früher wären euch solche Anfängerfehler niemals unterlaufen. Herrgott, was für Volltrottel.«

»Halt's Maul.«

Der Große, der ihn im Aufzug in Empfang genommen hatte, klang unbeeindruckt. Sein Kollege tastete Kazanski mit routinierten Bewegungen ab und fischte die Bernardelli aus dem Schulterholster.

»Hm«, brummte der Große mit anerkennendem Blick auf den schwarzen Stahl.

»Bekomme ich die wieder? Oder muss ich sie mir selbst holen?«

»Hm, wenn du brav bist, geben wir sie dir vielleicht zurück.« Der Große war sichtlich zufrieden mit seiner Wortwahl.

Eine Glocke verkündete, dass sie in der Hotellobby angekommen waren.

»Du gehst nur geradeaus auf den Parkplatz, verstanden?« Der Mann hinter Kazanski knuffte ihn leicht in den Rücken und dann schritten die drei unbemerkt von den anderen Gästen im mittäglichen Gewimmel über die Marmorfliesen.

Auf dem Parkplatz wartete bereits ein alter Opel. Die Männer setzten sich mit Kazanski in der Mitte auf den Rücksitz. Auch vorn saßen zwei Männer. Sie fuhren los, drehten eine Runde um den Platz und hielten an einer roten Ampel am Prospekt Lenina.

»Und wohin fahren wir jetzt? Was schlagen die GRU-Guides an einem so herrlichen Tag wie heute vor?«

»Spar dir die Scherze, Amerikaner. Wir fahren ein Stück

aus der Stadt raus, damit wir uns in aller Ruhe unterhalten können.«

Der Mann auf dem Beifahrersitz antwortete. Er drehte sich zu Kazanski um. Sein Gesicht war hager und von einem feinen Netz aus winzigen Äderchen durchzogen. Auf dem Kopf trug er eine Schiebermütze aus speckigem braunem Cord. Seine Augen waren seltsam trüb und leidenschaftslos.

Kazanski wusste sofort, dass dieser Mann nicht nur das Verhör führen würde, sondern auch für die hässlichen Details zuständig war, die dazugehörten.

Seine Chancen standen schlecht. Vier gegen einen. Realistisch betrachtet, hatte er keine Möglichkeit zu entkommen, aber was ihn wirklich erschreckte, war die Feststellung, dass er keinerlei Angst verspürte. Sein Herz schlug ruhig und die Handflächen lagen trocken auf seinen Oberschenkeln.

Wie ein Kammerdiener stand Timur Glasow mit einem Handtuch über der Schulter auf dem Badesteg und betrachtete seine Partnerin in dem grauenhaften nassen Element.

Leutnant Suschko blieb nur kurz im Wasser, dann kletterte sie schon wieder heraus und kam mit federndem Schritt auf ihn zu.

Wortlos streckte sie die Hand aus und er warf ihr das Handtuch zu. Mit einem Nicken verschwand sie im Umkleideraum.

Timur Glasow dachte über seine Beobachtung nach. Sie war anders als sonst. Schon den ganzen Vormittag. Einerseits still und rastlos und dann plötzlich noch ruppiger und vulgärer als sonst. Als wollte sie ihrer Umwelt beweisen, dass alles wie immer war. Aber er kannte sie.

Eigentlich brachten sie nur Sorgen um ihren Sohn Mischa so aus dem Gleichgewicht. Vielleicht machte der Junge ihr wieder Kummer? Wenn sie das Bedürfnis hatte, würde sie es ihm irgendwann erzählen. Sie vertraute ihm.

Ihm war erst jetzt bewusst geworden, dass Walentina ihm vielleicht sogar so etwas wie geschwisterliche Gefühle entgegenbrachte, auch wenn sie natürlich nicht seine Schwester war, aber trotzdem. Und vielleicht empfand er für sie genauso. Es war so schwer, das genau zu erklären, zumal er es noch vor Kurzem für undenkbar gehalten hätte. Aber sie waren schließlich Partner. Und das bedeutete etwas.

Walentina Suschko ließ sich schwer auf die Holzbank in der Umkleide sinken. Sie betrachtete die Gänsehaut an ihren Armen und Beinen, musterte die harten Brustwarzen und spürte, wie ihr die Kälte im Raum einen neuen Schauer über den Rücken jagte.

Sie saß einfach nur still da und ließ das Wasser auf den Boden tropfen.

Äußerlich kalt. Innerlich brodelnd und erfüllt von einer quälenden Unruhe in der Magengegend. So fühlte sie sich seit gestern, seit sie den Brief geöffnet hatte. Sie war so sicher gewesen, dass er von Wiktor war.

Keine einzige Postkarte hing verkehrt, keine einzige Schublade war unordentlich, und trotzdem stand außer Frage, dass jemand in ihre Wohnung eingebrochen war und in ihren Sachen herumgewühlt hatte. Vielleicht eine Person, vielleicht mehrere. Das war die einzige Erklärung. Aber wie letztlich alles zusammenhing, wie die GRU von der Verbindung zwischen ihr und »Ismajl« erfahren hatte – das war ihr ein Rätsel.

Auch mit dem geheimnisvollen Seemann war sie nicht weitergekommen. Sein großes Interesse an Wiktor hielt sie davon ab, eine Personenabfrage über das Register laufen zu lassen. Um Zugang zu bekommen, musste man etliche Formulare ausfüllen, und das Risiko, dadurch die Aufmerksamkeit des Systems zu wecken, war einfach zu groß.

Aber jetzt musste sie sich vor allem auf die Agenten der GRU konzentrieren. Sie stellten im Augenblick die größte Gefahr für sie dar. Wenn die GRU sie aus dem Weg räumen wollte, konnte sie nirgends Unterstützung anfordern. Weder vor Ort noch in Moskau.

»Walja? Bist du eingeschlafen?«

Timur wartete draußen vor der Tür. Gedankenverloren fing sie an, sich abzutrocknen. Sie war erst spätnachts nach Hause gekommen. Sie hatte Wiktor angefleht, ihr zu erzählen, wann und wo er in Aktion treten würde. Er hatte sich geweigert. Sie wusste nur zu gut, warum. Er hatte Angst.

Um die Verwirrung komplett zu machen, hatte sie über den üblichen Kontakt am frühen Morgen Nachricht aus Moskau erhalten. Sie sollte schon morgen persönlich dort erscheinen. Dasselbe galt für den Hofnarren. Ihre Flüge waren bereits gebucht.

Unter dem Vorwand, dass ihre Mutter akut ins Krankenhaus eingewiesen worden sei, hatte sie einen Tag freibekommen. Es war erst das zweite Mal seit Beginn der Operation, dass sie nach Moskau beordert wurde, und es machte sie wahnsinnig, dass sie nicht wusste, warum.

Und dann war da Mischa. Sie hatte ihn zusammen mit ein paar von diesen Rotzlöffeln aus der Nachbarschaft erwischt, obwohl sie ihm den Umgang mit den Jungs verboten hatte. Es wurde immer schwieriger mit ihm. Insgeheim hatte sie ja gehofft, dass ihm der Aufenthalt in Murmansk guttun würde, aber tatsächlich war gar nichts besser geworden.

Ob das Leben danach sie für diesen ganzen Ärger im Diesseits entschädigen würde? Ein Leben im Himmelreich? Einen

Moment lang stellte sie sich vor, wie sie auf Wolken über ferne Länder schwebte und sich freute, wenn sie die Postkartenmotive wiedererkannte, während im Hintergrund Harfenmusik erklang und ein Engel angeflogen kam, der ihr eine Zigarette brachte und auch gleich anzündete.

Sie schnallte sich das Schulterholster um und zog ihre Jacke darüber. Ihr fehlte jedes Gefühl dafür, wie lange sie hier gesessen und auf ihre Gänsehaut gestarrt hatte.

»Leutnant Suschko meldet sich zum Dienst. Entschuldigen Sie die Verspätung, General. Leutnant Suschko hat sich ins Paradies geträumt. Jetzt ist Leutnant Suschko wieder bereit für die Hölle.«

Sie lachte heiser, lächelte und klopfte Timur Glasow kumpelhaft auf die Schulter. Er fand es offensichtlich nicht lustig.

»Alles in Ordnung, Walja?« Er hatte beschlossen, doch nachzufragen.

»Bei mir? Ne, aber es können ja nicht alle Tage gut sein, oder? Und heute ist eben ein Scheißtag …« Sie steckte sich im Windschutz ihrer Jacke eine Zigarette an. Wenn er schon fragte, konnte sie die Gelegenheit auch nutzen.

»Aber du hast recht, Tima. Es ist wegen meiner Mutter. Sie ist heute früh ins Krankenhaus eingeliefert worden. Ich habe mich für morgen beurlauben lassen und fliege nach Hause.«

Normalerweise fiel es ihr nicht schwer zu lügen, doch ihrer Mutter zur Tarnung eine Krankheit anzudichten, fühlte sich an, als würde sie das Schicksal herausfordern. Und davon abgesehen, hätte sie gut darauf verzichten können, Timur dabei in die traurigen Augen zu schauen.

Kazanskis Orientierungssinn sagte ihm, dass sie nach Nordosten oder Osten fuhren. Außerhalb der Stadt bogen sie in eine schmale, asphaltierte Straße voller Schlaglöcher ein.

Ein großes Straßenschild verkündete in mehreren Sprachen, dass ab hier die Weiterfahrt für Lkws anderer Nationalitäten untersagt war.

Sie waren etwa seit einer Stunde unterwegs. Die städtischen Ausläufer waren rasch der Tundra gewichen. Hier und da glitzerte ein See in einer Senke, aber sonst glich alles einem endlosen verschneiten Feld, auf dem ein Riese mit Felsbrocken gespielt hatte. Der Wind hatte den Schnee von den Steinen geweht, die von hellen Flechten überzogen waren. Die ganze Umgebung sah aus wie verschimmelt, und über dem Horizont lag ein schmaler Streifen von pastellblauem Dunst.

Nur ein einziges Mal kam ihnen ein Fahrzeug entgegen. Sie waren unterwegs ans Ende der Welt. Das verhieß nichts Gutes.

Sollten sie ihn ins Jenseits befördern und hier draußen abladen, würden Vielfraße, Füchse und Vögel dafür sorgen, dass nichts als saubere Knochen von ihm übrig blieben. Dann hätte die CIA ihn wie ein Stück bestes, nicht genmanipuliertes Agentenfilet direkt an die Nahrungskette geliefert, nur leider würden die Produzenten in Langley nie etwas davon erfahren, denn hierher kamen keine Touristen, die zufällig über sein Skelett stolpern könnten.

»Noch dreihundert Meter geradeaus, dann links.«

Der hagere Mann dirigierte den Fahrer und brach das Schweigen, das bislang im Wagen herrschte.

Erst jetzt fühlte sich das Ganze real an. Erst jetzt, als sie abbogen und die Arena erreichten, spürte Kazanski eine eisige Angst in sich aufsteigen. Seine Nerven vibrierten. Er achtete auf jede Kleinigkeit, suchte nach einem Ausweg.

Das Auto schaukelte einen Feldweg entlang, der nur für Ortskundige als solcher erkennbar war. Der Weg schlängelte sich durch ein Labyrinth aus Felsen und endete schließlich am Ufer eines kleinen Sees, umgeben von kahlen Büschen.

»Ein wunderbarer Ort zum Angeln«, sagte der Anführer und stieg aus. Er sondierte die verschneite Landschaft und ging dann zielstrebig auf einen flachen Felsen zu. Er zeigte auf den Fahrer.

»Du holst den Sack aus dem Kofferraum! Und ihr bringt unseren Freund her!«

Der Mann vermied es, Namen zu verwenden, obwohl sie sich offensichtlich kannten. Die Männer zogen Kazanski aus dem Wagen und zerrten ihn zu dem Stein.

»Hinknien, mit dem Oberkörper auf den Stein legen und die Arme ausstrecken!«

Die Befehle des Hageren waren kurz. Er schien es kaum erwarten zu können, endlich loszulegen.

»Auf keinen Fall, ihr Schweine!«

Kazanski riss sich los, rammte seinem einen Aufpasser einen Ellenbogen in die Magengrube und platzierte im nächsten Moment einen Roundhouse-Kick gegen den Hals des Anführers. Dann ging er in die Knie und trat dem dritten Mann mit der Kante seines Stiefels so gegen das Schienbein, dass dieser brüllend zu Boden ging.

Dann war Schluss. Als er wieder zu sich kam, dröhnte sein Hinterkopf. Das musste er dem Fahrer zu verdanken haben. Kazanski blinzelte, bis er wieder scharf sehen konnte. Sie hatten ihn wie eine Opfergabe an den Felsen gefesselt.

Sein Kopf wurde von zwei Schlingen, die jeweils einmal rund um den Stein gezogen waren, fest nach unten gepresst. Außerdem spürte er ein Seil, das sich in seine Kniekehlen schnürte. Seine Arme konnte er überhaupt nicht bewegen. Zwei weitere Seile fixierten seine Unterarme und dasselbe galt für seine Handgelenkte. Er hatte es versucht – und war gescheitert. Aber wenigstens hatte er sich nicht kampflos geschlagen gegeben.

»Das hättest du nicht tun sollen, Amerikaner.«

Der Hagere ließ den Zigarettenrauch zwischen den schmalen Lippen heraussickern und rieb sich den Hals. Dann ging er vor Kazanski in die Hocke und fragte leise: »Was ist deine Aufgabe in Murmansk, Agent Kazanski?«

»Ich wurde hergeschickt, um Eiswürfel zu holen …«

»Ich wiederhole: Was ist deine Aufgabe, Agent Kazanski?«

»Fuck you …«

Es sah aus, als würde die verdiente Universalbeleidigung die Äderchen im Gesicht des Mannes zum Schwellen bringen. Er lächelte erwartungsvoll, als er seine Zigarette auf Kazanskis Handrücken ausdrückte, aber das Lächeln erstarrte, als das erwünschte Aufstöhnen ausblieb. Kazanski zeigte keine Regung.

»Nicht sehr angenehm, oder? Warum suchst du nach Schapkin?«

»Chaplin? Ich dachte, der ist tot …«

Der Mann war kurz davor, die Beherrschung zu verlieren. Er grub seine Finger tief in Kazanskis Wangen und starrte ihn mit seinen trüben Augen an. »Ich warne dich zum letzten Mal. Spar dir deine Spielchen. Wir haben keine Zeit, das hier in die Länge zu ziehen. Sag mir, was deine Aufgabe ist!«

»Fuck you …«

Die Adlerfresse seufzte zufrieden, ging zu dem Sack und kam nach kurzem Suchen mit einem Bolzenschneider zurück. Er platzierte die Klingen an Kazanskis kleinem Finger.

»Mach deinen Einsatz, mein Freund. Wir fangen links an, immer ein Glied nach dem anderen. Also: Warum hat die CIA dich auf Wiktor Schapkin angesetzt?«

»Dreckiges Schwein!«

Der Stahl schloss sich um den Finger. Es knackte leise und das oberste Glied war gekappt.

Lautlos rann das Blut auf den Stein. Der Mann hob die Fingerkuppe auf und legte sie Kazanski vor die Nase.

»Schau sie dir gut an. Zehn Finger mit je drei Gliedern macht insgesamt dreißig, bleiben noch neunundzwanzig.« Der Mann positionierte den Bolzenschneider am Ringfinger und wiederholte sein Kommando.

»Dein Auftrag – raus damit!«

»Arschloch, ich weiß nichts. Du kennst doch die Branche. Niemand weiß irgendwas …«

Mühelos durchtrennte der Bolzenschneider Fleisch und Knochen. Ein zweites Knacken und das Glied fiel ab. Blut quoll hervor und hinterließ eine neue Spur auf dem Stein.

Kazanski fühlte keinen Schmerz, als sich langsam ein flatternder Vorhang vor seinen Augen schloss. Und während um ihn herum alles schwarz wurde, erreichte das laute Knallen der Schüsse seine Ohren nur noch wie ein fernes Echo. Er verlor das Bewusstsein im selben Moment, in dem die vier GRU-Agenten in den Schnee stürzten.

Der Hagere wurde weggeschleudert, prallte rückwärts gegen einen Felsen. Die Kugel hatte ihm den Hinterkopf zerfetzt. Der Große aus dem Aufzug wurde am Hals getroffen, eine Fontäne von Blut spritzte in den Schnee. Der Fahrer wand sich mit einer Kugel im Bauch auf dem Boden, während der letzte der vier versuchte, mit schlaffem Arm in Deckung zu kriechen. Zwei weitere Schüsse fielen, dann lagen sie alle reglos da.

Der Schrei eines Raben durchbrach die rauschende Stille, die sich über die Szenerie gelegt hatte. Kurz darauf tauchte wie ein Echo des Schreis ein schwarzer Schatten auf, der hoch oben über den Leichen schwebte.

Der Hofnarr hielt das Fernglas vor die Sonnenbrille und verfolgte den Flug des Raben gegen den grauen Himmel. Rasputin saß unruhig auf seiner Schulter.

»Hervorragende Arbeit, ganz hervorragend«, sagte er und nickte den beiden Männern zu, die mit ihren Gewehren neben ihm standen.

»Und jetzt los, helft dem armen Kerl aus seiner misslichen Lage. Ich gehe zurück und warte im Auto. Wenn ihr ihn versorgt habt, räumt ihr da unten auf. Den Wagen in den See und einen Schluck Benzin für die vier Idioten. Damit sollte die Sache aus der Welt geschafft sein, nicht wahr? Aber seid nicht zu sparsam mit dem Benzin – als kleiner Vorgeschmack auf die Hölle.«

Auf dem ganzen Weg bis zum Auto lachte der Hofnarr gellend.

Die Wirkung der Spritze setzte langsam ein und das pulsierende Pochen und der Schmerz in beiden Fingern ließen nach. Kazanski betrachtete seine Hand.

Der Arzt hatte die klaffenden Wunden gereinigt und mit wenigen Stichen geschlossen, seine Finger dann mit einer breiten Schiene ruhiggestellt und das Ganze mit einem Verband fixiert. Auch die Platzwunde am Hinterkopf, die der Fahrer Kazanski verpasst hatte, war mit sechs Stichen genäht worden.

Er zündete sich eine Zigarette an und setzte sich im Bett auf. Zwei Fingerkuppen. Er war billig davongekommen. Hätte der GRU-Mann nicht so viel Spaß daran gehabt, hätte es ihn womöglich jedes Mal gleich einen ganzen Finger gekostet.

Kazanski fühlte sich seltsam unberührt von der Situation, wie auch schon während der Fahrt durch die Tundra. Nur der Gedanke, dass die Schmerzen ihn vermutlich eine Weile beeinträchtigen würden, bereitete ihm Sorge. Dass der kleine Finger und der Ringfinger plötzlich beide ein ganzes Stück kürzer waren, war nicht mehr als eine unbedeutende Randnotiz.

Vielleicht hätten sie ihn getötet, nachdem er gesungen hatte. Im Vergleich dazu waren zwei Fingerglieder ein Schnäppchenpreis.

Er war wieder zu Bewusstsein gekommen, als die Männer des Hofnarren ihn vom Felsen losschnitten. Die Fingerkuppen mit den kurzen Nägeln lagen vor ihm, als hätte sein Körper sie abgestoßen.

Die ganze Szene war das Bild einer verzerrten Welt. Rotes Blut in weißem Schnee. Ein Massaker auf jungfräulichem Grund. Das Auto brach ganz einfach durchs Eis und verschwand. Die vier Leichen gingen in Flammen auf, bestialischer Gestank machte sich breit.

Er saß auf einem Stein, die Hand in ein Tuch gewickelt. Ganz ruhig hatte er den Männern bei ihrer effektiven Arbeit zugesehen.

Auf der Fahrt zurück war es still im Wagen. Kein Triumphieren, keine zynischen Kommentare, keine Scherze. Der Job war erledigt.

»Ein Glück, dass wir zufällig in der Nähe waren, was, Seemann?« So hatte der Hofnarr ihn begrüßt, als Kazanski zu ihm ins Auto gestiegen war. Dann hatte er mit der Zigarettenspitze auf Kazanskis Hand gezeigt: »Wo gehobelt wird, da fallen Späne.«

Diesmal folgte kein Gelächter auf den platten Spruch. Die ganze Fahrt über blieb der Hofnarr todernst.

Jetzt lag Kazanski in einem kleinen Zimmer im obersten Stock des Hauptgebäudes der Maximow Green Waste Company. Der Hofnarr hatte ihm das Angebot gemacht, ihn hier zu verstecken, und er hatte umgehend dafür gesorgt, dass ein Arzt kam.

Für Kazanski gab es keinen Grund, sich ihm zu widersetzen. Von jetzt an würde die GRU überall nach ihm Ausschau halten. Es stellte sich lediglich die Frage, ob der Hofnarr ihn mithilfe des Fotos bereits identifizieren konnte.

Es klopfte an der Tür und der Hofnarr trat ein. Er stellte eine Tasche auf den Boden.

»Hier, wir haben Ihr Hotelzimmer geräumt. Wenn Sie sich dort noch mal blicken lassen, sind Sie erledigt. Das war die GRU – aber das ist Ihnen womöglich bewusst?«

Kazanski nickte.

»Den Hageren kannte ich. Ein wirklich unangenehmer und ziemlich primitiver Mensch, nicht wahr?«

»Besonders raffiniert war er jedenfalls nicht«, knurrte Kazanski und hob die Hand.

Der Hofnarr setzte sich auf die Bettkante. Er schwieg einen Augenblick. Dann nahm er die Sonnenbrille ab und musterte Kazanski.

»Wie sieht es aus, Seemann? Sie haben mir sicher etwas Neues zu erzählen. Ich meine … Warum sollte die GRU Sie in die entlegenste Gegend unserer schönen Natur verschleppen, wenn Sie nichts Interessantes beizutragen haben? Ich muss Sie doch sicher nicht daran erinnern, dass wir Partner sind, oder? Übrigens habe ich gerade mit Maximow gesprochen. Er findet, wir sollten Sie belohnen. Ein kleiner Ausgleich für Ihren Verlust, könnte man sagen. Er hat noch einmal zehntausend Dollar auf die Heuer draufgelegt, die wir vereinbart haben. Fünftausend pro Finger. Großzügig, mein Herr, nicht wahr? Also, Seemann, was muss ich wissen?«

Kazanski hatte keine Wahl, er musste ihm irgendeine Geschichte liefern. Er beschloss, möglichst nah an der Wahrheit zu bleiben, ohne seine Helfer und Walentina Suschko mit hineinzuziehen.

Er erzählte, dass er Wiktor Schapkin auf die Spur gekommen war, indem er einen verdächtigen Mann beschattet hatte, dem er in der Bar des Hotel Arktika begegnet war. Der Mann schien an Schapkin interessiert zu sein. Und es war ein Volltreffer. Der Mann führte ihn zu Schapkin, der sich in einem Wohnhaus in Rosta versteckt hielt. Nur leider war die GRU schon vor ihm da gewesen – und Schapkin wieder wie vom Erdboden verschluckt.

»Keine Idee, wo er jetzt sein könnte?«

»Nein …« Kazanski schüttelte den Kopf. »Ich stehe wieder bei null.«

»Was wollte die GRU von Ihnen? Was haben sie gesagt?«

»Sie wollten wissen, warum ich nach Schapkin suche …«

»Hm. Und wenn ich nun dieselbe Frage stelle, was antworten Sie dann?«

»Diese Frage habe ich schon beantwortet. Ich habe eine persönliche Rechnung mit Wiktor offen.«

»Und wenn ich sage, dass mich diese Antwort nicht überzeugt?« Der Blick des Hofnarren wurde starr.

Kazanski war sich nicht sicher. Hatte der Hofnarr ihn längst enttarnt? Trieb dieser seltsame Vogel nur seine Spielchen mit ihm? Sie wussten doch beide, dass sein Motiv nicht echt war. Dann kam ihm plötzlich eine Idee. Er musste ihn überrumpeln.

»Ich bin gar kein Seemann …«, antwortete er mit nachdenklicher Miene.

»Sieh einer an. Interessant.«

»Ich bin Amerikaner. Privatdetektiv. Ein Kollege von Daniel

Shaw, der, wie du mir erzählt hast, dumme Fragen gestellt hat und plötzlich verschwunden ist.«

»Aha, und ich bin … nun, sagen wir … Liza Minellis Sohn. Sie ist ja auch ein wenig blass …«

Ein Gurgeln in der Kehle des Hofnarren drohte sich in ein metallisches Lachen zu verwandeln.

»Ich kann es beweisen. Ich habe meinen Ausweis dabei. Nur nicht hier.«

»Wo dann?«

»An einem anderen Ort.«

»Vielleicht in dem kleinen Zimmer im Holzhaus? Oben in Schilstroj?«

Jetzt war das Lachen da, und Kazanski bekam Gänsehaut. Der Hofnarr wusste also Bescheid. Er stellte die Kulissen auf und zog dahinter die Fäden, genau wie er es an dem Abend im Luxushotel getan hatte.

»Und den Computer, der unter den Bodendielen versteckt war, den nutzen Sie für die Kommunikation mit zu Hause?«

»Ja, ich muss meinen Chef auf dem Laufenden halten.«

Kazanski tastete sich an eine neue Version seiner Geschichte heran, in der er die Arbeit des verschwundenen Detektivs fortführen sollte. Sein Auftraggeber war ein reicher Mann, der seine Tochter suchte, die irgendwo in der Barentssee verschollen war. Die Tochter hieß Astrid Storvik-Marshall und war eine der beiden Frauen, die sich bei dem Happening im Hafen von Murmansk die Kleider vom Leib gerissen hatten.

Der Hofnarr hörte ihm schweigend zu. Schließlich nickte er.

»Gut«, sagte er ruhig. »Die Geschichte ist zumindest besser als die andere, aber ich werde Sie weiterhin Seemann nennen. Und ich erwarte, dass Sie sich an unserer Abmachung halten. Vergessen Sie das nicht.«

»Natürlich. Ich kann für beide arbeiten, mein Büro zu Hause und für Maximow.«

»Ich lasse Ihre Sachen aus Schilstroj holen. Und die Wahl sollte Ihnen nicht allzu schwerfallen, Seemann: Entweder Sie kooperieren oder Sie sind in spätestens vierundzwanzig Stunden tot. Die GRU ist schließlich hinter Ihnen her. Deshalb muss ich für Ihren Schutz sorgen. Ab sofort werden zwei meiner Leute Sie rund um die Uhr begleiten. Ach, Krieger … Ihr Leben liegt in meiner Hand.«

Den letzten Satz sagte der Hofnarr mit übertriebener Theatralik, dann brach er erneut in manisches Gelächter aus. Kazanski konnte es noch hören, lange nachdem die Tür hinter dem schlaksigen Gespenst zugefallen war.

Der Hofnarr hatte die Schlinge enger gezogen. Er hatte ihm die Flügel gestutzt, ihm Wachen an die Seite gestellt und ihm die Möglichkeit genommen, mit Moskau und Langley in Kontakt zu treten.

Kazanski war gezwungen, seine Jagd auf Wiktor Schapkin fortzusetzen, eine Jagd, die ab sofort nach den Spielregeln des Hofnarren ablief.

18

Walentina Suschko, Leutnant der Murmansk-Miliz, saß ganz hinten im frühen Flieger nach Moskau. Sie trug einen langen Rock, einen dicken Strickpullover und ihren guten grauen Mantel. Schließlich war sie offiziell auf dem Weg nach Hause zu ihrer Familie.

Sie wollte am Nachmittag im Krankenhaus ihre Mutter besuchen, die gerade eine große Operation hinter sich gebracht hatte. So lautete die Geschichte, ganz menschlich und alltäglich, und deshalb warf sie auch keine Fragen auf – nur oberflächliche Anteilnahme bei einigen Kollegen und natürlich bei Timur Glasow, der heute ohne seinen Leitstern zurechtkommen musste.

Der Hofnarr von Murmansk, Aleksandr Matischow, erregte deutlich mehr Aufmerksamkeit. Getuschel, verstohlene Blicke – aber keine direkten Bemerkungen.

Sein Zylinder ragte wie ein schimmernder Turm in der Flugzeugkabine auf, und der Rabe, der situationsbedingt auf seinen Unterarm umgezogen war, weckte die Neugier der Kinder, während die Erwachsenen insgeheim die Nase rümpften. Die meisten kannten ihn oder hatten schon von ihm gehört. Deshalb sagten sie nichts. Vor einem Mann, der sich derart auftakelte, nahm man sich besser in Acht.

Der Hofnarr war auf dem Weg zu einem Treffen mit seinem Chef, Maxim Maximow, um ihn über den neuesten

Stand bezüglich des Mysteriums Wiktor Schapkin zu informieren. Eigentlich eine reine Formalität, aber das Ganze hatte sich in eine derart bedenkliche Richtung entwickelt, dass man die Sache natürlich ernst nehmen musste. Erst recht nach den überaus erfolgreichen Verhandlungen in Brüssel.

Vor dem Termin bei seinem Chef hatte der Hofnarr jedoch den Großteil des Tages zur freien Verfügung, und niemand machte sich Gedanken darüber, womit er sich die Zeit vertrieb. Wenn ihm danach war, konnte er beispielsweise ein Vermögen für schwarze Kleidung ausgeben.

Major Salenko, Fünftes Direktorat der GRU, saß in der ersten Reihe des Fliegers, in einer dunklen Hose und einem langen braunen Ledermantel. Augenscheinlich war der verschlossene Mann in seine Zeitung vertieft, aber der Eindruck täuschte. Major Salenkos Hirn arbeitete auf Hochtouren.

Über Mittag sollte er in Generalleutnant Glikins Büro im Hauptquartier Rede und Antwort stehen. Der Generalleutnant tobte vor Wut. Eine so banale Aufgabe hätte seiner Meinung nach niemals schiefgehen dürfen, aber sie war in einem Ausmaß gescheitert, dass er Salenko umgehend zu sich nach Moskau zitiert hatte.

Glikin saß einfach schon zu lange am Schreibtisch und spielte zu oft gegen die falschen Gegner Tennis. Es war ein Ding der Unmöglichkeit, dem Mann verständlich zu machen, dass die Affäre in Murmansk nicht so einfach zu regeln war.

Vielleicht würde Glikin ihn feuern, aber vielleicht würde er den Sturm im Büro ja doch irgendwie überstehen. Wenn da nur diese eine Sache nicht wäre, die ihm Kopfzerbrechen bereitete: Sollte er seinem Vorgesetzten berichten, dass vier erfahrene Leute seines Stabs sowie das Objekt, Agent Kazanski, wie vom Erdboden verschluckt waren?

Die letzte Meldung von gestern lautete, dass es ohne Probleme gelungen war, Kazanski ins Auto zu zwingen, und dass die Gruppe die Stadt verlassen hatte. Seitdem Stille. Verdammte Stille. Und in wenigen Stunden musste er sich verteidigen.

Murmansk

Die Datscha mit den dicken Balken und dem verschwenderischen Inneren erinnerte an eine Zeit der scharfen Grenzen. Eine Zeit, in der Ost gegen West stand. Nicht, weil diese Datscha etwas Besonderes war. Die Neureichen konnten sich Landsitze leisten, deren mal mehr, mal weniger erlesener Geschmack diese Datscha bei Weitem übertraf. Trotzdem war diese hier ein Monument.

Das Haus am Waldrand in Widnoje südlich von Moskau hatte früher dem KGB gehört. Es wurde vom Zweiten Direktorat verwaltet und meistens von der Siebten Abteilung genutzt, die für sämtliche Operationen zuständig war, die Touristen, Geschäftsleute, ja, alle ausländischen Gäste der Sowjetunion betrafen. Es war ein grandioses Liebesnest gewesen und der perfekte Rahmen für feuchtfröhliche Feste, bei denen es immer um mehr ging als nur um Essen, Alkohol und Sex.

Die Gegend mit Park, See und weiten Wiesen rund um das Gut Usadba Suchanowo, das der KGB seinerzeit beschlagnahmt hatte, war wunderschön. Eine Idylle, in der über viele Jahre hinweg ein dunkles Geheimnis verborgen lag: ein Massengrab, mit dem das NKWD, Vorgänger des KGB, die Landschaft geschändet hatte.

Generalmajor Gleb Dudinka ging stumm von Raum zu Raum und lauschte auf das Echo einer Zeit, die er kaum miterlebt hatte. Er lauschte nach dem Lachen, dem Gläserklirren, dem Rülpsen, dem vertraulichen Flüstern und lustvollen Stöhnen. Aber er konnte nichts hören.

Der Leiter des Direktorats zur Bekämpfung Organisierter Kriminalität hatte sich krankgemeldet. Er hatte in den letzten Tagen nach dem Besuch im Innenministerium viel über seine Situation im FSB nachgedacht und er war zu einer Entscheidung gekommen. Deshalb befand er sich jetzt alleine in diesem riesigen Wochenendhaus, das eher einem Holzpalast glich, und wartete. Niemand wusste, dass er hier war.

Dudinka hatte reichlich Zeit. Neugierig betrachtete er jedes Zimmer. Heutzutage wurde die Datscha vor allem für Kurse genutzt. In der unruhigen Zeit nach dem Zusammenbruch, als der KGB und alles, was mit dem KGB zu tun hatte, einer Hexenjagd ausgesetzt war, hatte die Presse jeden Stein umgedreht. Unter einem davon lag die Geschichte der Datscha in Widnoje. Hier waren die Opfer dem KGB reihenweise in die sorgsam aufgestellten Fallen gegangen. Nachdem die Medien darüber berichtet hatten, war das Haus für diese Zwecke unbrauchbar geworden, aber der FSB verfügte weiterhin über vergleichbare Einrichtungen.

Überall entdeckte er interessante Details. In einem der Schlafzimmer war sogar die Kameraausrüstung noch installiert. Hinter der Verglasung eines Gemäldes entdeckte er das kleine Auge. Es erlaubte freien Blick auf das breite Bett, das den Gästen reichlich Platz bot, ihre Gelüste auszuleben. Er wusste auch, dass der große Apparat der Abhörausrüstung noch intakt war. Der Kontrollraum befand sich unten im Keller. Über die vielen Monitore dort ließ sich selbst der entlegenste Winkel der Datscha beobachten. Aber die Technik war veraltet und konnte nicht mehr mithalten.

Er schlenderte weiter durch die Räume. Irgendwann würde

das Ganze vielleicht als Museum zugänglich gemacht werden. Schließlich ging er in die Bibliothek und setzte sich. Er öffnete eine Flasche Rotwein und schenkte sich ein Glas ein. Er wollte mit sich selbst auf seinen Beschluss anstoßen, an diesem friedlichen freien Tag, den er sich erschwindelt hatte.

Das Schlagen des Türklopfers hallte durch die Gänge bis in die Bibliothek, wo Dudinka schon seit einer Weile saß und in einem Buch blätterte, das er aus einem der riesigen Regale gezogen hatte. Er stand in aller Ruhe auf, ging zur Eingangstür und sah gerade noch die Rücklichter eines Taxis verschwinden, als er öffnete.

»Kommen Sie herein, Kapitän Suschko.«

Sie begrüßten sich, und er führte Walentina Suschko, die als Milizleutnant Suschko in seinem Auftrag ihren Dienst in Murmansk leistete, in die Bibliothek.

»Ein Glas Wein?«

»Ach, was soll's … Ich bin sonst nicht so für Wein zu haben, aber zur Feier des Tages.«

Walentina Suschko ließ sich in einen tiefen Sessel fallen, fischte ein zerdrücktes Päckchen Zigaretten aus der Tasche und steckte sich eine an.

»Beeindruckender Schuppen«, sagte sie und stieß eine Reihe von Rauchringen aus, bevor ein Hustenanfall das Kunststück beendete.

»Erkältet?« Gleb Dudinka lächelte und prostete ihr zu.

»Eine beschissene Erkältung nach der anderen und dazu chronischer Husten. Ich bin sogar unter die Winterbader gegangen. Walrosse heißen wir. Aber das bringt auch nichts. So viel zum Thema Murmansk. Vielleicht sollten wir mal tauschen?«

Der Generalmajor lächelte. Kapitän Suschko war eine der

Besten im Direktorat. Immer geradeheraus und manchmal unverschämt. Wer sie kannte, wusste, dass sie auch ein Herz hatte. Er musterte sie. Sie hatte zugenommen. Und von dem chronischen Husten abgesehen wirkte sie vor allem müde.

»Gibt's was Spannendes zu sehen?«

Dudinka schüttelte nur den Kopf. Er gewährte Freiheiten, auch im Umgangston, wenn seine Leute es verdient hatten, und das hatte Kapitän Suschko.

Es klopfte wieder an der Tür. Der Generalmajor stand auf und kam kurz darauf in Begleitung eines großen schlaksigen Mannes mit Sonnenbrille zurück.

»Setzen Sie sich, Kapitän Matischow. Wein?«

Dudinka schenkte ein und reichte das Glas der blassen Gestalt im Sessel gegenüber. Kapitän Aleksandr Matischow war seine eigene Erfindung. Inszeniert als ein moderner Hofnarr war er der Schlüssel zum Erfolg.

»Auch mal ganz schön, Rasputin und den Hut eine Weile los zu sein, oder?« Walentina Suschko sah ihren Kollegen an, der sich nach dem Flug umgezogen hatte und ganz gewöhnliche Alltagskleidung und ein Paar Turnschuhe trug.

»Drecksvogel. Wegen dem Vieh habe ich ständig verspannte Schultern.«

Der Generalmajor nippte am Wein, stellte sein Glas ab und ergriff das Wort. »Zuerst einmal danke, dass Sie gekommen sind. Nur Sie beide und meine Person haben Kenntnis von diesem Treffen. Ist das klar?«

Suschko und Matischow nickten.

»Ich gehe davon aus«, fuhr er fort, »dass Sie über die jüngsten Verhandlungen in Brüssel informiert sind. Die getroffenen Vereinbarungen sind der Grund dafür, dass die Operation Max auf Anweisung von allerhöchster Stelle auf unbestimmte Zeit ausgesetzt wird. Ich habe die Nachricht bei einem Treffen im MVD erhalten. Der Innenminister und der Verteidigungsminister hatten sich bereits im Vorfeld die Rückendeckung des Präsidenten eingeholt. Die Sache ist also ausdiskutiert. Offiziell. Und vermutlich ist ›auf unbestimmte Zeit‹ in diesem Zusammenhang gleichbedeutend mit ›für immer‹. Wenn der Westen sich bereit erklärt, die Müllbeseitigung der Nordflotte großzügig mitzufinanzieren, dann ist eine paralell laufende FSB-Untersuchung gegen den eigens vom Staat dafür beauftragten Unternehmer Maxim Maximow natürlich absolut unvorstellbar.«

»Die Operation liegt doch schon lange auf Eis. Genau genommen seit diese Umweltspinnerinnen verschwunden sind. Oder sehe ich das falsch?« Walentina Suschko sah ihren Vorgesetzten herausfordernd an.

»Sie wurde runtergekühlt, Kapitän, auf Eis lag sie bislang noch nicht. Der General hatte eine Umverteilung der Ressourcen angeordnet, und ich war eine Zeit lang gezwungen, den Eindruck zu vermitteln, dass ich mich daran halte.«

»In Wahrheit hat doch niemand in dieser verdammten Zentralverwaltung ein Interesse daran, Maximow auf die Finger zu schauen. Niemand will eine gründliche Untersuchung. Die scheißen sich alle in die Hosen vor Angst, dass wir etwas finden könnten. Zum Beispiel, dass der große Patriot etwas mit dem Verschwinden der Frøya zu tun hat. Nur darum geht es hier, Freunde!« Mit einer hitzigen Bewegung drückte Walentina Suschko ihre Zigarette aus.

»Wahrscheinlich ist es tatsächlich so. Ich kann es nur noch nicht beweisen. Wir brauchen mehr Zeit, um genug Material für eine Anklage zu beschaffen«, warf Kapitän Matischow ein.

»Und genau deshalb habe ich beschlossen, die Operation Max fortzusetzen. Ich bin nicht bereit, mich einem politischen Kuhhandel unterzuordnen. Ich werde Maxim Maximow die Maske herunterreißen, koste es, was es wolle. Was seine ganzen anderen Tätigkeitsbereiche betrifft, müssen wir die Ermittlungen einstellen, aber wir setzen die Arbeit in Murmansk fort. Ab sofort erstatten Sie nur noch einer Person Bericht: mir. Verstanden?«

Generalmajor Dudinka saß noch lange in der Bibliothek, nachdem Suschko und Matischow die Datscha verlassen hatten. Mit seiner Entscheidung setzte er seine Karriere aufs Spiel, aber er war überzeugt davon, das Richtige zu tun.

Kapitän Suschko machte ihm etwas Sorge. Sie wirkte frustriert und in den zwei Jahren, seit sie als Bindeglied der Operation in Murmansk war, hatte sie sich nun schon zweimal beschwert.

Bereits vor einiger Zeit hatte sie den Verdacht geäußert, dass Kapitän Matischow die Seiten gewechselt haben könnte. Dass er womöglich zu Maximow übergelaufen war, weil in der Rolle des Hofnarren viel mehr Geld steckte als in der des pflichtbewussten FSB-Agenten. Ein vollständig unbegründeter Verdacht, für den Dudinka keinerlei Anhaltspunkte gefunden hatte. Zuletzt, kurz nach dem Verschwinden des Umweltschiffs Frøya, hatte sie sich dann über fehlende Unterstützung aus Moskau beklagt.

Kapitän Suschko tolerierte keine halben Sachen. Wenn sie den Sieg in der Tasche hatten, würde er sie befördern.

Aleksandr Matischow, der Hofnarr, war eine Geschichte für sich. Für diesen Geniestreich würde man ihm selbst an der Spitze des Systems noch Anerkennung zollen.

Wer um alles in der Welt war so verrückt, einen Albino als operativen Agenten einzusetzen? Nur Generalmajor Gleb Dudinka.

Und zwar gerade weil niemand damit rechnen würde. Das war ja das Geniale. Aber die Sache hatte einen hohen Preis. Die operationelle Lebenszeit eines Albinos war begrenzt. Aleksandr Matischow konnte nur dieses eine Mal eingesetzt werden. Dann war Schluss. Dann musste er eine andere Funktion im Direktorat übernehmen.

Drei Jahre hatte es gedauert, Kapitän Matischow in Maxim Maximows Nähe zu bringen. Eine Operation, die mit äußerster Präzision und exaktem Timing durchgeführt wurde. Ganz zu schweigen von den langwierigen Vorbereitungen, die nötig waren, bis Matischow in seine Rolle schlüpfen konnte.

Dudinka hatte ihn zufällig in der Verwaltung des FSB in Magadan entdeckt. Ein Papiertiger hinter einem kleinen Schreibtisch. Schlau und scharfsinnig – aber durch sein Äußeres an den Bürostuhl gefesselt. Dudinka hatte ihn ausgebildet und auf eine Weise geformt, von der ein Theaterregisseur nur träumen konnte. Der Hofnarr traf Maxim Maximows einzigen wunden Punkt – sein historisches Interesse.

Die weiße Gestalt ließ als moderner Hofnarr des 21. Jahrhunderts Maxim Maximows Illusion Wirklichkeit werden. Denn zu jedem König gehörte ein Hofnarr, der ihm den Spiegel vorhielt. Ein Hofnarr, gemacht aus Wahnsinn und Intelligenz.

Kapitän Matischow war wie ein extravagantes Varieté, so schillernd und kunstvoll, dass er allein deshalb über jeden Verdacht erhaben war.

Auch die Falle selbst, die dafür gesorgt hatte, dass Maximow dem Hofnarren blind vertraute, war ein strategisches Glanzstück.

Drei Jahre zuvor war Kapitän Matischow in Sankt Petersburg nach Maximows Besuch in einem Restaurant zum ersten Mal in seiner neuen Rolle aufgetreten.

Der Kapitän hatte die Information bekommen, dass drei seiner FSB-Kollegen Maximows Leibwächter ausschalten und vor dem Restaurant einen Überfall auf den Großfinanzier simulieren würden. Matischow sollte zufällig in die Auseinandersetzung geraten und die drei Agenten niederschießen – mit Platzpatronen.

In Wirklichkeit verlief die Geschichte anders. Der FSB sorgte dafür, dass ein paar Kleinkriminelle von der günstigen Gelegenheit eines räuberischen Überfalls Wind bekamen. Die Bande überfiel Maximow und Kapitän Matischow griff wie geplant ein und erschoss die Männer. Allerdings ohne zu wissen, dass seine Pistole mit scharfer Munition geladen war.

Das Ergebnis war, dass Kapitän Matischow zwei der Räuber tötete und den dritten verwundete. Eine perfekte Inszenierung mit echten Schmerzen, echtem Blut und echtem Tod.

Maxim Maximow wäre niemals auf eine Fälschung hereingefallen. Aber so war er begeistert. Er nahm den verwahrlosten Albino als seinen Retter bei sich auf. Der soziale Außenseiter, dessen einziger Freund ein Rabe war, bekam Maximows Segen. Der Narr war am Hofe angekommen.

Generalmajor Dudinka stand auf und löschte das Licht in der Bibliothek. Er war zufrieden mit seinem Beschluss. Er war so kurz vor dem Ziel, er konnte nicht gehorchen und sein Meisterwerk in die Gosse werfen.

Morgen würde er wie immer im Direktorat erscheinen. Er würde die erforderlichen Maßnahmen treffen, um die Operation Max auf allen Ebenen einzustellen und einzumotten, ganz wie es die Anweisung verlangte. Alles Weitere war nur noch eine Sache zwischen ihm, Kapitän Suschko und Kapitän Matischow.

Wenn er das Beweismaterial erst in den Händen hielt, musste er sich vorsichtig weitertasten. Gegebenenfalls auch ohne das Wissen seines Vorgesetzten, General Afanasjew. Aber man konnte das Vertrauen der Russen in das System zurückgewinnen. Und er würde als der Mann in Erinnerung bleiben, dem das gelungen war.

Murmansk

Wenn das noch lange so weiterging, kam ihm gleich das Frühstück wieder hoch. Jeder Stopp, jede Kurve und jedes der unzähligen Schlaglöcher ließ seinen Magen rumoren, er war schon ganz benommen im Kopf.

Kazanski lag zusammengekrümmt auf einer Decke im eiskalten Kofferraum des Autos und versuchte abzuschätzen, wann sie endlich anhalten und ihn nach vorn auf den Rücksitz holen würden. Zuerst mussten sie unbehelligt aus der Stadt kommen. Dann würden sie den Fluss überqueren und ein Stück entlang der Westküste des Fjords nach Norden fahren. Es war ziemlich wahrscheinlich, dass die beiden Gorillas ihn frühestens dort aus seinem engen Gefängnis befreiten.

Er trug die Hand in einer schmalen Schlinge. Sie schmerzte kaum noch. Auch dank des kleinen Tablettenvorrats, mit dem der Arzt ihn versorgt hatte. Zum Frühstück hatte er zwei davon genommen, direkt nach seinem Gespräch mit dem Hofnarren.

Er hatte reichlich Zeit gehabt, seine Lage zu analysieren. Der Hofnarr war am Vortag in Moskau gewesen und erst spätabends zurückgekommen. Heute früh hatte Kazanski ihm dann seinen Vorschlag unterbreitet und ihm erzählt, dass sich Wiktor Schapkin vermutlich auf der anderen Seite des Fjords versteckte. Ihm blieb gar nichts anderes übrig, als seine Allianz mit dem Irren aufrechtzuerhalten. Nicht nur, weil der Hofnarr ihm gedroht hatte, sondern vor allem, weil es seine einzige Möglichkeit war, irgendwie weiterzukommen.

Sobald er Schapkin gefunden hatte, würde er seinen nächsten Schritt überlegen. Für den Moment war das Wichtigste, dem Schwarm von GRU-Leuten auszuweichen, und er war auch nicht scharf darauf, Leutnant Suschko in die Arme zu laufen. Sie hatte ihn neulich Nacht in Rosta zwar nicht gesehen, aber seine linke Hand würde für zu viel Aufmerksamkeit und neue Fragen sorgen.

Er war jetzt allein. Ohne Back-up. Ohne Kontakt nach Moskau und Langley. So allein wie in der Kellerwohnung in New York. So allein wie in Krakau. Er musste improvisieren. Nur die Besten beherrschten die Kunst, sich einer unvorhergesehenen Situation anzupassen, das unterschied sie von den Guten.

Die Guten kamen weit mit Hartnäckigkeit und Talent. Die Besten waren die Besten, weil sie über eine angeborene Kreativität verfügten. Und er hatte nie daran gezweifelt, zu welcher Kategorie er gehörte. Nicht einmal, als er seine täglichen Mahlzeiten in flüssiger Form zu sich genommen hatte.

Ihm fehlte nur eine Sache, und die steckte in der Manteltasche des rothaarigen Gorillas. »Sollte es nötig werden, dann dürft ihr sie ihm ausleihen«, hatte der Hofnarr gesagt und seinem Handlanger die Bernardelli sowie zwei gefüllte Magazine übergeben.

Der Rothaarige und sein Kollege, der eine Pelzmütze über der Glatze trug, waren beide von einer Statur, die den Ausdruck »Gorilla« absolut rechtfertigte. Breit gebaute Muskelmänner von der schweigsamen Sorte. Ob Letzteres daran lag, dass ihnen der nötige Grips fehlte, um eine größere Anzahl von Wörtern in einen sinnvollen Zusammenhang zu setzen, würde er später testen. Er musste wissen, womit er es zu tun hatte.

Sie durchforsteten die gesamte Strecke entlang des Westufers, fast zehn Stunden vergeblicher Suche. Sie befanden sich ungefähr vierzig Kilometer den Fjord aufwärts, inzwischen näher an Poljarny als an Murmansk.

Der Himmel war klar, und es herrschte nur leichter Frost, auch wenn es sich in dem frischen Wind kälter anfühlte. Als sie beschlossen umzukehren, lag die hügelige Landschaft schon wieder im Dunkeln da.

Sie hatten alle Hütten in der Nähe des Fjords überprüft. Viele Male hatten sie das Auto am Straßenrand abgestellt und waren zu Fuß durch das steinige Gelände zu den Wochenendhäusern gegangen, weil die Zufahrten unter dem Schnee verschwunden waren.

Überall hatten sie die Umgebung gründlich abgesucht und nach der kleinsten Spur Ausschau gehalten. Die Männer des Hofnarren, die sich ihm zu keinem Zeitpunkt namentlich vorgestellt hatten, brachen mehrfach Fensterläden auf, um einen Blick ins Innere einer Datscha zu werfen. Aber sie fanden nichts als Leere. Die Hütten lagen unberührt da und warteten auf den Frühling.

Auf der Rückfahrt hielt der Rothaarige plötzlich am Straßenrand. Ein Stein zeigte an, dass hier ein Weg zum Fjord hinunterführte. Sie stiegen aus und konnten gerade so einen dunklen Schatten erahnen, eine Gruppe von Bäumen, die in einer Senke standen.

»Ich glaube, da unten ist eine Datscha, vielleicht sind es sogar mehrere. Die müssen wir auf dem Hinweg übersehen haben. Sollen wir nachsehen?«, fragte der Rothaarige seinen Partner.

Den ganzen Tag hatten die beiden miteinander geredet, als wäre Kazanski Luft. Schlechte Luft. Sie sprachen ihn nicht an und antworteten nur widerwillig auf seine wenigen Fragen. Kazanski selbst war ebenfalls schweigsam gewesen und hatte sich auf seine Aufgabe konzentriert. Er vermied jegliche Konfrontation und hielt seine Hand die ganze Zeit brav in der Schlinge, als wäre der ganze Arm vorübergehend außer Betrieb.

»Ist es dafür nicht schon zu dunkel? Wir müssen morgen doch sowieso wiederkommen und das letzte Stück nach Poljarny noch absuchen, oder?«

Der Partner trat ungeduldig von einem Fuß auf den anderen. Er hatte schon den ganzen Tag deutlich gemacht, was er von dem Scheißjob hielt, den man ihnen aufgehalst hatte.

»Hol die Taschenlampen aus dem Kofferraum. Wir gehen runter. Dann können wir morgen an der Stelle anfangen, wo wir vorhin abgebrochen haben.«

Der Rothaarige traf diese Entscheidung, so wie auch schon alle anderen zuvor. Aus den Gesprächen der Männer hatte Kazanski herausgehört, dass der Typ früher bei irgendeiner Art Speznas-Einheit des MVD gewesen war, auch die Wörter Tschetschenien und Grosny waren gefallen. Der Rothaarige war zweifellos der Gefährlichere der beiden.

In der Senke lagen zwei Datschas, vor Wind und Wetter geschützt, zwischen Zwergbirken und Eschen. Beide Hütten waren winterfest verrammelt und in den flackernden Lichtkegeln der starken Taschenlampen sah zunächst nichts verdächtig aus. Allerdings wären mögliche Fußspuren auch längst vom Schnee zugedeckt worden, der wie ein Schleier vom Wind über die offene Landschaft in die Senke getrieben wurde.

Der Rothaarige blieb an einem Schuppen oder Bootshaus

stehen. Ein Holzbalken verriegelte die Tür, die zusätzlich mit einer Kette und einem Vorhängeschloss gesichert war.

Kazanski bemerkte es im Schein des Lichts und trat ein paar Schritte zurück. Oben auf dem Querbalken hätte ein schmaler Streifen Schnee liegen müssen – aber da war kein Schnee. Der Rothaarige presste sein Gesicht an die Tür, um durch die Ritze zu spähen, und versuchte, mit der Taschenlampe ins Innere zu leuchten.

»Da reflektiert etwas … Das ist doch ein Nummernschild«, murmelte er.

Er wollte gerade seinen Partner rufen, der dabei war, einen Fensterladen aufzubrechen, als ein lautes Knallen und das Klirren von zerspringendem Glas die Stille zerriss. Der Mann mit der Pelzmütze kippte nach hinten um. Die Taschenlampe, die an einem Riemen um sein Handgelenk hing, landete auf seiner Brust. Ihr scharfer Lichtkegel fiel auf sein Gesicht und ließ seine Nasenflügel hellrot und fast durchsichtig wirken. Direkt unter dem Rand seiner Pelzmütze war ein dunkles Loch.

Kazanski warf sich sofort in den Schnee und kroch hinter einen Felsen in Deckung. Der Rothaarige suchte Schutz neben dem Bootshaus und legte sich flach auf den Boden, um die Tür zu sichern.

»Wirf mir meine Pistole rüber, verdammt!«, rief Kazanski.

»Halt's Maul und bleib, wo du bist!«

Eine Weile spähten sie reglos zur Hütte. Im selben Moment, als Kazanski glaubte, einen Schatten hinter der kaputten Fensterscheibe zu sehen, feuerte der Rothaarige einen Schuss ab. Es folgte ein halb erstickter Schrei in der Datscha und danach das dumpfe Geräusch eines Körpers, der auf den Boden aufschlug.

Der Lakai des Hofnarren blieb lange liegen und wartete,

vielleicht zehn Minuten, ehe er aufstand und zum Haus rannte. Er presste sich an die Holzwand, blieb wieder einen Augenblick stehen, bevor er sich weiterwagte, die Tür eintrat und erneut in Deckung ging.

Alles blieb ruhig. Der Rothaarige war alles andere als leichtsinnig. Er wartete wieder sehr lange, bevor er mit der Pistole am ausgestreckten Arm vorsichtig in die Hütte trat. Blitzschnell verschaffte er sich einen Überblick. Die Datscha war leer.

Verwirrt nahm er gerade noch wahr, dass ein helles Licht am Boden aufflackerte, aber er realisierte nicht mehr, welches Schicksal ihn ereilte. Wie sein Kollege taumelte er nach hinten, schlug mit dem Kopf gegen den Türrahmen und sackte mit einem dunklen Loch in der Stirn zusammen.

Der Schuss war von unten, durch die Bodenluke gekommen. Wiktor Schapkin hatte sich im Vorratskeller versteckt. Wie eine Zunge aus der Hölle war das Mündungsfeuer herausgeschnellt, als er auf den Feind an der Tür gezielt hatte.

Schapkin kletterte mit einem Sack in der Hand wieder nach oben. Ohne hinzusehen, deckte er damit das Gesicht des Toten zu. Jetzt konnte er sich auf den letzten Mann konzentrieren, der noch draußen im Dunkeln war. Einen Mann, der zuvor vergeblich nach seiner Pistole gerufen hatte.

»Ich weiß, dass du unbewaffnet bist! Zeig dich, oder ich komme raus und hole dich. Du hast die Wahl!«

Wiktor Schapkin wartete einen Moment. Dann sah er eine Gestalt, die sich langsam aufrichtete und mit beiden Händen im Nacken stehen blieb.

»Komm langsam näher«, befahl er.

Kazanski gehorchte. Es war sinnlos, vor diesem Mann zu fliehen. Und warum auch – schließlich hatte er eine ziemlich lange Reise und eine Menge Strapazen auf sich genommen, um ihn zu finden.

»Hauptsache, du machst keinen Blödsinn mit der Kanone. Ich beiße nicht. Tatsächlich ist es mir eine Freude, dich zu sehen, Wiktor Schapkin.«

Kazanski trat in die Hütte, geblendet vom grellen Licht einer Taschenlampe.

»Zeig mir deine Papiere, keine schnellen Bewegungen.«

Die Stimme im Dunkeln klang souverän und ruhig. Kazanski zog seinen Ausweis aus der Tasche und warf ihn in Richtung des Lichtkegels.

»Ah, der geheimnisvolle Seemann. Von dir habe ich schon gehört. Du hast mich vermisst. Und jetzt hast du mich gefunden. Als Erstes kannst du mir einen Gefallen tun. Mach die Bodenluke auf und wirf den Gorilla da drüben runter. Und danach den anderen, der noch draußen liegt.«

»Meiner Hand … geht es nicht so gut.« Kazanski wackelte mit der Hand in der Schlinge und zuckte bedauernd die Schultern.

»Darauf falle ich nicht rein. Wenn du fertig bist, machst du die Tür zu und setzt dich ganz ruhig hin. Wir haben einiges zu besprechen, *Herr Lunew*. Das wird zweifellos interessant.«

19

In dem kleinen Kochtopf über der Flamme des Spirituskochers fing es an zu simmern. Wie Nebel aus einer feuchten Wiese stieg der Dampf auf und verbreitete den Duft im ganzen Raum.

Es war saukalt geworden. Der Frost hatte mit der Belagerung der Hütte begonnen und kroch langsam durch die soliden Balken. Wo auch immer Wärme aufstieg, war sie im Schein der Öllampe, die auf dem Tisch stand, wie ein dünner Schleier zu sehen. Wenn sie redeten, verwandelte sich ihr Atem in Nebel.

Wiktor Schapkin hockte vor dem Kocher und rührte in der Rote-Beete-Suppe. Der Gedanke an einen Löffel heißen Borschtsch weckte Erwartungen in Kazanskis knurrendem Magen. Er saß auf einer Bank, eingehüllt in zwei dicke Wolldecken. Sein Fuß war mit einem Seil ans Tischbein gefesselt, das wiederum fest im Boden verankert war.

»Hier, das Beste, was die Küche zu bieten hat«, sagte Wiktor Schapkin, stellte einen gut gefüllten Blechteller vor ihn hin und reichte ihm ein Stück trockenes Brot dazu. Dann setzte sich der Russe ihm gegenüber und fing schweigend an zu essen.

Sie widmeten sich ganz ihrer Suppe. Ab und zu hob einer von ihnen den Blick, um zu prüfen, ob der andere dasselbe tat. Davon abgesehen genossen sie zufrieden, wie sich eine innere Wärme ausbreitete.

»Die Finger … war das die GRU?«

Wiktor Schapkin brach die fast andächtige Stimmung, als er von seinem Teller aufsah und seine Frage stellte.

»Ja … Bolzenschneider«, antwortete Kazanski und schlürfte weiter.

Während Schapkin das Essen vorbereitet und warm gemacht hatte, hatte Kazanski ihm alles über den Fall erzählt. Angefangen von Ulf im Treppenhaus bis zu diesem Moment in der Datscha. Er hatte nichts verschwiegen. Es gab auch keinen Grund, etwas zu verschweigen. Er saß dem Mann gegenüber, dessen Tod er im Auftrag der Firma untersuchen sollte. Wiktor Schapkin hatte ihn kein einziges Mal unterbrochen, sondern nur konzentriert zugehört und hier und da genickt.

Sie aßen wortlos weiter, bis die Löffel unweigerlich über die leeren Teller kratzten.

»Oleg Galibin – was wollte er hier oben?«, fragte Kazanski und fing Schapkins Blick auf. Er war ruhig und forschend.

»Ich kann leider keinen Schnaps anbieten. Ich trinke nicht.« Schapkin lächelte freundlich.

»Zigarette vielleicht?«

Schapkin schüttelte den Kopf. »Ich rauche nicht.«

Kazanski steckte sich selbst eine an und inhalierte tief. Als er den Rauch ausatmete, waberte die Wolke sacht in der Wärme der Öllampe. Es war einen Moment still. Irgendwo draußen schrie ein Vogel.

»Oleg ist nach Murmansk gekommen, weil ich ihn um Hilfe gebeten hatte«, antwortete Schapkin schließlich, unbeeindruckt davon, dass die Frage schon eine ganze Weile in der Luft hing. Der Wympel-Mann sprach mit Bedacht, wenn er dann endlich etwas sagte.

»So gesehen ist es meine Schuld, dass er tot ist. Ich habe beobachtet, wie sie ihn weggeschleppt haben, eingerollt in meinen Teppich. Profis, angeheuert vom Hofnarren. Deshalb wusste ich, dass ich verschwinden muss. Untertauchen und warten.«

»Warten worauf?« Für Kazanski steckte in dieser kurzen Frage der eigentliche Kern seiner Mission. Er ließ sie nur nicht so klingen, sondern eher beiläufig.

Schapkin antwortete nicht. Er stand auf und ging in eine Ecke der Hütte, wo ein Sack auf dem Boden lag. Als er sich wieder setzte, legte er ein paar Dosen und Brot auf den Tisch.

»Pest oder Cholera?« Er lächelte und hielt die Dosen ins Licht.

Es waren Fischkonserven. Eine Dose Skumbria, gehacktes und gepresstes Makrelenfleisch, bei deren Herstellung nicht viel vom Fisch verschwendet wurde. Die andere war noch schlimmer. Es war eine Dose *Sawtrak turista* – Touristenfrühstück, berühmt und berüchtigt, zumindest unter Besuchern aus dem Westen. Der Inhalt war eine undefinierbare Masse aus gut durchgekauten Fischabfällen, einschließlich Haut und Gräten.

»Makrele, danke …«

»Warum du und kein anderer?«, fragte Schapkin, während er die Dose öffnete.

»Der schwedische Diplomat war ein guter Freund von mir. *Ist* ein guter Freund. Er ist nicht tot – noch nicht. Vor allem deshalb. Und wegen der Sprache.«

»Und weil du sorgfältig ausgesucht wurdest.«

»Tja …«

»Kein Grund zu falscher Bescheidenheit. Du bist gut. Ich kenne mich auf dem Gebiet aus. Man kann es sehen. An den Augen. Hast du darüber schon mal nachgedacht? Die können wir nicht kontrollieren, nicht verstellen. Die Augen verraten alles …«

Wieder trafen sich ihre Blicke. Es war keine Machtprobe, kein Trotz, nicht wertend und auch nicht fragend. Eher eine Art gegenseitiger Anerkennung dessen, was sie sahen.

Kazanski fühlte sich wohl in der Gesellschaft des ehemaligen Obersts. Schapkin verströmte dieselbe Ruhe, die er auch bei seiner ersten Begegnung mit Ulf empfunden hatte. Und er hatte noch etwas anderes Vertrautes an sich, das so weit von der Sanftheit des Schweden entfernt war wie überhaupt nur möglich.

»Du hast natürlich meinen Background überprüft?«

Kazanski nickte.

»Wäre das Trauma nicht gewesen, wäre ich vielleicht immer noch im Dienst. Die Rote Armee war meine Familie. Der kehrt man nicht den Rücken zu. Nicht freiwillig. Und doch … Ich kannte kein anderes Leben. Das versuche ich mir jetzt aufzubauen. Ich habe immer noch ein paar gute Jahre vor mir. Also war die Krankheit vielleicht trotzdem für etwas gut …«

Schapkin hielt inne und kratzte den letzten Rest aus der Dose. Er schaute nachdenklich auf seine Gabel, stellte die Dose ab. »Ein Volksheld der Sowjetunion … Das bin ich«, fuhr er langsam fort.

Er lächelte schief und sah Kazanski an. Er machte eine Pause und suchte nach den richtigen Worten.

»Und Helden stehen nicht mehr besonders hoch im Kurs, was? Schon gar nicht, wenn der Held unter einer posttraumatischen Belastungsstörung leidet. Ein Wympel-Oberst, der kein Blut sehen kann … Seltsam, sich in dieser Situation wiederzufinden, wenn der eigene Beruf im Grunde aus Töten besteht, nicht wahr? Ich habe es viele Jahre in mir herumgetragen. Seit Pjotr in Afghanistan erschossen wurde. Der Krieg legt tief drinnen Schalter um. Meine Sicherung ist erst Jahre später durchgebrannt. Von einer Nacht auf die andere.

Albträume wie eine Explosion. Blut. Eingeweide. Granaten. Und immer irgendwo ein warmes rotes Rinnsal, das aus Pjotrs Mund floss. Hast du auch Albträume?«

»Ab und zu. Haben wir die nicht alle?« Kazanski zündete sich eine neue Zigarette an, um sich daran zu wärmen.

»Ja … Ich komme gleich noch zu deiner Frage, worauf ich warte – was ich vorhabe. Aber es ist komplex. Du musst meine Geschichte verstehen, um zu verstehen, warum ich das alles hier tue.«

Kazanski nickte wieder.

»Es war schwer, plötzlich in Zivil auf der Straße zu stehen. Ich besaß nicht mal einen Anzug. Für viele Speznas-Soldaten ist der private Arbeitsmarkt eine Goldgrube im Vergleich zum Militär. Jobs gibt es genug. Alle in der Grauzone, von den einen Arbeitsmarkt genannt, von den anderen Mafia. Auftragskiller oder gewöhnlicher Handlanger – es mag ein Unterschied sein, aber die Branche ist dennoch dieselbe. Wenn du gehorchst, verdienst du mehr Geld, als du je im Leben gesehen hast. Aber früher war ich derjenige, der Befehle erteilt hat. Ich habe nur aus der Notwendigkeit heraus getötet und weil es meine Pflicht war. Niemals, weil ich Spaß daran hatte. Also beschloss ich, im Sicherheitsdienst zu arbeiten, zuletzt bei Maxim Maximow in Murmansk. Ein richtiges Leben zu führen, dazu war ich nicht in der Lage. Erst als ich Walentina Suschko wiedertraf, schöpfte ich neue Hoffnung. Vielleicht war sie der Grund, dass ich mich für Murmansk entschied. Wir hatten den Kontakt all die Jahre nie ganz verloren. Pjotr, Oleg und ich, wir waren schon immer in sie verliebt gewesen. Buhlten als junge Kerle um sie, jeder auf seine Weise, aber sie wollte Pjotr. Er war der Lustigste von uns, der Charmanteste. Aber ich habe nie aufgehört, an sie zu denken.«

Wiktor Schapkin machte eine Pause und holte sich eine Decke, die er sich über die Beine legte. Dann fuhr er fort. Jetzt, wo er sich warmgeredet hatte, wog er nicht mehr jedes Wort ab. Seine Erzählung floss langsam und ruhig weiter.

»Als ich anfing, mit aufs Meer zu fahren, wo wir Reaktorkerne und anderen Abfall verklappten, sah ich die Chance gekommen, mich zu befreien und nicht länger die Befehle irgendwelcher Vollidioten befolgen zu müssen. Die Idee, mein Wissen an die CIA zu verkaufen, nahm Gestalt an. Mir war klar, dass meine Informationen für den, der sie richtig zu nutzen wusste, Gold wert waren.«

»Aber du bist von dir aus abgesprungen?« Zum ersten Mal unterbrach Kazanski ihn.

»Ja. Nachdem die Nordlicht-Frauen mit ihrer Aktion hier oben für Aufruhr gesorgt hatten, kontaktierte ich sie und schlug ihnen ein Geschäft vor. Später bereute ich es. Ich hatte eigentlich die Absicht, die Vereinbarung mit deinen Leuten einzuhalten. Aber schließlich überlegte ich es mir doch anders … Die Frauen boten mir wesentlich mehr, als ich von euch erwarten konnte. Das war alles. Es ging mir ausschließlich ums Geld. Wenn du in Russland dein Leben verändern willst, ist das deine einzige Chance. Ruhm und Ehrlichkeit sind heutzutage nichts mehr wert. Ich wollte das Geld, um meine Krankheit behandeln zu lassen. Und um Walentina und ihrem Sohn etwas bieten zu können.

Frykberg und Storvik-Marshall bekamen von mir die exakte Position und sie statteten mich mit einer Videokamera aus. Ich sollte die Verklappungen direkt von der Amur aus filmen. Und das tat ich. Ich filmte Storvik-Marshall, die triumphierend in einem Schlauchboot von Backbord heranrauschte, begleitet von einem Kameramann. Ich filmte ihr Schiff, die Frøya, das am Horizont auftauchte. Ich filmte, als das Schiff plötzlich von einer gewaltigen Explosion erfasst wurde. Und ich filmte das U-Boot, das auftauchte, nachdem es die Frøya mit einem Torpedo versenkt hatte. Es blieb an der Oberfläche, um sicherzugehen, dass das Schiff spurlos vernichtet war.«

»Die Nordflotte? … Die Flotte war daran beteiligt? Das ist unglaublich …!«

Wiktor Schapkin kommentierte Kazanskis Fassungslosigkeit lediglich mit einem ruhigen Nicken.

»Ein Besatzungsmitglied bemerkte mich oben an Deck, wo ich mich die ganze Zeit versteckt gehalten hatte. Ich wusste nicht, wie viel er gesehen hatte, also nahm ich die Videokassette hastig heraus und warf die Kamera über Bord. Nachdem die Frøya erschienen war, änderten wir den Kurs, aber ich hatte einen Glonass-Navigator dabei – das russische Gegenstück zu eurem westlichen GPS. Via Satellit kann es jede Position auf der Erde auf zwanzig Meter genau bestimmen.«

»Ist mir bekannt, das System«, warf Kazanski ein.

»Ausgehend von einem geschätzten Abstand zum Schiff der Umweltschützer, bin ich damit in der Lage, ziemlich präzise anzugeben, an welcher Stelle sich die Überreste der Frøya befinden. Ich versteckte die Videokassette und das Glonass schnell auf dem Schiff, für den Fall, dass ich tatsächlich aufgeflogen war. Aber offenbar hatte mich niemand beim Filmen beobachtet. Misstrauisch waren sie trotzdem geworden. Und vielleicht war ich mit den beiden Frauen in Kirkenes observiert worden? Genau weiß ich es nicht. Ich weiß nur, dass ich aus dem Weg geräumt werden sollte. Aber sie irrten sich und töteten Oleg.«

»Die Tätowierung?«

»Ja, vermutlich … Meine Partner waren tot, aber mit dem Beweismaterial war ich plötzlich im Besitz einer enorm wertvollen Ware. Nur meine eigene Gier setzte dem Preis eine Grenze. Dem russischen Staat bleibt gar nichts anderes übrig, als zu bezahlen, ganz egal was ich verlange. Nach den letzten Verhandlungen in Brüssel ist der Wert meiner Aktien nur noch mehr gestiegen. Du wolltest wissen, warum ich zurückgekommen bin? Jetzt weißt du es.«

»Die Videokassette und das Glonass … Die sind beide noch auf der Amur?«

»Ja.«

»Du musst sie also nur noch holen und deinen Preis nennen?«

»Ja.«

»Wie viel?«

»Dreihundert Millionen Dollar. Verteilt auf verschiedene Konten in Luxemburg und der Schweiz. Findest du das unmoralisch und verwerflich?«

Kazanski zuckte mit den Schultern.

»Ich betrachte es als Wiedergutmachung. Ich behalte nur, was ich brauche. Den Rest gebe ich zurück. An Kriegsveteranen und Pensionäre. Russland hungert, Winter für Winter. Nenn es von mir aus Abzahlung des schlechten Gewissens. Aber so wird es gemacht.«

»Wo ist die Amur jetzt?«

»Im Augenblick liegt sie in der Nerpa-Werft, etwa sechzig Kilometer von hier entfernt in der Olenja-Bucht.«

»Wann?«

»Heute Nacht. Die GRU ist mir auf den Fersen, deshalb habe ich alles um einen Tag vorverlegt. Willst du einen Kaffee?«

Sie saßen noch bis elf Uhr zusammen. Wiktor Schapkin stellte Kazanski viele interessierte Fragen. Wie sein Job war.

Wie es ihm in Madrid gefiel. Wie das Leben in den USA war. Ob er verheiratet war. Ob er Kinder hatte.

Das ganze Gespräch war von einer unerklärlichen Gelassenheit geprägt. Zwei ebenbürtige Männer an einem Tisch am Ende der Welt. Kazanski wusste nicht, warum, aber er hatte plötzlich das dringende Bedürfnis, diesem Fremden von seinem Verlust zu erzählen. Und er tat es. Erzählte von Alicia und Rosa. Berichtete leise von dem Verbrechen, dem sie zum Opfer gefallen waren. Von Ewa erzählte er nichts.

»Es tut mir leid«, sagte Wiktor Schapkin und schien es ehrlich zu meinen.

Als er Kazanski später fesselte, entschuldigte er sich mehrfach und versicherte ihm, dass er keinen Grund hatte, um sein Leben zu fürchten. Er musste erst zur Amur, aber er würde zurückkommen und sich auf der Fahrt eine Lösung überlegen.

»Ich habe nicht den geringsten Anlass, dir wehzutun. Ich habe unser Gespräch genossen. Unter anderen Umständen hätten wir gute Freunde werden können. Da bin ich mir sicher.«

Das alles sagte er, während er Kazanski die Handgelenke auf dem Rücken zusammenschnürte und seine Füße aneinanderband. Dann befahl er ihm, die Beine abzuwinkeln, um das Seil wieder zu den Händen führen zu können.

Jetzt lag Kazanski auf der kleinen Pritsche in der Hütte, in dieser unnatürlichen Haltung gefesselt. Schapkin hatte ihn mit allen verfügbaren Decken zugedeckt, dann war er verschwunden. Ursprünglich wollte er mit Walentina Suschkos Dienstwagen fahren, aber stattdessen hatte er den Fiat genommen, in dem Kazanski und die Männer des Hofnarren gekommen waren.

Kazanski ging in Gedanken jede noch so abwegige Theorie

durch, wie er sich vielleicht befreien könnte, aber es war aussichtslos. Er konnte sich nicht rühren, höchstens ein wenig schaukeln, wenn er die Beine noch weiter anwinkelte.

Seine Knie fingen an zu schmerzen und er spürte ein Pochen in den nicht mehr vorhandenen Fingerspitzen. Seine einzige Chance war, Wiktor Schapkin zu überlisten, wenn er zurückkam. Oder besser gesagt: falls er zurückkam. Das Vorhaben des Mannes erschien doch ziemlich riskant.

Statt als abgenagtes Skelett in der Tundra endete er nun womöglich als gefriergetrocknete Mumie, die den Besitzern der Datscha einen ziemlichen Schreck einjagen würde, wenn sie irgendwann im Mai mit ihrem Picknickkorb hier ankamen. Sein Galgenhumor machte es erträglicher, sich diese Szene auszumalen. Dabei hatte er doch immer gesagt, dass er auf keinen Fall im Bett sterben wollte. Verdammt.

Er wurde aus seinen grotesken Vorstellungen gerissen, als er ein Geräusch hörte. Ein Signalton, gedämpftes Klingeln in wechselnder Lautstärke. Es kam von unten. Aus der Vorratskammer, in der die beiden Leichen lagen. Es war ein Handy. Anruf für einen Toten.

Das muntere Läuten unter dem Bretterboden verbesserte seine Stimmung schlagartig. Es gab vielleicht eine Möglichkeit, wenn es ihm nur … Er versuchte, die Bewegungen genau vor sich zu sehen, den Ablauf in allen Einzelheiten zu choreografieren. Nach einer kurzen Bedenkzeit startete er den Versuch.

Er stemmte die Schuhsohlen gegen die Wand und drückte sich über den Rand der Pritsche. Krachend landete er auf dem Boden, mit den Knien zuerst, dann schlug er mit der Stirn auf.

Nach mehreren Anläufen gelang es ihm, sich Zentimeter für Zentimeter vorwärtszuarbeiten.

Schließlich hatte er das erste Etappenziel erreicht. Den Kochtopf auf dem Boden, in den Schapkin Löffel und Gabeln gelegt hatte. Mit dem Kopf stieß er den Topf um und angelte mit dem Mund einen Löffel heraus. Er hielt ihn mit den Zähnen fest, dann änderte er mühsam den Kurs, wie ein Flugzeugträger im Jachthafen. Das nächste Ziel war die Bodenluke.

Mit dem Rücken zur Klappe tastete er nach dem kleinen Eisenring, und er schaffte es gerade noch, die Klappe so weit zu öffnen, dass er den Absatz seines Schuhs dazwischenschieben konnte. Vor Anstrengung keuchend drückte er seine Stiefel langsam unter den Rand und richtete die Bodenklappe immer weiter auf, bis sie schließlich senkrecht stand und zuletzt krachend nach hinten kippte. Wie eine schwarze Krypta lag der Keller vor ihm.

Er hielt den Löffel noch fester zwischen den Zähnen und manövrierte sich in Stellung. Er drückte die Schuhsohlen auf den Boden, stemmte sich mit den Schulterblättern hoch, und indem er mit dem Becken schaukelte, gelang es ihm, sich seitwärts zu bewegen. Ein letzter Schwung und er fiel wie ein Sack Kartoffeln auf die beiden toten Männer in der Grube.

Der Gedanke, in einem Grab gelandet zu sein, war naheliegend. Es gab Leichen – und um ihn herum war es stockdunkel.

Er blieb einen Moment still liegen und versuchte, seinen Sinnen die Führung zu übergeben. Er stieß sich an der Wand ab, half mit den Ellenbogen nach und schaffte es mit einiger Mühe, sich umzudrehen.

Seine Nase und sein Kinn rutschten über etwas Glattes, Kaltes. Es musste eine Lederjacke sein. Der Mann mit der Pelzmütze trug eine Lederjacke. Kazanski hatte ihn als Zweites in den Vorratskeller geworfen. Er konnte sich noch erinnern, dass der Typ auf dem Bauch gelandet war, teilweise auf dem Rothaarigen. Und da der Rothaarige der Wortführer gewesen war und das Sagen hatte, trug er vermutlich auch das Handy bei sich. Wenn das Scheißding doch einfach noch mal klingeln würde, könnte er sich wie ein Maulwurf in die richtige Richtung graben.

Er kämpfte sich weiter vor. Die Leichen waren schon steif. Mithilfe von Stirn, Nase, Kinn, Wangen und Ohren tastete er sich an einem Flickenteppich aus Leder und undefinierbarem Stoff entlang. Seine Nase kam einem Duft auf die Spur und folgte ihm. Sie endete an einem kalten Reißverschluss. Kazanski war mit dem Kopf im Schritt des Mannes gelandet.

Er schlug einen anderen Kurs ein. Die neue Fährte führte ihn zu einer eiskalten Hand. Er nahm die entgegengesetzte Richtung und bewegte sich am Arm entlang nach oben. Er gehörte zu dem Ex-Soldaten im Militärparka.

Es kostete Kraft, aber Kazanski gelang es, sich ein wenig zu drehen. Jetzt fühlte er einen Wollpullover. Die kratzigen Bartstoppeln des Rothaarigen an seiner Stirn verrieten ihm, dass es nicht mehr weit war.

So musste sich ein hilfloses Neugeborenes auf der Suche nach der Brustwarze fühlen. Nur, dass zwischen ihm und einem Baby etliche Jahre und die verlorene Unschuld lagen. Solange sein Mund nur irgendwann das Handy fand.

Er drückte den Kopf nach unten, schob ihn so gut es irgendwie ging zwischen Wolle und Jacke, während ihm die ganze Zeit der Löffel im Mund im Weg war. Seine Kiefer verkrampften sich schmerzhaft. Aber er durfte diesen Löffel auf keinen Fall verlieren.

Er unternahm einen neuen Versuch auf der anderen Seite des Brustkorbs. Sein Nasenrücken streifte etwas Hartes. Es steckte hinter dem glatten Stoff der Innentasche – das Handy. Er hatte es gefunden.

Er rutschte auf den Brustkorb zurück und ließ vorsichtig den Löffel los, dann arbeitete er sich wieder vor. Tastete mit dem Kinn nach dem unteren Rand des Handys und schob es langsam nach oben. Endlich bekamen seine Zähne die Antenne zu fassen und er konnte es ganz aus der Tasche ziehen.

Mit der Zunge fuhr er über die Oberfläche und fand die kleinen Erhebungen, die Tastatur. Dann manövrierte er den Löffel zurück in den Mund und versuchte, das Handy mit dem Stiel zum Leben zu erwecken. Jetzt hieß es alles oder nichts.

Nach drei Anläufen traf der Löffelgriff einen Knopf und die Tastatur offenbarte sich in neongrünem Licht. Die Ziffern leuchteten wie Fackeln. Das sanfte Licht des Bildschirms begrüßte ihn zurück unter den Lebenden.

Hoch konzentriert suchten seine Augen die richtigen Opfer auf der Tastatur und bei jedem Treffer des Löffels ertönte ein unbekümmertes Piepen. Er wartete atemlos vor Spannung. Bei einer Ziffer war er sich unsicher.

»Hallo, Café Fjodor. Hallo? Hallo?«

Hätte er so laut geflucht, wie ihm zumute war, wäre der Löffel für alle Zeiten verloren gewesen. Stattdessen drückte er auf den roten Knopf und beendete den Anruf. Er sammelte einen kurzen Moment Kraft für einen neuen Versuch – Bruce Darrows persönliche, direkte Durchwahl. Sein Telefon war rund um die Uhr besetzt. Kazanski wartete.

»Die amerikanische Botschaft, guten Abend.«

Kazanski spuckte den Löffel aus und versuchte, seine Begeisterung im Zaum zu halten.

»Mein Name ist Jan Jordi Kazanski. Ich weiß, dass Bruce

Darrow jetzt nicht in der Botschaft ist, aber ich habe eine Nachricht für ihn. Er muss sie umgehend erhalten. Es geht um Leben und Tod. Haben Sie mich verstanden?«

»Ja …«

Er konnte deutlich die Verwirrung in der Stimme des Mannes hören.

»Schreiben Sie alles genau mit und dann rufen sie Darrow sofort an. Bereit? Schreiben Sie: Kazmur außer Betrieb. Befinde mich in einer Datscha etwa vierzig Kilometer nördlich am Westufer des Murmansk-Fjords. Fahren Sie bis zum Straßenschild, auf dem Poljarny zwanzig Kilometer steht. Drehen Sie dort um und fahren Sie etwa zwei Kilometer zurück. Am linken Straßenrand steht ein großer Stein. In einer Senke Richtung Fjordufer befinden sich zwei Datschen, umgeben von Bäumen. Befinde mich in der mit dem Bootshaus, in einem Vorratskeller. Brauche unverzüglich Hilfe. Wiederhole: unverzüglich … Haben Sie alles? Wiederholen Sie meine Nachricht!«

Der Mann zögerte ein wenig.

»Verdammt! Das hier ist kein Scherz, Schwachkopf! Vorlesen!«

Endlich wiederholte der Mann die Nachricht. Er las langsam vor, aber er hatte alles richtig notiert.

»Gut. Und jetzt rufen Sie Darrow an. Er weiß, was meine Nachricht bedeutet. Verstanden?«

»Jawohl. Ich gebe ihm sofort Bescheid. Gibt es eine Nummer, unter der wir Sie erreichen können?«

»Wollen Sie mich verarschen? Ich liege hier mit einem Löffel im Mund. Auf zwei Leichen. In einem Scheißkeller. Rufen Sie Darrow an!«

»In Ordnung, auf Wiederhören …«

Ein leises Klicken trennte ihn von der Zivilisation. In der

nächsten Sekunde verschwand das gesegnete Licht der Tastatur und er war zurück im Grab.

Erst jetzt nahm er die Schmerzen in der Hand wieder wahr. Seine angespannte Nackenmuskulatur war völlig verkrampft und er legte seinen schweren Kopf auf dem wollenen Brustkorb ab. So hatte der gute Wiktor Schapkin sich das ganz sicher nicht vorgestellt …

Es kam ihm vor wie eine ganze Nacht, aber in Wirklichkeit waren nur etwa anderthalb Stunden vergangen, als Kazanski gedämpfte Stimmen hörte und das Knarren einer Tür, die geöffnet wurde.

20

»Hallo! Hier unten!« Kazanski starrte in die stechenden Augen zweier Taschenlampen. Eine Person kletterte zu ihm in das Loch hinunter und griff ihn unter den Armen.

»Ich bin es, Anatoly. Ich fasse es nicht … Wir dachten, du wärst tot … Aber dann hat uns Moskau kontaktiert …«

Der junge Mann verfrachtete ihn nach oben an die Luke, wo starke Hände halfen, ihn auf den Boden zu ziehen. Ein Messer kappte das Seil zwischen Füßen und Händen, aber er konnte die Beine nicht strecken. Dann befreiten sie seine Handgelenke von der Fessel hinter dem Rücken. Jeder Muskel tat weh.

»Nette Gesellschaft …« Der andere Helfer, Juri, leuchtete in den Keller.

»Todlangweilig, wenn du mich fragst«, stöhnte Kazanski. Er hustete und rollte sich über den Boden, während er darauf wartete, sich wieder bewegen zu können. Noch war er so ausgekühlt, dass er seinen Körper kaum spürte.

»Und jetzt?«, fragte Anatoly.

»Wie spät ist es?«

»Halb eins.«

»Helft mir mal auf die Füße, einer von euch. Setzt Wasser auf und macht mir einen kochend heißen Kaffee. Und dann sucht meine Pistole. Die ist irgendwo da unten im Keller bei dem Rothaarigen. Aber zuerst brauche ich einen Schluck

Wasser. Ich muss ein paar Pillen gegen die Schmerzen hier einwerfen.« Kazanski bewegte die linke Hand.

Eine halbe Stunde später war er auf dem Weg. Sie hatten ihm den Weg zur Nerpa-Werft beschrieben. Die Scheinwerfer des Ladas glitten ruhig durch den Schnee, und er versuchte, seine Gedanken zu sortieren.

Er hatte Anatoly und Juri zurück nach Murmansk geschickt. Vorher mussten sie allerdings ein bisschen Schnee schippen und danach mit Walentina Suschkos rostigem Schiguli nach Hause fahren, der im Bootshaus stand. Es wäre zu gefährlich gewesen, die beiden mitzunehmen, und außerdem war es besser, sie für später in Bereitschaft zu halten.

Kazanski warf einen Blick auf seine Uhr. Er konnte es noch rechtzeitig schaffen. Wiktor Schapkin war nicht der Typ, der die Dinge überstürzte.

Drei ausrangierte U-Boote lagen nebeneinander am Kai, am vordersten Pier noch ein paar amputierte Versionen – U-Boote, deren Raketensektion ausgebaut worden war und die man danach wieder provisorisch zusammengeschweißt hatte. Weiter oben am Kai ankerten zwei Frachtschiffe und ein Serviceschiff der Flotte.

Starke Scheinwerfer beleuchteten das große Schwimmdock, aus dem immer wieder hohler Lärm drang. Einer der riesigen Kräne dort draußen schwenkte langsam seinen Arm. Auch im Trockendock an Land war Licht. Der Krach von dort war deutlicher zu hören.

Obwohl es mitten in der Nacht war, wurde hier noch gearbeitet, in der Nerpa-Werft, die 1970 auf Befehl des späteren Verteidigungsministers Ustinow errichtet worden war, mitsamt der dazugehörigen Wohnsiedlung Sneschnogorsk fünf Kilometer südwestlich, auch bekannt als Murmansk-60.

Ursprünglich sollte Nerpa ausschließlich die Flotte versorgen, aber nach dem Zerfall der Sowjetunion musste man ab 1993 auch kommerzielle Aufgaben übernehmen, um die Auftragsbücher und die Kasse weiterhin zu füllen. Wahrscheinlich wurde deshalb gerade im Schichtbetrieb an der Reparatur zweier ziviler Schiffe gearbeitet, deren Fertigstellung die Werft zu einem bestimmten Datum vertraglich zugesichert hatte. So lief es jetzt in den neuen Zeiten.

Wiktor Schapkin kauerte lange hinter einigen riesigen Stahlträgern. Offensichtlich war das Gelände nicht annähernd so gut bewacht, wie er gedacht hatte. In anderthalb Stunden war nur ein einziges Mal ein kleiner Wachtrupp über die schwach beleuchtete Kaianlage patrouilliert.

Schräg links von ihm lag die nahezu völlig verdunkelte Amur vertäut. Mit seinem Infrarot-Zielfernrohr verschaffte er sich einen Überblick über seine Möglichkeiten. An Deck hielten zwei Besatzungsmitglieder Wache. Der eine drehte rastlos an Steuerbord seine Runden. Der andere stand Kette rauchend an der Gangway – dem einzigen Weg, der an Bord führte. Ab und zu kam sein Kollege bei ihm vorbei und sie wechselten ein paar Worte miteinander.

Schapkin musste um jeden Preis verhindern, dass es zu einem Nahkontakt kam, der womöglich zu Blutvergießen führte und ihn schlimmstenfalls handlungsunfähig machte. In den letzten Tagen hatte er seine Medikamente wieder genommen, aber das war kein Grund, die Sicherheitsvorkehrungen zu vernachlässigen. Seine Entscheidung war gefallen. Er musste die Wachen ausschalten.

Routiniert setzte Schapkin die Dragunow zusammen und montierte Zielfernrohr und Schalldämpfer. Kurz darauf glitt das dünne Fadenkreuz mit der vertikalen Zahlenreihe über das Gesicht des Mannes. Er kannte ihn nicht, zum Glück. Als sich die Stirn des Mannes exakt im Visier befand, krümmte sich sein Finger um den Abzug. Es ertönte ein leiser Knall. Der Mann auf dem Schiff taumelte, die Zigarette fiel ihm aus dem Mund, dann sackte er langsam in sich zusammen. Wiktor Schapkin rannte los.

Am Schiff angekommen, schlich er vorsichtig die Gangway hoch und zog als Erstes dem Mann die Mütze über die Stirn, um das Einschussloch zu verdecken. Dann schleifte er den Toten aus dem Weg und versteckte ihn unter einer Plane. Als das geschafft war, schlich er sich in Richtung Steuerbord, um den zweiten Wachposten ausfindig zu machen.

Es dauerte eine Weile, bis er Schritte hörte. Er ging im Schatten einer breiten Leiter in Deckung und wartete. Als der Mann direkt vor ihm war, hielt er ihm den Mund zu, presste ihm den Daumen der anderen Hand hinter das Ohr, bis der Mann das Bewusstsein verlor. Dann legte er ihn vorsichtig ab. Er erkannte ihn wieder. Vladimir. Kein Mafiatyp, nur ein Seemann, der in schlechte Gesellschaft geraten war.

Oben auf der Brücke brannte noch Licht und aus ein paar wenigen Bullaugen fiel ein matter Schein an Deck. Sonst war alles dunkel. Schapkin hängte sich die Dragunow über die Schulter, schlich vorsichtig nach achtern und fand das richtige Schott.

Die Leuchtstoffröhren in dem engen Gang brannten, aber es war alles still und er setzte zielstrebig seinen Weg fort. Als er an der Messe vorbeikam, hielt er die Luft an. Hinter der Tür hörte er dröhnendes Lachen und das Klirren von Flaschen. Ein Teil der Mannschaft genehmigte sich noch einen Absacker. Er war sich ziemlich sicher, dass sich andere heimlich in den Hafen geschlichen hatten. Hier sagte keiner Nein zu einem kleinen Schluck und etwas Gesellschaft.

Er ging weiter. Im nächsten Abschnitt, hinter der Wandverkleidung unter einem Feuerlöscher, versteckte sich seine Zukunft, in ein T-Shirt eingewickelt und in eine Plastiktüte verpackt.

Es dauerte seine Zeit, bis Kazanski unbemerkt am Wachposten vorbeigekommen und über den hohen Zaun auf das Gelände gelangt war.

Die Werft glich einer unübersichtlichen Unterwelt aus Werkstätten, Hallen, Depots, Kränen, Silos und bizarren Rohrsystemen, weshalb er ein paar Umwege nehmen musste. Zum Glück lag die Amur ganz vorn im Hafenbecken.

Ein Wachtrupp aus jungen MVD-Soldaten ging gemächlich vorbei, als er sich zum Schiff schlich. Auf der Amur schien alles friedlich und ruhig zu sein. Wiktor Schapkin war sicher inzwischen an Bord.

Der Russe hatte den Fiat am Rand einer Baustelle geparkt, ein paar Hundert Meter von der Werft entfernt. Kazanski seinerseits hatte den Lada versteckt hinter ein paar Kleintransportern abgestellt.

Egal was passierte, er musste dafür sorgen, vor Schapkin wieder am Auto zu sein. Andererseits musste er aber auch lange genug abwarten, um sicherzugehen, dass Wiktor Schapkin die Amur auch wirklich mit der Videokassette und dem Positionsmessgerät verließ. Ohne diese »Aktien« konnte er der Firma keinen Kursgewinn von ungeahnter Dimension einbringen.

Kazanski zögerte. Dann beschloss er, sich ebenfalls an Bord zu schleichen.

Wiktor Schapkin schob die breite Klinge des Messers unter die Holzverkleidung und löste ohne Schwierigkeiten die Zapfen. Er steckte seine Hand in den Hohlraum und tastete sich vor. Als seine Finger sich um die Plastiktüte schlossen, spürte er die Wärme in seinem Gesicht. Endlich …

Plötzlich hörte er schwere schlurfende Schritte. Ein betrunkener, ziemlich fetter Kerl mit Vollbart baute sich hinter ihm im Schott auf. Seine Augen waren glasig.

»He, was zur Hölle machst du da, Kumpel?«

»Ich überprüfe die Feuerlöscher«, antwortete Schapkin und zog die Tüte aus ihrem Versteck.

»Die Feuerlöscher …« Der Mann war verwirrt.

»Ja, die Feuerlöscher. Befehl …«

»Tust du nicht! Du schnüffelst hier rum! Ich sollte wohl besser …« Mühsam machte der Mann einen Schritt über den Rahmen des Schotts und schlingerte wild entschlossen auf Schapkin zu, um ihn zu packen und festzuhalten, aber er kam nicht weit. Schapkin kam auf ihn zu, trat ihm mit voller Kraft in den Schritt und rammte ihm den Gewehrkolben ins Genick, als er sich brüllend zusammenkrümmte.

Schapkin hörte, wie irgendwo eine Tür geöffnet wurde. Jemand rief. Jetzt stand ihm ein Spießrutenlauf bevor. Er sprang mit einem Satz über den besoffenen Hünen und rannte den Gang zurück. Gerade als er auf Höhe der Messe war, lief ihm ein hagerer Mann mit einem Bier in der Hand in den Weg. Der Typ landete krachend auf dem Boden. Noch eine Tür ging auf. Aus einem Mannschaftsraum streckte vorsichtig jemand den Kopf in den Gang. Noch eine Stimme rief etwas. Von Deck kam ein Mann mit Maschinenpistole herein. Schapkin schleuderte sein Messer. Er erwischte ihn am Hals, direkt unter dem Kehlkopf. Gurgelnd suchte der Mann Halt am Schott, blieb mit erstauntem Blick aufrecht stehen. Dann fiel ein Schuss hinter Schapkin und gleich darauf ein zweiter. Eine Kugel prallte gegen die offene Stahltür und verschwand pfeifend in der Dunkelheit. Schapkin warf sich nach draußen an Deck, rollte sich über den Rücken ab, kam auf die Füße und rannte zur Gangway.

Die Bernardelli ruhte auf dem Rand der Kabeltrommel, hinter der Kazanski in Deckung gegangen war. Er war bereit.

Neben ihm lag eine Plane. Als er sich auf dem Boden abstützen wollte, hatte er in eine klebrige Flüssigkeit gefasst. Sie lief unter der Plane heraus und rann wie ein kleiner Bach unter die Kabeltrommel. Er hatte die Plane angehoben und einen Mann mit Mütze über dem Gesicht gefunden. Die Mütze verdeckte ein Loch in der Stirn. Schapkin hatte seine Mission also gestartet.

Eine Sekunde nachdem er die Schüsse hörte, sah er, wie Wiktor Schapkin sich mit einer Hechtrolle durch das offene Schott rettete. Gleichzeitig hörte Kazanski das Geräusch schwerer Stiefel auf Metall. Zwei Männer kamen die große Leiter von der Brücke herunter. Der erste sprang die letzten Meter an Deck und eröffnete das Feuer, ehe der ehemalige Wympel-Oberst die Gangway erreicht hatte. Kugeln prallten funkensprühend gegen die Stahlverkleidung und zischten pfeifend in die Nacht.

Schapkin wechselte die Richtung und kletterte eine Leiter hoch. Offensichtlich war er nicht getroffen, aber die nächste Salve würde ihn unweigerlich zerfetzen. Kazanski spürte nur den Rückstoß in der Hand. Der Schalldämpfer leistete ganze Arbeit.

Schapkins Verfolger wurde im Genick getroffen und kippte stumpf nach vorn. Das Magazin voll mit Hohlspitzgeschossen wusste Kazanski nur zu gut, was die Kugel aus dem Gesicht des Mannes gemacht hatte.

Das zweite Besatzungsmitglied, das ebenfalls mit einem Satz an Deck gelandet war, schaffte es gerade noch, sich suchend umzudrehen. Kazanski traf ihn mit zwei Schüssen mitten in die Brust.

Um den Rest musste der alte Speznas sich jetzt selbst kümmern. Für Kazanski war es höchste Zeit, von Bord zu kommen. Alles andere wäre viel zu riskant und idiotisch und würde ihm außerdem seinen Plan vermasseln.

Wiktor Schapkin setzte seinen Weg nach oben fort und kletterte die letzte Leiter auf der entgegengesetzten Seite wieder hinunter. Dann lief er im Bogen zurück zur Gangway, um nachzusehen, ob die Bahn frei war. War sie nicht.

Ein Mann trat gerade heraus an Deck. Schapkin zog seine Makarow und zwang den Mann mit einer Serie von Schüssen dazu, sich zurückzuziehen. Von der Brücke wurden Rufe laut. Über ihm leuchteten zwei kräftige Scheinwerfer auf. Zwei Kugeln aus der Makarow schalteten sie direkt wieder aus, begleitet vom Geräusch splitternden Glases. Er zog eine Handgranate aus der Jacke, entsicherte sie und warf sie durch das offene Schott.

Statt sich auf die Gangway zu setzen, schwang er sich über die Reling, klammerte sich mit Händen und Füßen an die Trosse, und während die Explosion den Schiffsrumpf erschütterte, rutschte er an dem dicken Tau zur Kaimauer.

Schapkin ging hinter einem Stapel leerer Ölfässer in Deckung. Er wollte sichergehen, dass er auch wirklich den Rücken frei hatte. Ein Stück entfernt schrillte eine Pfeife und eine Handvoll MVD-Soldaten kamen im vollen Lauf den Kai heruntergerannt. Schapkin würde in der ersten großen Verwirrung verschwinden, solange noch niemand wusste, was eigentlich passiert war. Oder warum. Und ob man dabei helfen sollte, einen Brand zu löschen – oder die Jagd auf einen möglichen Saboteur einzuleiten.

21

Den ersten Kilometer fuhr er, ohne die Autoscheinwerfer einzuschalten. Er konnte unten im Hafen keine Flammen auf der Amur sehen. Sie hatten das Feuer sicher schnell unter Kontrolle bekommen und würden bald anfangen, die Treibjagd nach dem Täter zu organisieren.

Verdammt … Statt schmerzfrei und geräuschlos, wie er gehofft hatte, war es blutig und laut geworden. Wäre ihm dieser fette Saufkopf nicht in die Quere gekommen, dann könnte er jetzt in aller Ruhe nach Hause fahren, als hätte er nur einen Sonntagsausflug gemacht. Er könnte seine Sachen in der Hütte zusammenpacken und dem Amerikaner etwas zu essen geben. Sich mit Walentina treffen und die letzten Details mit ihr besprechen. Sie anfassen. Ja, er könnte sich noch ein bisschen Schlaf genehmigen und die Morgendämmerung abwarten, bevor er in die Wildnis aufbrach. Jetzt musste er die lange Wanderung beginnen, bevor es hell wurde.

Wiktor Schapkin machte die Scheinwerfer des Fiats an und trat aufs Gas. Er musste so schnell wie möglich packen. Für den Amerikaner blieb ihm keine Zeit. Er kramte sein Handy aus dem Rucksack.

»Ich bin es. Nur ganz kurz. Es hat geklappt. Leider nicht ohne Lärm. Ich breche auf, ehe es hell wird. Du findest den Seemann in der Hütte. Er ist in Ordnung … Ich mag ihn …

Gib ihm was zu essen. Und dann lass ihn einfach frei, lass ihn nach Hause.«

Schapkin machte eine kurze Pause und nickte ein paarmal.

»Hab Geduld. Wir sind fast am Ziel. Ich liebe dich auch, Süße. Bis bald.«

Er legte auf, hielt das Lenkrad fest mit beiden Händen und erhöhte die Geschwindigkeit. Jetzt musste es schnell gehen, aber es gab keinen Grund zur Panik. Er überschlug grob, wie viel Zeit er und die Gegenseite brauchen würden. Das war auf jeden Fall zu schaffen.

Nur eine Sache quälte ihn – er verpasste die Nacht mit Walentina, von der sie beide so lange geträumt hatten. Aber es lagen noch so viele Nächte vor ihnen. Friedliche Nächte, ohne Waffen und ohne Angst.

Wiktor Schapkin bemerkte den Schatten und die Augen im Rückspiegel erst, als er das kalte Metall im Nacken spürte. Ein Schauer lief ihm den Rücken hinunter, aber er hielt den Blick fest auf die Straße gerichtet und fuhr mit unverminderter Geschwindigkeit weiter.

»Nett von dir, an mich zu denken. Aber dein Leutnant hätte mir sicher noch ein paar Fragen gestellt, denkst du nicht?« Kazanski lockerte den Druck der Pistolenmündung.

»Walentina hätte dir nichts getan.«

»Kann sein, aber das mit dem Seemann war ihr schon lange ein Dorn im Auge. Na ja, jetzt bin ich jedenfalls hier, und wir haben eine neue Situation.«

»Das Seil … Wie?« Schapkin konnte seine Überraschung nicht verbergen. Dennoch konzentrierte er sich auf die Fahrt.

»Der rothaarige Klotz im Keller. Sein Telefon hat geklingelt. Einen Versuch war es wert …«

»Natürlich. Die Besten geben nie auf. Habe ich dich unterschätzt, Amerikaner?«

»Nein, du hattest nur Pech.«

»Und jetzt nimmst du mir meine Aktien ab und übergibst sie deinem Chef«, sagte Wiktor Schapkin. Es klang wie eine Feststellung, das Ergebnis der Überlegungen, die ihm durch den Kopf geschossen waren, als er das Kitzeln der Pistole gespürt hatte.

»Das ist schließlich mein Job. Du kannst sicher trotzdem noch mit einem ordentlichen Bündel Dollarscheine rechnen. Immerhin hatten wir ja mal eine Abmachung, aber du solltest dich darauf einstellen, dass der Kurs drastisch gefallen ist.«

»Warst du auf der Werft?«

»Ja, hab vorhin kurz vorbeigeschaut.«

»Dann warst du das? Ja, natürlich. Du hast mir den Typen mit der Maschinenpistole vom Hals geschafft, oder?«

»Ja.«

»Danke.«

»Keine Ursache. Es lag ja auch in meinem Interesse, dass du lebend da rauskommst.«

Wiktor Schapkin lächelte. Dann hob er eine Hand und zeigte mit dem Daumen nach hinten.

»Wärst du so freundlich und würdest das Ding da wegnehmen? Die Straße ist uneben. Das könnte sonst schnell in einer kopflosen Fahrt enden …«

»Okay. Aber beide Hände ans Lenkrad. Die ganze Zeit! Wo ist deine Makarow?«

»In der rechten Tasche.«

Kazanski nahm die Bernardelli aus Schapkins Genick und angelte mit der rechten Hand die Pistole des Russen aus seiner Jacke. Ein paar Minuten lang herrschte Stille, während das Auto in hohem Tempo den Fjord entlangrauschte. Es mussten die Lichter von Seweromorsk sein, die sie dort sahen.

»Sie werden eine massive Suche in Gang setzen. Das ist dir

klar, oder?« Es war Wiktor Schapkin, der das Schweigen brach.

»Ja, aber sie suchen ja nach dir, nicht nach mir. Was war dein ursprünglicher Plan?«

»Zu Fuß, die ganze Strecke bis nach Finnland. Sie werden nie auch nur einen Schatten von mir zu Gesicht bekommen. Wir Wympel-Soldaten sind darauf spezialisiert, uns hinter der feindlichen Linie zu bewegen. Die Route führt diagonal nach Süden, über dreihundert Kilometer.«

»Das ist ein langer Weg, ein verdammt langer Weg …« Kazanski zündete sich eine Zigarette an und dachte nach.

»Lang, ja – aber für mich ist das ein Spaziergang, herrlich friedlich und ruhig.«

»Gut. Wir halten an der Hütte. Du packst, ich gebe dir fünf Minuten. Ich setze dich an der Brücke ab, den Rest musst du allein schaffen.«

Kazanski hatte seine Entscheidung getroffen.

»Klingt im Großen und Ganzen fair. Und das Geld?«

»Du kontaktierst uns, sobald du in Sicherheit bist. Ein besseres Angebot bekommst du nicht.«

»Pass auf dich auf. Die GRU-Agenten werden wie Bluthunde hinter dir her sein, Kazanski.«

»Ja, aber sie werden keinen Erfolg haben.«

Wiktor Schapkin brauchte nicht lange, um seine Sachen in der Hütte zusammenzusammeln und seine Vorräte in den Rucksack zu packen. Es waren nur sechs Minuten vergangen, seit sie oben an der Straße angekommen waren, und jetzt ließ Schapkin den Wagen schon wieder an.

Kazanski überließ ihm auch diesmal das Steuer und stieg hinten auf dem Rücksitz ein. Solange sie fuhren, kam der Russe nicht auf dumme Ideen.

Es konnte nicht mehr weit bis zur Brücke sein. Murmansk glitzerte schon auf der linken Seite. Kazanski hätte die Stadt gern bei Tageslicht aus dieser Perspektive gesehen. Ein letztes Mal auf die unbeugsamen Betonklötze hinübergeschaut. Aber genau wie Schapkin würde er diesem Vorposten im Laufe des Tages oder der kommenden Nacht den Rücken zuwenden und Murmansk allein auf den Winter warten lassen.

Unwillkürlich wanderte seine Hand in die Innentasche seiner Jacke. Er tastete nach dem Videoband. Dort steckte es, nicht größer als eine gewöhnliche Kassette, zusammen mit dem Positionsmessgerät.

»Scheiße! Halt dich fest!«

Schapkins Warnung holte ihn abrupt in die Gegenwart zurück. Die Straße machte eine scharfe Kurve und direkt vor ihnen versperrten ihnen mehrere große Steine den Weg. Schapkin riss das Lenkrad nach rechts und der Wagen schoss durch den Schneewall am Straßenrand und weiter in den tieferen Schnee zwischen Felsen und Zwergbirken.

Kaum stand das Auto still, hörten sie eine Schusssalve. In kürzester Zeit waren sie von sechs Männern umzingelt, bewaffnet mit Maschinenpistolen und Kalaschnikows. Sie trugen keine Uniformen.

»Keine Bewegung! Sonst bleibt es nicht bei den Warnschüssen. Und jetzt Hände in den Nacken und ganz langsam aussteigen!«, befahl ein groß gewachsener Kerl in Lederjacke, mit Pelzmütze auf dem Kopf. Seine AK 74 zeigte direkt auf Schapkin.

Sie gehorchten beide und stiegen aus. Sie bewegten sich ruhig und überdeutlich, um keinen der nervösen Finger am Abzug zu provozieren.

»Hände aufs Autodach. Beine auseinander. Iwanowitsch, durchsuch die beiden!«

Eine der schwarzen Gestalten trat vor und tastete sie ab. Er fand ein Taschenmesser bei Schapkin und kurz darauf hatte er auch Kazanski routiniert durchsucht. Der Mann breitete seine Beute auf der Kühlerhaube des Fiats aus: Taschenmesser, Makarow, Bernardelli, Munition, Handy, Videokassette und Glonass.

Der Große in der Lederjacke warf einen Blick auf die Fundstücke. »Ein Taschenmesser … Nicht gerade beeindruckend, Oberst Schapkin. Erlauben Sie mir, mich vorzustellen. Ich habe viel von Ihnen gehört. Mein Bruder hat die letzten Jahre in Afghanistan unter Ihrem Kommando gedient. Mein Name ist Bykow, ehemaliger Leutnant der Alfa-Einheit.«

Der Mann gab Wiktor Schapkin die Hand.

»Ich bedauere sehr«, fuhr er dann fort, »dass diese Maßnahme hier nötig war. Sie hätten Maximow gegenüber loyal bleiben sollen.«

Schapkin schwieg, und der Mann, der sich Bykow nannte, nahm die Videokassette und das Glonass und ging damit zu einem Wagen, der mit leuchtenden Scheinwerfern und laufendem Motor hinter der Kurve wartete.

Kazanski schaute ihm nach. Er sah, wie die Autotür geöffnet wurde, und als die Innenraumbeleuchtung anging, meinte er, die Silhouette eines Vogels zu erkennen. Im nächsten Moment wurde die Tür wieder zugeschlagen und die Umrisse waren verschwunden. Er war sich nicht sicher. Vielleicht war es auch nur eine Fata Morgana, die sich in die Tundra nördlich des Polarkreises verirrt hatte, nicht hervorgerufen von der Sehnsucht nach kühlem Quellwasser – sondern von der Furcht, dass irgendwo aus dem Nichts ein beschissener Rabe auftauchen könnte, auf der Schulter des unberechenbaren Sonderlings, dem er gehörte.

Die Scheinwerfer änderten ein paarmal die Richtung, bis

nur noch die roten Rücklichter zu sehen waren, und kurz darauf war der Wagen weg.

»Nehmt ihre Waffen und bringt sie zum Auto. Beeilung! Wir bleiben dicht beieinander, bis wir da sind. Los!«

Der Anführer erteilte seine Order. Minuten später setzte sich die kleine Eskorte aus drei Fahrzeugen in Bewegung. Sie fuhren schnell. Kazanski und Schapkin saßen auf dem Rücksitz des mittleren Autos. Ein schweigsamer Mann vorne auf dem Beifahrersitz hielt seine Maschinenpistole auf sie gerichtet.

Sie saßen reglos da, während Felsen und die spärliche Vegetation an ihnen vorbeiflimmerten. Die Brücke hatten sie längst hinter sich gelassen. Nach und nach wurde der Wald aus kahlen Birken und Eschen um sie herum dichter, ab und zu konnte man ein paar Nadelbäume dazwischen erahnen.

»Wir folgen dem Tuloma-Fluss, Richtung Südwest. Derselbe Weg, auf dem ich zurückgekommen bin. Wenn wir auf der Strecke weiterfahren, kommen wir zu einem Abzweig. Da ist ein Kontrollposten, ein paar Baracken. Geradeaus weiter geht es nach Finnland, fährt man nach rechts, landet man in Norwegen«, flüsterte Wiktor Schapkin.

»Schnauze halten dahinten!«, kommandierte ihr Aufpasser.

Nach einer halben Stunde drosselte die Eskorte das Tempo. Im Licht der Scheinwerfer wurde für einen kurzen Moment ein Schild am Straßenrand sichtbar. »Polarlicht Landwirtschaftskollektiv«, konnte Kazanski gerade noch lesen, der Rest der alten Beschriftung war abgeblättert.

Sie bogen nach rechts in eine schmale Zufahrtstraße ab und einen halben Kilometer weiter tauchte eine Reihe großer Gebäude vor ihnen auf. An dem ersten hing ein Schild, das eindeutig älteren Datums war. »Landwirtschaftskollektiv Murmansk 4 zu Ehren Lenins« stand darauf.

»Aussteigen!«

Der Mann auf dem Beifahrersitz machte eine eindeutige Bewegung mit der Maschinenpistole und Kazanski und Schapkin stiegen aus dem Wagen. Der Rest von Maximows kleiner Einsatztruppe erwartete sie schon.

Sie wurden über eine Art Hof geführt, an Maschinenhallen und Holzbaracken vorbei zu einer Gruppe heruntergekommener Betonbauten, die alle verrammelt waren. Links davon konnte man im Schein der kräftigen Taschenlampen die Überreste der ehemaligen Gewächshäuser erahnen. Ihre nackten Gestelle zeichneten ein kariertes Muster in die Luft und nur vereinzelt schimmerten noch Glasscherben im Licht. Die Männer brachten Kazanski und Schapkin in das größte Gebäude.

»Ihr zwei – ihr fesselt unsere Freunde, und zwar Hände und Füße! Einer von den anderen geht zurück und bewacht die Autos. Der Rest besorgt irgendetwas Brennbares und macht in der Ecke ein Feuer an!«

Die Befehle klangen scharf und hallten von den nackten Wänden wider. Der Große dirigierte seine Leute routiniert und nutzte den Lichtkegel seiner Taschenlampe als Zeigestock.

Kazanski und Schapkin wurden auf Kisten an die Wand gesetzt. Die Männer zerlegten ein paar Paletten und schließlich hatten sie einen ansehnlichen Haufen Holz aufgestapelt. Wenig später flackerten die ersten vorsichtigen Flammen auf, und als das Feuer richtig brannte, breitete sich eine angenehme Wärme aus.

Niemand sprach mit ihnen. Die Truppe schien sich irgendwie die Zeit zu vertreiben und auf neue Anweisung von höherer Stelle zu warten. Einer von ihnen hatte Wasser gekocht und Kaffee gemacht. Dann holte er ein paar verbeulte

Blechtassen aus einer Plastiktüte, verteilte sie an seine Kameraden und schenkte jedem ein.

Bykow, der Große mit der Pelzmütze, zeigte auf Schapkin.

»Für den Oberst auch, er soll auch etwas bekommen. Und gib dem Amerikaner auch einen Becher. Wir sind schließlich keine Barbaren. Rauchen Sie, Oberst?«

Schapkin schüttelte den Kopf.

»Nein danke, Leutnant!«

»Aber ich!« Kazanski hob die gefesselten Hände.

»Gib ihm eine Zigarette«, sagte Bykow zu dem Mann, der mit seiner Kalaschnikow auf dem Schoß vor den Gefangenen saß.

Die Flammen flackerten nervös und warfen zuckende, dämonische Figuren an Wände und Decke.

Kazanski vermutete, dass das Gebäude früher eine Art Packerei gewesen war. An einer Längsseite stand ein primitives Fließband, und in einer Ecke stapelten sich Kisten und Paletten, die erstaunlicherweise noch nicht im Ofen des nächstgelegenen Nachbarn verheizt worden waren. In einer anderen Ecke türmte sich ein Berg kaputter Blumentöpfe auf.

Es war inzwischen acht Uhr. Das Lagerfeuer brannte noch. Die Männer hatten es die ganze Nacht über mit Nachschub versorgt. Am Fenster an der Ecke waren die Läden entfernt worden und die große Öffnung in Richtung Wald diente als Schornstein.

Jan Jordi Kazanski und Wiktor Schapkin hatten beide vornübergebeugt auf ihren Kisten gesessen, die Köpfe auf die Knie gelegt, aber keiner von ihnen hatte geschlafen, noch nicht einmal gedöst.

Kazanski bemerkte, dass sein Mitgefangener pausenlos damit beschäftigt war, Informationen zu sammeln und sich einzuprägen.

Bykow hatte das Sagen, aber wer kam in der Hierarchie nach ihm und wer war die Nummer drei? Wer wirkte müde? Wer nervös? Wer hatte geschlafen? Wer ging leichtsinnig mit seiner Waffe um? Wer war erfahren, wer noch grün? Wie reagierten die Männer? Wurden sie ungeduldig?

Kazanski kannte das gesamte Register. Er selbst sog genau dieselben Details in sich auf und speicherte sie ab. Vielleicht würde ihnen dieses Wissen helfen, falls sich plötzlich eine Möglichkeit auftat. Vielleicht war es auch nur ein Zeitvertreib – aber er konnte gar nicht anders.

Er hatte gerade festgestellt, dass die Schmerzen in seiner linken Hand wieder stärker wurden, als er bemerkte, dass Bykow den Kopf hob und lauschte. Genau wie Kazanski saß er auf einer Kiste und hatte den Kopf mit der Pelzmütze auf die Knie gelegt. Jetzt stand er auf, warf einen Blick aus dem Fenster und klatschte in die Hände. Sofort erhoben sich seine Männer. Sie wirkten überraschend wach.

Die schwere Metalltür ging auf. Licht strömte in den Raum. Dann wurde sie wieder geschlossen und die makabren Schatten waren zurück. Wie ein großer undefinierbarer Fleck wurde der Rabe an die Rückwand projiziert, während der Zylinder wie ein gigantischer Schornstein vibrierte. Hinter dem Hofnarren folgte einer seiner Gorillas, bewaffnet mit einer Maschinenpistole.

Der Hofnarr sprach leise mit Bykow, der unmittelbar darauf mit drei seiner Männer verschwand. Wenig später war zu hören, wie ein Auto davonfuhr. Selbstsicher schritt der Hofnarr über den Betonboden. Rasputin trippelte nervös hin und her, die Kette klirrte. Vielleicht wegen der Flammen.

»Tut mir leid, dass Sie so lange warten mussten, meine Herren. Ich hatte zuerst noch ein paar Dinge zu erledigen. Meine empfindlichen Augen erblicken einen gewissen Wiktor Schapkin, quicklebendig und in einem Stück. Ein Held in erstaunlich guter Verfassung wie mir scheint. Noch vor Kurzem hätte ich ein Vermögen auf das Gegenteil verwettet. Zum Glück sind Sie gekommen, mein amerikanischer Freund, und haben mich vom Gegenteil überzeugt.«

Kazanski knurrte nur.

»Hm, Jan Jordi Kazanski, Persona non grata«, fuhr der Hofnarr unbeeindruckt fort. »Aber keine Sorge. Bei mir waren Sie nie unerwünscht, Seemann. Ich ziehe es immer noch vor, Sie Seemann zu nennen, so wie damals, als wir uns kennengelernt haben.«

Der Hofnarr blickte über den Rand seiner Sonnenbrille. Er löste die Kette und ließ den Raben auf das Fließband springen.

»Ein guter Freund – aber eine schwere Last«, sagte er, nickte zu dem Vogel und setzte sich vor Kazanski und Schapkin auf eine Holzkiste. Dann zündete er sich eine Zigarette an und führte sie gedankenverloren an die blutleeren Lippen. Er inhalierte tief, hielt den Rauch in der Lunge, als ob die kurze Pause in seinem Kopf für Klarheit sorgen könnte. Dann fuhr er in übertrieben liebenswürdigem Ton fort: »Verzeihen Sie diese unzivilisierte Umgebung. Das Landwirtschaftskollektiv ist gemeinsam mit dem Rest des Vaterlands untergegangen. Ach ja … dieser hartnäckige Widerwille, auf die Veränderlichkeit der Zeit zu reagieren. Das war schon vor 1991 so, als man hier noch im Geiste Lenins arbeitete. Nur Kommunisten konnten auf die Idee kommen, den Pflug in den steinigen Boden zu rammen und einfach zu ignorieren, dass er vollkommen unfruchtbar ist. Fünf-Jahres-Pläne, diese Idioten … Weizen, Gerste, Hyazinthen und Geranien nördlich des Polarkreises – was für ein Schwachsinn. Man hat eine der größten Gärtnereien der Sowjetunion in die sibirische Hölle gestellt, wo es ein eigenes Kraftwerk braucht, nur um die Gewächshäuser frostfrei zu halten. Wussten Sie das? Diese verdammten Betonköpfe.«

Der Hofnarr stand unvermittelt auf und fing an, rastlos auf und ab zu wandern. Der Gedanke an Blumen und Fünf-Jahres-Pläne schien ihn tatsächlich wütend zu machen. Dann blieb er stehen und schickte auch noch die beiden letzten von Bykows Männern aus der Halle. Außer seinem Begleiter mit der Maschinenpistole, der Kazanski und Schapkin keine Sekunde aus den Augen ließ, war jetzt niemand mehr bei ihm.

Nach einer Weile setzte der Hofnarr sich wieder auf die Kiste. Er zog etwas aus seiner Jackentasche – die Videokassette von der Amur.

»Hätte ich von der Existenz dieser Aufnahme gewusst, hätte ich das Schiff in seine Einzelteile zerlegt, um sie zu finden. Es ist tragisch und komisch zugleich, dass ausgerechnet der Mann, der in meinem Auftrag getötet werden sollte, mir diese Kassette jetzt auf dem Silbertablett serviert.«

Der Hofnarr setzte ein breites Lächeln auf.

»Du hast Oleg auf dem Gewissen. Dafür wirst du bezahlen«, flüsterte Wiktor Schapkin verbissen, als würde er nicht eine Sekunde an seinem Urteil zweifeln.

»Wohl kaum, Heldenwrack, wohl kaum.«

Der Hofnarr stieß ein höhnisches Lachen aus, aber es steigerte sich dieses Mal nicht zu dem schrillen Gelächter, das die Mauern zum Einsturz gebracht hätte.

Kazanski fragte sich die ganze Zeit, auf welches Ende das Ganze hinauslief. Wahrscheinlich würde der Hofnarr seinem Leibwächter befehlen, sie beide hinzurichten. »Und wie geht es jetzt weiter? Dass du meine Identität kennst, macht ja wohl keinen großen Unterschied. Ich habe meinen Teil der Vereinbarung eingehalten. Also wo ist das Geld? Gib mir die Kohle, und ich bin schneller weg, als du ›Pigment‹ buchstabieren kannst«, sagte er emotionslos.

Das weiße Gesicht des Hofnarren verwandelte sich in eine grinsende Grimasse.

»Der Seemann steht fest am Ruder … Ich überlege noch, was ich mit Ihnen mache, Kazanski. Ja, Sie haben mir geholfen, aber ein leises Stimmchen flüstert mir zu, dass man Ihr Handeln auch anders interpretieren kann … Also erspar mir diese Scheiße! Verstanden? Und keine Witze mehr! Sonst bist du tot. Klar?«

Der Hofnarr zog Kazanskis Pistole aus seiner Manteltasche und fuhr mit dem Finger über den Lauf, um den Ernst seiner Worte zu unterstreichen. So schnell, wie er die Kontrolle über sein Temperament verloren hatte, so schnell gewann er sie zurück.

Es klang, als würde jemand zweimal mit dem Gewehrkolben an die Tür der Halle klopfen. Der Hofnarr nickte, und sein Leibwächter ging hin, um aufzumachen. Es waren zwei Männer aus Bykows Truppe. Sie hatten eine Frau dabei. Einer der beiden führte sie zum Hofnarren, wie ein Untertan, der gnädigerweise vortreten durfte.

»Wir haben sie erwischt, als sie zwischen den Hallen herumgeschnüffelt hat. Sie ist Leutnant bei der Miliz. Walentina Suschko heißt sie«, sagte der Mann und übergab dem Hofnarren Walentinas Milizausweis.

Durch die Sonnenbrille war es kaum zu sehen, aber Kazanski hatte das starke Gefühl, dass die Augen des Hofnarren in diesem Moment unschlüssig flackerten. Er schwankte zwischen übertriebener Höflichkeit und lauerndem Wahnsinn.

Kazanski sah zu Walentina Suschko hoch. Ihr Blick war auf Wiktor Schapkin gerichtet, der ihn unauffällig erwiderte.

»Ah, ja, ich kenne Leutnant Suschko … Haben Sie ihr die Waffe abgenommen?«, fragte der Hofnarr, der offenbar seine Fassung wiedergefunden hatte.

Der Mann nickte.

»Gut, halten Sie draußen weiter Wache. Und du, setz dich neben die beiden«, befahl der Hofnarr. Er stand auf und schob mit dem Fuß eine Holzkiste in ihre Richtung.

»Was zum Teufel ist hier los, Matischow?« Walentina Suschko kochte vor Wut.

»Halt die Schnauze!« Der Hofnarr machte wieder eine lange Pause. Sein Kopf bewegte sich kaum merklich, als würde er sie hinter den dunklen Brillengläsern der Reihe nach mustern. Dann fuhr er in gedämpftem Ton belehrend fort: »Wenn Leutnant Suschko jetzt beleidigt klingt, dann hat sie allen Grund dazu. Wir arbeiten zusammen. Oder besser gesagt: Wir haben zusammengearbeitet.«

»Dann hast du also doch die Seite gewechselt, du kleines Stück Scheiße!« Suschko ballte die Fäuste.

»Ich habe getan, was klug ist. Ich habe eine Wahl getroffen. Meine Wahl wird etwas verändern. Das hätte unsere Arbeit nie getan, Suschko. Ich hatte schon lange Beweise. Beweise dafür, dass Maximow der Kopf einer riesigen Verschwörung ist. Er steht gemeinsam mit dem Admiral der Nordflotte, dem Leiter des Ministeriums für Atomenergie und dem Vizedirektor des Chemiekombinats Majak an der Spitze des Ganzen. Es geht dabei um enorme Summen.«

»Und wieso hast du diese Beweise nicht übergeben?« Suschkos Stimme klang wieder wie sonst, ein wenig heiser.

»Weil niemand die Wahrheit wissen will … Alle fürchten sich davor. Du hast neulich selbst noch gesagt …«

Kazanski und Schapkin waren stumme Zuhörer des Gesprächs, das sich zwischen Walentina Suschko und dem Hofnarren entwickelte. Der Leibwächter stand so weit abseits, dass er höchstens Wortfetzen aufschnappen konnte.

Der Hofnarr umriss die Situation in groben Zügen. Nach seinen Informationen wurde viel von dem Geld, das die Maximow Green Waste Company als Bezahlung für die Aufbereitung von Atommüll erhielt, stillschweigend an die anderen Beteiligten weitergeleitet, sodass alle ein Stück vom Kuchen bekamen.

In Wirklichkeit hatte Maximows Konzern in Murmansk kaum Ausgaben, denn der größte Teil des Mülls wurde einfach im Meer versenkt. Die schöne Umweltbilanz war rein fiktiv. Die Anlage auf dem Atomflot-Stützpunkt filterte nicht einen Tropfen radioaktives Kühlwasser mehr als früher. Alles darüber hinaus wurde verklappt.

Auch die Zahl der Spezialzüge, die gebrauchten Reaktorbrennstoff in den Ural transportierten, hatte sich nicht erhöht. Die Zylinder mit den Uranbrennstäben wurden verklappt, aber der Empfänger im südlichen Ural, das Chemiekombinat Majak, quittierte dennoch auf wundersame Weise den Empfang von Abfällen zur Wiederaufbereitung.

Maxim Maximow räumte auf eine ganz besonders effektive Weise auf, von der alle Parteien profitierten. Der Oberbefehlshaber der Nordflotte bekam Geld, um endlich wieder Essen und Sold zu bezahlen, abzüglich des Anteils, der womöglich in seine eigene Tasche wanderte. Der Leiter des Atomministeriums behielt seinen Teil und dasselbe galt für den Betrüger in der großen Fabrikanlage in Majak. Von Maximow ganz zu schweigen. Sein Konzern warf riesige Gewinne ab.

»Und wenn der Westen zur Inspektion hier war und zugestimmt hat, die Aufräumarbeiten mitzufinanzieren, dann ist noch mehr Geld zum Verteilen da. Richtig?«

Walentina Suschko steckte sich eine Zigarette an und sah den Hofnarren fragend an.

»Ja, klar. Da wäre nur diese eine heikle Kleinigkeit.« Der Hofnarr zog das Videoband aus der Tasche und hielt es ihr vor die Nase.

»Eine Musikkassette?«

»Nein, Suschko. Ein Video. Aufgenommen von dem Mann, der früher für die Maximow Green Waste Company gearbeitet hat. Darf ich vorstellen: der ehemalige Wympel-Oberst und Held der Nation, Wiktor Schapkin«, sagte der Hofnarr und zeigte auf Schapkin.

»Was ist auf dem Video zu sehen?«

»Genug, um gleich mehrere Köpfe wie Billardkugeln rollen zu lassen, vielleicht die des gesamten Generalstabs, vielleicht die der gesamten Regierung, vielleicht den des Präsidenten. Wiktor Schapkin hat verewigt, wie ein U-Boot der Nordflotte die Frøya mit einem Torpedo versenkt hat. Der Kapitän der Amur hatte Alarm geschlagen, weil die Umweltschützer die Verklappung von Reaktorkernen und Brennstoffen gefilmt hatten. Da blieb dem Admiral gar keine andere Wahl, als den Befehl zum Abschuss zu erteilen.«

»Und du hast dich von Maximow kaufen lassen, du dummes Schwein.«

Walentina Suschkos Schlussfolgerung entlockte dem Hofnarren ein müdes Kopfschütteln. Er lächelte kaum merklich und seufzte. »Wir beide haben mehrere Jahre in diese Operation investiert«, sagte er dann leise. »Irgendwann kamen mir Zweifel. Bin ich Aleksandr Matischow oder eine unberechenbare, geisteskranke Person? Der alte Schauspieler hat ganze Arbeit geleistet. Und ich war ein williger Schüler. Am Anfang war es spannend – und hat sogar irgendwie Spaß gemacht. Aber jetzt … Mein eigenes Lachen ist weg. Es ist schon lange verschwunden … Vielleicht habe ich meine Rolle so gut gespielt, dass ich eins mit dem Hofnarren geworden bin?«

»Unsinn. Aleksandr, wir haben immer noch genug Zeit, um mit Dudinka zu sprechen. Wir können immer noch –«

»Nein!« Der Hofnarr fiel ihr scharf ins Wort. »Nein, niemand will die Wahrheit wissen. Es ist zu spät. Meine Entscheidung ist nicht mehr zu ändern.«

22

Der Hofnarr befahl seinem Leibwächter, Holz nachzulegen, während er selbst angespannt hin und her lief. Immer wieder sah er auf seine Uhr, als hätte er einen Termin einzuhalten. Als die Flammen erneut aufloderten, setzte er sich auf die Kiste vor die drei Gefangenen.

Kazanski wog ihre Chancen ab. Wäre der Mann mit der Maschinenpistole nicht gewesen, hätten sie versuchen können, den Hofnarren zu überrumpeln. Egal für wen Leutnant Suschko und Matischow in Wirklichkeit arbeiteten – der Hofnarr wusste offenkundig nichts über ihre Verbindung zu Wiktor Schapkin und den gemeinsamen Traum der beiden, den Kreml zu erpressen und sich den Jackpot zu holen.

»Kazanski, Sie haben vorhin gefragt, wie es jetzt weitergeht«, sagte der Hofnarr nachdenklich.

»Kazanski? Wer? Der da? Der Seemann …?«, fragte Walentina Suschko mit einer Kopfbewegung in Kazanskis Richtung.

»Ja. Jan Jordi Kazanski, CIA. Besser bekannt als der tüchtige Seemann Sergej Lunew.«

Der Hofnarr lachte und unterdrückte mit Mühe das einstudierte Gegacker. Walentina Suschko erwiderte nichts, aber diese neue Information schien sie zu beschäftigen.

»Na ja, es gibt Wichtigeres. Ich habe mir etwas überlegt. Ich werde euch laufen lassen«, sagte der Hofnarr. Er hielt die

Videokassette hoch. Dann stand er auf, steckte sie in Wiktor Schapkins Jackentasche und kappte danach das Seil, mit dem er an Händen und Füßen gefesselt war.

Wiktor Schapkin sah ihn kühl an.

»Warum?«, fragte er.

»Weil ich dir eine Chance gebe. Nimm deinen Rucksack und hau ab.«

»Ja, geradewegs in die Falle … Und wenn ich mich weigere?« Wiktor Schapkin stand auf und massierte sich die tauben Handgelenke. Der Hofnarr machte ein paar Schritte zurück.

»Wenn du dich weigerst …«

Er zog Kazanskis Pistole und zielte für eine kurze Sekunde auf Schapkins Stirn. Dann schwenkte er die Waffe in Richtung seines Leibwächters und drückte ab. Der Schalldämpfer seufzte zweimal auf und der Mann sackte zusammen, während er mit fast kindlichem Erstaunen auf die beiden blutenden Löcher in seiner Brust starrte. Mit ruhiger Hand zielte der Hofnarr erneut. Der Rabe wurde nach hinten geschleudert. Im nächsten Augenblick baumelte er an seiner Kette. Ein letztes kurzes Zucken, dann war er nur noch ein schwarzes Pendel.

»Nutz deine Chance. Sonst …«

Der Hofnarr richtete die Bernardelli wieder auf Wiktor Schapkins Kopf.

Es war vollkommen still in der großen Halle. Walentina Suschko rutschte angespannt auf der Kiste hin und her. Vor wenigen Minuten war der ehemalige Wympel-Oberst aus dem offenen Fenster geklettert.

Als der Hofnarr in einem Moment der Unaufmerksamkeit damit beschäftigt war, eine Zigarette aus dem Etui zu nehmen, hatte Schapkin die Gelegenheit genutzt, ihre Hand zu drücken. Während er den Rucksack nahm, sah er sie ein letztes Mal an. Sie blinzelte ein paarmal. Sein Mundwinkel zuckte nur leicht – ein heimlicher Abschied und ein verstecktes »viel Glück« –, aber Kazanski nahm es wahr, weil er wusste, was vor sich ging. Und er sah auch die Angst.

»War mir ein Vergnügen, Kazanski«, sagte Wiktor Schapkin, als er auf der Fensterbank saß. Dann war er weg.

Jetzt stand der Hofnarr mit der Pistole vor ihnen. Er warf einen Blick auf seine Uhr.

»Du hast Mary Ann umbringen lassen …« Kazanski fragte nicht. Er zog seine Schlüsse.

»Nein. Das war ich nicht. Ich mochte sie. Aber ja, ich habe darüber nachgedacht, sie aus dem Weg zu schaffen.«

»Shaw, der Privatdetektiv?«

»War ich auch nicht. Ich wollte – aber andere waren schneller. Die GRU hatte es wahnsinnig eilig, aufzuräumen. Man kann es ihnen nicht verdenken. Aber ihr müsst mich kurz entschuldigen, ich war nämlich gerade im Begriff, bei den Kollegen anzurufen.«

Der Hofnarr sah wieder auf die Uhr, zog sein Handy aus der Tasche und drückte eine Nummer. Er lächelte ihnen geheimnisvoll zu, während er wartete.

»Ich habe Schapkin übrigens das Originalband mitgegeben … Das wird sie freuen … Aber natürlich habe ich mir eine nützliche kleine Kopie gezogen. Ich glaube nicht … Ah, hallo Major! Aleksandr Matischow hier. Wiktor Schapkin ist geflüchtet. Vor wenigen Minuten. Vermutlich in Richtung Westen durch den Wald. Er ist bewaffnet. Seien Sie vorsichtig … Danke, gern geschehen …«

Der Hofnarr legte auf. Er lächelte wieder, legte den Kopf schief, lauschte konzentriert.

Kazanski hörte, wie Walentina Suschko mehrmals nervös schluckte.

»Keine Sorge, ihr zwei. Seemann, du bist jetzt unschädlich. Nimm deinen Misserfolg und fahr nach Hause. Und du, Kapitän Suschko, du darfst auch gehen. Du kannst mir nichts anhaben. Ich bin schon bald über alle Berge – im Helikopter.«

Der Hofnarr klang, als glaubte er, ihre Gedanken lesen zu können. Allerdings irrte er sich. Sie saßen nur da und warteten auf das Unvermeidliche.

»Und im Übrigen, meine liebe Suschko, bin ich nicht auf Maximows Seite übergelaufen«, fuhr der Hofnarr fort. »Ich bin zu denen übergelaufen, die mit der Aufnahme etwas anfangen können und werden – den Norwegern. In Norwegen haben Sie schon …«

Er wurde vom fernen Rattern einer Maschinenpistole unterbrochen. Eine lange Salve – und noch eine. Dann war es still. Der Hofnarr lächelte.

Einen Augenblick saß sie wie versteinert da, unfähig, einen einzigen Muskel zu aktivieren, unfähig, zu reagieren. Dann brachen die Dämme und die Bewegung war umso heftiger. Walentina Suschko schleuderte die Holzkiste mit aller Kraft nach dem Hofnarren, der das Gleichgewicht verlor und ins Taumeln geriet.

Mit einem Satz stürzte sie sich auf ihn. Sie trat ihm in den Bauch und verfrachtete ihn mit einem Schlag zu Boden.

»Du hast ihn umgebracht! Du hast ihn umgebracht! Du hast ihn umgebracht!« Voller Verzweiflung warf sie sich auf ihn.

Mit dem linken Knie presste sie den Arm des Hofnarren nach unten, während sie seinen Hinterkopf wieder und wieder auf den harten Beton schlug. Dann griff sie sich seine Pistole und zerrte ihn auf die Füße. Als sie ihm den Schalldämpfer hart ins Gesicht schmetterte, riss die weiße Maske und Blut rann über seine Wange. Die Sonnenbrille hatte er verloren. Nichts verbarg mehr den ungläubigen Ausdruck in den glasigen Augen.

Eine ganze Serie von Hieben drängte ihn in die Ecke mit dem Feuer, und als Walentina Suschko ihm mit ihrem schweren Stiefel in den Magen trat, kippte er rücklings in die Flammen.

Der Schrei hallte zwischen den Wänden wider, ehe er an Kraft verlor. Der Hofnarr kroch auf allen vieren über den Boden. Seine Kleider brannten. Flammen loderten von seinem Rücken auf. Stolpernd richtete er sich auf. Ein Hosenbein knisterte und glühte. Seine Augen waren geweitet, sein Mund voller Entsetzen aufgerissen.

»Du hast Wiktor umgebracht, du geisteskrankes Monster! Er hat mir gehört! Mir! Er war Mischas Vater … Kapierst du das? Sein Vater …«

Ihr Finger krümmte sich um den Abzug. Die erste Kugel traf den Hofnarren in die Stirn. Die zweite in den offenen Mund. Die dritte ins Herz.

Dann ließ sie die Pistole sinken und blieb reglos stehen, mit leerem Blick.

Kazanski stand auf und streckte seine Hände aus. Er hatte keine Wahl, er musste in das Vakuum eindringen, das sie umgab.

»Hier, schneid mir die Fesseln durch. Auch die an den Füßen! Sie werden jeden Moment hier sein.«

Sie gehorchte und befreite ihn. Ihre Bewegungen waren sicher, so sicher, als würden sie von einer Mechanik gesteuert. Kazanski schnappte sich die Maschinenpistole des Leibwächters und machte sich bereit.

Der Lauf passte genau in den Spalt zwischen zwei Lamellen des Fensterladens.

»Sie kommen!«

Er konnte zwei der Männer sehen, die auf das Gebäude zurannten.

Langsam öffnete Walentina Suschko die Tür und trat nach draußen. Sie hielt die Pistole mit beiden Händen und wartete, ohne auf die Kugeln zu achten, die neben ihr in die Mauer einschlugen. Dann hob sie ruhig die Waffe und nahm sich eine kurze Sekunde Zeit, um zu zielen. Der erste Mann stolperte und fiel, als er getroffen wurde. Walentina Suschko zielte erneut und auch der zweite Mann stürzte im Laufen zu Boden.

Mit einer kurzen Salve räumte Kazanski mit dem dritten Mann die letzte Bedrohung an diesem wahnsinnigen Morgen aus dem Weg. Eine Nacht und ein Morgen, an dem die GRU gesiegt hatte, aber letztlich niemand gewonnen hatte.

Die Schilderung des Hofnarren, wie das abgekartete Spiel mit dem Atommüll funktionierte, hatte Kazanski tatsächlich nicht überrascht. In einem riesigen Land wie diesem nahm offenbar alles gewaltige Ausmaße an. Auch organisierter Betrug.

Gemeinsam folgten sie Wiktor Schapkins Fußspuren durch den Schnee. Nach den Schüssen in der ehemaligen Packerei hatten sie beide eine ganze Weile nichts gesagt.

Von Walentina Suschko war schließlich der Vorschlag gekommen, sich zusammen auf die Suche zu machen. Sie hatte die Zeit gebraucht, um sich zu wappnen – zu wappnen für das Unausweichliche.

Sie fanden Wiktor Schapkin zwischen einigen Birken. Er lag ausgestreckt auf dem Rücken. Der Feind hatten ihn dort erwartet, davon zeugten die Kugeln, die in Bauch und Brust eingedrungen waren. Seine Jacke war aufgeknöpft. Sie hatten ihn gründlich durchsucht und waren fündig geworden.

Ein dünnes Rinnsal Blut war aus seinem Mundwinkel über sein Kinn gelaufen, wie ein Echo seines eigenen Albtraums.

»Es tut mir leid. Ich mochte ihn wirklich …«

Kazanski bekreuzigte sich, klopfte Walentina Suschko tröstend auf die Schulter und ging dann langsam zurück, um sie einen Moment mit ihm allein zu lassen. Als er wieder offenes Gelände erreicht hatte, blieb er stehen und drehte sich um.

Er konnte sie zwischen den kahlen Bäumen sehen. Sie saß neben ihm, seinen Kopf in ihrem Schoß. Wenn er sich nicht täuschte, strich sie ihm über das Haar.

P. O. V. Naweki …

Der letzte Held war seinen Brüdern gefolgt.

23

Moskau

Die Karten an den Wänden erzählten von wiederhergestellter Harmonie. Die friedlichen grünen Weiten des Flachlands waren ein beruhigender Anblick. Über den Brauntönen der Bergketten zog kein Unwetter mehr auf. Die feinen Linien der Längen- und Breitengrade waren wieder ein geordnetes Netz – und kein Schachbrett mehr. Das Spiel war vorbei.

Generalleutnant Glikin kippte die Rückenlehne nach hinten, um seine Zigarre und die Landkarten bequem zurückgelehnt genießen zu können. Er hatte gewonnen. Auch diese Partie.

Eine wohlige Wärme breitete sich in seinem Körper aus. Wenn er seine geliebten Karten betrachtete, wenn er sich daran erfreute, wie die Landmassen an den Wänden sein Büro einrahmten, dann wurde ihm wieder bewusst, dass er sein Reich, das Fünfte Direktorat, liebte wie nichts anderes. Nichts konnte sich mit diesen majestätischen Weiten und den endlosen Möglichkeiten, zu schalten und zu walten, messen. Schon gar nicht Annas bunte Kunstsammlung zu Hause

Vor wenigen Tagen hatte er die Angelegenheit in Murmansk und ihre erfolgreiche Lösung als würdigen Schlusspunkt seiner Karriere ins Auge gefasst. Jetzt, in diesem Moment, war er sich ganz sicher: Er konnte seinen Posten noch nicht räumen, er konnte den Landkarten nicht vorzeitig den Rücken zuwenden. Er würde bis zum Ende bleiben. Für Russland und, um ehrlich zu sein, auch für sich selbst.

Generalleutnant Glikin konnte unmöglich Tag für Tag mit seiner Frau am Arm durch die Gegend spazieren, um die bizarre Welt dieser verrückten Künstler zu erkunden.

Major Salenko war am Vorabend spät aus Murmansk zurückgekommen. Seitdem hatte Glikin sich das Video mehrmals angesehen. Hatte gesehen, auf welche Weise der Patriot und Mäzen Maxim Maximow seinen Erfolg mit den Aufräumarbeiten dort oben erzielte. Hatte gesehen, wie sich die Nordflotte auf unverzeihliche Weise blamiert hatte. Ein kapitaler Fehler in dieser neuen Zeit, in der sich so etwas nicht mehr einfach mit einer Machtdemonstration aus der Welt schaffen ließ.

Natürlich bereitete ihm die Situation Kopfzerbrechen. Nachdem er wie jeden Morgen tausend Meter geschwommen war, hatte er lange in der Sauna gesessen und Vor- und Nachteile gegeneinander abgewogen, während ihm der Schweiß wohlig von der Stirn tropfte.

Ihm waren sofort verschiedene Möglichkeiten eingefallen, die Affäre zu lösen. Allesamt geeignet, die Sache mit Bedacht und lautlos zu erledigen, damit niemand das Ausmaß dieser heiklen Angelegenheit auch nur erahnen könnte.

Allerdings gehörte es nicht zu seinen Aufgaben, eine solche Lösung vorzuschlagen. Der Kreml würde sich darum kümmern, wenn die Zeit gekommen war. Und das konnte dauern. Vielleicht Monate, vielleicht sogar Jahre.

Er selbst hatte am Vormittag über die üblichen Kanäle darum gebeten, dem Generalstab die Ergebnisse des Einsatzes vorstellen zu dürfen. Er rechnete mit anerkennenden Blicken und zufriedenem Nicken am Tisch. Und dann vielleicht mit einer letzten Beförderung. Das war nicht ausgeschlossen. Ganz und gar nicht.

Der Generalleutnant drehte sich mit dem Stuhl um, als seine Sekretärin anklopfte. Major Salenko war eingetroffen. Am Abend zuvor hatte Glikin sich lediglich eine kurze Zusammenfassung von ihm geben lassen, weil ihn zunächst tatsächlich nur eine Sache interessierte, nämlich das Video. Jetzt sollte der Major ihn bis ins kleinste Detail informieren.

Zwei Stunden später dankte er Salenko, drückte ihm die Hand und versprach ihm eine baldige Beförderung.

In einem ausführlichen Bericht hatte der Major ihm das Geschehen geschildert: Einer von Maximows engen Mitarbeitern hatte ihnen einen Tipp gegeben. Daraufhin hatte Salenko mit seiner gesamten Truppe einen dichten Ring um ein stillgelegtes Landwirtschaftskollektiv gezogen, in dem sich der ehemalige Wympel-Oberst Wiktor Schapkin laut diesem Informanten versteckt hielt.

Als Gegenleistung musste Salenko versprechen, seine Leute unmittelbar nach der Ergreifung Schapkins aus dem Gebiet abzuziehen, damit das große Aufgebot an Soldaten nicht bemerkt wurde und womöglich Aufsehen erregte. Immerhin hatten die GRU und Maximow ja ein gemeinsames Interesse am Ausgang der Sache, wenn auch aus sehr unterschiedlichen Gründen.

Wiktor Schapkin lief ihnen, wie versprochen, direkt in die Arme. Weil sie gewarnt worden waren, dass er bewaffnet sei, eröffneten Salenkos Männer direkt das Feuer. Hinterher stellte sich heraus, dass Schapkin doch keine Waffe bei sich trug. Vielleicht ein Missverständnis, aber letztlich nur zu ihrem Vorteil.

Lebend wäre Wiktor Schapkin eine tickende Zeitbombe gewesen. Sie hätten ihn sowieso aus dem Weg geräumt – ein für alle Mal.

Glikin hatte lediglich zwei wichtige Dinge zu bemängeln gehabt: Salenkos hohen Personalverbrauch. Und dass es weder gelungen war, die vier Männer wiederzufinden, die Kazanski entführt hatten, noch den CIA-Agenten selbst.

Salenko hatte bedauernd die Hände gehoben. »Ich kann Ihnen das Verschwinden dieser fünf Personen tatsächlich nicht erklären, Generalleutnant. Letztlich erschien es mir wichtiger, das Ziel der Aktion im Blick zu behalten. Das habe ich getan, so gut ich konnte.«

Der aktuellen Ausgabe der *Murmanskij Westnik*, die Salenko besorgt hatte, konnten sie entnehmen, warum sein Informant so darauf gepocht hatte, dass sich die GRU von dem Landwirtschaftskollektiv fernhalten sollte. Der Mann, Aleksandr Matischow, war zusammen mit drei anderen Männern tot auf dem Gelände aufgefunden worden. Die Miliz hatte große Mengen Schmuggelware am Tatort entdeckt, vor allem Wodka und westliche Zigaretten. Offenbar ging Matischow neben seinem Job bei Maximow auch noch seinen eigenen Geschäften nach und war einer Mafiaauseinandersetzung zum Opfer gefallen.

Generalleutnant Glikin bereitete sich ohne schlechtes Gewissen auf die zweite Zigarre des Tages vor. Schapkin war weg. Der Typ von Maximow war weg. Diese beiden plauderten nie wieder etwas aus. Seine Leute hatten hinter den zentralen Personen blitzblank aufgeräumt. Und selbst wenn es theoretisch möglich war, dass der amerikanische Agent noch lebte, konnte er keinen Schaden anrichten.

Blieb nur noch Milizleutnant Walentina Suschko. Im großen Zusammenhang gesehen, spielte sie keine Rolle mehr.

Wichtig war nur die Videokassette. Natürlich konnte er an geeigneter Stelle eine Bemerkung fallen lassen, damit sie zum Verhör vorgeladen wurde. »Korruption« wäre sicher ein ausgezeichneter Vorwand. Aber, nun ja … Das hatte keine Eile.

Er hatte das Gefühl, auf einer Leiter zu stehen, deren Sprossen plötzlich eine nach der anderen brachen, sodass er immer weiter nach unten rutschte, bis er schließlich wieder auf der Erde stand. Genau dort, wo er begonnen hatte.

Nur einen kurzen Spaziergang von den Mauern des Kremls entfernt saß Generalmajor Gleb Dudinka in dem grauen Bürogebäude hinter der Lubjanka. Die Operation Max war seine Leiter. Auf ihr wollte er ganz nach oben kommen, um die Ankunft der jungen Generation zu verkünden und für Ordnung zu sorgen, damit Moral nicht mehr nur ein Wort war, über das die Russen lachten und Witze machten. Aber nach Kapitän Suschkos Bericht war es vorbei damit. Die Sprossen waren zerbrochen.

Walentina Suschko hatte doch recht behalten. Aleksandr Matischow, seine geniale Erfindung, war ein Überläufer. Der Hofnarr hatte sein eigenes Ding gemacht und sich für Maximow entschieden, weil dort mehr Geld zu holen war. Und jetzt war er tot.

Kapitän Suschko hatte Dudinka eine kurze Zusammenfassung der Ereignisse geliefert, den Rest las er in der Lokalzeitung im Hauptquartier. Walentina Suschko war dem Hofnarren in ein stillgelegtes Landwirtschaftskollektiv gefolgt. Sie war von seinen Männern gefangen genommen worden, als sie etwas beobachtete, was nach Verhandlungen mit einer kriminellen Bande aussah. Offenbar ging es um Schmugglerware.

Der Hofnarr hatte die Absicht, sie zu töten. Was das anging, war sie sich ganz sicher. Zuvor hatte er ihr lachend erzählt, dass er schon seit Langem im Besitz von Beweisen war, wie mit gigantischen Summen skrupellos betrogen wurde, die eigentlich für die Entsorgung des Atommülls der Nordflotte gedacht waren.

Kapitän Suschko gelang es zu fliehen, als die Gegenspieler des Hofnarren eine Schießerei anzettelten. Auf ihrer Flucht erschoss sie zwei Männer. Danach kehrte sie im Rahmen ihres normalen Dienstes mit ihren Milizkollegen an den Tatort zurück. Dort stellten sie fest, dass der Hofnarr mit drei Schüssen getötet worden war.

Ein Theaterregisseur konnte die Zweitbesetzung auf die Bühne schicken, wenn der Hauptdarsteller krank war – oder tot. Die Vorstellung musste weitergehen. Für ihn gab es diese Möglichkeit nicht. Die Inszenierung der Operation Max war eine List gewesen, eine Geduldsprobe, und es war dem FSB tatsächlich gelungen, in den innersten Kreis vorzudringen. Jetzt war der Vorhang gefallen. Er stand wieder draußen, endgültig.

Wenn im Frühjahr die internationale Inspektion stattfinden würde, könnte Maxim Maximow stolz demonstrieren, was er mit seiner Maximow Green Waste Company erreicht hatte. Dann könnte die ganze Welt das neue russische Umweltbewusstsein bewundern.

Der freundliche, sanfte und kultivierte Maximow war unantastbar. Und daran würde sich noch sehr viele Jahre nichts ändern. Der Mann hatte allen Grund, über das Direktorat zur Bekämpfung organisierter Kriminalität zu lachen. Aber wenn er es tat, dann unbeobachtet und allein. Für alles andere war Maxim Maximow viel zu schlau.

Es war nicht auszuhalten. So kurz vor dem Ziel – und doch so weit davon entfernt. Schon allein, wie er, Generalleutnant

Glikin, einen Albino angeleitet und ausgebildet hatte, hätte ihn zu einer lebenden Legende gemacht und ihm jede Tür geöffnet. Es war wirklich verdammt ärgerlich. Und letztlich natürlich schade für seine Landsleute. In diesem Augenblick waren sie gleichermaßen desillusioniert. Er – und die Russen draußen vor seinem Fenster.

Murmansk

»Guten Tag, Herr Bjørknes. Geht es auf Heimatbesuch nach Tromsø?« Der junge Zöllner lächelte und begrüßte den Norweger, der über die glatten Fliesen des Flughafens trippelte.

»Ja, ich muss ja wenigstens ein paar der Geschäfte am Laufen halten, die mir noch geblieben sind«, antwortete er ebenfalls lächelnd. Er kannte den Zollbeamten gut. Seine Frau hatte in Bjørknes' großem Lebensmittelgeschäft als leitende Verkäuferin gearbeitet. Entweder war der Mann einfach nur freundlich, oder er hoffte auf bessere Zeiten und einen neuen Job für seine Frau, falls es je wieder so weit kommen sollte.

Tormod Bjørknes war auf dem Weg zu seinem Flieger nach Kirkenes. In Wirklichkeit reiste er gar nicht weiter nach Tromsø, aber das ging niemanden etwas an. Besonders nicht an diesem Tag.

Er spürte sein Herz heftig pumpen. Ihm war heiß, obwohl draußen immer noch leichter Frost herrschte. Seine Arme und Beine waren angespannt und starr vor Nervosität. Er bewegte sich ungelenk. Vielleicht fühlte er sich deshalb so unsicher auf den Fliesen.

Dabei gab es keinen Grund zur Sorge. Er hatte diese Reise schon hundertmal gemacht. Die meisten Angestellten des Flughafens kannten ihn. Bjørknes, den Norweger, den Geschäftsmann, mit einer Russin verheiratet, früher ein dicker Fisch, heute ein kleiner Fisch. Aber immer noch ein netter und großzügiger Mensch.

Er wurde erst ruhiger, als er seinen großen Körper endlich in den Sitz gezwängt hatte. Der Aktenkoffer stand zwischen seinen Beinen. Immer wieder drückte er sie zusammen, um sich zu versichern, dass der Koffer sich nicht in Luft aufgelöst hatte.

Als das Flugzeug dann abhob und Murmansk unter ihnen verschwand, besserte sich seine Laune zusehends. Sein Selbstvertrauen stieg im selben Maß, in dem die Maschine an Höhe gewann. Wirklich nervös war er ja gar nicht gewesen. Eigentlich überhaupt nicht. Herrje.

Ab jetzt würde er diesen Tag genießen. Er war wichtig. Er konnte etwas bewirken. Er leistete seinen Beitrag für Norwegen. »Kurier«, so lautete wohl die korrekte Berufsbezeichnung in dieser Branche. Natürlich war er nie ernsthaft in die ganze Sache involviert worden, und man hatte ihm aus Gründen der nationalen – und seiner eigenen – Sicherheit auch viele Informationen vorenthalten müssen, aber dennoch konnte niemand bestreiten, wie bedeutend die Rolle eines Kuriers war.

In dem Aktenkoffer befand sich eine kleine Videokassette, die in einer Hülle mit dem Konterfei von Roger Whittaker steckte. Der zweite Gegenstand war nicht größer als ein klobiges Mobiltelefon. Es handelte sich um die russische Variante eines GPS-Empfängers. Was auf dem Video zu sehen war und wozu dieses Navigationsgerät gebraucht wurde, hatte er selbstverständlich nicht gefragt. So indiskret wäre wirklich nur ein blutiger Anfänger. Als Drittes lag noch ein versiegeltes Kuvert mit Dokumenten im Koffer.

Wenn dieser Tag vorbei war, würde er wieder in seinen

Alltag zurückkehren. In ein Leben ohne rote und grüne Kreuze neben dem Briefkasten. Er würde das leichte Ziehen in der Magengrube vermissen.

Gestern Morgen in aller Frühe hatte er das geheime Zeichen zum letzten Mal gesehen. Unten im Keller hatte die Nachricht an der üblichen Stelle gelegen. Es war nur die Information, dass er weiter hinten im Keller, unter einem Stapel Pappkartons nach einer gelben Plastiktüte schauen sollte. In dieser Tüte lagen sowohl die Kassette als auch das Navigationsgerät.

Wie immer hatte Bjørknes umgehend Kontakt zum Generalkonsul aufgenommen, der ihn und seine Frau noch am selben Abend zu einem kleinen intimen Abendessen einlud. Bei einer Tasse Kaffee in der Bibliothek erhielt er seine letzten Anweisungen.

Wenn er in Kürze in Kirkenes landete, würde sein Weg in eins der beiden Rica-Hotels der Stadt führen, das Rica Arctic am Marktplatz. Dort sollte er sich im Restaurant etwas zu essen bestellen und auf seine Kontaktperson warten. Ein junger Mann, Mitte dreißig, würde sich zu ihm setzen und sich als Gunnar Haugen vorstellen. Er arbeitete für den norwegischen Geheimdienst.

Sobald der Mann alles von ihm bekommen hatte, war Schluss. Er selbst würde später noch eine hübsche Summe für seine Dienste bekommen, aber mit diesem Handel hatte seine Geschäftstüchtigkeit ausnahmsweise nichts zu tun.

Es ging ihm nicht ums Geld. Er wollte etwas für Norwegen tun – und für Russland. Sein Herz schlug ja für beide Länder. Und nicht zuletzt hatte ihn auch der Nervenkitzel gereizt.

Als der Flieger landete, ertappte Tormod Bjørknes sich dabei, dass er in der Stunde des Triumphs ein wenig wehmütig wurde. Was auch immer es war, nun ging es zu Ende …

24

»Ich bin schockiert. Aleksandr Matischow war seit Langem einer meiner engsten Mitarbeiter. Er hat mich vor einigen Jahren bei einem Raubüberfall gerettet und ich stand immer in seiner Schuld. Sein grauenhafter Tod erschüttert mich. Aber zugleich möchte ich meine tiefste Verachtung gegenüber den kriminellen Aktivitäten, in die er offenkundig verwickelt war, zum Ausdruck bringen. Ich bin sehr enttäuscht, dass er mein Vertrauen auf so grobe Weise missbraucht hat, trotzdem hätte Matischow in einem Rechtsstaat wie dem unseren vor Gericht dafür bezahlen sollen und nicht in einem Kugelhagel«, sagte Maxim Maximow in der *Murmanskij Westnik.*

Walentina Suschko legte die Zeitung weg und wollte sich gerade Kaffee nachschenken, als ein heftiger Hustenanfall sie stoppte. Sie knallte die Kaffeekanne auf den Tisch.

»Ich fasse es nicht, was für einen Mist der Mann vom Stapel lässt. Hast du alles gelesen?«

Kazanski nickte.

»Dieser Bykow hat mit seiner Schmuggelinszenierung das Ganze gerade noch so gerettet, was?«

»Ja, er hat schnell reagiert. Ein effektiver Mann«, antwortete Kazanski und pustete in seinen Kaffee.

»Eine so schillernde Persönlichkeit wie der Hofnarr konnte nicht einfach aus dem Stadtbild verschwinden, ohne dass die Leute eine Menge Fragen gestellt hätten. Clever gelöst … Und der rechtschaffene Maxim Maximow ist tief enttäuscht. Lieber Gott ...«

Kazanskis Blick wanderte durch die Küche und endete an der Pinnwand mit den Postkarten. Die mit den Anglern aus Stockholm war nicht mehr da.

»Ja, ich habe sie abgenommen. Wenn ich sie nur nie aufgehängt hätte, dann ...«

Sie war seinem Blick gefolgt und wusste, was ihm aufgefallen war, aber sie verzichtete darauf, den Satz zu Ende zu bringen. Stattdessen zündete sie sich eine Zigarette an. Sie rauchte Kette. Ihre Haare waren strähnig und fettig, ihre Augen gerötet und geschwollen, der Blick war matt. Sie hatte mit Sicherheit die ganze Nacht kein Auge zugetan.

Walentina Suschko hatte von sich aus angeboten, dass er bei ihr übernachten und bleiben konnte, bis sein Zug am nächsten Morgen fuhr. Die GRU würde sich mit weiteren Aufräumarbeiten Zeit lassen, und im Übrigen dürfte ihnen ziemlich mulmig werden, wenn sie erfuhren, dass Suschko kein Milizleutnant war, sondern Kapitän des FSB, und als Undercoveragentin mit der Untersuchung von Maxim Maximows Aktivitäten in Murmansk betraut.

Suschko und Kazanski hatten sich am Tag zuvor gegenseitig alles erzählt, was wissenswert war. Nachdem Walentina sich allein von Schapkin verabschiedet hatte, war sie in die Packerei zurückgekommen und hatte Kazanski gefragt, ob er ihr helfen würde.

Sie konnte ihn nicht einfach so liegen lassen. Niemals. Und Kazanski verstand das. Sie brachten Wiktor Schapkins Leiche in die Datscha. Dann kümmerte Kazanski sich um die beiden toten Maximow-Handlanger, warf sie in den Fjord.

Den Rest des Tages plagten sie sich mit Hacke und Spaten und heißem Wasser, holten Erde aus dem Gemüsegarten, um

Schapkin im Vorratskeller zu beerdigen. Im Frühjahr würde Suschko dafür sorgen, dass die Hütte versetzt wurde, damit die Grabstelle im Freien lag.

Suschko stand auf und ging ins Wohnzimmer. Als sie zurückkam, legte sie etwas auf den Küchentisch.

»Witjas Orden … Dachte, sie interessieren dich vielleicht … Das da ist der Orden der Oktoberrevolution, das der Verdienstorden für das Vaterland erster Klasse. Wenn die Zeit gekommen ist, werde ich Mischa alles erzählen … Und wenn er reif genug ist, um sie in Ehren zu halten, dann soll er die Auszeichnungen seines richtigen Vaters haben.«

Kazanski nickte still. Er hätte gern etwas gesagt, aber er brachte keinen Satz heraus. Und das war besser so, denn Worte waren gleichgültig. Der Junge glaubte genau wie die restliche Familie, dass Pjotr Klim sein Vater war. Schließlich war er ja der Mann, den sie heiraten wollte. Das hatte sie ihm erzählt, als sie gemeinsam Erde für das Grab zusammenscharrten.

Es war während des Heimaturlaubs der drei Freunde passiert. Die bevorstehende Hochzeit war gerade verkündet worden, sie hatten in der Wohnung der Eltern gefeiert und getrunken, bis alle außer Walentina und Wiktor unter den Tischen gelegen hatten.

Sie war jung und wusste selbst nicht so richtig, warum, sie wusste nur, dass sie heiraten wollte. Den witzigen und charmanten Pjotr, den rauen Oleg – oder den intelligenten und gradlinigen Wiktor. Sie hätte jeden der drei haben können. Eigentlich mochte sie Wiktor am liebsten, aber alle Mädchen im Viertel waren hinter Pjotr her.

Betrunken, wie sie waren, blieb es nicht bei einem Kuss. Sie wollte wissen, was ihr entging, und Wiktor ließ sich mitreißen. Es passierte unten im Keller. »Heftig und kein bisschen romantisch, soweit ich mich erinnern kann«, erzählte sie.

Kazanski sah wieder zu den Postkarten. Walentina Suschko hätte jedes Recht gehabt, ihm Vorwürfe zu machen. Er hatte die Ereignisse losgetreten, die am Ende zu Wiktors Tod führten. Aber sie tat es nicht. Nicht ein einziges Mal.

Er hatte lange darüber nachgedacht, ehe er auf dem Sofa eingeschlafen war. Ulf war ihm ein persönliches Anliegen. Davon abgesehen hatten Gefühle in diesem Beruf nichts verloren. Kein Hass, keine Leidenschaft. Und trotzdem gab es immer wieder Ausnahmen, zum Glück oder leider. Wiktor Schapkin war ein sympathischer Mensch gewesen, und das war Walentina Suschko auch – auf ihre ganz eigene Art.

»Die anderen Postkarten bleiben hängen. Ich wollte so gern all die Orte sehen, von denen ich träume. Aber der Traum war wohl einfach zu groß, er hat mich innerlich aufgefressen. Sonst hätte ich Wiktor vielleicht rechtzeitig aufgehalten. Dann wäre er in Stockholm geblieben und ich wäre mit Mischa zu ihm gefahren. Ich stand immer auf der richtigen Seite, Kazanski. Wenn ich hier oben ein bisschen Kleingeld kassiere, dann nur, weil es zu meiner Tarnung gehört. Davon abgesehen – nie auch nur einen unrechtmäßigen Rubel. Hast du Träume?«

»Hm, ja … Haben wir die nicht alle? Aber wenn man einen Traum einfach zurechtstutzen könnte, sodass er nicht mehr groß und überwältigend ist, sondern gerade so ins Leben passt, dann wäre es ja kein Traum mehr, oder? So gesehen war dein Traum nicht zu groß.«

Walentina Suschko sah ihn an. Ihr zweifelnder Blick verriet, dass ein langer Weg gepflastert mit Selbstvorwürfen vor ihr lag. Er kannte ihn – diesen Weg.

»Aber ja, ich träume …«, fuhr er leise fort. »Davon, dass der Schwede, von dem ich dir erzählt habe, aufwacht. Dass er mich in Madrid in Empfang nimmt und mich fragt, ob wir einen Sonntagsausflug nach Toledo machen wollen. Und ich träume von dem Tag, an dem ich morgens ausgeglichen aufstehe. Ersteres wünsche ich mir wirklich sehr. Beim Zweiten bin ich mir nicht sicher, ob es überhaupt für etwas gut wäre.«

»Toledo ist schön, oder? Ich habe drei Postkarten aus Spanien. Eine aus Barcelona, eine von der Costa del Sol und eine aus Bilbao. Ach, zum Teufel mit diesen verdammten Karten.«

Oslo, Norwegen

Der Kreis mit dem Kreuz in der Mitte. Es hatte beinahe etwas Magisches, die simple Berechnung zu sehen, aus der sich die Antwort ergab, nach der so viele gesucht hatten.

Irgendwo in der Nähe dieses Kreises konnte man die Reste der Frøya finden, des Schiffs der Umweltaktivisten – sofern man daran tatsächlich interessiert war. Und genau das war die Frage.

Die Bilder der Explosion gingen ihm nicht mehr aus dem Kopf, genau wie das Auftauchen des schwarzen Monstrums aus der Tiefe. War es besser, hinzusehen oder die Augen davor zu verschließen, was passiert war?

Sverre Kirkemo fuhr langsam zwischen den gelben und roten Holzbaracken vor, grüßte die Wachhabenden am Kontrollposten und wartete, bis sich das Tor öffnete.

Hinter ihm, umgeben von Felsen und Wald, lag das Militärlager Lutvann, ein großer Komplex aus Gebäuden mit unterirdischen Verbindungsgängen. Auf dem Areal der norwegischen Streitkräfte in Trosterud am östlichen Stadtrand von Oslo war auch der militärische Nachrichtendienst untergebracht.

Kirkemo war nach einem kometenhaften Aufstieg im Alter

von erst vierundvierzig Jahren Generalsekretär geworden und damit höchster Beamter im Außenministerium. Gestern Vormittag war er vom Verteidigungschef General Grønnevold kontaktiert und gebeten worden, zu einem Treffen zu kommen, an dem außer Kirkemo der General selbst, Stabschef Vizeadmiral Andersen und die Leitung des Nachrichtendienstes erwartet wurden. Nicht in Huseby, beim Oberkommando der Streitkräfte, in der Nähe seines eigenen Zuhauses in Holmenkollen, sondern in den Räumen des Nachrichtendienstes.

Ohne weitere Begründung hatte der General ihn außerdem darum gebeten, den Außenminister auf ein mögliches informelles Gespräch im Anschluss an die Besprechung vorzubereiten.

Das Tor öffnete sich, Kirkemo legte den Gang ein und verließ in seinem Volvo das Gelände in Richtung Zentrum. Er musste ganz nach Süden, bis nach Versterøya am Sandefjords-Fjord, wo der Außenminister das Wochenende verbrachte.

Der Verteidigungschef hatte gut daran getan, dem Lauf der Ereignisse vorzugreifen. Es bestand in allerhöchstem Maße Bedarf an einem Gespräch mit dem Außenminister Johan Næss.

Kirkemos etwas älterer und erfahrener Kollege aus dem Verteidigungsressort, Roger Larsen, war ebenfalls anwesend gewesen. Und nachdem er nun die ganze Geschichte im Detail gehört hatte, verstand er auch, warum. Es handelte sich um einen Putschversuch, vielleicht den größten aller Zeiten.

Jetzt kam es darauf an, strategisch zu denken, den Überblick zu bewahren und einen Vorstoß zu planen. Er bevorzugte normalerweise die leisere Gangart, ganz wie es die Regeln der Diplomatie nahelegten, aber in diesem Fall hatte er keine Scheu, auch zu drastischen Mitteln zu greifen, sollte es sich als nötig erweisen. Aber zunächst einmal hieß es, Ruhe bewahren. Noch war Zeit genug.

Birgit, seine Frau, war sauer. Sie hatten das Wochenende in den Bergen, gemeinsam mit den Kindern und seinen Schwiegereltern, seit Langem geplant. Und dann musste er absagen, ausgerechnet kurz bevor sie aufbrechen wollten. Die anderen waren dann ohne ihn gefahren. Er konnte nur hoffen, dass sich das Gewitter bis zu ihrer Rückkehr am Sonntag wieder verzogen haben würde. Die kommende Woche war denkbar ungeeignet für Stress an der Heimatfront. So viel war nach dem heutigen Treffen jedenfalls klar.

Nach fast zwei Stunden Fahrt bog er in Richtung Sandfjord ab. Die Straßenverhältnisse in der Provinz Vestfold waren immer noch furchtbar, aber jetzt am Samstagnachmittag blieb ihm wenigstens der massive Wochenendverkehr erspart.

Der Außenminister hatte es da einfacher. Er konnte direkt mit dem Motorboot anreisen. Kein Stau, keine Baustellen, auf dem ganzen Weg bis zum Anleger am Campingplatz Vøra nichts als frische Luft und Wellen. Aber nächstes oder übernächstes Jahr konnten sie sich vielleicht auch ein Boot leisten. Die neue Wohnung hatte ein ziemliches Loch in die Kasse gerissen, aber Birgit hatte eben unbedingt nach Holmenkollen ziehen wollen.

Er kam am Park Hotel vorbei und fuhr auf den Kreisverkehr am Walfängerdenkmal zu. Ein paar Minuten zuvor war er unsicher gewesen, aber jetzt wusste er, dass er auf dem richtigen Weg war. Von hier aus war es nicht mehr weit.

Das gelbe Holzhaus am Ende des Feldwegs war der bevorzugte Rückzugsort des Außenministers Johan Næss.

Kirkemo kam an, als Aase, die Frau des Ministers, gerade mühsam die drei schreienden Kinder des Paares auf den

Rücksitz ihres Autos verfrachtete. Næss selbst war auf der Terrasse hinter dem Haus mit seiner Angelausrüstung beschäftigt.

Der Außenminister und sein Generalsekretär Sverre Kirkemo waren etwa im selben Alter. Sie hatten ein sehr gutes Verhältnis zueinander. Sogar so gut, dass sie sich auch privat trafen, was in diesen Kreisen eher eine Seltenheit war. Sie gingen beide gern angeln, sie teilten ihre Begeisterung für Fußball und Skisport und waren Macher, die am liebsten schnelle Ergebnisse sehen wollten. In einer gut geölten Bürokratie und Demokratie stellte Letzteres ihre Geduld manchmal ziemlich auf die Probe. Aber ihre Effektivität ließ sich nicht leugnen. Die Karrieren sprachen für sich.

»Hallo, Kirkemo!«

»Hallo, Næss!«

Im Hinblick auf ihre Freundschaft hatten sie anfangs ein paar Schwierigkeiten gehabt, um eine geeignete Umgangsform zu finden. Am Ende waren sie bei den Nachnamen gelandet und inzwischen fühlte sich das ganz natürlich an. Im Berufsalltag sah das anders aus. Da war Næss »Herr Minister«.

Sverre Kirkemo setzte sich auf die Gartentreppe. »Warst du angeln?«

»Ja, aber ohne großen Erfolg. Zwei schöne Dorsche, der Rest war nichts. Wolltest du nicht eigentlich in die Berge fahren?«, fragte der Minister beiläufig, während er sich auf seine Angel konzentrierte.

»Ja. Ein Riesendrama, kann ich dir sagen. Sie sind ohne mich los.«

Kirkemo zögerte. Ab jetzt wurde es heikel. Næss musste über die Sache informiert werden. Gleichzeitig durfte er nichts erfahren. Er musste beschützt und auf den richtigen

Weg geführt werden. Erst wenn kein Risiko mehr bestand, sollte er an die Öffentlichkeit treten und die Diskussion eröffnen. Es war alles eine Frage des Timings.

»Hm, es wird wohl wichtig sein. Ich meine … an einem Samstag.« Næss legte die Angel ab und fing an, sich bedächtig eine Pfeife zu stopfen.

»Es *ist* wichtig.«

»Sollen wir draußen bleiben oder reingehen?«

»Lass uns ruhig draußen bleiben bei dem herrlichen Wetter. Du erinnerst dich an die Affäre letztes Frühjahr. Frykberg und Storvik-Marshall. Und deren Schiff. Das ist die Sache, um die es geht.«

Næss gab ein Geräusch von sich, das Überraschung zum Ausdruck brachte. Trotzdem wartete er geduldig ab.

»Ich komme gerade von einem Treffen mit dem Verteidigungschef im Militärlager Lutvann, bei dem außerdem der Stabschef, der Geheimdienstchef und sein Vertreter sowie Roger Larsen vom Verteidigungsressort dabei waren. Es ist so, dass wir in den Besitz von äußerst interessantem Material gekommen sind. Es beweist, dass die Russen ihren Laden selbst nicht im Griff hatten, als sie ihre Unschuld im Zusammenhang mit dem Verschwinden der Frøya beteuert haben.«

»Seid ihr ganz sicher?« Aufgebracht zog Næss an seiner Pfeife.

»Ja, ohne zu übertreiben, könnte man sagen, dass wir uns gerade in einer ausgesprochen vorteilhaften Lage befinden. Man hat uns sozusagen einen Elfmeter geschenkt …«

»Den verwandelst du doch mit links, oder?«

»Bestimmt … Allerdings musst diesmal du das Tor schießen. Aber es kann gar nichts schiefgehen. Nach meiner Einschätzung geht das Risiko gegen null.«

Außenminister Næss ließ den Blick nachdenklich über das

Wasser schweifen. Aber vor allem eine Sache bereitete ihm Sorge: »Ist der POT involviert?«, fragte er leise. Denn wenn der polizeiliche Überwachungsdienst ebenfalls seine Finger im Spiel hatte, dann fürchtete er Probleme.

»Nein, die Mission findet ausschließlich unter militärischer Regie statt, genauer gesagt des militärischen Nachrichtendienstes.«

»Gut … Sehr gut.«

»Was ist mit dem Botschafter in Murmansk?«, fragte er.

»Äh, nicht direkt involviert. Zumindest nicht aktiv, eher beratend.«

»Hm … Irgendwelche russischen Verbindungen? Ein Maulwurf?«

»Ja. Er war überall als der Hofnarr bekannt. Ein Mann vom FSB. Er ist tot. Keine Spur, die zurückverfolgt werden kann.«

»Tot? Hoffentlich war das keiner von uns?«

»Nein, nein … Eine interne Auseinandersetzung. Und unser Kontakt ist ein Zivilist. Norwegischer Geschäftsmann, ansässig in Murmansk. Zuverlässiger Mann, der im Übrigen aber keine Ahnung von der ganzen Geschichte hat.«

»Hm. Das klingt alles ziemlich vielversprechend. Was ist mit dem Verteidigungsressort?«

»Der General war natürlich gezwungen, damit zu seinem Minister zu gehen, aber wir haben grünes Licht. Die Sache liegt jetzt bei Roger Larsen. Er kann sich sehr gut in unsere Lage versetzen. Larsen ist clever. Wir schulden ihm einen Gefallen … Einen ziemlich großen.«

»Und ich muss jetzt nur noch Aladdins Wunderlampe reiben, dann erscheint ein Geist und darf mir etwas wünschen …?« Næss nickte bedächtig, wie um seine eigene Schlussfolgerung zu bestätigen, und sah Kirkemo fragend an.

»Ja, so ungefähr stelle ich mir das vor«, erwiderte Kirkemo. »Ich habe mir etwas überlegt.«

»Ja?«

»Wir können nicht zufrieden sein mit der Show, die die Russen in Brüssel abgeliefert haben, oder?«

»Nein, verdammt. Nein!« Næss hatte von diesen Russen wirklich die Schnauze voll.

»Vielleicht ist es an der Zeit, zu handeln, statt wie sonst nur große Worte zu machen. Gott weiß, wie viele Millionen wir schon rübergeschickt haben. Ohne, dass das Geld irgendetwas bewirkt hätte.«

»Gut ... Du weißt ja, was ich denke, nicht wahr? Die Atommülldeponie in der Andrejewa-Bucht muss weg! Genug ist genug!«

Næss wusste genau, was er wollte, aber bisher führte er einen Kampf gegen Windmühlen. Auch in Brüssel hatten die Russen sich keinen Millimeter von der Stelle bewegt. Eine riesige Deponie, die langsam, aber sicher zerfiel – vierzig Kilometer von der norwegischen Grenze entfernt. Für Næss war das Ziel zweifellos klar.

Im Zuge der politischen Debatte um die Andrejewa-Deponie war eine Parole aufgekommen: NIMB, Not In My Backyard. Politiker, Experten und die Umweltstiftung Bellona waren sich einig, dass diese begrenzte Sichtweise keine sinnvolle Diskussionsgrundlage darstellte. Vielmehr sollte es darum gehen, eine sachliche und umweltverträgliche Lösung zu finden. Aber für Außenminister Næss waren das alles nur leere Phrasen und billige Tricks.

Die Atommülldeponie war reiner Wahnsinn. Das Amt für Strahlenschutz hatte etliche Berechnungen und Entwürfe in den Schubladen liegen, denn die ganze Kola-Halbinsel konnte sich jederzeit in einen Albtraum verwandeln. Es war nicht schwer, sich ein Horrorszenario vorzustellen: Falls es bei den gelagerten Brennstäben zu einer Kettenreaktion kam, konnte beim Abkühlen eine gewaltige radioaktive Dampfwolke freigesetzt werden. Und dann stellte sich nur noch die Frage, aus welcher Richtung der Wind kam. Diese verdammte Deponie hatte in seinem Hinterhof nichts zu suchen. Sie musste weg. Lieber heute als morgen.

Die beiden Männer diskutierten noch lange bei Kaffee und Selbstgebackenem. Schließlich stand die grobe Strategie fest.

Auf Führungsebene würde sich ausschließlich Kirkemo um die Angelegenheit kümmern. Weder seine drei Berater noch der politische Berater oder die drei Staatssekretäre, die Næss zur Seite standen, sollten eingeweiht werden. Die Sache war einfach viel zu heikel, um weitere Personen einzubeziehen – erst recht solche, die von Politikern ernannt worden waren. Wenn es etwas zu besprechen gab, dann ausschließlich im privaten Rahmen oder, in Ausnahmefällen, im Büro des Außenministers.

Ihr Vorgehen würde einen sehr engen diplomatischen Austausch erfordern. Sie mussten sich von Anfang an mit den Russen einigen und die Türen offen lassen. Jeder offizielle Vorstoß Norwegens musste im Vorfeld mit den Russen abgestimmt werden, die ihre Antwort darauf wiederum mit den Norwegern absprechen mussten, bevor sie damit an die Öffentlichkeit gingen.

Um diesen Prozess in Gang zu setzen, würde Sverre Kirkemo eine Protestnote ausarbeiten und an den russischen Botschafter schicken – eine deutliche schriftliche Kritik, die keinesfalls unbeantwortet bleiben konnte.

Danach würde er um ein inoffizielles Gespräch bei Botschafter Wowtschenko im Drammensvei ersuchen. Dort sollte dann das gröbere Werkzeug zum Einsatz kommen, um den Weg für einen Dialog zu bahnen: Er würde dem Botschafter eine Kopie des Videos mitbringen, das dem Nachrichtendienst zugespielt worden war. Dieses Material war der Schlüssel.

Im späteren Verlauf war es dann die Aufgabe von Außenminister Næss, an die Öffentlichkeit zu treten und erneut scharfe Kritik an dem Brüsseler Abkommen zu äußern. Das konnte im Rahmen des Barents Council passieren oder eines anderen geeigneten Forums. Næss würde fordern, dass Russland einer internationalen Inspektion der Andrejewa-Bucht zustimmte, während die positive Antwort der Russen schon fertig vorbereitet war. Im nächsten Schritt musste Næss nur noch verlangen, dass die Deponie aufgegeben und eine andere Lösung zur Lagerung des Atommülls gefunden wurde, beispielsweise auf Nowaja Semlja.

Auch wenn die Russen vor Wut toben würden, ihnen blieb gar nichts anderes übrig, als sich zu beugen. Und ihre abgesprochenen Antworten würden sich nur positiv auf die Bereitschaft des Westens auswirken, sich finanziell an der Entsorgung des Atommülls zu beteiligen. Den Kreml erwarteten Lob und Anerkennung für die Initiative, die Andrejewa-Deponie aufzugeben.

Doch bis dahin war es noch ein weiter Weg. Aber am Ende, wenn die vielen diplomatischen Noten geschrieben, verschickt und empfangen waren, würde die Diplomatie den Sieg davontragen – mit ein klein wenig Hilfe.

Und dann war Außenminister Næss der Mann, der dem russischen Bären das Fell über die Ohren gezogen hatte.

25

Murmansk

Der ramponierte Schiguli hielt am Straßenrand in der Uliza Schmidta, die ein Stück parallel zu den Bahnschienen im Hafen verlief. Eine Nachzündung verursachte ein paar laute Schläge, und das, obwohl sie den Zündschlüssel umgedreht und abgezogen hatte.

»Dreckskarre …« Entnervt schlug Walentina Suschko aufs Lenkrad.

»Was machen wir hier, Walja?« Timur Glasow richtete sich ein wenig auf und gähnte herzhaft.

»Ich muss nur kurz was erledigen …«

»Ach so …«

Er ließ sich wieder zurücksinken. Irgendetwas stimmte nicht mit ihr. Sie war überhaupt nicht sie selbst. So still und abwesend. Da war mit Sicherheit etwas im Busch, wahrscheinlich ging es um den Jungen. Sie tat ihm leid. Die Jugend von heute war wirklich nicht mehr dieselbe wie früher. Er selbst hätte als Vater bestimmt total versagt, aber er war ja keiner. Der Zug war schon vor vielen Jahren abgefahren.

Er spähte aus dem Fenster. Walentina stand an der Böschung und schaute auf die Gleise. Jetzt steckte sie sich eine Zigarette an – schon wieder. Statt zu essen, rauchte sie eine nach der anderen. Ja, irgendetwas stimmte ganz und gar nicht … Dann hörte er ein leises Rumpeln und sah eine Lokomotive kommen. Mühsam zog sie auf dem Weg nach Süden einen Schwanz aus grünen Waggons hinter sich her. Suschko hob die Hand. Sie stand nur da und winkte still. Es war seltsam. Als der letzte Waggon längst hinter der Biegung verschwunden war, stand sie immer noch da. Schließlich drehte sie sich um und kam langsam zum Auto zurück.

»Du hast gewinkt … Wem?«

»Wem? Einem CIA-Agenten …«

»Haha … Du bist echt verrückt. Mach die Tür zu. Du bist schon erkältet.« Timur Glasow gluckste belustigt und sein struppiger Walrossbart und die wilden Augenbrauen wackelten.

»Tima, wenn du dir einen Traum aussuchen dürftest, der in Erfüllung geht, wovon würdest du dann träumen?« Walentina Suschko sah ihren Partner fragend an.

»Tja … Eine neue Angel, denke ich«, antwortete er zögerlich.

»Hmmm…«

»Warum fragst du?«

»Nur so. Ohne besonderen Grund. Wollen wir zu mir nach Hause fahren und einen Kaffee trinken? Immerhin ist heute Sonntag.«

Kazanski sah Walentina Suschko auf der Böschung stehen. Ein Umriss mit gehobener Hand. Eine Frau, die erneut Abschied nahm.

Er hoffte, dass es ihr gut ergehen würde. Er hob die Hand, bis sie verschwunden war. Dann lehnte er sich zurück und legte mit Schwung die Füße auf den Sitz gegenüber. Er war allein im Abteil. Die ganze lange Strecke. Und lang war sie wirklich, zum Glück.

In der Luft lag ein Hauch von Tauwetter. Es hatte am Tag zuvor eingesetzt, aber es war nur von kurzer Dauer. Bald würde der Frost richtig Ernst machen. Der Polarwind war eisig – aber eine alles verzehrende Kälte brachte der Wind, wenn er umschlug und aus dem Inneren Sibiriens kam. Schnee und heulender Sturm, Dunkelheit rund um die Uhr. So musste es sein.

Kazanski dachte an die alte Frau mit ihren getrockneten Plattfischen, die wie immer reglos neben der Treppe an der Ecke saß, die Hoffnung für diesen Tag in Zeitung eingewickelt auf dem Schoß. In ihrem zerschlissenen Mantel, eingehüllt in Decken. Er hatte ihr fünfzig Dollar in den löchrigen Handschuh gedrückt, als er auf dem Weg zum Bahnhof an ihr vorbeigegangen war. Dass sie im Frühjahr noch dort sitzen würde, war nicht so sicher.

Aus dem Augenwinkel nahm er wahr, wie im Gang vor dem Abteil jemand stehen blieb. Er drehte den Kopf. Es war die junge Frau, die ihn auf der Reise hierher fast in den Wahnsinn gehustet hatte. Sie lächelte verlegen und ging dann weiter. Auch Ljuba – die Liebe – ließ Murmansk im Stich.

Kazanski öffnete blinzelnd ein Auge und massierte seine verspannte Nackenmuskulatur, bis er schließlich den Kopf heben konnte.

Er genoss das sanfte Aufwachen zum gleichmäßigen Schaukeln des Zugs. Die Geräuschkulisse legte sich wie ein kühlender Umschlag auf seine brennende Seele und den geschundenen Körper.

Er sah sein Spiegelbild im dunklen Fenster, hinter der Scheibe schimmerte ein schwarzer See im letzten Licht der Dämmerung.

Vor ihm stand die Wodkaflasche. Sie war mehr als halb voll. Er hatte beschlossen, sie zu leeren.

Draußen kam ein Lagerfeuer näher, dann war es weg. Für einen kurzen Moment sah er die düsteren Schatten, die sich um die Flammen geschart hatten. Es war inzwischen dunkel geworden und die Schwarzmaler, Trolle und Dämonen Kareliens kamen aus dem sumpfigen Boden gekrochen und feierten im dichten Wald. Er leerte sein Glas in einem Zug, ohne den Blick von der Dunkelheit abzuwenden.

»Die Norweger«, hatte der Hofnarr gerade noch sagen können, ehe Walentina Suschko ihn getötet hatte. Sollte Kazanski mit seiner Vermutung richtigliegen, würde er eines Tages über die Zeichen stolpern, und wenn die Norweger sich geschickt anstellten, dann würden außer ihm nur sehr wenige Personen das unsichtbare Kaninchen aus dem Hut springen sehen – Langley und Walentina Suschko.

Was die Verwendung der Beweise betraf, waren der Fantasie keine Grenzen gesetzt. Aber eine Sache war sicher: Die Welt würde die Wahrheit über Ida Frykberg, Astrid Storvik-Marshall und ihr treues Schiff Frøya niemals erfahren.

Der Kreis von Menschen, der jetzt in Norwegen Pläne schmiedete, konnte diese Entscheidung mit der Begründung verteidigen, dass sie »im Dienst einer größeren Sache« handelten. So war es immer. Auch er war angestellt worden, um einer größeren Sache zu dienen. Aber was machte die eine Sache größer als andere?

Ein paar Arschlöcher waren gestorben, ein sympathischer Mann war ebenfalls tot, und eine Frau musste allein mit dem Schmerz fertig werden, den er selbst nur zu gut kannte.

Und Ulf, der ein Inbegriff von Herzlichkeit, Sanftmut und Intelligenz war, lag immer noch in einem Madrider Krankenhaus im Koma. Als sie Wiktor Schapkin beerdigten, war Kazanskis größte Angst, Ulf gleich mit begraben zu müssen.

Nach allem, was er inzwischen wusste, war Ulf Nyström

tatsächlich der einzige wirklich Unschuldige. Das einzige Lamm unter Wölfen. Hätte er nur nie diese verfluchten Fotos von diesem beschissenen Arm bekommen.

Kazanski ging in Gedanken durch, was ihn erwartete, sobald er diese himmlische Rutschpartie hinter sich hatte. Auf Befehl von Appelson sollte er von Sankt Petersburg aus direkt nach Langley kommen, wo man seinen Bericht erwartete, was vermutlich endlos dauern würde. Danach flog er erst mal nach New York, um seinen Eltern zu versichern, dass alles in Ordnung war, und von dort ging die Reise zurück nach Madrid. Oder besser gesagt nach Hause. Es war nur kein Vergleich mehr zu dem Zuhause, das es früher gewesen war.

Als Erstes würde er ins Krankenhaus fahren, um mit Ulf zu reden – ganz optimistisch, wie die Ärzte es empfohlen hatten. Er wollte das Gesicht seines Freundes ganz genau beobachten, wollte herausfinden, ob er ihm zuhörte und vielleicht die Augen bewegte, ob er schnell oder langsam atmete, ob ein Nerv zuckte und ob seine Hände warm waren oder ob die Kälte sich breitmachte.

Schließlich würde er in die Calle del Alcalde Sáinz de Baranda fahren und sich unbemerkt in die Wohnung schleichen, weil er jetzt schon wusste, dass er nicht in der Stimmung für ein großes, herzliches Wiedersehen sein würde.

Er wollte eine Zeit lang allein sein. Gerüche und Geräusche in sich aufnehmen. Und irgendwann würde er an die Kommode gehen, die Schublade aufziehen und Rosa, Alicia und Ewa gehen lassen. Dann würde er sich in seinen Sessel setzen und sich selbst davon überzeugen, dass die Zeit gekommen war.

An die Scheibe gelehnt, mit der leeren Flasche zwischen den Beinen, träumte Kazanski sich durch zwei lange Sequenzen.

Die erste Sequenz war ein chaotisches Konzentrat der Ereignisse in Murmansk, mit weißen Gesichtern, Blut, abgetrennten Fingern, Wohnblöcken, Schnee, Schüssen, Wiktor und Walentina.

Die zweite Sequenz war verschwommener. Rosas helles Kinderlachen vermischt mit Alicia, Ulf und Ewa, der Tochter der Witwe aus Krakau. Es war Sommer. Sie waren am Strand. Gemeinsam standen sie mit nackten Füßen am Wasser. Plötzlich kam eine riesige Welle auf sie zu, schlug über ihnen zusammen und zog Ulf mit sich ins Meer. Ulf sah überrascht aus – aber er schrie nicht. Die anderen standen nur da und winkten ihm fröhlich zu.

Mit einem Ruck wachte er auf, als der Zug unvermittelt stoppte. Sie waren mitten im Nirgendwo an irgendeinem Haltepunkt stehen geblieben. Er konnte weit und breit keine Menschenseele entdecken.

Kazanski lauschte konzentriert. Er meinte, dort draußen in der stockdunklen Nacht etwas gehört zu haben – den Schrei eines Raben. Oder hatte er selbst geschrien?

EPILOG

EDUARD GLIKIN, Generalleutnant und Leiter des Fünften Direktorats der GRU, war hochzufrieden mit seinem Beschluss, auf seinem Posten zu bleiben. Er legte dem Generalstab die ganze Affäre in Murmansk vor und übergab der obersten Führung Wiktor Schapkins Videoaufnahme. Er hatte einen Skandal von gewaltigem Ausmaß abgewehrt.

Im ersten Monat sonnte Glikin sich in der Anerkennung – bis zu dem Moment, als er mit einem Tag Vorlauf zum Generalstab vorgeladen wurde. Dort präsentierte man ihm eine Videoaufnahme, die in den Besitz des norwegischen Botschafters gelangt war. Die Kopie einer Kopie.

Er hatte keine Erklärung dafür. Ihm war absolut schleierhaft, wie die Norweger an das Video gekommen waren. Schließlich hatte er selbst das Original beschafft. Seine Leute hatten gründlich aufgeräumt. Er verstand es wirklich nicht.

Generalleutnant Glikin bekam eine Stunde, um seine Sachen zu packen. Als Letztes nahm er die Landkarten von den Wänden, faltete sie sorgsam zusammen und legte sie in seine Tasche. Als er sich von seiner Sekretärin verabschieden wollte, zog sie ihn zur Seite und flüsterte ihm zu, dass Major Salenko mit sofortiger Wirkung nach Wladiwostok versetzt worden war.

Gleb Dudinka, Generalmajor des FSB und Leiter des Direktorats zur Bekämpfung organisierter Kriminalität, fiel es zunächst schwer, die Hoffnung zu bewahren. Die Operation Max war sein Vorzeigeprojekt gewesen. Der Tod des Hofnarren hinterließ ein Vakuum.

Früher oder später würde er Maxim Maximow das Handwerk legen. Davon war er überzeugt. Oder besser gesagt: Er musste weiter fest daran glauben.

Später traf er sich mit Kapitän Suschko in der alten KGB-Datscha in Widnoje. Sie schilderte ihm alles, was dazu geführt hatte, dass die Operation schließlich eingestellt worden war, vom ehemaligen Wympel-Oberst Wiktor Schapkin über den Verrat des Hofnarren bis hin zur Einmischung der CIA. Was Kapitän Suschko dabei selbstverständlich für sich behielt, war ihre eigene Verbindung zu Wiktor Schapkin.

Dudinka zerbrach sich tagelang den Kopf, ob er einen Vorteil aus seinem Wissen ziehen konnte. Ob es eine Möglichkeit gab, die Hindernisse auf der Jagd nach Maximow zu umgehen, indem er seine Informationen an den richtigen Stellen durchsickern ließ, damit sie dort ihre Wirkung entfalten konnten.

Aber wie er die Situation auch drehte und wendete, er kam immer wieder zu demselben Ergebnis. Es blieb ihm nichts anderes übrig, als zu schweigen.

Maxim Maximow genoss seine Rolle während des Besuchs der internationalen Kommission auf der Kola-Halbinsel. Stolz öffnete er die Türen seines Konzerns, der Maximow Green Waste Company, und kündigte an, dass die finanzielle Unterstützung durch den Westen eine neue Ära in Russland einläutete, in der Umweltschutz einen festen Platz im Bewusstsein der Menschen einnahm.

Maximow fühlte sich so gut, dass er in den Tagen vor der Ankunft der Delegation eine wertvolle historische Sammlung an die Rüstkammer im Kreml spendete. Ursprünglich sollte die Sammlung erst nach seinem Tod gestiftet werden, aber das Geschenk war eine passende Geste.

Maximow war vollkommen im Reinen mit sich. Niemand konnte ihm etwas anhaben. Natürlich hatte er die Verklappungen umgehend eingestellt, und da das Meer alle Spuren beseitigt hatte, sah er keinen Grund, unzufrieden zu sein. Er hatte seinen Teil der Abmachung erfüllt.

Im Stillen zog er dennoch eine Lehre aus dem Ganzen: Man sollte sich niemals auf einen Hofnarren verlassen. Diese Zeit war Geschichte.

Timur Glasow machte es unendlich traurig, als seine Partnerin, Leutnant Walentina Suschko, ihm eines Tages mitteilte, dass sie für eine neue Stelle nach Moskau zurückkehren würde. Ausgerechnet jetzt, wo er sich gerade an sie gewöhnt hatte, wie er sagte.

Er bat sie, in der Großstadt gut auf sich aufzupassen, aber die gute Walja gehörte ja eindeutig zu der Sorte Frau, die hervorragend allein zurechtkam. Wenn einer von ihnen langsam müde wurde, dann er.

Ohne sie war es nicht mehr dasselbe. Als Konsequenz aus dieser Erkenntnis, beschloss er, seinen Abschied zu beantragen und sich zur Ruhe zu setzen. Nach langen Jahren und treuen Diensten wurde sein Ersuchen bewilligt. An seinem letzten Tag im Hauptquartier der Murmansk-Miliz gab ihm die Stabschefin ein paar schöne Worte mit auf den Weg. Die Kollegen hatten zusammengelegt und ihm ein Abschiedsgeschenk besorgt – eine neue Angel.

Als das Frühjahr kam, ging er auf den Friedhof. Die beiden

Gläser mit Wodka und Rotwein waren weg. Genau wie die Zigarette und die Schokolade. So war es jedes Mal. Trotz allem ein gutes Zeichen.

Walentina Suschko wurde im FSB zum Major befördert. Sie kehrte Murmansk im Frühjahr den Rücken, aber vorher hatte sie noch eine Handvoll Arbeitslose organisiert, die ihr halfen, die Datscha um zwanzig Meter umzusetzen. Dort stand sie windgeschützter. Keiner der Männer sah einen Grund, diese zweifelhafte Begründung zu hinterfragen.

An einem ihrer letzten Arbeitstage fuhr sie mit Timur Glasow ans Westufer des Fjords zu der Hütte. Als sie beteuerte, ihm die Datscha wirklich zu überlassen, war er so gerührt, dass er sich wegdrehen musste. Sie stellte nur eine Bedingung, nämlich, dass er das Grab respektieren und pflegen würde – und keine weiteren Fragen stellte. Und davon abgesehen würde sie ihn und diesen Ort sooft es ging besuchen kommen.

Nachdem Suschko an einer geheimen FSB-Ermittlung gegen Maxim Maximow beteiligt gewesen war, erschien es mehr als unwahrscheinlich, dass jemand in Versuchung kam, Staub aufzuwirbeln. Und für den Fall, dass die GRU eines Tages doch auftauchen und Fragen nach ihr und Wiktor Schapkin stellen sollte, hatte sie sich abgesichert. Ihre eigene Version des Falls war vollständig in einem versiegelten Umschlag bei einem Anwalt hinterlegt, und der Inhalt dieses Umschlags geriet besser nie in die Hände der Medien.

Sie nahm ihre Postkartensammlung mit in die neue Wohnung in Moskau, in Ismajlowo, in der Nähe ihrer Eltern. Als es darum ging, sie aufzuhängen, entschied sie sich aber doch dafür, sie im Umzugskarton zu lassen.

Ein kleiner Fetzen ihres Traums bekam dennoch Flügel.

Zusammen mit der Beförderung zum Major schickte Generalmajor Dudinka sie und Mischa für zwei Wochen nach Sotschi ans Schwarze Meer in die Ferien.

Ulf Nyström gab nach anderthalb Monaten im Koma das erste Lebenszeichen von sich: eine spontane Abwehrbewegung, als ihm ein neuer Tropf gelegt werden sollte. Stück für Stück kehrte sein Bewusstsein zurück, bis er an einem späten Donnerstagabend schließlich aufwachte. Es folgte ein zäher Kampf zurück ins Leben, bei dem er alles erst wieder lernen musste, Gehen, Bewegungen und Reden.

Von ein paar Sprachschwierigkeiten und Gedächtnisproblemen abgesehen wurde der schwedische Kulturattaché wieder ganz der Alte. Zu den verdammten Fotos konnte er nur sagen, dass er einer guten Bekannten, die auch eine Freundin von Marianne Anderberg war, versprochen hatte, die Bilder des Arms zu untersuchen. Er hatte ja einige Jahre an der Botschaft in Moskau gearbeitet, sprach Russisch und verfügte über gute Kontakte – und außerdem konnte man ihm vertrauen, wie Anderberg gehört hatte.

Ulf wollte mit Kazanski über die geheimnisvolle Tätowierung sprechen. Als man ihn in seiner Wohnung überfallen hatte, war er geflüchtet, in der Hoffnung bei seinem amerikanischen Freund Hilfe zu finden. Zwei Männer waren ihm gefolgt und hatten ihn im Treppenhaus abgefangen. An mehr konnte er sich nicht erinnern – und mehr erfuhr er auch nicht.

Jan Jordi Kazanski bekam folgende Bemerkung mit auf den Weg, als er die Wahrsagerin Sonia an einem kühlen Frühlingstag im Parque del Retiro wiedersah: »Ich habe dir doch gesagt, dass du auf dich aufpassen sollst. Wenn man dem Teufel den kleinen Finger reicht, dann –«

»Das war nicht der Teufel, das war ein Drache«, fiel Kazanski ihr mit schiefem Grinsen ins Wort.

An dem Sonntag, an dem er mit Ulf in den Zug stieg, eroberten sie Toledo im Sturm. Und als sie endlich zurück im Santiago Bernabeu waren, gewann Real Madrid.

Kazanski verfolgte jeden Tag die Meldungen aus Norwegen und achtete minutiös auf ein Zeichen. Man hatte ihm Zugang zum firmeninternen Nachrichtenportal über die Ereignisse in Russland erteilt. Es verging mehr als ein Monat, ehe er über eine kleine Randnotiz stolperte, die seine Neugier weckte. Ein gewisser Generalleutnant Eduard Glikin, Leiter des Fünften Direktorats der GRU, war laut Bericht mit sofortiger Wirkung entlassen worden.

Ein Zusammenhang war nicht auszuschließen.

Erst gegen Ende des Frühjahrs rührten sich die Norweger. Der Außenminister des Landes, Johan Næss, wurde mehrfach mit ungewöhnlich scharfer und anhaltender Kritik an der Umweltpolitik der Russen auf der Kola-Halbinsel zitiert. Er zielte dabei besonders auf die fehlende Sicherheit der Atommülldeponie in der Andrejewa-Bucht ab.

Die Partie war zu Ende gespielt, aber in den Augen der Öffentlichkeit fing sie gerade erst an. Die Russen parierten jeden norwegischen Angriff, aber nach und nach wurde der Ton ruhiger und verständnisvoller.

In den Tagen vor der Inspektion auf der Kola-Halbinsel durch die internationale Delegation war es schließlich so weit. Die nationalen Nachrichtenagenturen Interfax und Itar-Tass meldeten als Erste, dass Russland den westlichen Experten auch Zugang zu der Deponie in der Andrejewa-Bucht ermöglichen würde.

Als die Delegation bei der anschließenden Konferenz in Murmansk ihre Zufriedenheit mit dem Verlauf der Inspektion erklärte und versprach, die Verhandlungen über finanzielle Unterstützung zu beschleunigen, schlossen sich die Russen mit einer Erklärung an. Darin wurde verkündet, dass man bereits seit Längerem an Plänen arbeitete, die Andrejewa-Deponie umzusiedeln. Erste Untersuchungen hätten ergeben, dass Novaja Semlja als zukünftiger Standort geeignet sein könnte.

Die Norweger hatten die Sache elegant gelöst. Das musste man ihnen lassen.

Über den vorläufig letzten sichtbaren Effekt der unsichtbaren Kettenreaktion stolperte Kazanski erst Anfang des Sommers. Admiral Kalugin, Oberkommandierender der Nordflotte, wurde »aus gesundheitlichen Gründen« vorzeitig aus dem Dienst entlassen.

Kazanski zweifelte keine Sekunde. Die Russen waren noch lange nicht fertig. Der Atomminister musste auf jeden Fall noch weg, vielleicht auch der Verteidigungsminister. Mit Rücksicht auf den gesamten Kola-Prozess und das große internationale Wohlwollen hätte das Rollen ihrer Köpfe zum jetzigen Zeitpunkt nur viel zu viel Lärm verursacht. Aber rollen würden sie – bei passender Gelegenheit.

Die Nachricht, dass der Vizedirektor des Chemiekombinats Majak betrunken bei einem selbss verschuldeten Autounfall ums Leben gekommen war, gelangte gar nicht erst an die Öffentlichkeit.

Ulfs schrittweise Genesung hatte Kazanskis Aufmerksamkeit so in Beschlag genommen, dass er fast gar nicht mehr an die Kommode und den Aufruhr dachte, der in der Schublade auf ihn wartete.

In der Zwischenzeit hatte er einen langen Brief von Ewa bekommen. Sie war jetzt wieder in Krakau. Nachdem er den Brief vorwärts und rückwärts gelesen hatte und sich den

Wortlaut wirklich ganz genau eingeprägt hatte, glaubte er eine neue Offenheit zu erahnen. Sie ging nicht so weit, ihm zu schreiben, dass sie ihn vermisste, aber sie erwähnte mehrmals gemeinsame Erinnerungen.

Am vierten Sonntag, den Kazanski mit Ulf in Toledo verbrachte, zog er den klugen Schweden in seinen Strudel aus Grübeleien hinein. Seine Gedanken kreisten um Leere und Erfüllung, die Macht der Routine, die beispiellose Rastlosigkeit, um Selbstständigkeit und Kapitulation, die fehlende Logik auf dieser Welt und die Anziehungskraft des Abgrunds.

Hatten sie vielleicht doch eine Chance, er und Ewa?

Ulf hörte ihm aufmerksam zu, ohne ihn ein einziges Mal zu unterbrechen. Als Kazanski sich wieder ans Ufer gerettet hatte, saß Ulf eine Weile schweigend da, rührte mit dem Löffel in seinem Kaffee und teilte ihm schließlich seine Einschätzung mit.

»Qué será, será … Aber wenn ich du wäre, würde ich mich jetzt ins Zeug legen. Und zwar mächtig ins Zeug legen.«